MBA

MBA CLASSICS

MBA 精品系列

ACCOUNTING

MBA CLASSICS

MBA精品系列

MBA

会计学

经理人视角

（第二版）

胡玉明／编著

中国人民大学出版社

·北京·

图书在版编目（CIP）数据

会计学：经理人视角/胡玉明编著. —2版. —北京：中国人民大学出版社，2017.1
（MBA精品系列）
ISBN 978-7-300-23861-6

Ⅰ.①会… Ⅱ.①胡… Ⅲ.①会计学-研究生-教材 Ⅳ.①F230

中国版本图书馆CIP数据核字（2017）第009294号

MBA精品系列
会计学：经理人视角（第二版）
胡玉明　编著
Kuaijixue：Jingliren Shijiao

出版发行	中国人民大学出版社		
社　　址	北京中关村大街31号	**邮政编码**	100080
电　　话	010－62511242（总编室）		010－62511770（质管部）
	010－82501766（邮购部）		010－62514148（门市部）
	010－62511173（发行公司）		010－62515275（盗版举报）
网　　址	http://www.crup.com.cn		
经　　销	新华书店		
印　　刷	天津鑫丰华印务有限公司	**版　　次**	2011年12月第1版
开　　本	787 mm×1092 mm　1/16		2017年1月第2版
印　　张	26.25 插页2	**印　　次**	2025年9月第8次印刷
字　　数	505 000	**定　　价**	59.00元

第二版前言

PREFACE

本书是《会计学：经理人视角》（中国人民大学出版社，2011）的修订版。顾名思义，本书是专门为即将或已经进入经理人（manager）队伍的MBA学员编写的会计学教材。当然，本书也适合那些富有经营管理实践经验的职业经理人（如EMBA，MPAcc和EDP学员）以及类似的读者。

根据近年来的教学使用情况与反馈意见，结合2014年新颁布的会计准则，在坚持其原有的编写思想并保留原有特色（参见第一版前言）的基础上，作者对《会计学：经理人视角》做了修订，以期更好体现“如何运用会计”的理念。

本次修订的重点在于：

(1) 全面更新本书使用的现实财务报表，采用四川长虹电器股份有限公司(600839) 2015年度的财务报表作为样本。

(2) 根据作者的教学体会与使用本教材的教师和读者的反馈意见，结合2014年新颁布的会计准则，较为全面地增补或修订了本书的某些内容、表述方式或用语（其中，增补或修订较多的是第1章、第2章、第3章、第5章、第6章、第7章、第9章、第11章和第13章），删掉原来专业性较强的第13章（会计分析），将原来的第14章（财务报表分析）调整为第13章，新增了第14章（经理人如何由表及里）。

(3) 根据使用本教材的教师和读者的反馈意见，基于方便教学使用的考虑，修订了各章的思考题、业务题、案例讨论题和网络习题。

修订之后，本书依然包括4篇，共14章。其基本结构如下页图所示。

非常感谢中国人民大学出版社编辑的鼓励与支持。

作者在着手修订本教材时，一直希望将会计学理念和自己从会计学这门学科所获得的“愚者之一得”传递给读者，感染读者。然而，作者断然不敢说已经实现了自己的愿望。作者只能期待使用本教材的教师和读者的批评与指正。

胡玉明

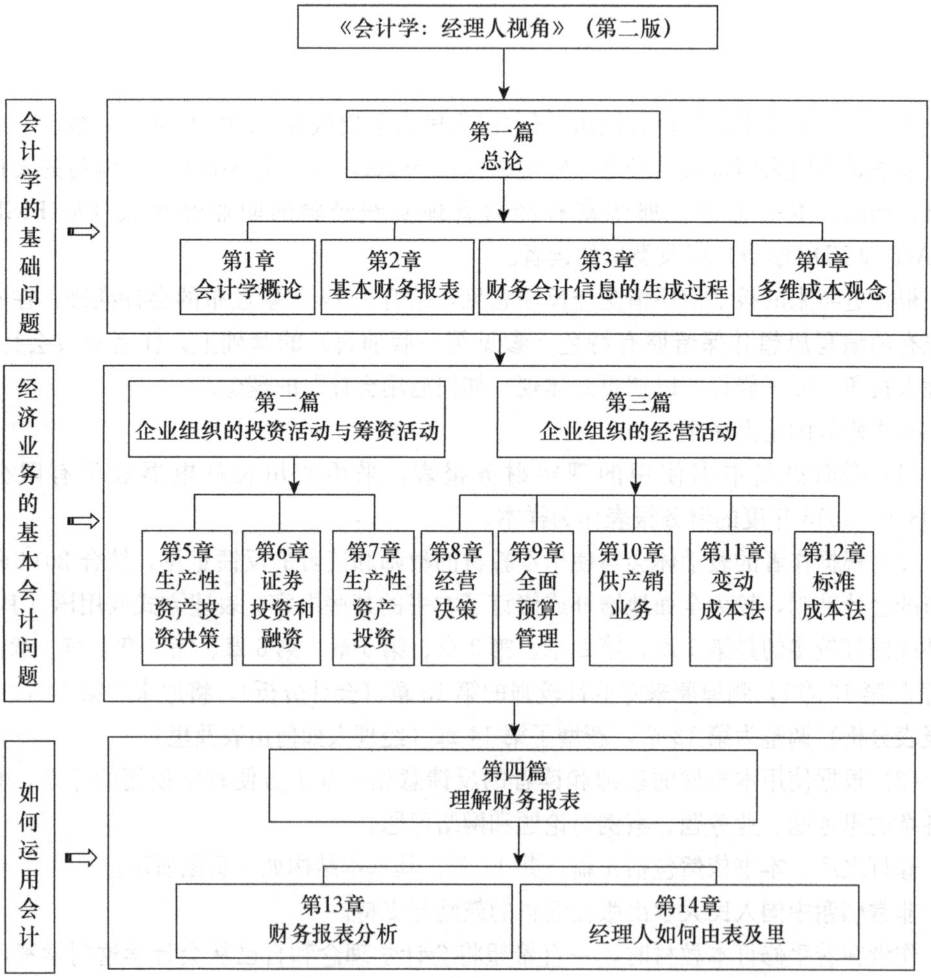
《会计学：经理人视角》（第二版）
会计学的基础问题
第一篇
总论
第1章
会计学概论
第2章
基本财务报表
第3章
财务会计信息的生成过程
第4章
多维成本观念
经济业务的基本会计问题
第二篇
企业组织的投资活动与筹资活动
第三篇
企业组织的经营活动
第5章
生产性资产投资决策
第6章
证券投资和融资
第7章
生产性资产投资
第8章
经营决策
第9章
全面预算管理
第10章
供产销业务
第11章
变动成本法
第12章
标准成本法
如何运用会计
第四篇
理解财务报表
第13章
财务报表分析
第14章
经理人如何由表及里

本书基本结构图

第一版前言

PREFACE

呈现在读者面前的这本《会计学：经理人视角》是专门为即将或已经进入经理人队伍的 MBA 学员编写的教材。

在工商管理硕士课程体系中，会计学是一门重要的核心课程。在研究生层次，MBA 属于专业学位研究生（与此相对应的是科学学位），其生源和培养目标不同于科学学位研究生。因此，如何根据 MBA 的性质及其培养目标的定位，组织会计学教材的编写和课程教学，树立 MBA 学员的会计学理念是一个值得思考的问题。尽管国外已经出版了许多 MBA 会计学教材，国内也引进或翻译了不少类似的教材，但是，由于国内外企业组织的经营管理环境不同，这些教材未必适合中国企业组织的管理情境。因此，自 1992 年在厦门大学 MBA 教育中心担任 MBA 课程的教学工作开始，我便一直思考如何编写中国的 MBA 会计学教材这个问题（当时，在厦门大学会计学系余绪缨先生的指导下，我还与厦门大学会计学系毛付根教授合作编写了全国 MBA 会计学课程的教学大纲。具体参见：《工商管理硕士教学大纲》，32～52 页，中国商业出版社，1994）。当然，随着中国 MBA 教育的发展和生源结构的变化，我个人的想法也有所变化。

传统的经理人（乃至企业家）培养方式主要是自我实践。这种方式培养的经理人，一般是从企业组织的基层做起，依据自身的长期实践经验积累，"积沙成丘"。这种方式培养的经理人多数属于经验管理者且培养周期比较长，难以适应竞争激烈的市场经济环境，取而代之的便是日益扩展的 MBA 教育。起源于美国的 MBA 教育是当今世界教育界、企业界乃至公众舆论公认的培养经理人的方式。其教育目标是为企业或非营利组织培养专业化的高级管理人才，使他们掌握生产、经营、金融、财务、会计、营销、经济法规、国际商务等跨部门的多学科知识和解决经营管理问题的能力。因此，MBA 的生源主要来自实务界。只有大学专科或本科毕业若干年，具有比较丰富的实际管理经验的人方可报考。这些人通过 MBA 课程的学习，掌握工商管理的基本原理与方法，掌握成功地经营一个企业组织的思路和方法，获取一种能力，这种能力使他们能够站在一个广阔视野和高起点把握和分析问题，能够面对复杂多变的环境，基于缺乏充分信息的情境，果断地做出与客观环境相适应的决策。而 MBA 教育就是构建一个来自不同知识背景、不同行业、不同地区、从事不同工作的经理人自由交流与沟通的平台。在这种自由交流与沟通的过程中，每个人都受到熏陶。因此，MBA 教育与一般的研究生教育不同，它是一种职业判断能力的职业素养培养。MBA 教育与其说是培养经理人，不如说是塑造经理人素质及其职业精神。MBA 教育只能赋予经理人基本的素养和职业精神，MBA 教育本身无法培养、造就经理人，更培养不出企业家。MBA 教育充其量就是培养具有经理人素质和职业精神的“半成品”。只有市场才能培养、造就经理人，乃至企业家！MBA 教育的这种特殊性质决定了其教学方式有别于一般的研究生教育，更不同于一般的职业培训。

教材的定位决定教材的内容及其编写的指导思想。自 2000 年我到广州暨南大学管理学院工作以来，我一直认为 21 世纪是一个“没有会计的会计时代”，或者“只看到教会计的人，而看不到做会计的人”。之所以说 21 世纪是一个“会计时代”，是因为“会计是一种商业语言”。在商言商，任何商业行为都必须奠基于会计这种商业语言。之所以说 21 世纪是一个“没有会计”的时代，是因为会计这种商业语言已经渗透到商业社会的各个层面，经理人都是会计师，但又都不是会计师。没有经理人专门做会计，但又都离不开会计。有鉴于此，21 世纪的经理人都必须理解和掌握会计这种商业语言。这就是会计学成为 MBA 教育的核心课程的缘由。

财务报表是会计这种商业语言的重要载体。尽管经理人必须理解和掌握会计这种商业语言，但经理人毕竟不是会计从业人员，他们没有必要埋头于烦琐复杂的账务处理，更没有必要精通会计学的所有细枝末节。显然，经理人需要掌握的是“如何运用财务报表”的技能，而不是“如何编制财务报表”的技能。因此，我编写本书的总体指导思想是针对经理人职业特征，以“如何运用财务报表”为主线，构造经理人通往“如何运用会计”的桥梁。这样，本书的目的就在于使 MBA 学员通过学习看懂财务报表，听懂商业语言，理解会计信息，运用会计思维，辅助管理决策，持续创造价值。

当然，任何教材都必须服务教学，方便教学，而教学需求取决于教学对象的特征。鉴于本书读者群的定位，本书打破国内外同类教材根据财务报表项目的排列顺序安排章节且财务会计与管理会计相对独立的传统编写体例，立足于经理人的职业特征，以“如何运用财务报表”为宗旨，以企业组织的经济活动为经，以经济活动涉及的交易双方为纬，财务会计与管理会计融为一体，构造本书的编写体例。

具体地说，本书试图体现以下特色：(1) 强调经理人“如何运用会计”的理念。与国内外同类教材不同，本书淡化“如何编制财务报表”的技能，强化交易或事项分析，将财务报表编制原理融合到经济业务的账务处理之中，在讨论交易或事项分析和经济业务的账户处理过程中，结合讨论财务报表的编制原理，有助于 MBA 学员理解财务报表数据的来龙去脉，使之知其然，更知其所以然。(2) 将财务会计与管理会计融为一体。经理人具有投资者和经营者双重身份。从总体上说，财务会计服务于经理人的投资者角色，而管理会计服务于经理人的经营者角色。财务会计与管理会计的融合正是经理人双重身份的和谐统一。基于本书的定位，为了体现这个特色，本书根据企业组织的经济活动（筹资活动、投资活动和经营活动）合理地安排财务会计与管理会计的内容。(3) 强调“由里（经营活动）到表（财务报表），由表（财务报表）及里

(经营活动)”的会计思维，将经营理念与会计理念相融合，从而使得企业组织的会计问题与经济业务相匹配，信息流与资金流、物资流连为一体。为此，本书打破国内外同类教材根据财务报表项目的排列顺序安排章节的编写体例，以企业组织的经济活动为经，以经济活动涉及的交易双方（相对应的两个会计主体）为纬来构造本书的结构。例如，将投资方与筹资方、购货方与销货方的会计问题放在一起，相互对照地讨论交易双方的账务处理，有助于 MBA 学员从企业组织的经济活动整体来认识相关的会计问题，避免“只见树木，不见森林”，从而达到“既见树木，又见森林”之境界。(4) 强调国际化与本土化相结合，但立足本土化是根本。有鉴于此，在讨论会计学问题时，本书并没有完全拘泥于中国现行的会计准则及其应用指南，以体现“授之以鱼，不如授之以渔”的教学思想。(5) 引导 MBA 学员思考相关问题。读书不能只用眼睛读。如果只是让眼睛在书上扫一遍，难以对阅读的内容有所理解。所谓“一目十行”在今天的“Google 时代”（过去，人们认为“知之为知之，不知为不知”，今天人们认为“知之为知之，不知 Google 之”）未必值得提倡。读书应该用脑读，要深入字里行间，要边阅读边思考，在思考过程中理解和掌握阅读的内容。为此，本书借鉴国外优秀教材的做法，特设“5 分钟回顾”，倡导时读时停的阅读习惯，引导 MBA 学员读者思考相关问题。

基于上述认识，本书包括 4 篇，共 14 章（每章后面都附有必要的练习题和案例讨论题）。其基本结构如下页图所示。

尽管读者群定位为 MBA 学员，但本书也适合富有经营管理实践经验的职业经理人（如 EMBA，MPAcc 和 EDP 学员）、非会计学专业本科生及类似的读者。

本书编写的指导思想在我所担任的暨南大学管理学院 MBA 会计学及类似的课程实践过，取得了很好的教学效果。暨南大学管理学院 MBA 学员对会计学及类似的课程非常感兴趣，这使我感到用心编写本书的意义所在。非常感谢我的爱妻康淑敏女士长期以来对我的理解与支持，她以职业经理人的视角对本书的编写体例提出了很多富有建设性的建议。

当我着手编写这本书的时候，我只想把会计学理念和我从会计学这门学科所获得的“愚者之一得”传递给读者，感染读者。我正是以这样一种心态来完成本书的编写工作。然而，我不敢说已经实现了愿望。我只期待广大读者的批评与指正。

胡玉明

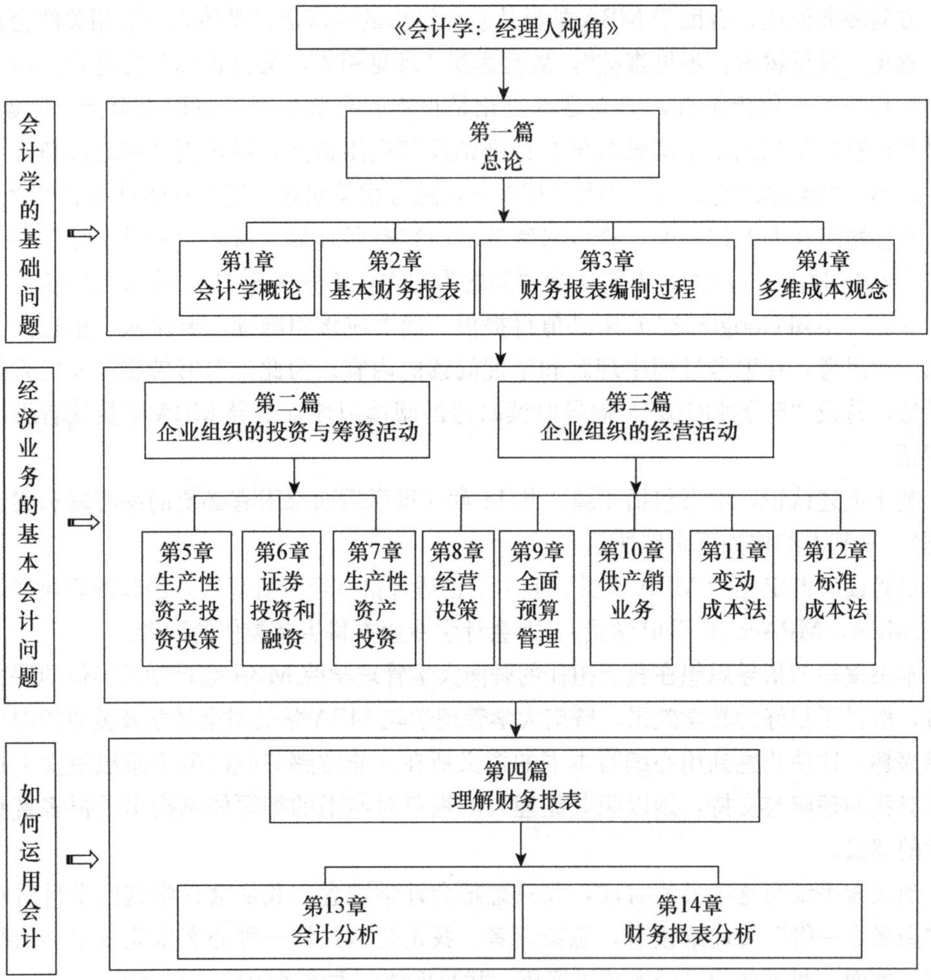
《会计学：经理人视角》
会计学的基础问题
第一篇
总论
第1章
会计学概论
第2章
基本财务报表
第3章
财务报表编制过程
第4章
多维成本观念
经济业务的基本会计问题
第二篇
企业组织的投资与筹资活动
第三篇
企业组织的经营活动
第5章
生产性资产投资决策
第6章
证券投资和融资
第7章
生产性资产投资
第8章
经营决策
第9章
全面预算管理
第10章
供产销业务
第11章
变动成本法
第12章
标准成本法
如何运用会计
第四篇
理解财务报表
第13章
会计分析
第14章
财务报表分析

本书基本结构图

目录 CONTENTS

第一篇　总论

第二篇　企业组织的投资活动与筹资活动

第四篇 理解财务报表

part 1

总　论

会计是一种商业语言，而财务报表则是这种商业语言的基本载体。那么，何谓会计？谁需要会计信息？企业组织编制哪些财务报表？企业组织又如何编制这些财务报表？何谓成本？经理人只有理解这些问题，才能理解会计信息意味着什么，从而才能运用会计信息辅助战略制定、经营决策与管理控制。所有这些问题都是会计学的基本问题。

有鉴于此，本篇包括：

第1章

会计学概论

本章要点

1.1　企业组织及其经济活动

1.2　会计是一种商业语言

1.3　会计信息的需求与供给

1.4　会计职业及其道德规范

学习目标

1. 了解企业组织的类型及其经济活动
2. 理解会计学的“同源分流”及其在企业组织所扮演的角色
3. 理解会计信息的需求与供给
4. 了解会计职业及其道德规范

引例

在中国，一提起“会计”，许多人马上就联想到穿着长衫、戴着眼镜、夹着算盘、套着袖套，替人家记账、算账的“账房先生”！

中国第一次推行会计准则时，《中国青年报》1993 年 5 月 25 日发表了一篇题为“中国账房改用世界语”的文章，宣称“一场历史性的‘算盘’风暴将揭开中国会计史上最辉煌的一页”。

也许，上述这些想法并没有错，但是，时态搞错了。“账房先生”是“会计”的“过去时”，绝不是其“现在时”，更不是其“将来时”。如今，奠基于现代企业制度（尤其是现代公司制度）与金融市场的“会计”，早就告别了人们所熟悉的“账房先生”的概念。

2001 年，美国“9·11”事件之后，在华尔街流传这样一句话：“本·拉登没有摧毁美国的经济，安然公司（Enron）和世界通讯公司（WorldCom）的会计丑闻却阻滞了美国经济。”这话听起来有点危言耸听，但却是事实！

会计有这么重要吗？何谓现代意义上的会计呢？

1.1 企业组织及其经济活动

企业组织①通常可以理解为各个个体按照共同的目标而构造的有机体。企业组织主要通过适当的手段或方式获取并运用一定的经济资源而实现其目标。这个过程就是企业组织的资源配置过程。任何企业组织都面临“生产什么与生产多少”“如何生产”和“为谁生产”等三个基本问题。如何解决这三个基本问

① 本书用“企业组织”这个词，还隐含另一层意思：尽管本书受篇幅的限制，侧重于讨论营利性组织的会计问题，但是，本书所讨论的会计基本原理与方法大部分适用于非营利组织。

题，通常涉及资源条件、技术条件、市场条件和制度安排，而制度安排则涉及企业组织设计及其管理问题。

1.1.1　企业组织形式

企业组织形式不同，其经济活动也有所不同。

通常认为，企业组织形式主要包括独资企业（sole proprietorship）、合伙企业（partnership）和公司（corporation）。

1. 独资企业

独资企业是指一个人出资经营，出资者对企业的债务承担无限责任的一种企业组织形式。在这里，作为出资者的业主是自然人，而不是法人。因此，独资企业可能随着业主的死亡而宣告结束。当然，作为一种企业组织形式，对“独资”一词的理解不能停留在字面上。例如，人们经常提到的“国有独资公司”，如果只是从字面上理解，它应该是独资企业，但是，国有独资公司的出资者不是自然人，而是代表全国人民的国家。因此，国有独资公司不是独资企业。同样，外商独资企业也未必是独资企业。实际上，外商独资企业出现在中国，只能说是“没有中方参与股权的外资企业”，至于其组织形式如何，完全视其母公司的性质或在中国的注册情况而定。

2. 合伙企业

合伙企业是指由两个或两个以上的业主（自然人）共同投资经营、共负盈亏、共担风险的企业组织。在国外，合伙企业大多是以个人服务为主的行业，如会计师事务所、律师事务所、医师诊所等。在中国，合伙企业仅限于私营企业。根据《中国注册会计师法》规定，会计师事务所也可以采用合伙企业组织形式。

3. 公司

无论是独资企业还是合伙企业，随着市场的拓宽和需求的日益增大，其生产规模将继续扩大。这时，尽管业主或合伙人每年自己拿出一部分利润用于再投资，扩大生产规模，独资或合伙企业仍然感到资金紧张。独资或合伙企业发现自己处于两难困境：经营得越成功，发展得越快，就越感到资金短缺。如何解决发展过程中的资金问题便成为独资或合伙企业发展面临的重要问题。经过长期的发展与探索，独资或合伙企业找到了通过使更多的人分享利润或承担亏损的方式来获得更多的资金这个理想的办法。由此，公司这种企业组织形式便应运而生。

公司与独资或合伙企业完全不同，它是取得国家相关行政部门承认的法人组织，具有所有权与经营权分离的重要特征。正是由于这个特征，公司具有无限的生命力。公司的股份可以转让，除非破产清算，公司不会因为所有者或经营者的死亡而宣告结束。目前，公司主导着现代经济社会。

5 分钟回顾：

国有企业能够“政企分开”吗？为什么？

尽管各种不同的企业组织形式都需要运用会计信息辅助战略制定、经营决策与管理控制①，但是，企业组织形式不同，对会计信息的内在需求也不同，其运用会计信息的深度与广度自然也不同。当然，会计信息使用者对不同企业组织形式的信息需求也不同。

1.1.2 企业组织的经济活动

企业组织不管其形式如何，首先必须根据其所面临的内外部环境制定战略，然后，在战略指引下，思考企业组织应该做什么（投资决策），从那种渠道和以什么方式解决资金问题（筹资决策），如何运用这些资金开展经营活动（经营决策与管理控制）。由此，任何企业组织的经济活动都可以大致分为筹资活动（financing activities）、投资活动（investing activities）和经营活动（operating activities）。

其实，筹资活动（决策）与投资活动（决策）只是一个问题的两个方面。从企业组织的管理领域而言，筹资活动与投资活动属于财务管理（financial management）领域，主要涉及企业组织从何种渠道和以什么方式取得资金，以及如何有效地运用这些资金等问题，而经营活动则属于经营管理（operating management）领域，主要涉及企业组织生产什么、如何生产以及如何获得利润并加以分配等问题。

5 分钟回顾：

企业组织花钱做广告属于经营活动还是投资活动？企业组织花钱从事慈善事业又属于哪种活动呢？

企业组织的任何经济活动都需要会计信息的支持，而企业组织的任何经济活动也会影响会计信息。然而，一个社会的会计总是以企业组织的会计为主体②，因为企业组织是运用会计的基本单位。基于现代市场经济环境，市场的主体也是企业组织，而公司又是最能够体现现代市场经济本质特征的企业组织形式，因而，企业组织的会计之精华体现于公司会计之中。③

1.2 会计是一种商业语言

会计是一门既古老又年轻的学科。意大利数学家卢卡·帕乔利（Luca Pacioli）于 1494 年出版的《算术、几何、比与比例概要》普及、推动了复式记账法的运

① 有鉴于此，本书后面提及的“企业组织”不再明确区分各种不同的企业组织形式。

② 除了企业组织会计之外，还有非营利组织会计。

③ 有鉴于此，本书主要讨论公司会计。其实，任何一本会计学教材都是以公司为基础的。因为独资或合伙企业会计较为简单。严格地说，独资或合伙企业会计只能称为簿记（bookkeeping）。只有公司会计才称得上现代意义上的会计。

用，标志着现代意义上的会计的开端。而 1854 年在英国苏格兰的爱丁堡成立的世界上第一个会计师协会即爱丁堡会计师协会（Society of Accountants of Edinburgh），则标志着会计成为一种自由职业。由此，传统会计发展为现代会计。

会计是一种商业语言（accounting is a language of business），随着商业环境的变化而变化。随着金融市场与公司制度的产生和发展，企业组织产生了所有权与经营权相分离，即“两权分离”的现象。这对会计理论与方法产生了极为重大而深刻的影响，会计产生了“同源分流”。

1.2.1　会计的“同源分流”

基于企业组织的所有权与经营权相分离这个特征，为适应企业组织的所有者（所有权的代表）与经营者（经营权的代表）的不同信息需求，会计产生了“同源分流”，逐步形成了财务会计（financial accounting）与管理会计（management accounting）两个相对独立的领域。由此，会计的内容大大丰富，标志着会计已经进入一个更高的层次：解析过去，控制现在，筹划未来。

1. 财务会计概述

财务会计主要是立足企业组织，面向金融市场，通过定期提供财务报告①为企业组织的利益相关者（stakeholder）服务，从而履行所有者与经营者的受托责任（accountability）。

金融市场与公司制度的产生和发展，投资者广泛分布于世界的各个角落且身份不断变化，使得会计信息使用者多元化。财务会计正是从这些不同信息使用者的利益和要求出发，集中研究有关的会计问题，并着重通过定期提供财务报告满足各相关利益者的不同信息需求。由此产生了以财务报告为中心的“会计观”，从而形成“财务会计”这个概念。

由于那些与企业组织存在经济利益关系的利益相关者都不直接参与企业组织的经济活动，他们只能从企业组织提供的财务报告获得有关企业组织的财务状况、经营成果和现金流量状况等间接信息。为了保障其经济利益，这些利益相关者自然要求财务会计站在“中立”的地位，客观地反映情况，以保证相关信息的可靠性。于是，财务会计从日常的会计处理到提供财务报告，都要严格遵循企业组织的利益相关者所制定的公认会计原则②（generally accepted accounting principles，GAAP）。因此，从一定意义上说，财务会计是一种社会化的会计，其提供的信息是一种社会化的公共产品。③

① 从财务报表到财务报告彰显了财务会计的发展。财务报告除了财务报表之外，还包括财务报表附注及其他财务报告。

② 在中国，公认会计原则称为会计准则。

③ 从另一个角度看，财务会计就是为融资服务的会计或因融资而产生的会计问题（financial accounting means accounting for financing）。如果企业组织都像独资或合伙企业那样很少或基本没有对外融资，就不可能产生现代意义上的财务会计。

2. 管理会计概述

与财务会计不同，管理会计主要通过内部管理报告（internal management report）或绩效报告（performance report）为企业组织的各层次经理人[①]服务，即为企业组织各层次经理人的战略制定、经营决策和管理控制提供相关信息，从而履行企业组织内部各层次的受托责任。

如果说财务会计体现以财务报告为中心的会计观，那么，管理会计就体现以经营管理为中心的会计观；如果说财务会计是社会化的会计，那么，管理会计就是个性化的会计。管理会计只为特定的信息使用者提供相关信息，即所谓“相关信息适时地提供给相关的人”（right information is provided to right people at the right time）。[②] 就其基本框架而言，管理会计主要包括决策与计划会计和执行会计

3. 财务会计与管理会计的“同源分流”

尽管财务会计与管理会计的侧重点有所不同，但是，财务会计与管理会计属于会计的同源分流。之所以说财务会计与管理会计“同源”，是因为两者存在密切的联系。这主要表现在：

(1) 财务会计与管理会计都是会计。财务会计与管理会计都是企业组织经营管理流程的基本组成部分。在实践中，完全没有必要同时存在财务会计与管理会计这两个相对独立的系统。实际上，在会计核算部分，财务会计与管理会计具有共同的基础，即原始资料相同。以此为基础，财务会计与管理会计基于不同信息使用者的不同需求，各自对原始资料进行加工、整理和扩展。同时，财务会计与管理会计的服务对象也有交叉。尽管财务会计侧重于为企业组织的外部利益相关者服务，但是，它也为企业组织的内部经营管理服务。例如，企业组织的各层次经理人也需要财务会计所提供的信息。同理，管理会计虽然侧重于为企业组织的内部经营管理服务，但它同时也为企业组织的外部利益相关者服务。例如，外部利益相关者也需要关注企业组织的投资决策与筹资决策。

(2) 财务会计与管理会计都依存于受托责任。这里所说的“受托责任”只是过去较为简单的经管责任（stewardship）的发展。当今的社会可以说受托责任无处不在。只要存在委托代理关系，就存在受托责任。如果说当今的社会是构建在一个巨大的受托责任网络之上，丝毫不过分。然而，基于金融市场与公司制度，企业组织是一系列契约的连接点，发达的金融市场把许多契约关系连接在企业组织这个连接点上。金融市场与公司制度的发展使得企业组织的外部受托责任变得模糊起来[③]，而企业组织的内部受托责任则变得复杂化和层次化。财务会计侧重于企业组织的外部受托责任，管理会计侧重于企业组织的内部受

① 本书用“经理人”泛指企业组织的各层次管理人员。

② 从另一个角度看，管理会计就是为管理服务的会计或因经营管理而产生的会计问题（management accounting means accounting for management）。

③ 从理论上说，股东就是委托人，经理人只是受托人。然而，如果企业组织的股权高度分散和不断转让，甚至连委托人是谁都难以明确。

托责任。从本质上说，财务会计与管理会计都是一种受托责任会计。

之所以说财务会计与管理会计是会计的“分流”，是因为两者提供信息的侧重点不同。由此，财务会计与管理会计又存在明显的差异。财务会计与管理会计的主要差异如表 1－1 所示。

表 1－1　　财务会计与管理会计的主要差异

差异点	财务会计	管理会计
服务对象	不明身份的较大群体，主要是企业组织外部的股东、债权人、政府机构和社会公众。	已知身份的较小群体，主要是企业组织内部的各层次经理人。
时间导向	过去（历史）导向。	未来导向，关注过去（历史）和现在，更关注未来。
会计准则约束	严格遵循通用会计准则，类似于“普通话”，具有标准化特征。	不受通用会计准则的约束，类似于“方言”，具有个性化特征。
信息内容	财务（货币）性信息，强调可证实性。	财务性信息与业务性信息并重，较少强调可证实性。
报告主体	单一主体，以整个企业组织为报告主体。	多维主体，根据管理需求而确定报告主体。
强制性	强制性，必须定期提供财务报告。	非强制性，根据管理需求而提供相关的内部管理报告。
涉及领域	涉及领域明确限定，较少涉及其他领域。	涉及领域没有明确的限定，更多涉及管理学、心理学、社会学和行为科学。

5分钟回顾：

有人说：“财务会计信息是目的本身，而管理会计信息是达到目的的手段。”对此，你有何评论？

综上所述，企业组织的经理人通常扮演着投资者（investor）和经营者（manager）的双重角色。财务会计主要服务于经理人的投资者角色，描述企业组织“赚多少钱”（计量与报告价值），侧重于解决企业组织如何“做大”的问题。管理会计则主要服务于经理人的经营者角色，描述企业组织“如何赚钱”（创造并分配价值），侧重于解决企业组织如何“做强”的问题。金融市场需要计量与报告价值的财务会计，而企业组织本身更需要创造并分配价值的管理会计。财务会计与管理会计不可偏废。其实，财务会计与管理会计的“同源分流”也就是企业组织的经理人作为投资者与经营者双重角色的综合体现。由此，财务会计与管理会计的“同源分流”在企业组织的经理人层面实现提供信息（即记账、算账和报账）与运用信息（即用账）的一体化。①

① 有鉴于此，本书将财务会计与管理会计融为一体，全面赋予经理人应有的“会计思维”。

1.2.2 会计在企业组织所扮演的角色

会计是一种商业语言。俗话说，“在商言商”。在商业社会，企业组织的任何经营管理活动都离不开会计信息。因此，作为一种商业语言，会计在企业组织的经营管理过程中扮演着重要角色。

1. 会计系统的基本目标

人们通常认为会计既是企业组织的一个信息系统（information system），也是企业组织的一个决策支持系统（decision support system，DSS）。会计系统的基本目标包括促进决策（decision facilitating）与影响决策（decision influencing）：

（1）促进决策。促进决策既包括为企业组织的利益相关者提供有助于决策的相关信息，又包括为企业组织的经营决策与管理控制提供相关信息。

（2）影响决策。影响决策指参与企业组织的战略制定与实施，并通过提供相关信息，激励与引导企业组织的各层次经理人努力实现企业组织的目标。

2. 有效的会计系统

任何会计系统的真正价值都体现于其所提供信息的价值。为了顺利实现企业组织的战略目标，一个有效的会计系统，其所提供的会计信息必须有助于解决如下四个问题：

（1）记录问题（scorekeeping）。这里的“记录”不是通常意义上的“记录”，而是以会计的“特有语言”全面、系统、连续地记录企业组织的经济活动过程及其结果，并将记录的结果转化为会计这种“商业语言”。这方面的工作主要靠财务会计信息完成。

（2）评价问题（valuation）。这主要回答企业组织做得好不好的问题。也就是说，根据“记录”的结果，并结合企业组织的战略和行业特征或商业模式，评估企业组织的经营绩效。这方面的工作主要靠管理会计信息完成。

（3）发现问题（attention directing）。这主要回答企业组织存在哪些问题。也就是说，报告并解释会计信息，结合企业组织的战略目标与经营计划（预算），诊断企业组织经营管理过程中存在的问题，从而发现企业组织面临的机会与挑战。这方面的工作主要靠管理会计信息完成。

（4）解决问题（problem solving）。“看不到问题是最大的问题。”如果企业组织看不到其经营管理过程中存在的问题，则所谓分析问题和解决问题就根本无从谈起。既然企业组织发现了其经营管理过程中存在的问题或机会，接下来的问题就是如何解决这些问题。在实践中，通常存在多种解决问题的方案。如何从各种可能的解决方案中选择合适的方案呢？这就需要借助于管理会计信息。

由此可见，尽管不同会计信息需求者的信息需求不同，但财务会计信息与管理会计信息相结合有助于全面满足会计信息需求者的不同信息需求。

3. 会计在企业组织所扮演的角色

基于“事事强调战略定位，时时强调战略定位”的管理情境（management context），完全可以说，不存在没有战略的企业组织，也不存在没有企业组织的战略。企业组织就是一个“战略制定—战略实施（包括计划、组织、协调、指挥与控制）—战略修订（包括反馈）—战略实施”无限循环的主体。作为企业组织的决策支持系统，会计是企业组织的管理流程的重要组成部分。从会计的基本目标来看，会计与企业组织的战略制定、经营决策、管理控制、绩效评价以及激励机制紧密联系，浑然一体。

图1-1描绘了会计在企业组织的经营管理过程中所扮演的角色。①

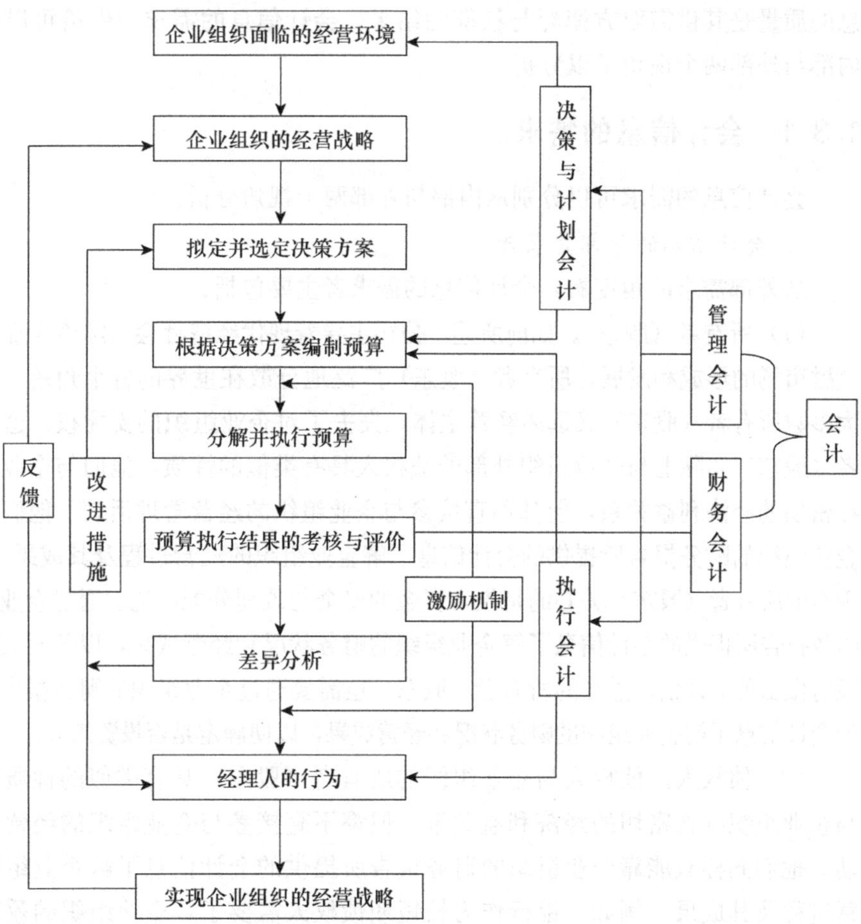

图1-1 会计在企业组织的经营管理过程中所扮演的角色

从图1-1可以看出，基于“环境—战略—行为—过程—结果”一体化的逻辑框架，会计与企业组织的管理流程关系密切并贯穿企业组织的经营管理过程

① 总体上说，本书以图1-1构造其篇章结构，以期较为全面地展示会计在企业组织的经营管理过程中所扮演的角色，使读者更好地理解会计以及会计信息意味着什么。

之始终。

如果说会计是一种商业语言，那么，财务会计就是企业组织外部的一种商业语言，而管理会计就是企业组织内部的一种商业语言。

1.3 会计信息的需求与供给

会计信息意味着什么（what accounting information means）？基于企业组织与金融市场环境，会计信息是社会财富分配或利益转移的基础。因此，会计信息的质量是其供需双方博弈与权衡的结果。会计信息的需求与供给可以分别从内部与外部两个视角予以分析。

1.3.1 会计信息的需求

会计信息的需求可以分别从内部与外部两个视角分析。

1. 会计信息的外部需求者

从外部需求的角度看，会计信息的需求者主要包括：

（1）所有者（股东）。如前所述，公司主导着现代经济社会。随着企业组织与金融市场的形成和发展，所有者（股东）广泛地分散在世界的各个角落，其中绝大多数所有者（股东）又远离经营主体，失去了对企业组织的支配权。这些所有者（股东）实际上与企业组织外部的债权人具有类似的性质，他们与企业组织存在密切的经济利益关系，但都不直接参与企业组织的经营管理活动。他们只能靠企业组织的财务报告所提供的会计信息了解企业组织的经营过程及其成果。例如，现有的所有者（股东）关心的是投入资金的安全与盈利分配，他们通过企业组织的财务报告所提供的会计信息了解企业组织的财务状况和经营成果，以便对其掌握的股份做出价值评估；潜在的所有者（股东）也需要通过企业组织的财务报告所提供的会计信息了解企业组织的财务状况和经营成果，以便确定是否投资入股。

（2）债权人。债权人与企业组织的所有者（股东）具有类似的性质，他们与企业组织存在密切的经济利益关系，但都不直接参与企业组织的经营管理活动。他们同样只能靠企业组织的财务报告所提供的会计信息了解企业组织的经营过程及其成果。例如，银行作为长短期债权人需要了解企业组织的盈利能力和现金流动状况，判断企业组织的偿债能力，以便决定相应的对策或措施；供应商也需要了解企业组织的经营状况和偿债能力，以便决定其信用政策。

（3）基金经理。在一个有效的金融市场上，机构投资者占主导地位。为了更好地进行投资组合，基金经理有必要也有能力分析企业组织的财务报告所提供的会计信息，从而评估企业组织的投资价值。

（4）证券分析师。为了社会公众利益，证券分析师或股评专家需要分析企业组织的财务报告所隐含的会计信息，从而更好地选股或推荐有投资价值的企业组织或股票。

（5）工会组织。作为代表企业组织员工利益的工会组织自然也是会计信息的需求者。工会组织通过企业组织的财务报告所提供的会计信息了解员工的权益是否得到保障，利益分配是否公正，企业组织是否履行社会责任（social responsibility）。在西方市场经济国家，工会组织力量的强弱在很大程度上决定了会计信息披露的充分程度。例如，在欧洲，工会组织力量较为强大，欧洲国家的企业组织普遍编制增值表（value-added statement），披露企业组织增值额的形成及其分配情况。在美国，工会力量相对较弱，因此，美国的企业组织较少编制增值表。

（6）税务机关。为了更好地执行税法及相关法规并培植税源，税务机关需要利用企业组织的财务报告所提供的会计信息了解企业纳了多少税，是否依法纳税，未来的纳税前景如何。

（7）立法和监管机构。基于“会计信息是社会财富分配或利益转移的基础”，政府的立法和监管机构也是会计信息的需求者。例如，立法机构通过企业组织的财务报告所提供的会计信息了解社会财富或利益分配是否公正，从而反思或修改相关的法律或法规。中国证券监督管理委员会需要通过企业组织的财务报告所提供的会计信息了解企业组织是否充分披露信息，所披露的会计信息是否会误导投资者的决策，投资者是否理解企业组织公开披露的会计信息。

2. 会计信息的内部需求者

从内部需求的角度看，会计信息的需求者主要包括：

（1）董事会。董事会是企业组织的所有权与经营权相联系的桥梁，一方面需要利用企业组织的财务报告所提供的会计信息辅助战略的制定，另一方面需要利用会计信息评估经理人履行受托责任的情况。

（2）监事会。为了保证董事会的有效运作并监督董事会成员和经理人认真履行受托责任，监事会同样需要利用企业组织的财务报告所提供的会计信息。

（3）经理人。为了保证企业组织战略的制定及其有效执行，企业组织的经理人同样需要利用企业组织的财务报告所提供的会计信息，评估自己履行受托责任的情况。除了是财务报告的信息需求者之外，企业组织的经理人还是内部管理报告或绩效报告的信息需求者。企业组织的经理人利用内部管理报告或绩效报告所提供的会计信息进行经营决策和管理控制，并评估企业组织经营过程及其成效，反馈于战略的制定。

（4）员工。毫无疑问，员工也是企业组织财务报告所提供的会计信息的需求者。员工利用会计信息评估企业组织的经营状况，了解企业组织能否保证可持续发展，从而为员工提供稳定的就业，企业组织的工资福利待遇是否发生变动，企业组织的工资福利待遇是否与企业组织的经营状况挂钩等情况。

1.3.2　会计信息的供给

从理论上说，会计信息生成过程决定了会计信息质量。这就涉及会计信息供给者的责任问题。一般认为，企业组织是会计信息的供给者。其实，对企业组织披露的会计信息进行独立鉴证的会计师事务所也是会计信息的供给者，对会计信息质量同样要承担必要的责任。可以设想，如果企业组织的会计信息质量存在问题，会计师事务所能够恪守其应有的独立审计准则，那么，会计信息的质量还是可以得到保证的。与此相反，如果企业组织提供的会计信息存在质量问题，而会计师事务所没有恪守其应有的独立审计准则，低质量的会计信息由此产生，而且遍布整个社会。因此，企业组织是保证会计信息质量的"第一道防线"，而会计师事务所是保证会计信息质量的"最后一道防线"。如果会计师事务所能够守住保证会计信息质量的"最后一道防线"，会计信息质量就可以得到保证。因此，从内部供给的角度看，会计信息的供给者就是企业组织，而从外部供给的角度看，会计信息的供给者就是会计师事务所。

总而言之，基于企业组织与金融市场环境，会计信息不是枯燥的数字，而是社会财富转移或利益分配的基础，其背后隐藏着经济利益或政治利益，甚至两者兼而有之。会计信息质量是会计信息的需求与供给双方博弈与权衡的结果。其博弈与权衡过程就是利益争端与平衡的过程。企业组织是一系列契约的连接点。"契约的实质就是信息"。企业组织正是通过披露或提供高质量会计信息履行企业组织与社会各界的受托责任，降低信息不对称，摆平利益相关者的各种利益关系，从而引导社会资源的有效配置。

5 分钟回顾：

基于不同的行为与动机，上述会计信息的需求者与供给者，谁更需要真实的会计信息？

1.4 会计职业及其道德规范

会计是一种古老的职业。① 既然会计作为一种职业，那就必须遵循其道德规范。

① 基于计算机主导的互联网环境，有些人认为会计职业即将消失。我认为这种看法有些言过其实。互联网能够创造机会，但互联网本身未必能够创造价值。互联网改变了会计工作或会计职业（会计实务）的表现形式，并没有改变会计的本质（会计理论）。互联网背后的计算机运行的还是会计的思维。没有会计的思维，计算机根本就无法替代人类做会计工作。不过，基于计算机主导的互联网环境，专门的会计职业（工作）岗位可能逐渐减少。今天，照相机逐渐退出历史舞台，但照相的基本原理依然存在。同理，专门的会计职业（工作）岗位逐渐减少，但会计思维永存。相反，在商界，每个经理人都需要具备会计思维。尽管"三十六行，行行出状元"，但医师守护了生命，牧师守护了心灵，律师守护了正义，会计师守护了财富。医师、牧师、律师和会计师这四种典型职业维持了社会的稳定，推动了社会的进步。尽管本书的多数读者将来可能不会从事会计职业，但是，"在商言商"，作为一种商业语言的会计几乎能够为任何一位经理人提供优秀的职业背景。

1.4.1　会计职业

会计职业指具有会计学知识的人可以从事的职业或工作。会计职业的分类方法很多，不过，最普遍、最简单的分类方法是将其分为公共会计师（public accountants）和私业会计师（private accountants）。

1. 公共会计师

公共会计师指那些为社会公众提供财务报告审计、税务服务、资产评估以及管理咨询服务并收取一定费用的会计从业人员。

公共会计师的服务对象通常较为广泛。公共会计师是一种社会职业。公共会计师通常以注册会计师（certified public accountant，CPA）、注册税务师（certified tax agents，CTA）和注册资产评估师[①]（certified public valuer，CPV）的身份在会计师事务所、税务师事务所、资产评估事务所和管理咨询公司工作，主要从事财务报告审计鉴证服务、税务代理、资产评估和管理咨询等业务。其中，财务报告审计鉴证服务是法定业务。根据各国相关法规和商业惯例，所有公开上市的公司都必须提供经注册会计师审计的财务报告，非公开上市公司以及其他企业组织，除了一些规模较小的企业组织，通常也需要提供经注册会计师审计的财务报告。

目前，全球最大的四家会计师事务所，简称“四大”(Big-Four)，包括普华永道（Price Waterhouse Coopers，PWC)、德勤（Deloitte Touche Tohmatsu，DTT)、毕马威（Klynveld Peat Marwick Goerdeler，KPMG）和安永（Ernst & Young，E&Y)。会计师事务所、税务事务所和资产评估事务所的从业人员必须通过相应的注册会计师、注册税务师和注册资产评估师执业资格考试并取得合格证书。

2. 私业会计师

私业会计师指那些为特定企业组织、政府及其他非营利组织服务并领取工资报酬的会计从业人员。

与公共会计师不同，私业会计师只为某个具体组织提供工作或服务，而且是该组织的成员之一。其所从事的工作主要包括财务会计（包括税务会计)、管理会计（包括成本会计）和内部审计。

私业会计师也必须通过相应的资格考试并取得合格证书。以美国和英国为例，私业会计师要分别通过注册管理会计师（certified management accountant，CMA）和特许会计师（chartered management accountant，CMA）的资格考试并取得合格证书。在中国，私业会计师必须通过全国会计师资格考试并取得合格证书。从事内部审计工作的会计从业人员还需要通过内部审计师资格考试并

① 在中国，注册税务师和注册资产评估师的执业资格考试都涉及会计学知识。不少具备会计学知识的人报考注册税务师和注册资产评估师的执业资格考试并成为税务师事务所和资产评估事务所的从业人员。

取得合格证书。

当然，公共会计师与私业会计师之间的职业划分并不是绝对的，两者可以相互转换。公共会计师可以到企业组织和政府及非营利组织工作，成为私业会计师；私业会计师也可以到会计师事务所、税务师事务所、资产评估事务所和管理咨询公司工作，成为公共会计师。

纵观世界各国大学的经济管理类教育，作为一种商业语言的会计学（accounting）都是一门重要的课程。可见，任何身处市场经济环境的经理人都必须理解这种商业语言。根据美国《商业周刊》报道，越来越多的首席执行官（CEO）出身于财务或会计行业，而不是其他行业。[①] 对《商业周刊》这种报道的可能解释是：任何伟大战略的实施都离不开财务资源的支持，而任何战略之所以伟大，就在于最终能够创造财务资源。“万涓成水，终究汇流成河”。企业组织的财务报告就是这条“河”。会计职业的从业人员在从事会计职业过程中，已经熟悉企业组织的经济活动及其经营管理流程。这样，由熟悉企业组织经济活动及其管理流程的财务或会计从业人员担当企业组织的首席执行官也就不足为奇。当然，做好企业组织的经营管理首先需要“听懂会计语言”，由此，也就不难理解“会计是一种商业语言”的说法了。

1.4.2 会计职业道德规范

俗话说“行有行规”。任何行业或职业，都有其职业道德规范。但是，职业道德规范对于会计职业而言显得特别重要。因为会计职业是提供相关信息的行业，会计信息是社会财富转移或利益分配的基础。会计信息的质量影响到企业组织与金融市场的发展与繁荣。因此，会计作为一种职业，其从业人员除了必须遵循一般的行规之外，还必须遵循其特有的职业道德规范。所谓会计职业道德规范（standards of ethical conduct），就是会计职业的从业人员必须遵循的基本行为准则。

会计职业道德规范与法律不同，它不属于强制性的规定，通常由行业协会制定。会计职业道德规范强调的是会计从业人员的自律。在中国，私业会计师的职业道德规范主要体现在《会计基础工作规范》中，而公共会计师的职业道德规范主要体现在中国注册会计师协会制定的《中国注册会计师职业道德基本规范》中。尽管公共会计师与私业会计师的职业道德规范侧重点有所不同，但是，归纳起来无非就是诚信（integrity）和客观（objectivity）两个方面。在这里，诚信意味着在与他人打交道和交流时保持诚实和正直，而客观则意味着独立与公平，不受利益冲突的影响。事实上，如果公共会计师和私业会计师缺乏应有的诚信，就难以保证客观。因此，诚信是会计职业的灵魂，也是会计职业的立业之本。

---

① 转引自查尔斯·T. 亨格瑞，加里·L. 森登，约翰·A. 埃利奥特，唐娜·R. 菲尔布里克：《财务会计教程》（原书第10版），30页，北京，机械工业出版社，2012。

思考题

1. 企业组织有哪些形式？
2. 何谓财务会计？何谓管理会计？两者有何区别与联系？
3. 如何理解会计在企业组织的经营管理过程中所扮演的角色？
4. 会计信息的需求者与供给者包括哪些？
5. 会计职业包括哪些？
6. 如何理解“诚信”是会计职业的灵魂？
7. 学习本章之后，你对会计有何认识？

第2章 基本财务报表

本章要点

2.1 基于会计视角的企业组织
2.2 资产负债表
2.3 利润表
2.4 现金流量表

学习目标

1. 了解财务报表的种类
2. 理解资产负债表的含义及其结构
3. 理解利润表的含义及其结构
4. 理解现金流量表的含义及其结构

引例

基于金融市场与现代公司制度背景，企业组织通常由经理人负责经营。通俗地说，现代企业组织的经营模式就是“经理人用他人的钱，为他人赚更多的钱”。由此，企业组织的经理人面对企业组织内外部环境，从劳动力市场与金融市场获得人力资源与财务资源，并整合运用这些资源为企业组织创造价值。企业组织的经理人为此制定经营战略，并在企业组织实施这些战略，开展丰富多彩的经济活动。

财务报表以“会计特有语言”总结企业组织的战略实施过程（经济活动）的财务结果。财务报表是财务会计提供相关信息的基本载体，也是财务会计的最终成果。

那么，财务会计将以哪些财务报表描述并展示企业组织的经济活动过程及其结果呢？

2.1 基于会计视角的企业组织

先把财务报表暂时放在一边，想象每一个企业组织都孜孜以求的事情：赚钱或创造价值。在任何一天，不管刚刚成立还是由来已久，每一个企业组织都为销售而提供一系列的产品或服务。制造或拥有这些产品或提供服务需要一定的费用支出，当然，其数额应该在企业组织财力许可的范围之内。一个简单的道理就是通过销售产品或提供服务得到比制造或拥有这些产品或服务所花费的成本或费用更多的钱，从而可以占有两者的差额——利润（profit）。这就是人们通常说的“赚钱”或“创造价值”。

如果企业组织成功地实现利润，企业组织将越来越兴旺发达。否则，它所拥有的财力将日渐消减。早晚有一天，它将无力支付制造或拥有那些产品或服务的成本或费用，此时，它的经济活动将不得不缩减，甚至停止，最终，它将宣布破产。这就是一个企业组织从生到死的全部故事。企业组织的财务报表只不过是用“会计特有语言”讲述这个故事的一种方式而已。

无论企业组织的结构、业务范围、经营规模如何不同，也不管企业组织是否做出了惊天动地的成就，所有的企业组织都通过资产负债表（balance sheet）、利润表（income statement）和现金流量表（statement of cash flow）描述其财务状况、经营成果和现金流动状况。[①] 每一种财务报表都有其特定的目的，三种财务报表之间存在相互钩稽的财务关系。在理解和分析企业组织的财务报表时，经理人不能局限于对某种财务报表本身的理解，要综合理解各种财务报表之间的关系以及某种财务报表的变化对其他财务报表所产生的影响。

所有的企业组织都必须回答下面三个问题：

（1）企业组织是否盈利？（企业组织的“面子”如何？）

（2）企业组织的价值何在？（企业组织的“底子”如何？）

（3）企业组织的现金流动状况如何？（企业组织的“日子”怎么过？）

企业组织的利润表为第一个问题提供了答案。如果企业组织不能盈利，就难以持续经营下去，这个道理非常浅显。如果企业组织盈利了，那么，其价值何在？资产负债表为第二个问题提供了答案。现金流量表则为第三个问题提供了答案。

由此可见，基于会计视角，企业组织无非是由企业组织的各层次经理人的一系列经营管理活动所形成的财务状况、经营成果和现金流动状况及其背后的财务关系的集合体。

2.2 资产负债表

如前所述，资产负债表回答了“企业组织的价值何在”这个问题。那么，资产负债表是如何回答“企业组织的价值何在”这个问题的呢？

2.2.1 资产负债表的结构

任何企业组织要从事经济活动都必须具备一定的资金。这些资金无非来源于所有者（股东）入股和向债权人借钱。前者就是会计学的“所有者权益”（owners' equity），后者就是会计学的“负债”（liabilities）。企业组织的任何资金来源必定有其表现形式，这就是会计学的“资产”（assets）。也就是说，在会计学上，企业组织的任何资金来源必定有其相应的资产表现形式（俗称资金占用），而任何资产表现形式必定有其相应的来源（俗称资金来源）。企业

① 根据《企业会计准则第 30 号——财务报表列报》，企业组织的财务报表至少包括资产负债表、利润表、现金流量表、所有者权益（或股东权益）变动表和附注，即“四表一注”。基于本书的性质与定位，本书不讨论所有者权益（或股东权益）变动表。

组织的资产与其来源的总额必定相等。因此，企业组织的资金来源总额与资金占用总额总是保持平衡。[①] 其数量关系可以用公式表述为：资产总额＝负债总额＋所有者权益总额。这就是财务会计的基本恒等式。更为重要的是，它奠定了财务会计的基础。同时，这个基本恒等式也是资产负债表的基本结构。

简单地说，资产负债表是一个企业组织财务结构的记录。企业组织是一个不断运转的主体，其价值每时每刻都在变化，资产负债表只是表明在某个特定时点企业组织拥有什么，企业组织欠他人什么，两者相抵之后，企业组织为其所有者（股东）留下什么。财务会计的基本恒等式“资产总额＝负债总额＋所有者权益总额”从总体上回答了这些问题。

根据我国《企业会计准则第 30 号——财务报表列报》及其应用指南，企业组织的资产负债表格式如表 2-1 所示。[②]

表 2-1 　　**资产负债表**

会企 01 表

编制单位： 　　年　月　日 　　单位：元

资产	期末余额	年初余额	负债和所有者权益	期末余额	年初余额
流动资产：			**流动负债：**		
货币资金			短期借款		
以公允价值计量且其变动计入当期损益的金融资产			以公允价值计量且其变动计入当期损益的金融负债		
应收票据			应付票据		
应收账款			应付账款		
预付款项			预收款项		
应收利息			应付职工薪酬		
应收股利			应交税费		
其他应收款			应付利息		
存货			应付股利		
一年内到期的非流动资产			其他应付款		
其他流动资产			一年内到期的非流动负债		
流动资产合计			其他流动负债		
非流动资产：			流动负债合计		
可供出售金融资产			**非流动负债：**		
持有至到期投资			长期借款		
长期应收款			应付债券		
长期股权投资			长期应付款		

① 这是资产负债表英文名称为“balance sheet”的原因。

② 金融业如商业银行、保险公司和证券公司等特殊行业的格式有些不同。

续前表

资产	期末余额	年初余额	负债和所有者权益	期末余额	年初余额
投资性房地产			专项应付款		
固定资产			预计负债		
在建工程			递延收益		
在建物资			递延所得税负债		
固定资产清理			其他非流动负债		
生产性生物资产			非流动负债合计		
油气资产			负债合计		
无形资产			**所有者权益（或股东权益）：**		
开发支出			实收资本（或股本）		
商誉			资本公积		
长期待摊费用			减：库存股		
递延所得税资产			其他综合收益		
其他非流动资产			盈余公积		
非流动资产合计			未分配利润		
			所有者权益（或股东权益）合计		
资产总计			**负债和所有者权益（或股东权益）总计**		

由表2－1可见，资产负债表的左边列示了各项资产，右边列示了各种负债及所有者权益。资产、负债和所有者权益构成了资产负债表的财务会计要素。

如前所述，资产负债表反映企业组织在某一特定时点（如2016年12月31日）的财务状况。因此，资产负债表是一幅企业组织财务状况的静态图画。它只是财务报表编制日（如2016年12月31日）企业组织财务结构的“快照”。而在这一天之后或之前的资产负债表可能与之不同。不过，从总体上看，企业组织过去的经营活动、投资活动和筹资活动的结果都会反映在资产负债表上。可以说，资产负债表在一定程度上总括地反映了企业组织的全部交易（transactions）或事项（events）及其影响结果。

资产负债表也反映了企业组织与其利益相关者之间的契约关系，有助于了解和把握特定时点（如2016年12月31日）企业组织的财务结构。但是，资产负债表并不能直接反映企业组织的盈利状况，也不能直接反映企业组织的现金流量状况。

2.2.2 资产负债表的内容

如表2－1所示，资产负债表包括资产、负债和所有者权益等三大类项目。

1. 资产类项目

根据我国《企业会计准则——基本准则》，资产是指过去的交易、事项形成并由企业组织拥有或控制的资源，该资源预期会给企业组织带来经济利益。符合上述资产定义的资源，还要同时满足如下两个条件，才能确认为资产：(1) 与该资源有关的经济利益很可能流入企业组织；(2) 该资源的成本或价值能够可靠地计量。那些符合资产定义但不符合资产确认条件的项目，不应当列入资产负债表。

根据我国《企业会计准则——基本准则》，资产计量（价）[①] 基础包括：(1) 历史成本（historical cost）。根据历史成本计价原则，资产按照购买或取得时的现金或现金等价物的金额，或者按照购买资产时所付出的对价的公允价值计价。(2) 重置成本（replacement cost）。根据重置成本计价原则，资产按照现在购买相同或者相似资产所需支付的现金或者现金等价物的金额计价。(3) 可变现净值（net realizable value）。根据可变现净值计价原则，资产按照其正常对外销售所能收到现金或者现金等价物的金额，扣减该资产至完工时估计将要发生的成本、估计的销售费用以及相关税费之后的金额计价。(4) 现值（present value）。根据现值计价原则，资产按照预计从其持续使用和最终处置所产生的未来净现金流量的折现金额计价。(5) 公允价值（fair value）。根据公允价值计价原则，资产按照在公平交易过程中，熟悉情况的交易双方自愿进行资产交易或者债务清偿的金额计价。[②]

根据《企业会计准则第30号——财务报表列报》及其应用指南，资产负债表的资产项目应当分别流动资产（current assets）与非流动资产（non-current assets）列示。资产满足下列条件之一时，应当归为流动资产：(1) 预计在一个正常经营周期内变现、出售或耗用；(2) 主要为交易目的而持有；(3) 预计在资产负债表日起一年内（含一年）变现；(4) 自资产负债表日起一年内，交换其他资产或清偿负债的能力不受限制的现金或现金等价物。流动资产之外的资产应当归为非流动资产，并按其性质分类列示。

现将资产负债表的主要资产项目说明如下[③]：

(1) 货币资金。货币资金指可以立即用于支付的资金。它主要包括库存现金、银行存款和其他货币资金。其他货币资金主要包括银行本票存款、银行汇票存款、信用卡存款、信用证保证存款、外埠存款、存出投资款等项目。

(2) 以公允价值计量且其变动计入当期损益的金融资产。以公允价值计量且其变动计入当期损益的金融资产包括交易性金融资产和指定为以公允价值计量且其变动计入当期损益的金融资产。交易性金融资产指企业组织为了交易目

---

① 资产的计价包括初始计价、后续计价（如存货和固定资产等）和期末计价（计提减值准备）。

② 这里的“公允价值计价原则”的描述援引《企业会计准则——基本准则》的表述。根据《企业会计准则第39号——公允价值计量》第二条，公允价值是指市场参与者在计量日发生的有序交易中，出售一项资产所能收到或者转移一项负债所需支付的价格。

③ 企业会计准则适用于所有行业。如果就某个具体行业而言，未必同时拥有所有项目。

的而持有的金融资产。这些金融资产可以随时让渡且预期一年之内变现。持有交易性金融资产的目的在于利用闲置资金获得收益。

(3) 应收及预付款项。应收及预付款项指各种应收未收的结算款项和预付款项。应收及预付款项主要包括应收票据、应收账款、预付账款等项目。

(4) 存货。存货指企业组织在日常经营活动中持有的以备出售的产成品或商品、处于生产过程中的在产品、在生产过程或提供劳务过程中耗用的材料和物料等。

(5) 可供出售金融资产。可供出售金融资产指企业组织没有划分为以公允价值计量且其变动计入当期损益的金融资产、持有至到期投资、贷款和应收款项的金融资产。

(6) 持有至到期投资。持有至到期投资指企业组织购买的准备持有至到期的投资（债券）。换句话说，企业组织在购买这些投资（债券）之后，并不准备在投资（债券）到期之前出售，而是准备在投资（债券）到期之后收回投资额及其投资收益。

(7) 长期股权投资。长期股权投资指企业组织通过各种形式而长期持有的其他企业组织的股权。

(8) 投资性房地产。投资性房地产指为了赚取租金或资本增值，或两者兼有而持有的房地产，包括已出租的土地使用权、持有并准备增值后转让的土地使用权及已出租的建筑物。

(9) 固定资产。固定资产指同时满足下列特征的有形资产：第一，为生产商品、提供劳务、出租或经营管理而持有；第二，使用寿命超过一个会计年度。

(10) 生物资产。生物资产指有生命的动物和植物，包括消耗性生物资产（为出售而持有的或在将来收获为农产品的生物资产，包括生产中的大田作物、蔬菜、用材林以及存栏待售的牲畜等）、生产性生物资产（为产出农产品、提供劳务或出租等目的而持有的生物资产，包括经济林、薪炭林、产畜和役畜等）和公益性生物资产（以防护、环境保护为主要目的的生物资产，包括防风固沙林、水土保持林和水源涵养林等）。

(11) 无形资产。无形资产指企业组织拥有或控制的没有实物形态的可辨认非货币性资产，如专利权、非专利技术、商标权及著作权等。

(12) 递延所得税资产。递延所得税资产指因暂时性差异而导致的应交所得税数额大于所得税费用数额的差额。

上述项目中，货币资金、以公允价值计量且其变动计入当期损益的金融资产、应收及预付款项和存货等项目属于流动资产；可供出售金融资产、持有至到期投资、长期股权投资、投资性房地产、固定资产、生物资产、无形资产和递延所得税资产等项目属于非流动资产。

5 分钟回顾：

当下流行这样一句话，“人力资源是企业组织最宝贵的资产”。可是，资产负债表怎么没有列示该项目呢？

2. 负债类项目

根据我国《企业会计准则——基本准则》，负债是指过去的交易、事项形成的现时义务，履行该义务预期会导致经济利益流出企业组织。符合上述定义的义务，还要同时满足如下两个条件，才能确认为负债：(1) 与该义务有关的经济利益很可能流出企业组织；(2) 未来流出的经济利益的金额能够可靠地计量。那些符合负债定义但不符合负债确认条件的项目，不应当列入资产负债表。

根据我国《企业会计准则第 30 号——财务报表列报》及其应用指南，资产负债表的负债应当分别流动负债（current liabilities）与非流动负债（non-current liabilities）列示。负债满足下列条件之一，应当归为流动负债：(1) 预计在一个正常经营周期内清偿；(2) 主要为交易目的而持有；(3) 自资产负债表日起一年内到期应予清偿；(4) 企业无权自主地将清偿推迟至资产负债表日后一年以上。流动负债之外的负债应当归为非流动负债，并按其性质分类列示。

现将资产负债表的主要负债项目说明如下：

(1) 短期借款。短期借款指从银行等金融机构借入的、偿还期限短于一年（含一年）的借款。

(2) 以公允价值计量且其变动计入当期损益的金融负债。以公允价值计量且其变动计入当期损益的金融负债主要指为了近期内回购而承担的金融负债。

(3) 应付及预收款项。应付及预收款项指各种应付而未付的结算款项和预收款项，主要包括应付票据、应付账款、预收款项和其他应付款等。

(4) 应付职工薪酬。应付职工薪酬指应付而尚未支付给职工的薪酬。

(5) 应交税费。应交税费指应交而未交的各种税款，如应交增值税和应交所得税等。

(6) 长期借款。长期借款指从银行等金融机构借入的、偿还期限长于一年的借款。

(7) 应付债券。应付债券指企业组织发行的一年期以上的债券本金及其应计利息。

(8) 长期应付款。长期应付款指各种期限在一年以上的应付而未付的款项，如应付引进设备款、应付融资租赁款等。

(9) 预计负债。预计负债指满足会计准则规定条件的、与或有事项相关的义务。所谓或有事项，是指过去的交易或事项形成的，其结果须由某些未来事项的发生或不发生才能决定的不确定事项。

(10) 递延所得税负债。递延所得税负债指因暂时性差异而导致的应交所得税数额小于所得税费用数额的差额。

上述项目中，短期借款、以公允价值计量且其变动计入当期损益的金融负债、应付及预收款项、应付职工薪酬和应交税费等项目属于流动负债，长期借款、应付债券、长期应付款、预计负债和递延所得税负债等项目属于非流动负债。

5 分钟回顾：

张三拥有一家资产 10 亿元的企业组织，你认为他算有钱人吗？

3. 所有者权益项目

根据我国《企业会计准则——基本准则》，所有者权益是指所有者（股东）在企业组织资产中享有的经济利益，其数额为资产总额减去负债总额之后的余额。所有者权益，整体或抽象意义上，与资产相联系。所有者权益包括所有者投入的资本（人们常说的“实收资本”或“注册资本”）、直接计入所有者权益的利得或损失、留存收益等。

现将资产负债表的所有者权益项目说明如下：

(1) 实收资本或股本。实收资本指投资者投入非股份公司的资本；股本指投资者购买股份公司股票（份）所支付的款项中相当于所购买股票（份）的面值部分。

(2) 资本公积。资本公积指盈利以外的公共资本积累，包括股票发行溢价、法定财产重估增值、接受捐赠的资产价值等。

(3) 盈余公积。盈余公积指根据法规要求或企业组织自身发展需要，按照一定比例，从税后利润提取的利润累积。盈余公积包括法定盈余公积和任意盈余公积。

(4) 未分配利润。未分配利润指企业组织历年已实现利润累计尚未分配的部分。

实际上，所有者权益由实收资本（包括实收资本和资本公积）与留存收益(retained earnings) 构成。留存收益是企业组织历年实现的净利润留存于企业组织的部分（包括盈余公积和未分配利润）。

5 分钟回顾：

阅读资产负债表，人们常说的“国有资产”在哪里？

由此可见，资产负债表各个项目按其流动性排列。流动性强的项目，排在前面（资产负债表上方）；流动性弱的项目，排在后面（资产负债表下方）。

2.3 利润表

如前所述，利润表回答了“企业组织是否盈利”这个问题。那么，利润表是如何回答“企业组织是否盈利”这个问题的呢？

2.3.1　利润表的结构

利润表是反映企业组织在一定期间的经营成果的财务报表。利润表反映了企业组织的经营绩效的主要来源及其构成。收入（revenues）、费用（expenses）和利润（profit）构成利润表的财务会计要素。

根据我国《企业会计准则第 30 号——财务报表列报》及其应用指南，企业组织的利润表格式如表 2－2 所示。①

表 2－2　　利润表

会企 02 表

编制单位：　　　年　月　　　单位：元

项目	本期金额	上期金额
一、营业收入		
减：营业成本		
税金及附加		
销售费用		
管理费用		
财务费用		
资产减值损失		
加：公允价值变动收益		
投资收益		
其中：对联营企业和合营企业的投资收益		
二、营业利润		
加：营业外收入		
其中：非流动资产处置利得		
减：营业外支出		
其中：非流动资产处置损失		
三、利润总额		
减：所得税费用		
四、净利润		
五、其他综合收益的税后净额		
（一）以后不能重分类进损益的其他综合收益		
1. 重新计量设定受益计划净负债或净资产的变动		
2. 权益法下在被投资单位不能重分类进损益的其他综合收益中享有的份额		
……		
（二）以后将重分类进损益的其他综合收益		

① 金融业如商业银行、保险公司和证券公司等特殊行业的格式有些不同。

续前表

项目	本期金额	上期金额
1. 权益法下在被投资单位以后将重分类进损益的其他综合收益中享有的份额		
2. 可供出售金融资产公允价值变动损益		
3. 持有至到期投资重分类为可供出售金融资产损益		
4. 现金流量套期损益的有效部分		
5. 外币财务报表折算差额		
……		
六、综合收益总额		
七、每股收益		
（一）基本每股收益		
（二）稀释每股收益		

根据我国《企业会计准则——基本准则》，收入是指企业组织在日常活动中所形成的、会导致所有者权益增加的、与所有者投入资本无关的经济利益的总流入。费用是指企业组织在日常活动中所发生的、会导致所有者权益减少的、与向所有者分配利润无关的经济利益的总流出。利润是指企业组织在一定会计期间的经营成果。利润包括收入减去费用后的净额、直接计入当期利润的利得和损失等。直接计入当期利润的利得和损失是指应当计入当期损益、会导致所有者权益发生增减变动的、与所有者投入资本或者向所有者分配利润无关的利得或者损失。

2.3.2 利润表的内容

根据表 2－2，利润表单独列示了营业收入、营业成本、税金及附加、管理费用、销售费用、财务费用、投资收益、公允价值变动收益、资产减值损失、非流动资产处置损益、所得税费用、净利润、其他综合收益的税后净额和综合收益。

鉴于许多项目本书后面还要专门讨论，下面简要说明公允价值变动收益、资产减值损失、非流动资产处置损益和综合收益等四个项目的内容。

（1）公允价值变动收益。公允价值变动收益指根据公允价值计量模式，企业组织的交易性金融资产、交易性金融负债，以及采用公允价值计量模式的投资性房地产等项目的公允价值变动形成的应计入当期损益的利得或损失。

（2）资产减值损失。资产减值损失指企业组织各项资产发生的减值损失。

（3）非流动资产处置损益。非流动资产处置损益指企业组织处置固定资产等非流动资产而产生的损益。

（4）综合收益（comprehensive income）。综合收益指企业组织在某一期间除与所有者以其所有者身份进行的交易之外的其他交易或事项所引起的所有者权益变动。综合收益总额项目反映净利润和其他综合收益扣除所得税影响后的净额相加后的合计金额。其他综合收益指企业组织根据其他会计准则未在当期损益中确认的各项利得和损失。

利润表之所以将公允价值变动收益、资产减值损失、非流动资产处置损益和综合收益等四个项目单独列示，主要是为了便于信息使用者将这些非经常性损益与经常性损益区分开来，更好地理解企业组织的经营绩效。

乍一看，似乎利润表准确计量了一个企业组织赚得的可以用于经营活动的资金，其实不然。利润表只是企业组织财务成果的一段精彩录像。

5 分钟回顾：

你心目中“赚钱”的概念指什么？利润表的“净利润”代表赚钱吗？

2.4　现金流量表

如前所述，现金流量表回答了“企业组织的现金流动状况如何”这个问题。① 那么，现金流量表是如何回答“企业组织的现金流动状况如何”这个问题的呢？

2.4.1　现金流量表的结构

如前所述，资产负债表和利润表都不能反映一个企业组织的真实现金流动状况，只有现金流量表才能反映企业组织的现金流量状况。现金流量表揭示了企业组织在一定时期内创造的现金数额。同一时期的现金流入量（cash inflows）减去现金流出量（cash outflows）就得到该时期的现金流量净额（net cash flows）。现金流量表揭示了企业组织在满足所有现金支出之后究竟还创造了多少超额的现金。根据我国《企业会计准则第 31 号——现金流量表》及其应用指南，企业组织的现金流量表格式如表 2－3 所示。②

表 2－3　　现金流量表

会企 03 表

编制单位：　　　　年　月　　　　单位：元

项目	本期金额	上期金额
一、经营活动产生的现金流量：		
销售商品、提供劳务收到的现金		
收到的税费返还		

① 根据我国《企业会计准则——基本准则》，小企业规模较小，外部信息需求相对较低，可以不编制现金流量表。

② 金融业如商业银行、保险公司和证券公司等特殊行业的格式有些不同。

续前表

项目	本期金额	上期金额
收到其他与经营活动有关的现金		
经营活动现金流入量小计		
购买商品、接受劳务支付的现金		
支付给职工以及为职工支付的现金		
支付的各项税费		
支付其他与经营活动有关的现金		
经营活动现金流出量小计		
经营活动产生的现金流量净额		
二、投资活动产生的现金流量：		
收回投资收到的现金		
取得投资收益收到的现金		
处置固定资产、无形资产和其他长期资产收回的现金净额		
处置子公司及其他营业单位收到的现金净额		
收到其他与投资活动有关的现金		
投资活动现金流入量小计		
购建固定资产、无形资产和其他长期资产支付的现金		
投资支付的现金		
取得子公司及其他营业单位支付的现金净额		
支付其他与投资活动有关的现金		
投资活动现金流出量小计		
投资活动产生的现金流量净额		
三、筹资活动产生的现金流量：		
吸收投资收到的现金		
取得借款收到的现金		
收到其他与筹资活动有关的现金		
筹资活动现金流入量小计		
偿还债务支付的现金		
分配股利、利润或偿付利息支付的现金		
支付其他与筹资活动有关的现金		
筹资活动现金流出量小计		
筹资活动产生的现金流量净额		
四、汇率变动对现金及现金等价物的影响		
五、现金及现金等价物净增加额		
加：期初现金及现金等价物余额		
六、期末现金及现金等价物余额		

2.4.2 现金流量表的内容

如表 2－3 所示，现金流量表的现金流入量与现金流出量分为经营活动产生的现金流量（cash flows from operating activities）、投资活动产生的现金流量（cash flows from investing activities）和筹资活动产生的现金流量（cash flows from financing activities）。现金流入量与现金流出量之间的差额就是现金流量净额。

1. *经营活动产生的现金流量*

企业组织的经营活动是指企业组织投资活动和筹资活动以外的所有交易和事项。经营活动产生的现金流量是影响企业组织现金流量的最重要的因素。

根据我国《企业会计准则第 31 号——现金流量表》，经营活动产生的现金流入量项目主要包括：(1) 销售商品、提供劳务收到的现金；(2) 收到的税费返还；(3) 收到其他与经营活动有关的现金。

经营活动产生的现金流出量项目主要包括：(1) 购买商品、接受劳务支付的现金；(2) 支付给职工以及为职工支付的现金；(3) 支付的各项税费；(4) 支付其他与经营活动有关的现金。

2. *投资活动产生的现金流量*

企业组织的投资活动是指企业组织长期资产的购建和不包括在现金等价物范围内的投资及其处置活动。

根据我国《企业会计准则第 31 号——现金流量表》，投资活动产生的现金流入量项目主要包括：(1) 收回投资收到的现金；(2) 取得投资收益收到的现金；(3) 处置固定资产、无形资产和其他长期资产收回的现金净额；(4) 处置子公司及其他营业单位收到的现金净额；(5) 收到其他与投资活动有关的现金。

投资活动产生的现金流出量项目主要包括：(1) 购建固定资产、无形资产和其他长期资产支付的现金；(2) 投资支付的现金；(3) 取得子公司及其他营业单位支付的现金净额；(4) 支付其他与投资活动有关的现金。

3. *筹资活动产生的现金流量*

企业组织的筹资活动是指导致企业组织的资本及债务规模和构成发生变化的活动。

根据我国《企业会计准则第 31 号——现金流量表》，筹资活动产生的现金流入量项目主要包括：(1) 吸收投资收到的现金；(2) 取得借款收到的现金；(3) 收到其他与筹资活动有关的现金。

筹资活动产生的现金流出量项目主要包括：(1) 偿还债务支付的现金；(2) 分配股利、利润或偿付利息支付的现金；(3) 支付其他与筹资活动有关的现金。

现金流量表实际上就是对“盈利的企业组织为何走向破产”的解释，也是对资产负债表结果（货币资金项目）的解释。可以说，资产负债表体现企业组织的经济活动结果，而现金流量表则体现企业组织的经济活动过程。现金流量表揭示了“企业组织的现金从哪里来，到何处去”。

企业组织必须靠持续的经营活动产生的现金流量才能维持下去。短期内企业组织可以通过筹资产生的现金流量满足经营活动和投资活动产生的现金流出量需求。但是，从长远的角度看，必须有理由证明经营活动产生的现金流量能够偿付筹资活动所带来的未来现金流出量需求。否则，企业组织难以持续发展。

5 分钟回顾：

为什么利润表的“净利润”与现金流量表的“经营活动产生的现金流量净额”通常不一致？

思考题

1. 企业组织的基本财务报表包括哪些？

2. 何谓资产负债表？

3. 为什么利润表要单独列示公允价值变动损益、资产减值损失、非流动资产处置损益和综合收益等四个项目？

4. 如何理解现金流量表揭示了“企业组织的现金从哪里来，到何处去”？

业务题

1. 会计要素

明湖公司 2016 年 12 月 31 日汇总了下列资产、负债、所有者权益、收入和费用项目：

业主资本	预付保险费	购货运费	办公用品	应付账款	服务收入
业主提款	库存商品	折旧费用	销货运费	佣金收入	利息收入
员工薪金	水电费用	应收账款			

根据上述资料，分别指出哪些项目属于资产、负债、所有者权益、收入和费用项目。

2. 利润表

华明独资企业 2016 年年初的负债总额为 25 000 元，2016 年年末的负债总额为 20 000元。该企业 2016 年年末的所有者权益总额为 30 000 元，2016 年年末的资产总额比 2016 年年初的资产总额多 10 000 元。假设资本投入的数额比利润分配的数额多4 000 元。

根据上述资料，要求：

(1) 计算华明独资企业 2016 年度的利润。

(2) 既然根据前后两期资产负债表就可以计算出当期利润，为什么还要编制利润表呢？

案例讨论题

股份有限公司通常是大型且复杂的组织，但可通过追溯其从个人创意到大型公司的发展过程加以考察。例如，对亨利·福特汽车制造厂的传记式描述——该厂发展的决策如何影响相关决策，每一步都加入其他利益相关者或利益关系人。

亨利·福特始于为大众生产汽车的创意。他用自己的钱购买原材料，制造一部汽车并卖给一个对它满意的顾客而获得一定的利润。他又将销售所得资金投资，购买更多的原材料，制造更多的汽车。

表 1 描述了亨利公司最初的资产负债表。

表 1　　　　亨利公司最初的资产负债表

项目	金额	项目	金额
现金	C		
原材料	R		
工具	T		
汽车间	G	亨利权益	HE
资产总额	TA	负债及所有者权益总额	TA

在表 1 中，资产负债表的基本等式为："资产总额＝负债总额＋所有者权益总额"。

这个等式必须永远保持。筹资决策通过资产负债表的右方来反映。亨利本人提供全部资本，因此，负债及所有者权益仅由亨利权益组成，记作 HE。亨利也是该公司的经理。实际上，此时除了供应商和顾客之外，亨利是该公司的唯一直接参与者。

亨利的初衷是赚钱，但是，如果公司失败了怎么办？结果自然是亨利花光了钱。在这种情况下，亨利就损失了所投入的资金，但他人并没有损失什么。

最初制造一部汽车还不错。然而，他有了较多的顾客。如果购买更多的原材料就可能出现问题，亨利即公司没有足够资金，因此，向银行借款。他承诺以未来汽车销售收入偿还借款。

表 2 描述了亨利公司变化后的资产负债表。

表 2　　　　亨利公司向银行借款后的资产负债表

项目	金额	项目	金额
现金	C'		
原材料	R'		
工具	T'	银行借款	B'
汽车间	G'	亨利权益	HE'
资产总额	TA'	负债及所有者权益总额	TA'

此时，该公司筹资的资本结构由两部分组成（为了强调会计等式永远保持平衡，以 TA' 代表负债及所有者权益总额），即负债和权益。其中，权益代表所有权，负债是

对借款的法律义务。作为唯一的股东，亨利对该公司及其资产仍然享有唯一的所有权。因为他是该公司的经理，他对公司及其资产保持直接控制权。然而，他现在受到银行借款义务的约束，需要支付借款利息和偿还借款本金。银行已成为亨利公司的利益相关者。

银行向亨利贷款的初衷是赚钱。因此，亨利应允在还款之外还要付息。亨利公司这时如果失败，即不能卖掉汽车获利又会怎样？在这种情况下，该公司可能没有足够的现金清偿银行借款。由于这种可能性，银行就要承担一定的风险，那么，风险有多大呢？

悲观地说，即使亨利损失了全部投资，无法偿清借款，银行也可有所得。乐观地说，如果公司成功，银行不仅收回借款，还要加收约定利息，此时，亨利获得全部"超额净收益"——超过约定付给银行的全部净收益。简而言之，在悲观状态下，亨利比银行更糟；而在乐观状态下，亨利比银行更好。当然，银行必须信任亨利会承担责任而不会逃逸不偿还借款。

举债后的情况比初创时亨利提供全部资本的情况更为复杂，确定向公司求偿的价值更难。公司的决策因为影响更多的利益相关者而显得更为复杂。现在的情况是：(1) 亨利保持公司的唯一所有权；(2) 亨利仍然控制公司的资产，但受银行借款义务的约束；(3) 银行承担一定风险；(4) 亨利承担其余全部风险，这是公司风险的主要部分。

不久，亨利有了更多的顾客订单，甚至每天接踵而来，以至于他个人终生都无法完成。为了满足这些顾客的需要，亨利雇用一些员工。此时，虽然资产负债表并无变化，但亨利公司对其员工承担某些固有的义务。例如，倘若公司迟付工资，其员工会烦恼。同时，员工也对公司承担某些固有的义务。例如，员工不得为个人谋利而报销费用。因此，虽然资产负债表和公司所有权没有变化，但是，亨利对公司资产的控制权却受到更多的约束。

对亨利汽车的需求持续上升。此时，虽然亨利雇用员工按订单制造汽车，但他再次陷入购买原材料资金不足的困境。他去找银行，但银行拒绝增加贷款。换言之，银行不愿承担追加贷款的风险。只有亨利投入更多资本，银行才肯增加贷款。但是，亨利已身无分文，他已将全部资金都投入了公司。银行建议亨利进行其他权益性筹资，亨利依计而行。像网景公司一样，亨利将公司的股份让售给新的权益所有者，还组建了董事会。

表 3 列示了该公司新的资产负债表。

表 3　　亨利公司上市后的资产负债表

项目	金额	项目	金额
现金	C″		
原材料	R″	银行借款	B″
工具	T″	新股东权益	O″
汽车间	G″	亨利权益	HE″
资产总额	TA″	负债及所有者权益总额	TA″

亨利及其公司现在所处的境况是：(1) 该公司已不再由亨利独有；(2) 尽管亨利仍然担任经理并仍然控制公司的资产，但此时受到更多的约束，除了银行借款和员工义务之外，他还要承担为其他股东最佳利益行事的义务；(3) 银行继续承担公司的一些风险；(4) 亨利不再承担剩余的全部公司风险，他和新股东按每人持有股份的比例分担剩余的公司风险。

新股东投资的动机与亨利和银行一样，都是获利。公司获利越多，各个股东获利也就越多（按每人持股的比例）。由于各位股东（包括亨利）的动机相同，他们的利益似乎也是一致的。但是，亨利是唯一直接控制公司资产的股东，因而，其他股东需要委托亨利按他们的最佳利益行事，如不会为本人支付不当的高薪。

随着时间的流逝，亨利公司的经营比以往更为成功。然而，亨利此时对从事多年的工作感到厌倦，决定退休，靠投资收益度日。由此，亨利聘任职业经理人经营公司。聘任职业经理人与聘任其他员工一样并不改变资产负债表。但这种变更却非常重要：亨利不再直接控制公司及其资产，而是由职业经理人控制公司资产，同时亨利已经与其他股东一样了。尤其是，亨利必须委托职业经理人为其利益经营公司，就像其他股东曾经委托他经营公司那样。

这时，亨利公司已成为一个特大型且复杂的股份有限公司。在初创时，其资产负债表的右方非常简单，资产全部由亨利权益提供。现在变得复杂了，股东之间涉及外在和内在的约定。每项变更都增加了股东之间的潜在利益冲突。例如，对公司资产无直接控制权的股东，可能宁愿公司冒高风险以便取得高收益，因为还有其他资产能够"承受"风险。与这些股东相比，公司经理对资产拥有直接控制权，但受公司风险的影响不同。倘若公司破产，职业经理人会失业。因此，职业经理人可能限制公司风险，甚至放弃有较大潜在收益的投资机会。（本案例基本素材来自：道格拉斯·R. 爱默瑞、约翰·D. 芬尼特：《公司财务管理》，9～12 页，北京，中国人民大学出版社，1999。这里略作改动。）

阅读了上述素材之后，请讨论：

(1) 亨利与银行之间可能存在的利益冲突。

(2) 亨利与其他股东之间可能存在的利益冲突。

(3) 亨利公司的职业经理人与亨利和其他股东之间可能存在的利益冲突。

(4) 会计如何协调上述各方的利益冲突？

(5) 从独资企业到公司这种企业组织形式的演变，会计信息使用者发生了哪些变化？

网络习题

登录巨潮资讯网（www.cninfo.com.cn）选择一家上市公司的年度财务报告，以其为样本回答以下问题：

1. 该公司报告期的资产总额、负债总额和所有者权益总额分别是多少？

2. 该公司报告期的营业收入、营业成本、公允价值变动收益、资产减值损失、非流动资产处置损溢、营业利润、利润总额、净利润和综合收益总额分别是多少？

3. 该公司报告期的经营活动产生的现金流入量、经营活动产生的现金流出量和经营活动产生的现金流量净额分别是多少？

4. 该公司报告期的投资活动产生的现金流入量、投资活动产生的现金流出量和投资活动产生的现金流量净额分别是多少？

5. 该公司报告期的筹资活动产生的现金流入量、筹资活动产生的现金流出量和筹资活动产生的现金流量净额分别是多少？

6. 该公司报告期的汇率变动对现金及现金等价物的影响、现金及现金等价物净增加额分别是多少？

第3章 财务会计信息的生成过程

本章要点

3.1　财务会计基本假设、原则与惯例

3.2　交易或事项分析

3.3　财务会计循环

学习目标

1. 理解财务会计基本假设、原则与惯例
2. 运用财务会计恒等式分析企业组织的交易或事项及其对财务报表的影响
3. 了解财务会计循环，理解财务会计信息的生成过程

引例

财务报表是企业组织经济活动的“照片”。会计正是借助这张“照片”传递商业语言的。但是，这张“照片”是以“会计特有语言”拍摄而成的。“会计特有语言”指什么呢？那就是财务会计信息的生成规则（包括会计准则、会计制度和会计惯例）。这些规则就像语言学的语法一样。语言学家对句子的结构、标准、用词选择等通常存有争议。同理，会计从业人员对如何报告已经发生的会计事项也持有不同的见解，在会计准则、制度允许的范围内，会计从业人员可能采用不同的会计方法与会计政策。作为经理人必须了解不同的会计方法或会计政策带来的不同财务结果以及不同企业组织所提供的信息之间的差异。就像要欣赏一场精彩的足球赛或亲自参加赛事一样，首先必须了解竞赛规则。商场如赛场。经理人只有了解财务会计信息的生成规则才能驾驭会计信息，并借助会计信息评价企业组织的经营绩效，诊断其战略和决策是否适应未来的发展。同时，经理人方能在经营管理过程中有效地获得所需要的会计信息并加以运用，从而把会计作为一种战略工具。

那么，基于一定的规则，财务报表这张“照片”如何拍摄呢？企业组织的经济活动又是如何影响这张“照片”的呢？

3.1 财务会计基本假设、原则与惯例

如前所述，企业组织的财务报表以“会计特有语言”描述企业组织的基本财务状况、经营成果和现金流动状况。它是企业组织的经理人及其他会计信息使用者理解企业组织的经营管理过程及其结果的基本载体。那么，企业组织的会计从业人员根据何种规则编制财务报表，生成财务会计信息呢？

3.1.1 财务会计基本假设

财务会计在其长期发展过程中，逐渐将其活动建立在一定的前提条件之上。

尽管这些前提条件尚不能称为规律，但已带有某些规律的性质。人们揭示了这些前提条件并给予合理的解释，这就是财务会计的基本假设（accounting postulates or assumptions）。

财务会计基本假设是企业组织的会计确认、计量与报告的前提，它界定了财务会计的时间和空间范围。财务会计的基本假设包括会计主体（accounting entity）、持续经营（going concern）、会计分期（accounting period）和货币计量（monetary measurement）。

1. 会计主体

会计主体是指企业组织的财务会计确认、计量与报告的空间范围。每个会计主体都必须独立核算。财务报表只是报告某个特定会计主体的基本财务状况、经营成果和现金流动状况。会计主体有两个基本含义：(1) 会计主体与其他主体严格分开；(2) 会计主体与其所有者（股东）严格分开。也就是说，任何一个企业组织都是一个会计主体，不允许与其他企业组织或所有者（股东）相互混淆。同一交易事项，基于不同会计主体，其含义不同。例如，“某企业组织到商业银行存款”这样的交易事项，基于企业组织这个会计主体，“存款”属于资产项目，而基于商业银行这个会计主体，“存款”就属于负债项目。

值得指出的是：会计主体与法律主体不同。会计主体未必是法律主体，而法律主体通常就是会计主体。

5 分钟回顾：

张三购买了平安银行（上市公司代码：000001）的股票 1 000 股，3 个月之后，张三将其中的 500 股转卖给了李四。

你认为平安银行的财务报表是否应该体现张三的股票转卖行为？为什么？

2. 持续经营

持续经营是指在缺乏相反证据的情境下，财务会计应该假设企业组织具有无限的生命力。也就是说，在可以预见的将来，企业组织将以当前的规模和状态继续经营下去，不会破产清算。基于市场经济环境，企业组织的破产清算绝非少数。显然，持续经营只是一种“美好的愿望”，它是一种假设。但是，持续经营假设是财务会计中一个必要且重要的假设。企业组织的许多交易事项的会计处理都是基于持续经营假设。总体上说，会计准则也是基于持续经营假设而制定的。比如，以一年或一个经营周期为限，资产分为流动资产与非流动资产，负债分为流动负债与非流动负债，都是以持续经营假设为基础。①

① 如果企业组织进入破产清算程序，那么，其会计处理就不再适用持续经营假设。这时，要启用专门的破产清算会计。

3. 会计分期

基于持续经营假设，企业组织只有到了破产清算时，才有必要和可能编制财务报表报告其财务状况、经营成果和现金流量状况。可是，会计信息的使用者基于经营决策和投资、融资决策的目的却经常需要企业组织的财务状况、经营成果和现金流量的相关信息。为了解决这个矛盾，财务会计就需要把企业组织“川流不息”的经济活动给予相对静止，将企业组织的经济活动这条“长河”人为地划分为若干相等的时间片断，这就是会计分期假设。因此，会计分期就是将企业组织持续经营的经济活动人为地划分为一个个连续的、长短相同的期间。

会计分期假设看似简单，其实，提出并承认这个假设相当重要。诸如确认（recognition）、实现（realization）与摊配（allocation）等许多重要的财务会计问题都与会计分期假设有关。会计分期假设界定了企业组织财务报表涵盖的时间范围。因此，如何确定会计期间便成为财务会计的一个重要问题。根据国际惯例，会计分期可以根据企业组织的经营周期确定（一个经营周期为一个会计分期），也可以采用日历年度作为会计分期。根据《企业会计准则——基本准则》，我国的企业组织采用日历年度作为会计分期，即每年的1月1日至12月31日为一个会计分期。

5分钟回顾：

华尔街流传这样一句话：“除非企业组织破产清算，否则，不可能准确地确定其利润。”

对此，你怎么看？

4. 货币计量

企业组织的资产项目众多，性质各异，计量单位也不同。据此，企业组织的各项资产便难以在数量上进行汇总和比较。例如，一台设备与一千克材料无法相加减。财务会计如何解决这个问题呢？这就产生了货币计量假设。

货币计量是指会计主体在确认、计量与报告其财务状况、经营成果和现金流量状况时以通用的货币作为共同的计量尺度。财务会计是市场经济的产物，基于市场经济环境和货币作为“商品的一般等价物”特性，财务会计所运用的共同计量尺度只能是货币。

当然，财务会计运用货币作为共同的计量尺度，必然引申出一个实质性的隐含假设：货币本身的价值（币值）基本稳定或变动微不足道。如果货币本身的价值发生较大变动，如出现持续的通货膨胀，那么，基于货币计量假设的会计信息可能就有问题。

5 分钟回顾：

企业组织的经济活动都可以量化吗？即使企业组织的经济活动可以量化，运用货币计量最合适吗？

3.1.2　财务会计的确认基础

有了会计分期假设，便产生一个问题：企业组织的经济业务何时确认？由此引发了财务会计的确认基础问题。财务会计的确认基础包括权责发生制（也称应计制（accrual basis））和收付实现制（也称现金制（cash basis））。

权责发生制是指凡是当期已经实现的收入和已经发生或应当负担的费用，无论款项是否支付，都应当确认为当期的收入和费用。凡是不属于当期的收入和费用，即使款项已经在当期收付，也不应当确认为当期收入和费用。收付实现制是指不论收入和费用是否应当归属于当期，只要收入和费用在当期实际收付，就应当确认为当期的收入和费用。其实，权责发生制与收付实现制的区别仅在于确认的时间选择不同而已。基于持续经营假设，两者没有什么区别。然而，基于会计分期假设，两者就存在重大区别。

如前所述，现代企业组织的经营模式就是"经理人用他人的钱，为他人赚更多的钱"。由此，现代企业组织普遍存在所有者委托经理人经营企业组织的委托代理关系，即受托责任。权责发生制较好地体现了现代企业组织普遍存在的受托责任和权力与责任互为因果关系。但是，权责发生制没有充分体现企业组织的交易活动如何影响企业组织的现金流量。根据《企业会计准则——基本准则》，我国企业组织的财务会计以权责发生制作为其确认基础。正是因为权责发生制没有充分体现企业组织现金流量状况的缺陷，企业组织除了编制以权责发生制为基础的资产负债表和利润表之外，还必须编制以收付实现制为基础的现金流量表。

3.1.3　财务会计的基本原则

以财务会计基本假设为基础，财务会计又产生了若干具有普遍指导意义的基本原则。主要包括可靠性原则（reliability）、历史成本原则、配比原则（matching）、可比性原则（comparability）和充分披露原则（full disclosure）。

1. 可靠性原则

作为一种商业语言，财务会计必须提供有助于决策的相关信息。如前所述，基于企业组织的所有权与经营权相分离的特征，绝大部分财务会计信息使用者远离企业组织。这样，财务会计信息的相关性（relevance）首先取决于其可靠性。如果财务会计信息是企业组织的经理人随意编造出来的，那么，这种缺乏可靠性的财务会计信息还值得相信吗？

可靠性原则是指财务会计提供的有助于决策的会计信息必须经得起查验。因此，可靠性原则要求财务会计的确认、计量与报告必须以实际发生的交易或事项为依据，而不能凭空虚构交易或事项。财务会计信息不允许有任何偏见，绝不能受企业组织的经理人或会计从业人员的个人意志左右。财务会计要达到这个要求，往往要求任何交易或事项都必须以“合情、合理、合法”的原始凭证（source documents）为依据。

5分钟回顾：

你认为相关性与可靠性矛盾吗？为什么？

2. 历史成本原则

历史成本原则要求会计从业人员对企业组织的资产、负债与所有者权益项目都以其取得、发生或形成时的交易价格即历史成本予以计量。历史成本具有可证实性，有凭证可查，经得起时间和实践的检验。这正符合现代企业组织的所有权与经营权相分离的特征和受托责任的要求。

当然，基于持续经营假设，企业组织并没有破产清算的迹象，因此，其资产、负债与所有者权益也就没有必要采用其他计量基础。不过，如果货币本身的价值发生较大变动，如出现持续通货膨胀，那么，历史成本原则就可能虽然确保了财务会计信息的可靠性，但是同时却损害了财务会计信息的相关性。

有鉴于此，财务会计在坚持历史成本原则的基础上，也尝试基于某些特定情境引入其他计量基础，如前述的公允价值等。

5分钟回顾：

财务会计为什么不彻底摒弃历史成本原则？

3. 配比原则

配比原则是指成本费用必须联系收入在相同会计分期确认，以便确定利润。更通俗地说，配比原则就是收入与为了取得收入而发生的成本费用必须反映在同一个会计分期。由此，配比原则具有两层含义：(1) 因果配比。收入与为了取得收入而发生的成本费用配比。例如，主营业务收入与主营业务成本费用之间的配比得到主营业务利润，而其他业务收入与其他业务成本费用之间的配比得到其他业务利润。(2) 时间配比。当期的收入与当期的成本费用配比。财务会计的费用摊配问题就是基于配比原则。

4. 可比性原则

可比性原则是指会计从业人员对企业组织不同时期发生的相同或相似的交易或事项，应当采用一致的会计方法或会计政策，不得随意变更，以便不同时期的财务会计信息可以相互比较。当然，可比性原则并不意味着会计从业人员不能变更其会计方法或会计政策，如果按照相关规定，在会计方法、会计政策变更之后能够提供更可靠、更相关的财务会计信息，也可以变更会计方法或会计政策。不过，必须在财务报表附注（footnote）中说明会计方法或会计政策变更的原因及其对财务报表的影响。

5 分钟回顾：

可比性原则能保证不同企业组织之间的会计信息可以相互比较吗？

5. 充分披露原则

充分披露原则要求所有与企业组织的财务状况、经营成果和现金流量状况相关的信息都必须在财务报表中做出全面、充分和可理解的表达，尽量减少财务会计信息使用者的误解。事实上，充分披露原则并不要求详尽地提供各种财务会计信息，而只是要求不要隐瞒任何重要的相关信息。

那么，何谓重要的相关信息呢？这是一个见仁见智甚至因人而异的问题。不过，财务会计实践中有一个判断标准：如果财务报表省略或错报了某项财务会计信息可能影响财务会计信息使用者的决策，那么，该财务会计信息就是重要的相关信息。

3.1.4　财务会计的修正性惯例

除了上述基本原则之外，财务会计还有一些修正性惯例（principle of exception）。这些修正性惯例的性质和财务会计的基本原则一样，但其作用仅限于例外的原则，以便基于某些特殊情境修正财务会计的基本原则。财务会计修正性惯例主要包括重要性原则（materiality）、谨慎性原则（conservation）和实质重于形式原则（substance over form）。

1. 重要性原则

重要性原则是指会计从业人员对无关重要的交易或微不足道的数字，可以不根据上述基本原则而按最为方便的方法适当简化处理。因为企业组织提供会计信息本身就是一项成本。这就需要讲求成本与效益（cost-benefit）的匹配关系。

在选择会计方法或会计政策时，会计信息的精确或简略、详细或粗略的程度取决于提供会计信息所发生的成本与其所带来的效益之间的对比。企业组织为了提供某项会计信息，如果其所费（成本）将超过其所得（效益），那么，其相应的会计方法或会计政策可能被摒弃，而改用其他所费低于所得的会计方法或会计政策，尽管后者所提供的会计信息在精确性和翔实程度上都略差于前者。

值得注意的是，这里的“重要性”是一个相对的概念，它与企业组织的规模和性质有关。

2. 谨慎性原则

基于市场经济环境，企业组织的经济活动充满不确定性。谨慎性原则是指会计从业人员需要基于不确定性情境做出职业判断时应当保持应有的谨慎，充分估计各种风险和损失，既不高估资产或收入，也不低估负债或费用。

当然，谨慎性原则并不意味着企业组织可以故意低估资产或收入，或者故意高估负债或费用。企业组织不能利用谨慎性原则蓄意隐瞒利润。

3. 实质重于形式原则

实质重于形式原则是指会计从业人员应当按照企业组织的交易或事项的经济实质进行财务会计的确认、计量与报告，而不仅仅以交易或事项的法律形式为依据。通常情况下，企业组织的交易或事项的经济实质与法律形式是一致的，但有时两者并不一致。只有在企业组织的交易或事项的经济实质与法律形式不一致的情境下，会计从业人员才能启用实质重于形式原则。

如何运用实质重于形式原则，在相当大程度上依赖于会计从业人员的职业判断。

3.2 交易或事项分析

为了理解财务报表的数据及其含义，首先必须明晰各种交易或事项对财务报表的影响。同时，只有理解各种交易或事项对财务报表的影响，才能清楚财务报表数据的来龙去脉。

3.2.1 扩展的财务会计恒等式

如前所述，财务会计的基本恒等式“资产总额＝负债总额＋所有者权益总额”奠定了财务会计的基础，也构成资产负债表的基本结构。

财务会计的基本恒等式表明企业组织的一切经济业务最终将引起企业组织的资产、负债与所有者权益项目之间的增减变动。其中，所有者权益不仅受所有者投资和盈利分配的影响，而且更主要的是它还受企业组织的经营成果的影响。企业组织获得收入，标志着所有者权益增加；企业组织发生成本费用，则标志着所有者权益减少。如果企业组织的收入大于成本费用，企业组织就盈利，所有者权益将根据所确定的利润数额增加相应的数额；反之，如果企业组织的收入小于成本费用，企业组织就亏损，所有者权益将根据所确定的亏损数额减少相应的数额。由此可见，企业组织一定期间的经营成果（盈利或亏损）最终都将体现在一定期间的财务状况中。由此，财务会计的基本恒等式“资产总额＝负债总额＋所有者权益总额”可以扩展为“资产总额＝负债总额＋所有者权益总额＋(收入－成本费用)”。这种关系可以解释如下：

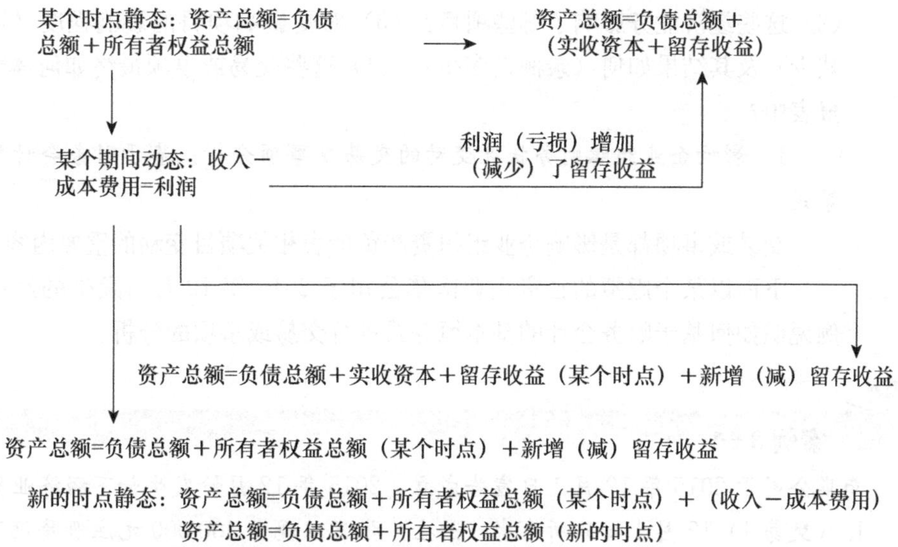

扩展的财务会计恒等式不但没有破坏财务会计的基本恒等式的恒等关系，而且将企业组织的财务状况与经营成果和谐地统一在一起，揭示了资产负债表与利润表的内在关系。由此可见，企业组织经济活动引起的任何变化都发生于资产、负债、所有者权益、收入与成本费用等五类项目之间。如前所述，资产、负债和所有者权益反映企业组织某个时点静态的财务状况，而收入与成本费用反映企业组织一定期间动态的经营成果。

这样，扩展的财务会计恒等式就可以作为企业组织交易或事项分析的基础。

5 分钟回顾：

1. 与财务会计的基本恒等式相比，扩展的财务会计恒等式的“资产总额”与“负债总额”是否发生变化？为什么？

2. 在讨论扩展的财务会计恒等式时，没有考虑实收资本增减（增资或撤资）和利润分配问题。如果考虑这些问题，扩展的财务会计恒等式还成立吗？为什么？

3.2.2　基于财务会计恒等式的交易或事项分析

要理解企业组织的各项交易或事项对财务报表的影响，首先要进行交易或事项分析。交易或事项分析是财务会计的核心。

这里的“交易”是指不同会计主体之间的价值转移，而“事项”是指同一个会计主体内部各个部门之间的资源转移。无论是交易还是事项，都会影响企业组织的财务报表。有时，财务会计将交易或事项统称为经济业务，泛指那些发生于不同会计主体之间以及会计主体内部各部门之间影响财务报表的经济活动。交易或事项分析涉及如下几个问题：（1）企业组织发生了哪些经济业务？

（2）这些经济业务影响了哪些项目？（3）对受影响项目的影响程度（增加还是减少）及其结果如何（余额是多少）？（4）这些交易或事项最终如何体现在财务报表中？

1. 影响企业组织财务状况变动的交易或事项分析：基于财务会计的基本恒等式

交易或事项都是影响企业组织资产负债表相关项目变动的重要内容。

下面以某个虚拟的独资企业南华公司于 2015 年 12 月份发生的经济业务为例说明如何基于财务会计的基本恒等式进行交易或事项的分析。

案例 3-1

南华公司于 2015 年 12 月 1 日宣告成立。2015 年 12 月份发生如下经济业务：

1.（交易 1）12 月 1 日，所有者（业主）张三以现金 400 000 元注册登记了南华公司。该款项已经存入南华公司在远方商业银行所开设的银行账户。

2.（交易 2）12 月 1 日，为了经营需要，南华公司向厦华商业银行借入 1 年期、年利率为 6%的短期借款 100 000 元。该借款合同规定南华公司必须到期一并还款付息。

3.（交易 3）12 月 2 日，南华公司用银行存款从厦新制造公司购买一批价值为 150 000元的 A 商品。

4.（交易 4）12 月 3 日，南华公司又从厦新制造公司购买一批价值为 10 000 元的 A 商品。厦新制造公司要求南华公司在 12 月 10 日之前支付 4 000 元，其余款项在 30 天之内付清。

5.（交易 5）12 月 4 日，南华公司从华夏公司购入一批价值为 15 000 元的各类商场设施，已经通过银行存款支付 4 000 元，其余款项在 60 天内支付。

6.（交易 6）12 月 5 日，南华公司将一个多余的陈列橱转卖给明湖商店，转让价格刚好等于其成本 1 000 元。明湖商店同意在 30 天内支付款项。

7.（交易 7）12 月 6 日，将 12 月 3 日赊购商品中价值 800 元的部分 A 商品退给厦新制造公司。

8.（交易 8）12 月 10 日，南华公司通过银行存款支付厦新制造公司款项 4 000 元。

9.（交易 9）12 月 12 日，南华公司收到 12 月 5 日转卖给明湖商店陈列橱的部分款项 700 元。该款项已经存入南华公司的银行账户。

10.（交易 10）12 月 12 日，张三从其个人银行账户提取 35 000 元，用于装修自己的房屋。

11.（交易 11）12 月 15 日，南华公司与江南公司签订为期 30 天的代售业务。预收代售服务费 600 元，已经存入南华公司的银行账户。

12.（交易 12）12 月 23 日，南华公司与华景公司签订为期 30 天的代理业务。合同规定，代理服务费 600 元于合同结束时由华景公司一次性支付给南华公司。

根据南华公司上述经济业务，运用财务会计的基本恒等式进行交易分析如下。

交易1：这是南华公司的初始投资。该交易影响了南华公司的资产项目（银行存款）和所有者权益项目（实收资本），使南华公司的资产项目（银行存款）和所有者权益项目（实收资本）同时增加400 000元，说明南华公司的银行存款增加来源于所有者（张三）的投资。该交易对财务报表的影响如表3-1所示。

表3-1　**初始投资对财务报表的影响**　单位：元

	资产总额	= 负债总额	+ 所有者权益总额
	银行存款		实收资本
(1)	+400 000		+400 000
结果	400 000		400 000
	400 000	**400 000**	

该交易发生后，南华公司的资产总额为400 000元，负债总额为零，所有者权益总额为400 000元。这时，财务会计的基本恒等式为：资产总额（400 000元）=负债总额（0元）+所有者权益总额（400 000元）。

交易2：这是南华公司向商业银行借款。该交易影响了南华公司的资产项目（银行存款）和负债项目（短期借款），使南华公司的资产项目（银行存款）和负债项目（短期借款）同时增加100 000元，说明南华公司的银行存款增加来源于向银行借款。该交易对财务报表的影响如表3-2所示。

表3-2　**向银行借款对财务报表的影响**　单位：元

	资产总额 =	负债总额 +	所有者权益总额
	银行存款	短期借款	实收资本
(1)	+400 000		+400 000
(2)	+100 000	+100 000	
结果	500 000	100 000	400 000
	500 000	**500 000**	

该交易发生后，南华公司的资产总额为500 000元，负债总额为100 000元，所有者权益总额为400 000元。这时，财务会计的基本恒等式为：资产总额（500 000元）=负债总额（100 000元）+所有者权益总额（400 000元）。

交易3：这是南华公司用银行存款购买商品。该交易只影响了南华公司的资产项目（库存商品和银行存款），使南华公司的一个资产项目（库存商品）增加150 000元，而另一个资产项目（银行存款）减少150 000元，说明南华公司的库存商品增加来源于银行存款减少。该交易只是使南华公司的资产形式发生变化（从银行存款转变为库存商品），但资产总额并没有变化。该交易对财务报表的影响如表 3－3 所示。

表 3－3　　用银行存款购买商品对财务报表的影响　　单位：元

	资产总额		= 负债总额	+ 所有者权益总额
	银行存款	库存商品	短期借款	实收资本
(1)	＋400 000			＋400 000
(2)	＋100 000		＋100 000	
(3)	－150 000	＋150 000		
结果	350 000	150 000	100 000	400 000
	500 000		**500 000**	

该交易发生后，南华公司的资产总额为 500 000 元，负债总额为 100 000元，所有者权益总额为 400 000 元。这时，财务会计的基本恒等式为：资产总额（500 000 元）＝负债总额（100 000 元）＋所有者权益总额（400 000元）。

由此可见，从技术上说，尤其是借助于计算机技术，任何一个时点，甚至任何一笔交易完成后，南华公司都可以编制其资产负债表。例如，2015 年 12 月 2 日，南华公司在上述三笔交易完成后，根据表 3－3 就可以编制其 2015 年 12 月 2 日的资产负债表，如表 3－4 所示。

表 3－4　　南华公司资产负债表

2015 年 12 月 2 日　　单位：元

资产	金额	负债与所有者权益	金额
银行存款	350 000	短期借款	100 000
库存商品	150 000	实收资本	400 000
资产总计	500 000	负债与所有者权益总计	500 000

5 分钟回顾：

1. 根据表 3－4，2015 年 12 月 2 日，南华公司的实收资本为 400 000 元。可是，其银行存款却只有 350 000 元。为什么？

2. 从技术上说，任何时点都可以编制南华公司的资产负债表。可是，南华公司并没有必要这样做。为什么？

交易 4：这是南华公司以赊购方式购买商品。该交易影响了南华公司的资产项目（库存商品）和负债项目（应付账款），使南华公司的资产项目（库存商品）和负债项目（应付账款）同时增加 10 000 元，说明南华公司的库存商品增加来源于应付账款增加。该交易对财务报表的影响如表 3－5 所示。

表 3-5　　**赊购商品对财务报表的影响**　　单位：元

	资产总额		=负债总额		+所有者权益总额
	银行存款	库存商品	短期借款	应付账款	实收资本
(1)	+400 000				+400 000
(2)	+100 000		+100 000		
(3)	−150 000	+150 000			
(4)		+10 000		+10 000	
结果	350 000	160 000	100 000	10 000	400 000
	510 000		**510 000**		

该交易发生后，南华公司的资产总额为 510 000 元，负债总额为 110 000 元，所有者权益总额为 400 000 元。这时，财务会计的基本恒等式为：资产总额（510 000 元）=负债总额（110 000 元）+所有者权益总额（400 000 元）。

交易 5：这是南华公司以部分现购、部分赊购的方式购买商场设施。该交易影响南华公司的资产项目（固定资产和银行存款）和负债项目（应付账款），使南华公司的一个资产项目（固定资产）增加 15 000 元，另一个资产项目（银行存款）减少 4 000 元，负债项目（应付账款）增加 11 000 元。这说明南华公司的固定资产增加部分来源于银行存款（已经付款部分）减少，部分来源于应付账款（尚未付款部分）增加。该交易对财务报表的影响如表 3-6 所示。

表 3-6　　**部分现购、部分赊购商场设施对财务报表的影响**　　单位：元

	资产总额			=负债总额		+所有者权益总额
	银行存款	库存商品	固定资产	短期借款	应付账款	实收资本
(1)	+400 000					+400 000
(2)	+100 000			+100 000		
(3)	−150 000	+150 000				
(4)		+10 000			+10 000	
(5)	−4 000		+15 000		+11 000	
结果	346 000	160 000	15 000	100 000	21 000	400 000
521 000				**521 000**		

该交易发生后，南华公司的资产总额为 521 000 元，负债总额为 121 000 元，所有者权益总额为 400 000 元。这时，财务会计的基本恒等式为：资产总额（521 000 元）=负债总额（121 000 元）+所有者权益总额（400 000 元）。

交易 6：这是南华公司以赊销的方式出售其多余的陈列橱。该交易影响南华公司的资产项目（固定资产和应收账款），使南华公司的一个资产项目（固定资产）减少 1 000 元，另一个资产项目（应收账款）增加 1 000 元。这说明南华公司的应收账款增加来源于固定资产减少。该交易只是使南华公司的资产形式发生变化（从固定资产转变为应收账款），但资产总额并没有变化。该交易对财务报表的影响如表 3-7 所示。

表 3-7　　赊销多余陈列橱对财务报表的影响　　单位：元

	资产总额				=负债总额		+所有者权益总额
	银行存款	应收账款	库存商品	固定资产	银行借款	应付账款	实收资本
(1)	+400 000						+400 000
(2)	+100 000				+100 000		
(3)	−150 000		+150 000				
(4)			+10 000			+10 000	
(5)	−4 000			+15 000		+11 000	
(6)		+1 000		−1 000			
结果	346 000	1 000	160 000	14 000	100 000	21 000	400 000
521 000					**521 000**		

该交易发生后，南华公司的资产总额为 521 000 元，负债总额为 121 000 元，所有者权益总额为 400 000 元。这时，财务会计的基本恒等式为：资产总额（521 000 元）=负债总额（121 000 元）+所有者权益总额（400 000 元）。

交易 7：这是南华公司向供应商退货。该交易影响南华公司的资产项目（库存商品）和负债项目（应付账款），使南华公司的资产项目（库存商品）减少 800 元，负债项目（应付账款）也减少 800 元。这说明南华公司的应付账款减少来源于库存商品减少。该交易使南华公司的资产项目（库存商品）和负债项目（应付账款）同时减少。该交易对财务报表的影响如表 3-8 所示。

表 3-8　　退货对财务报表的影响　　单位：元

	资产总额				=负债总额		+所有者权益总额
	银行存款	应收账款	库存商品	固定资产	短期借款	应付账款	实收资本
(1)	+400 000						+400 000
(2)	+100 000				+100 000		
(3)	−150 000		+150 000				
(4)			+10 000			+10 000	
(5)	−4 000			+15 000		+11 000	
(6)		+1 000		−1 000			
(7)			−800			−800	
结果	346 000	1 000	159 200	14 000	100 000	20 200	400 000
520 200					**520 200**		

该交易发生后，南华公司的资产总额为 520 200 元，负债总额为 120 200 元，所有者权益总额为 400 000 元。这时，财务会计的基本恒等式为：资产总额（520 200 元）=负债总额（120 200 元）+所有者权益总额（400 000 元）。

交易 8：这是南华公司归还债权人货款。该交易影响南华公司的资产项目（银行存款）和负债项目（应付账款），使南华公司的资产项目（银行存款）减少 4 000 元，负债项目（应付账款）也减少 4 000 元。这说明南华公司的应付账款减少来源于银行存款减少。该交易使南华公司的资产项目（银行存款）和负债项目（应付账款）同时减少。该交易对财务报表的影响如表 3 - 9 所示。

表 3 - 9　　归还货款对财务报表的影响　　单位：元

	资产总额				=负债总额		+所有者权益总额
	银行存款	应收账款	库存商品	固定资产	短期借款	应付账款	实收资本
(1)	+400 000						+400 000
(2)	+100 000				+100 000		
(3)	−150 000		+150 000				
(4)			+10 000			+10 000	
(5)	−4 000			+15 000		+11 000	
(6)		+1 000		−1 000			
(7)			−800			−800	
(8)	−4 000					−4 000	
结果	342 000	1 000	159 200	14 000	100 000	16 200	400 000
	516 200				**516 200**		

该交易发生后，南华公司的资产总额为 516 200 元，负债总额为 116 200 元，所有者权益总额为 400 000 元。这时，财务会计的基本恒等式为：资产总额（516 200 元）=负债总额（116 200 元）+所有者权益总额（400 000 元）。

交易 9：这是南华公司收回债务人欠款。该交易只影响南华公司的资产项目（银行存款和应收账款），使南华公司的一个资产项目（银行存款）增加 700 元，另一个资产项目（应收账款）减少 700 元。这说明南华公司的银行存款增加来源于应收账款减少。该交易只是使南华公司的资产形式发生变化（从应收账款转变为银行存款），但资产总额并没有变化。该交易对财务报表的影响如表 3 - 10 所示。

表 3 - 10　　收回欠款对财务报表的影响　　单位：元

	资产总额				=负债总额		+所有者权益总额
	银行存款	应收账款	库存商品	固定资产	短期借款	应付账款	实收资本
(1)	+400 000						+400 000
(2)	+100 000				+100 000		
(3)	−150 000		+150 000				
(4)			+10 000			+10 000	
(5)	−4 000			+15 000		+11 000	
(6)		+1 000		−1 000			
(7)			−800			−800	
(8)	−4 000					−4 000	
(9)	+700	−700					
结果	342 700	300	159 200	14 000	100 000	16 200	400 000
	516 200				**516 200**		

该交易发生后，南华公司的资产总额为516 200元，负债总额为116 200元，所有者权益总额为400 000元。这时，财务会计的基本恒等式为：资产总额（516 200元）＝负债总额（116 200元）＋所有者权益总额（400 000元）。

交易11：这是南华公司预收代售款。该交易影响南华公司的资产项目（银行存款）和负债项目（应付账款），使南华公司的资产项目（银行存款）增加600元，负债项目（应付账款）也增加600元。这说明南华公司的银行存款增加来源于应付账款增加。该交易使南华公司的资产项目（银行存款）和负债项目（应付账款）同时增加。该交易对财务报表的影响如表3－11所示。

表3－11　　预收代售款对财务报表的影响　　单位：元

	资产总额				＝负债总额		＋所有者权益总额
	银行存款	应收账款	库存商品	固定资产	短期借款	应付账款	实收资本
(1)	＋400 000						＋400 000
(2)	＋100 000				＋100 000		
(3)	－150 000		＋150 000				
(4)			＋10 000			＋10 000	
(5)	－4 000			＋15 000		＋11 000	
(6)		＋1 000		－1 000			
(7)			－800			－800	
(8)	－4 000					－4 000	
(9)	＋700	－700					
(11)	＋600					＋600	
结果	343 300	300	159 200	14 000	100 000	16 800	400 000
	516 800				**516 800**		

该交易发生后，南华公司的资产总额为516 800元，负债总额为116 800元，所有者权益总额为400 000元。这时，财务会计的基本恒等式为：资产总额（516 800元）＝负债总额（116 800元）＋所有者权益总额（400 000元）。

表3－11列示了截至2015年12月15日南华公司所有交易或事项对财务报表的影响。根据表3－11就可以编制出南华公司2015年12月15日的资产负债表，如表3－12所示。

表3－12　　南华公司资产负债表

2015年12月15日　　单位：元

资产	金额	负债与所有者权益	金额
银行存款	343 300	短期借款	100 000
应收账款	300	应付账款	16 800
库存商品	159 200	实收资本	400 000
固定资产	14 000		
资产总计	516 800	负债与所有者权益总计	516 800

这里再次说明：企业组织是一个不断运转的主体。资产负债表所列示的价值一直在变化，它只是列示企业组织某个时点的价值。因此，资产负债表的数据（指标）只是时点数据（指标）。

5 分钟回顾：

1. 为什么南华公司 2015 年 12 月 12 日发生的交易 10 没有体现在表 3－11和表 3－12 呢？

2. 为什么南华公司 2015 年 12 月 23 日发生的交易 12 也没有体现在表 3－11和表 3－12 呢？

2. 影响企业组织经营成果变动的交易分析：基于扩展的财务会计恒等式

交易或事项既影响企业组织资产负债表相关项目变动，又影响企业组织利润表相关项目的变动。企业组织的经营成果通过收入与费用的配比而确定。

案例 3－2

续案例 3－1，假设在案例 3－1 的基础上，南华公司 2015 年 12 月 31 日汇总本月份的赊销总额为 160 000 元，而销售成本总额为 100 000 元（交易 13）。①

根据南华公司上述经济业务，运用扩展的财务会计恒等式进行交易分析如下：

交易 13：这是南华公司的销售业务。根据扩展的财务会计恒等式，企业组织获得收入，标志着所有者权益增加；企业组织发生成本费用，则标志着所有者权益减少。如果企业组织的收入大于成本费用，企业组织就盈利，所有者权益将根据所确定的利润数额增加相应的数额；反之，如果企业组织的收入小于成本费用，企业组织就亏损，所有者权益将根据所确定的亏损数额减少相应的数额。这样，该交易分为两部分：(1) 取得收入。收入影响了南华公司的资产项目（应收账款）和所有者权益项目（留存收益），使得南华公司的资产项目（应收账款）和所有者权益项目（留存收益）同时增加 160 000 元。这说明南华公司的应收账款增加来源于销售收入增加而引起的留存收益增加。(2) 发生成本费用。根据配比原则，成本费用必须与收入在相同会计分期确认，以便确定利润。销售成本影响了南华公司的资产项目（库存商品）和所有者权益项目（留存收益），使得南华公司的资产项目（库存商品）和所有者权益项目（留存收益）同时减少 100 000 元。这说明南华公司的资产项目（库存商品）减少来源于销售成本增加而引起的留存收益减少。综上所述，南华公司的销售收入（160 000 元）大于其销售成本（100 000 元），两者的差异（60 000 元）就是利润。由此，南华公司的所有

① 为了简化起见，这里的赊销总额和销售成本总额采用汇总数字。实际上，企业组织可能每天都发生销售业务。

者权益项目（留存收益）增加了60 000元，相应地，资产项目增加了60 000元。该交易对财务报表的影响如表3-13所示。

表3-13　　销售业务对财务报表的影响　　单位：元

	资产总额				=负债总额		+所有者权益总额	
	银行存款	应收账款	库存商品	固定资产	短期借款	应付账款	留存收益	实收资本
(1)	+400 000							+400 000
(2)	+100 000				+100 000			
(3)	−150 000		+150 000					
(4)			+10 000			+10 000		
(5)	−4 000			+15 000		+11 000		
(6)		+1 000		−1 000				
(7)			−800			−800		
(8)	−4 000					−4 000		
(9)	+700	−700						
(11)	+600					+600		
(13a)		+160 000					+160 000	
(13b)			−100 000				−100 000	
结果	343 300	160 300	59 200	14 000	100 000	16 800	60 000	400 000
	576 800				**576 800**			

该交易发生后，南华公司的资产总额为576 800元，负债总额为116 800元，所有者权益总额为460 000元。这时，财务会计的基本恒等式为：资产总额（576 800元）=负债总额（116 800元）+所有者权益总额（460 000元）。

表3-13的结果可以通过扩展的财务会计恒等式验证如下：

2015年12月15日，南华公司完成交易11后，财务会计的基本会计恒等式为：

资产总额=负债总额+所有者权益总额

516 800=116 800+400 000

2015年12月31日，南华公司完成交易13后，扩展的财务会计恒等式为：

资产总额=负债总额+所有者权益总额+(收入−成本费用)

576 800=116 800+400 000+(160 000−100 000)

576 800=116 800+400 000+60 000

576 800=116 800+460 000

与2015年12月15日相比，2015年12月31日的资产总额和所有者权益总额都增加了60 000元。而这60 000元正是南华公司2015年12月15—31日的利润。

根据表 3-13，可以编制南华公司 2015 年 12 月 31 日的资产负债表和 2015 年 12 月份的利润表，如表 3-14 和表 3-15 所示。

表 3-14　　南华公司资产负债表

2015 年 12 月 31 日　　单位：元

资产	金额	负债与所有者权益	金额
银行存款	343 300	短期借款	100 000
应收账款	160 300	应付账款	16 800
库存商品	59 200	实收资本	400 000
固定资产	14 000	留存收益	60 000
资产总计	576 800	负债与所有者权益总计	576 800

表 3-15　　南华公司利润表

2015 年 12 月份　　单位：元

项目	金额
销售收入	160 000
减：销售成本	100 000
利润	60 000

5 分钟回顾：

根据交易 13，南华公司并没有收到销售的款项，为什么会有利润呢？

尽管南华公司的上述经济业务只是企业组织经济业务的一部分，但是，举一反三，触类旁通，其他经济业务对财务报表的影响，其道理也是如此。本节之所以这么详细地讨论交易或事项对财务报表的影响，除了考虑到交易或事项分析是财务会计的核心之外，还想强调两个问题：

第一，经理人不能“就财务报表论财务报表”，否则，经理人只能陷入“不识庐山真面目，只缘身在此山中”的困境。经理人要真正理解企业组织的财务报表，首先必须立足企业组织的经济活动，理解企业组织的经济业务性质及其对财务报表的影响，通过理解经济活动达到理解财务报表的目的。

第二，经理人关键要学会如何“用”会计，而不是学会如何“做”会计。①

① 学会如何“用”会计与学会如何“做”会计是两种不同的理念。经理人如果要学会如何“做”会计，就必须对财务会计的细枝末节非常熟悉，而要学会如何“用”会计则需要理解会计信息意味着什么并运用会计信息。本书试图体现经理人“用”会计的理念。21 世纪是一个“没有会计的会计时代”，“只看到教会计的人，而看不到做会计的人”。之所以说 21 世纪是一个“会计时代”，是因为“会计是一种商业语言”。任何商业行为都必须基于会计这种商业语言。之所以说 21 世纪是一个“没有会计”的时代，是因为会计这种商业语言已经渗透到商业社会的各个层面，任何经理人都是会计师，但又都不是会计师。没有经理人专门做会计，但又都离不开会计。有鉴于此，21 世纪中国大学的经济管理类教育的目标必须从培养“如何做会计”(how to do accounting) 转向培养“如何用会计”(how to use accounting)。会计信息的价值在于有效运用。经理人的真正水平并不在于如何“做”会计，而在于如何运用会计思维辅助企业组织的经营管理，乃至战略的制定。

上述详细的交易或事项分析表明，通过交易或事项分析，借助于电子计算机，企业组织在任何时点都可以编制出其财务报表。然而，财务报表的会计信息究竟意味着什么呢？这就需要“由表（财务报表）及里（经济活动）”，“表里相融合”，通过企业组织的经济活动深入理解会计信息，借助会计信息诊断经济活动，从而使得经济活动与会计信息融为一体。

3.3 财务会计循环

为了理解财务报表的数据及其含义，还必须了解财务报表的生成过程。这就是财务会计循环（financial accounting cycle）。

3.3.1 财务会计循环概述

所谓财务会计循环，是指企业组织的会计从业人员在一个会计分期内所必须完成的工作环节。通常包括编审原始凭证、编制记账凭证（会计分录）、登记账簿（记账）、试算平衡、期末调整并过账、期末结账并过账、编制财务报表等一系列流程。在企业组织的持续经营过程中，这些流程周而复始、不断循环往复。图 3-1 描述了典型的财务会计循环。①

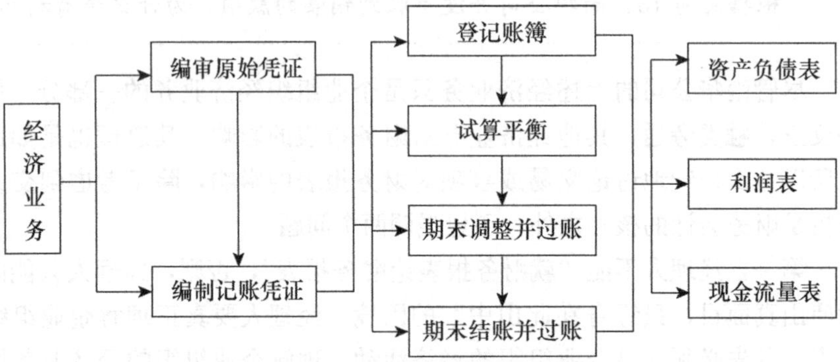

图 3-1 财务会计循环

1. 编审原始凭证

企业组织发生经济业务后，会计从业人员首先必须取得、编制并审核原始凭证。整个财务会计循环起始于原始凭证。这些原始凭证是企业组织经济业务的原始记录。交易发票或合同等就是典型的原始凭证。原始凭证支持了财务会计的可靠性原则和历史成本原则。

① 近年来，随着电子计算机在企业组织的广泛运用，会计数据处理方法发生了巨大变化，但是，记录、存储和处理会计数据的基本思路和步骤并没有改变。当然，许多步骤或工作已经直接由电子计算机处理。计算机运行的是会计思维。有鉴于此，理解财务会计循环有助于理解会计信息背后的逻辑。

2. 编制记账凭证

根据原始凭证所反映的经济业务，借助于财务会计恒等式进行交易或事项分析，按照复式记账（double-entry）原理确定应该记在哪个（些）账户（account）、记账的方向和金额，然后，根据交易或事项分析的结果编制记账凭证（会计分录）（posting document）。通过编制记账凭证，将企业组织体现于原始凭证的经济业务逐一"翻译"或"转化"为"会计特有语言"。

3. 登记账簿（记账）

根据记账凭证登记各种分类账（ledger）。这就是人们常说的"记账"。从技术层面看，这是一个纯粹机械性的步骤。它将会计数据进行初步的归类、整理、转移和汇总，从而为最终编制财务报表奠定基础。这个步骤也称为过账（posting）。

4. 试算平衡

为了验证会计从业人员是否正确地记账，在编制财务报表之前，必须进行试算平衡（trial balance）。

5. 期末调整并过账

期末，根据权责发生制和配比原则，需要对某些事项进行调整。当然，与其他交易或事项一样，这些调整事项也要编制记账凭证并过账。为了验证会计从业人员是否正确地记账，在编制财务报表之前，必须进行调整后的试算平衡。

6. 期末结账并过账

期末，会计从业人员必须将各个账户的余额结清或结转到下一个会计分期，从而结束上一个会计分期的会计记录工作。这就是所谓的"结账"（closing）。这样，会计从业人员既结束了本期的会计工作，又为下一期的会计工作做好了准备。结账也需要编制记账凭证并过账。为了再次验证会计从业人员是否正确地记账，在编制财务报表之前，必须进行结账后的试算平衡。

7. 编制财务报表

会计从业人员根据结账的结果，分类汇总并按一定的格式编制资产负债表、利润表和现金流量表。编制财务报表是财务会计循环的终点。它标志着一个财务会计循环的终结。由此可见，财务报表是财务会计的最终"产品"或"结果"。

3.3.2 编制记账凭证

编制记账凭证涉及复式记账原理和账户设置原理这两个相互联系的主题。

1. 复式记账原理

其实，基于财务会计恒等式的交易或事项分析已经体现了复式记账原理。

所谓复式记账，就是对企业组织所发生的每一项经济业务都以相等的金额，同时在相互联系的两个或两个以上账户进行记录的记账方法。[①]

（1）记账符号。目前，国际通行的复式记账方法是借贷记账法。[②] 所谓借贷记账法，顾名思义，就是以“借”（debit）和“贷”（credit）作为一对同时出现的矛盾性记账符号来表现企业组织经济业务的双重变化。不过，这里的“借”和“贷”两个字现在已经失去其本身原有的含义，成为两个具有特定含义的纯粹记账符号。“借”和“贷”落实到账户上，就成为账户的左边和右边的代名词。长期的财务会计实践形成的惯用做法是账户的左边为“借方”（debit side），账户的右边为“贷方”（credit side）。

借贷记账法的基本步骤包括：1）明确经济业务影响了哪些项目、哪些账户；2）确定受到影响的账户的变动方向（增加还是减少）及其相应的金额；3）根据账户的类别，确定记入账户的方向（借方还是贷方）。

（2）记账规则。根据复式记账原理，采用借贷记账法，对企业组织所发生的每一项经济业务都以相等的金额、相反的方向，同时在相互联系的两个或两个以上账户进行记录，即根据经济业务的性质和内容，一方面记入一个或几个相关账户的借方，另一方面记入一个或几个相关账户的贷方，记入借方的金额与记入贷方的金额必须相等。因此，借贷记账法的记账规则就是：有借必有贷，借贷必相等。

（3）试算平衡公式。根据借贷记账法的记账规则，结合财务会计的基本恒等式“资产总额＝负债总额＋所有者权益总额”，就可以得出试算平衡的公式：

期末资产总额＝期末负债总额＋期末所有者权益总额

全部账户借方余额合计＝全部账户贷方余额合计

全部账户本期借方发生额合计＝全部账户本期贷方发生额合计

2. 账户设置原理

记账首先要解决在什么地方记账以及以何名目记账的问题。这就是账户设置问题。

（1）设置账户的意义。如前所述，企业组织所发生的经济业务必定会引起资产、负债、所有者权益、收入与成本费用等财务会计要素的变化。这属于财务报表反映的具体内容。然而，会计从业人员往往只在会计分期的期末编

---

① 基于历史视野，记账方法包括单式记账法和复式记账法。单式记账法相当于人们常说的“记流水账”。目前，财务会计都采用复式记账法。从复式记账法的基本原理可以看出，与其说复式记账法是一种记账方法，不如说复式记账法是一种内部控制的方法。复式记账法使财务报表数据之间环环相扣，具有较为严密的钩稽关系。德国经济学家桑巴特（Sombart）认为：“资本主义而无复式簿记，是不可思议的。”歌德也曾经对复式记账法大加赞赏，认为“复式记账法是人类绝妙的创造”。

② 我国历史上曾经出现过借贷记账法、增减记账法和收付记账法等三种复式记账法。1992 年，我国《企业会计准则》规定企业组织的财务会计统一采用借贷记账法。在西方国家，借贷记账法已经与复式记账法作为同一概念使用。

制财务报表。这样，企业组织在会计分期内所发生的经济业务就要采用一种有组织、有系统而又便于整理的方法连续记录，从而为期末编制财务报表奠定基础。这就需要设置账户。可见，借贷记账法的前提是设置账户。账户的资料是编制财务报表的直接依据，财务报表的质量取决于账户。而账户资料的质量又取决于记账方法。借贷记账法是合理运用账户到正确编制财务报表的桥梁。

账户通常包括明细账和总账（general ledger）。明细账是包括一组相关账户的记录。明细账的形式可以是装订成册，也可以是活页套账账页，还可以是某种电子存储方式（如磁带或磁盘）。无论采用哪种形式，它总是以系统方式排列（如按财务会计要素顺序排列）。为了简单起见，可以将明细账想象为一本书，一个账户就是书中的一页。人们常说的“记账”或“查账”，其实就是明细账。总账是将企业组织财务报表所列示的数据汇总所得的账户集合。

（2）账户的结构。账户是财务会计的基本“元素”，它对财务会计要素内容进行合理分类，并赋予标准名称（会计科目①）和相应结构。基于借贷记账法，账户的左边为“借方”，账户的右边为“贷方”，分别记录各个特定项目的增减变动情况。“借方”表示资产和成本费用增加，负债、收入和所有者权益减少；“贷方”表示资产和成本费用减少，负债、收入和所有者权益增加。任何账户的余额都是借贷双方总额相抵之后的差额。账户的结构如表3-16所示。

表3-16　账户的结构

会计科目：应收账款

2015年		凭证号数	摘要	对方科目	借方	贷方	借或贷	余额
月	日							
12	5	转字第3号	转让陈列橱	固定资产	1 000		借	1 000
12	12	收字第3号	收回欠款	银行存款		700	借	300
12	31	转字第5号	赊销商品	销售收入	160 000		借	160 300
12	31		本月合计		161 000	700	借	160 300

基于教学的需要，通常用T形账户②（T-Account）代替财务会计实践运用

① 许多初学者容易混淆会计科目与账户之间的关系。会计科目就是账户的名称，而账户除了名称之外，还具有一定的格式和结构。如果把人比喻为账户，那么，人的名字就是会计科目。可是，人不光有一个名字，还有许多名字之外的内涵。账户与会计科目的关系就像人与名字的关系一样。

② 因其外观与英文字母“T”相似而得名。在中国，人们称之为丁字形账户，因其外观与中文的“丁”字相似。无论是T形账户还是丁字形账户，都仅限于教学。财务会计实践所运用的账户结构如表3-16所示。不过，这种简化的教学方式使经理人不必熟悉财务会计的细枝末节就可以像职业会计师那样理解财务会计账务处理过程之本质。

的账户。账户的结构如图 3－2 所示。

资产总额		=	负债总额		+	所有者权益总额		+	（收入		−	成本费用）	
借方	贷方		借方	贷方		借方	贷方		借方	贷方		借方	贷方
增加	减少		减少	增加		减少	增加		减少	增加		增加	减少
余额				余额			余额						

图 3－2　账户基本结构①

这样，账户的期末余额计算公式为：

期末余额＝期初余额＋本期增加额－本期减少额

> **5 分钟回顾：**
>
> 1. 如图 3－2 所示，在正常情况下，资产类账户的期末余额出现在借方。那么，资产类账户的期末余额会出现在贷方吗？为什么？
>
> 2. 如图 3－2 所示，在正常情况下，负债类账户的期末余额出现在贷方。那么，负债类账户的期末余额会出现在借方吗？为什么？

由图 3－2 可见，资产、负债和所有者权益类账户的期末余额列示方式与前述资产负债表的列示方式一致。其实，这就解释了资产负债表的格式为什么采用“账户式”（account form）以及资产负债表名称的由来（“balance sheet”的“balance”就是“余额”的意思，“balance sheet”其实就是“余额表”）和编制方法（资产负债表根据账户期末余额编制）。

（3）账户的类型。从理论上说，企业组织取得的收入和发生的成本费用将直接增加或减少留存收益，从而增加或减少所有者权益。这样，将收入和成本费用直接记入所有者权益类账户也未尝不可。但是，企业组织涉及收入与成本费用的业务很多，如果收入和成本费用都直接记入所有者权益类账户，将使得所有者权益类账户的内容非常复杂。更为重要的是，这样处理不利于企业组织的经理人和外部信息使用者了解当期的收入和成本费用发生情况，也不利于编制利润表。有鉴于此，财务会计按照资产、负债、所有者权益、收入和成本费用等财务会计要素设置了五类账户。其中，资产、负债和所有者权益这三类账户是编制资产负债表的依据，收入和成本费用这两类账户是编制利润表的依据。

这样，账户又可以分为两类②：1）实账户（real account），又称永久性账户（permanent account）。资产、负债和所有者权益类账户，无论平时还是结账

---

① 实际上，在教学过程中，甚至没有必要标注“借方”和“贷方”。基于惯例，账户的左边就是“借方”，账户的右边就是“贷方”。

② 除了这两类账户，还存在一些混合账户，如备抵账户和附加账户等。这些混合账户并非独立账户，它们依存于相应的账户。实际上，混合账户只是其所依存的账户的补充而已。

之后，通常都存在余额。这些账户的余额分别表示资产、负债和所有者权益项目的实存数。实账户的名称由此而来。正是这些账户的余额反映了企业组织的财务状况，直接为编制资产负债表提供资料。因此，为了便于编制资产负债表，实账户应该根据资产负债表相关项目的排列顺序设置。当然，所有实账户的期末余额都要结转到下一个会计分期，以保持永久的连续记录。2）虚账户（nominal account），又称暂记性账户（temporary account）。收入和成本费用类账户在每个会计分期的期末编制完财务报表之后都要结清。因此，期末结账之后，收入和成本费用类账户通常没有余额。虚账户的名称由此而来。收入和成本费用类账户的本期发生额反映了企业组织当期的经营成果，它是计算分期损益（利润或亏损）并编制利润表的直接依据。为了便于编制利润表，虚账户应该根据利润表相关项目的排列顺序设置。

3. 编制记账凭证

实际上，编制记账凭证是交易或事项分析、借贷记账法和账户的综合运用。这是财务会计最具“会计风味”的部分：把企业组织的经济业务转换为“会计特有语言”。①

（1）记账凭证的类型。记账凭证是会计从业人员根据审核无误的原始凭证编制并根据借贷记账法确定会计分录，作为记账直接依据的会计凭证。所谓会计分录，是指表明某项经济业务的应借应贷账户及其金额并分开列示的一种记录。

记账凭证根据其反映的经济业务内容可以分为：

1）收款凭证。收款凭证是用来记录银行存款（或库存现金）收款业务的记账凭证，其格式如表3－17所示。

表3－17　　　　**收款凭证**

借方科目：银行存款　　　　2015年12月1日　　　　收字第1号

摘要	贷方科目				金额
	一级科目	账页	二级或明细科目	账页	
初始投资	实收资本	86	张三	137	400 000
附件：2件	合计				400 000

会计主管：李四　　　　记账：王五　　　　审核：吴永　　　　制证：沈理

5分钟回顾：

为什么收款凭证的借方科目是固定的？

① 本章主要说明企业组织的交易或事项分析与复式记账法的基本原理和运用。因此，为了便于理解，所采用的账户（科目）名称未必与会计准则一致。

2）付款凭证。付款凭证是用来记录银行存款（或库存现金）付款业务的记账凭证，其格式如表 3－18 所示。①

表 3－18 **付款凭证**

贷方科目：银行存款 2015 年 12 月 2 日 付字第 1 号

摘要	借方科目				金额
	一级科目	账页	二级或明细科目	账页	
现购商品	库存商品	26	A 商品	97	150 000
附件：2 件	合计				150 000

会计主管：李四 记账：王五 审核：吴永 制证：沈理

3）转账凭证。转账凭证是用来记录不涉及银行存款（或库存现金）收付款业务的记账凭证，其格式如表 3－19 所示。

表 3－19 **转账凭证**

2015 年 12 月 3 日 转字第 1 号

摘要	会计科目				借方金额	贷方金额
	一级科目	账页	二级或明细科目	账页		
赊购商品	库存商品	26	A 商品	97	10 000	
	应付账款	57	厦新制造公司	107		10 000
附件：2 件	合计				10 000	10 000

会计主管：李四 记账：王五 审核：吴永 制证：沈理

5 分钟回顾：

如果企业组织发生的经济业务涉及现金与银行存款之间的收付，应该编制什么类型的记账凭证？

（2）编制记账凭证。结合交易或事项分析、借贷记账法和账户，就可以编制记账凭证。

案例 3－3

续案例 3－1 和案例 3－2，编制南华公司 2015 年 12 月份经济业务的记账凭证如下：

交易 1：南华公司的初始投资。该交易影响了南华公司的资产项目（银行存款）和所有者权益项目（实收资本），使两者同时增加 400 000 元。资产类账户增加记借方，所有者权益类账户增加记贷方。该交易涉及银行存款的收款业务，编制记账凭证（收款凭证）如表 3－17 所示。

---

① 由此可见，借助于电子计算机，根据收款凭证和付款凭证就可以编制现金流量表。

显然，表 3-17 包含一个会计分录：

借：银行存款——远方商业银行 400 000

贷：实收资本——张三 400 000

像这种"一借一贷"的会计分录，称为简单分录（simple entry）。

为了节约教材的篇幅和便于教学，通常以编制会计分录代替编制记账凭证。①

交易 2：南华公司向商业银行借款。该交易影响了南华公司的资产项目（银行存款）和负债项目（短期借款），使两者同时增加 100 000 元。资产类账户增加记借方，负债类账户增加记贷方。该交易涉及银行存款的收款业务，应该编制收款凭证。其会计分录为：

借：银行存款——远方商业银行 100 000

贷：短期借款——厦华商业银行 100 000

交易 3：南华公司用银行存款购买商品。该交易只影响了南华公司的资产项目（库存商品和银行存款），使其一个资产项目（库存商品）增加 150 000 元，而另一个资产项目（银行存款）减少 150 000 元。资产类账户增加记借方，资产类账户减少记贷方。该交易涉及银行存款的付款业务，应该编制付款凭证（见表 3-18）。其会计分录为：

借：库存商品——A 商品 150 000

贷：银行存款——远方商业银行 150 000

交易 4：南华公司以赊购方式购买商品。该交易影响了南华公司的资产项目（库存商品）和负债项目（应付账款），使其资产项目（库存商品）和负债项目（应付账款）同时增加 10 000 元。资产类账户增加记借方，负债类账户增加记贷方。该交易没有涉及银行存款或库存现金的收付款业务，应该编制转账凭证（见表 3-19）。其会计分录为：

借：库存商品——A 商品 10 000

贷：应付账款——厦新制造公司 10 000

交易 5：南华公司以部分现购、部分赊购的方式购买商场设施。该交易影响南华公司的资产项目（固定资产和银行存款）和负债项目（应付账款），使其一个资产项目（固定资产）增加 15 000 元，另一个资产项目（银行存款）减少 4 000 元，负债项目（应付账款）增加 11 000 元。资产类账户增加记借方，资产类账户减少记贷方，负债类账户增加记贷方。其会计分录为：

借：固定资产——商场设施 15 000

贷：银行存款——远方商业银行 4 000

应付账款——华夏公司 11 000

像这种"一借多贷"或"多借一贷"或"多借多贷"的会计分录，称为复合分录

---

① 注意：在财务会计实践中，会计从业人员必须编制记账凭证。其实，只要能够编制会计分录，编制记账凭证就是在固定格式的空白凭证上做机械性的工作。编制记账凭证的最基本问题是编制会计分录。因此，本书以后将以编制会计分录代替编制记账凭证。

(compound entry)。

交易6：南华公司以赊销的方式出售其多余的陈列橱。该交易影响南华公司的资产项目（固定资产和应收账款），使一个资产项目（固定资产）减少1 000元，另一个资产项目（应收账款）增加1 000元。资产类账户增加记借方，资产类账户减少记贷方。其会计分录为：

借：应收账款——明湖商店　　1 000

　　贷：固定资产——商场设施　　1 000

交易7：南华公司向供应商退货。该交易影响南华公司的资产项目（库存商品）和负债项目（应付账款），使资产项目（库存商品）减少800元，负债项目（应付账款）也减少800元。资产类账户减少记贷方，负债类账户减少记借方。其会计分录为：

借：应付账款——厦新制造公司　　800

　　贷：库存商品——A商品　　800

交易8：南华公司归还债权人贷款。该交易影响南华公司的资产项目（银行存款）和负债项目（应付账款），使资产项目（银行存款）减少4 000元，负债项目（应付账款）也减少4 000元。资产类账户减少记贷方，负债类账户减少记借方。其会计分录为：

借：应付账款——厦新制造公司　　4 000

　　贷：银行存款——远方商业银行　　4 000

交易9：南华公司收回债务人欠款。该交易只影响南华公司的资产项目（银行存款和应收账款），使一个资产项目（银行存款）增加700元，另一个资产项目（应收账款）减少700元。资产类账户增加记借方，资产类账户减少记贷方。其会计分录为：

借：银行存款——远方商业银行　　700

　　贷：应收账款——明湖商店　　700

交易11：南华公司预收代售款。该交易影响南华公司的资产项目（银行存款）和负债项目（应付账款），使资产项目（银行存款）增加600元，负债项目（应付账款）也增加600元。资产类账户增加记借方，负债类账户增加记贷方。其会计分录为：

借：银行存款——远方商业银行　　600

　　贷：应付账款——江南公司　　600

交易13：南华公司的销售业务。该交易分为两部分：

(1) 取得收入。该交易影响南华公司的资产项目（应收账款）和收入项目（销售收入），使得两者同时增加160 000元。资产类账户增加记借方，收入类账户增加记贷方。其会计分录为：

借：应收账款　　160 000

　　贷：销售收入　　160 000

(2) 结转销售成本。销售成本影响了南华公司的资产项目（库存商品）和成本费用项目（销售成本），使得资产项目（库存商品）减少100 000元，成本费用项目（销售成本）增加100 000元。资产类账户减少记贷方，成本费用类账户增加记借方。其会计分录为：

借：销售成本　　100 000

　贷：库存商品　　100 000

3.3.3 登记账簿（记账）

账簿是账户的载体和具体形式，标记有特定名称的账簿就是账户。账簿是由一定格式、相互连接的账页组成，以会计凭证为依据，全面、系统、连续地记录企业组织经济业务的簿籍。①

案例3-4

续案例3-3，根据案例3-3所编制的记账凭证（会计分录）登记账簿。

其中“应收账款”账户的登记如表3-16所示。其他账户的登记，其道理都一样。

基于教学的需要，下面以T形账户说明如何登记账簿（过账），如图3-3所示。

银行存款

(1) 400 000	(3) 150 000
(2) 100 000	(5) 4 000
(9) 700	(8) 4 000
(11) 600	
本期发生额 501 300	158 000
期末余额 343 300	

应收账款

(6) 1 000	(9) 700
(13a) 160 000	
本期发生额 161 000	700
期末余额 160 300	

短期借款

	(2) 100 000
本期发生额	100 000
	期末余额 100 000

实收资本

	(1) 400 000
本期发生额	400 000
	期末余额 400 000

库存商品

(3) 150 000	(7) 800
(4) 10 000	(13b) 100 000
本期发生额 160 000	100 800
期末余额 59 200	

应付账款

(7) 800	(4) 10 000
(8) 4 000	(5) 11 000
	(11) 600
本期发生额 4 800	21 600
	期末余额 16 800

① 今天，许多企业组织的账簿都采用电子计算机处理，而不是传统的纸质账簿形式。但是，不管采用何种形式，账簿的格式和登记的方式都没有变化。当然，电子计算机减少了会计从业人员的许多机械性工作。

固定资产

借方	贷方
(5) 15 000	(6) 1 000
本期发生额 15 000	1 000
期末余额 14 000	

销售收入

借方	贷方
	(13a) 160 000
本期发生额	160 000
	期末余额 160 000

销售成本

借方	贷方
(13b) 100 000	
本期发生额 100 000	
期末余额 100 000	

图 3-3　南华公司的账簿记录

根据图 3-3 的账簿记录编制南华公司的调整前试算平衡表，如表 3-20 所示。

表 3-20　**南华公司调整前试算平衡表**　单位：元

账户名称	发生额		余额	
	借方发生额	贷方发生额	借方余额	贷方余额
银行存款	501 300	158 000	343 300	
应收账款	161 000	700	160 300	
库存商品	160 000	100 800	59 200	
固定资产	15 000	1 000	14 000	
短期借款		100 000		100 000
应付账款	4 800	21 600		16 800
实收资本		400 000		400 000
销售收入		160 000		160 000
销售成本	100 000		100 000	
合计	942 100	942 100	676 800	676 800

根据表 3-20，"全部账户本期借方发生额合计＝全部账户本期贷方发生额合计"，"全部账户借方余额合计＝全部账户贷方余额合计"，说明南华公司的账簿记录没有错误。

5 分钟回顾：

试算表平衡就意味着记账没有错误吗？为什么？

3.3.4　期末调整

基于会计分期假设，期末为了合理确定分期损益（利润或亏损），会计从业人员必须根据权责发生制和配比原则对某些事项进行调整。通过调整：(1) 使已经登记入账的成本费用恰当地归属于相关的会计分期；(2) 使已经登记入账的收入恰当地归属于相关的会计分期；(3) 计提某个会计分期已经发生但尚未登记入账的成本费用；(4) 计提某个会计分期已经获得但尚未登记入账的收入。

1. 按受益期摊配已经登记入账的成本费用

有些支出往往可以使许多会计分期受益。这样，根据权责发生制和配比原则，就需要在期末把本期已经消耗或已经使本期受益的部分转入本期的成本费用类账户。例如，固定资产和预付费用（prepaid expense）就属于这类项目。

续案例3-1，南华公司的商场设施就属于固定资产。该固定资产已经使用了一个月并使该月份受益，就应该将其相应的部分成本费用转入本期的成本费用类账户。对固定资产而言，该程序就是折旧（depreciation）。通过折旧使固定资产的价值得到补偿（recovery）。①

假设南华公司2015年12月份商场设施应该计提的折旧为200元（交易14）。显然，该事项影响了资产项目（固定资产）和成本费用项目（经营费用），使得成本费用项目（经营费用）增加，资产项目（固定资产）减少。成本费用类账户增加记借方，资产类账户减少记贷方。其会计分录为：

借：经营费用——折旧费用　　200
　贷：累计折旧——商场设施　　200

值得注意的是，交易14的会计分录运用了"累计折旧"（accumulated depreciation）这个账户。它是一个备抵账户（contra account）。备抵账户是与被备抵账户相关并对其进行抵减或扣除的账户。其余额的方向与被备抵账户相反。"累计折旧"账户就是固定资产（商场设施）这项资产项目的备抵账户，它抵减或扣除了固定资产（商场设施）的价值。资产类账户的余额在借方，而"累计折旧"账户的余额在贷方。

这时，南华公司2015年12月31日固定资产（商场设施）的账面价值（book value）为：

固定资产（商场设施）	14 000
减：累计折旧	200
账面价值	13 800

5分钟回顾：

交易14的会计分录为：

借：经营费用——折旧费用　　200
　贷：累计折旧——商场设施　　200

可是，根据交易或事项分析，交易14应该编制如下会计分录：

① 这里仅以折旧为例说明期末的调整事项。第7章将进一步讨论折旧问题。

借：经营费用——折旧费用　　200

　　贷：固定资产——商场设施　　200

为什么不直接减少固定资产（商场设施）的价值而要通过“累计折旧”账户呢？此时，固定资产（商场设施）的“账面价值”与其市场价值相同吗？

2. 按赚取期摊配已经登记入账的收入

企业组织可能预收了货款或劳务费。随着时间的推移，企业组织已经实现销售或提供了劳务，赚取了收入。这就需要在期末把本期已经赚取的部分转入本期的收入类账户。

续案例3-1，2015年12月15日，南华公司与江南公司签订了为期30天的代售业务（交易11）。预收的代售服务费600元随着时间的推移和服务的提供，本期已经赚取300元（600×50%）。该事项（交易15）影响了负债项目（应付账款）和收入项目（销售收入）。原来的应付账款部分转为本期收入。该事项使得收入项目（销售收入）增加，负债项目（应付账款）减少。收入类账户增加记贷方，负债类账户减少记借方。其会计分录为：

借：应付账款——江南公司　　300

　　贷：销售收入——其他服务收入　　300

3. 计提已经发生尚未登记入账的成本费用

企业组织有时在支付款项之前就使用了某些服务。随着时间的推移，企业组织就应该将已经逐步使用的服务所引起的成本费用转化为本期成本费用。根据权责发生制和配比原则，会计从业人员应该计提这部分成本费用。

续案例3-1，2015年12月1日，为了经营需要，南华公司向厦华商业银行借入1年期、年利率为6%的短期资金100 000元（交易2）。该借款合同规定南华公司必须到期一并还款付息。

根据借款合同，尽管2015年12月31日南华公司不需要还本付息，但是，借款利息根据时间计算，南华公司已经使用厦华商业银行的借款一个月了。这样，根据权责发生制和配比原则，南华公司应该计提这部分利息500元（100 000×6%×1/12）并登记入账，以便反映受益期间恰当的成本费用。该事项（交易16）影响了负债项目（应付账款）和成本费用项目（经营费用），使得两者均增加。成本费用类账户增加记借方，负债类账户增加记贷方。其会计分录为：

借：经营费用——利息费用　　500

　　贷：短期借款——应计利息　　500

4. 计提已经赚取尚未登记入账的收入

企业组织提供的某些服务在期末尚未收到款项。但是，根据合同规定，随着时间的推移，企业组织将取得已经提供服务的那部分收入。根据权责发生制和配比原则，会计从业人员应该计提这部分收入。

续案例 3－1，2015 年 12 月 23 日，南华公司与华景公司签订为期 30 天的代理业务（交易 12）。合同规定，代理服务费 600 元于合同结束时由华景公司一次性支付给南华公司。

显然，根据合同规定，2015 年 12 月 31 日南华公司并没有权利向华景公司收取代理业务款项，但是，南华公司已经提供了 8 天（从 12 月 23 日到 12 月 31 日）的代理服务。根据权责发生制和配比原则，南华公司已经赚取这 8 天的代理业务收入 160 元（600×8/30）。南华公司应该计提这部分收入并登记入账，以便反映受益期间的恰当收入。该事项（交易 17）影响了资产项目（应收账款）和收入项目（销售收入），使得两者均增加。资产类账户增加记借方，收入类账户增加记贷方。其会计分录为：

借：应收账款——应计代理收入　　160

　贷：销售收入——其他服务收入　　160

上述交易或事项登记入账之后，账簿记录如图 3－4 所示。

银行存款

(1) 400 000	(3) 150 000
(2) 100 000	(5) 4 000
(9) 700	(8) 4 000
(11) 600	
本期发生额 501 300	158 000
期末余额 343 300	

应收账款

(6) 1 000	(9) 700
(13a) 160 000	
(17) 160	
本期发生额 161 160	700
期末余额 160 460	

短期借款

	(2) 100 000
	(16) 500
本期发生额	100 500
	期末余额 100 500

实收资本

	(1) 400 000
本期发生额	400 000
	期末余额 400 000

库存商品

(3) 150 000	(7) 800
(4) 10 000	(13b) 100 000
本期发生额 160 000	100 800
期末余额 59 200	

应付账款

(7) 800	(4) 10 000
(8) 4 000	(5) 11 000
(15) 300	(11) 600
本期发生额 5 100	21 600
	期末余额 16 500

固定资产

(5) 15 000	(6) 1 000
本期发生额 15 000	1 000
期末余额 14 000	

销售收入

	(13a) 160 000
	(15) 300
	(17) 160
本期发生额	160 460
	期末余额 160 460

销售成本

借方	贷方
(13b) 100 000	
本期发生额 100 000	
期末余额 100 000	

经营费用

借方	贷方
(14) 200	
(16) 500	
本期发生额 700	
期末余额 700	

累计折旧

借方	贷方
	(14) 200
本期发生额	200
	期末余额 200

图 3-4　南华公司调整事项入账之后的账簿记录

根据图 3-4 的账簿记录编制南华公司的调整后试算平衡表，如表 3-21 所示。

表 3-21　**南华公司调整后试算平衡表**　单位：元

账户名称	发生额		余额	
	借方发生额	贷方发生额	借方余额	贷方余额
银行存款	501 300	158 000	343 300	
应收账款	161 160	700	160 460	
库存商品	160 000	100 800	59 200	
固定资产	15 000	1 000	14 000	
累计折旧		200		200
短期借款		100 500		100 500
应付账款	5 100	21 600		16 500
实收资本		400 000		400 000
销售收入		160 460		160 460
销售成本	100 000		100 000	
经营费用	700		700	
合计	943 260	943 260	677 660	677 660

根据表 3-21，“全部账户本期借方发生额合计＝全部账户本期贷方发生额合计”，“全部账户借方余额合计＝全部账户贷方余额合计”，说明南华公司的账簿记录没有错误。

3.3.5　期末结账

如前所述，期末，会计从业人员必须结账，将资产、负债和所有者权益类账户（实账户）的余额结转到下一个会计分期（不需要编制记账凭证，只要在账簿结转就可以），将收入与成本费用类账户（虚账户）的余额结清（需要编制记账凭证），从而结束上一个会计分期的会计记录工作。

案例3-5

续案例3-1，2015年12月31日南华公司编制记账凭证，结清所有虚账户余额。

(1) 结清收入类账户余额（交易18）。其会计分录为：

借：销售收入　　160 460

　贷：本年利润　　160 460

(2) 结清费用类账户余额（交易19）。其会计分录为：

借：本年利润　　100 700

　贷：销售成本　　100 000

　　　经营费用　　700

此时，"本年利润"账户的贷方余额59 760元（160 460－100 700）就是南华公司2015年12月份的利润。由于南华公司刚创立，因此，"本年利润"账户贷方余额就是留存收益的数额。由此可见，财务会计的结账过程就是确定本年利润的过程。这种确定本年利润的方法称为"账结法"，而通过编制利润表确定本年利润的方法称为"表结法"。

5分钟回顾：

1. 既然账结法就可以确定本年利润，为什么还要编制利润表（表结法）呢？

2. 如果南华公司不是刚创立，而是经营了一段时间，那么，"本年利润"账户贷方余额还会等于留存收益的数额吗？

上述结账事项登记入账之后，账簿记录如图3-5所示。

银行存款

(1) 400 000	(3) 150 000
(2) 100 000	(5) 4 000
(9) 700	(8) 4 000
(11) 600	
本期发生额 501 300	158 000
期末余额 343 300	
期初余额 343 300	

应收账款

(6) 1 000	(9) 700
(13a) 160 000	
(17) 160	
本期发生额 161 160	700
期末余额 160 460	
期初余额 160 460	

短期借款

	(2) 100 000
	(16) 500
本期发生额	100 500
	期末余额 100 500
	期初余额 100 500

实收资本

	(1) 400 000
本期发生额	400 000
	期末余额 400 000
	期初余额 400 000

库存商品

借方	贷方
(3) 150 000	(7) 800
(4) 10 000	(13b) 100 000
本期发生额 160 000	100 800
期末余额 59 200	
期初余额 59 200	

应付账款

借方	贷方
(7) 800	(4) 10 000
(8) 4 000	(5) 11 000
(15) 300	(11) 600
本期发生额 5 100	21 600
	期末余额 16 500
	期初余额 16 500

固定资产

借方	贷方
(5) 15 000	(6) 1 000
本期发生额 15 000	1 000
期末余额 14 000	
期初余额 14 000	

销售收入

借方	贷方
(18) 160 460	(13a) 160 000
	(15) 300
	(17) 160
本期发生额 160 460	160 460
	期末余额 0

销售成本

借方	贷方
(13b) 100 000	(19) 100 000
本期发生额 100 000	100 000
期末余额 0	

经营费用

借方	贷方
(14) 200	(19) 700
(16) 500	
本期发生额 700	700
期末余额 0	

累计折旧

借方	贷方
	(14) 200
本期发生额	200
	期末余额 200
	期初余额 200

本年利润

借方	贷方
(19) 100 700	(18) 160 460
本期发生额 100 700	160 460
	期末余额 59 760
	期初余额 59 760

图 3-5　南华公司结账事项入账后的账簿记录

根据图 3-5 的账簿记录编制南华公司的结账后试算平衡表，如表 3-22 所示。

表 3-22　南华公司结账后试算平衡表　单位：元

账户名称	发生额		余额	
	借方发生额	贷方发生额	借方余额	贷方余额
银行存款	501 300	158 000	343 300	
应收账款	161 160	700	160 460	
库存商品	160 000	100 800	59 200	
固定资产	15 000	1 000	14 000	
累计折旧		200		200
短期借款		100 500		100 500
应付账款	5 100	21 600		16 500
实收资本		400 000		400 000
销售收入	160 460	160 460		
销售成本	100 000	100 000		
经营费用	700	700		
本年利润		59 760		59 760
合计	1 103 720	1 103 720	576 960	576 960

根据表 3－22，“全部账户本期借方发生额合计＝全部账户本期贷方发生额合计”，“全部账户借方余额合计＝全部账户贷方余额合计”，说明南华公司的账簿记录没有错误。

3.3.6 编制财务报表

会计从业人员根据结账的结果（见表 3－22）分类汇总并按一定的格式编制资产负债表和利润表（见表 3－23 和表 3－24）。

表 3－23 **南华公司资产负债表**

2015 年 12 月 31 日 单位：元

资产	金额	负债与所有者权益	金额
银行存款	343 300	短期借款	100 500
应收账款	160 460	应付账款	16 500
库存商品	59 200	实收资本	400 000
固定资产	14 000	留存收益	59 760
减：累计折旧	200		
固定资产账面价值	13 800		
资产总计	576 760	负债与所有者权益总计	576 760

表 3－24 **南华公司利润表**

2015 年 12 月份 单位：元

项目	金额
销售收入	160 460
减：销售成本	100 000
经营费用	700
利润	59 760

编制完上述财务报表标志着一个财务会计循环的终结，另一个财务会计循环的开始。财务报表是财务会计的最终“产品”或“结果”。

如前所述，财务会计循环以权责发生制为基础，而现金流量表以收付实现制为基础。因此，无法根据财务会计循环直接编制现金流量表。那么，如何编制现金流量表呢？其实，只要列出企业组织所发生的经济业务对现金流量的影响就可以编制出现金流量表。

案例 3－6

续案例 3－1，根据南华公司 2015 年 12 月份的经济业务分析交易对现金流量的影响，如表 3－25 所示。

表 3-25　　影响现金流量的交易　　单位：元

交易或事项	金额	经济活动类型
(1) 初始投资	400 000	筹资活动
(2) 银行借款	100 000	筹资活动
(3) 用银行存款购买商品	(150 000)	经营活动
(5) 用银行存款购买商场设施	(4 000)	投资活动
(8) 支付债权人款项	(4 000)	经营活动
(9) 收回转让商场设施款项	700	投资活动
(11) 预收代售业务费	600	经营活动

根据表 3-25 编制现金流量表，如表 3-26 所示。

表 3-26　　南华公司现金流量表
2015 年 12 月　　单位：元

项目	金额
一、经营活动产生的现金流量	
预收代售业务费	600
购买商品支付的现金	(154 000)
经营活动产生的现金流量净额	(153 400)
二、投资活动产生的现金流量	
转让商场设施收到现金流量	700
购买商场设施支付的现金	(4 000)
投资活动产生的现金流量净额	(3 300)
三、筹资活动产生的现金流量	
吸收投资收到的现金	400 000
取得借款收到的现金	100 000
筹资活动产生的现金流量净额	500 000
现金流量增加额	343 300
加：期初现金余额	0
期末现金余额	343 300

如前所述，记账凭证根据其反映的经济业务内容可以分为收款凭证、付款凭证和转账凭证。凡是影响现金流量的交易必然要编制收款凭证或付款凭证。这样，就可以根据银行存款（包括库存现金）日记账编制现金流量表。

根据图 3-5 的“银行存款”账户，编制银行存款日记账，如表 3-27 所示。①

① 其实，图 3-5 的“银行存款”账户如果转化为表格的形式就是银行存款日记账。之所以采用 T 形账户，只是为了教学方便。这里的银行存款日记账是企业组织会计从业人员编制的内部记录。顾名思义，银行存款就是存在银行的款项。因此，企业组织的开户银行对这部分银行存款会定期编制银行存款对账单。企业组织登记银行存款日记账必须定期与银行编制的银行存款对账单核对，至少每月核对一次，从而实现对银行存款的内部控制。

表 3-27 银行存款日记账 单位：元

2015 年		摘要	对方科目	借方	贷方	余额	经济活动类型①
月	日						
12	1	期初余额				0	
12	1	初始投资	实收资本	400 000		400 000	筹资活动
12	1	银行借款	短期借款	100 000		500 000	筹资活动
12	2	购买商品	库存商品		150 000	350 000	经营活动
12	4	购买商场设施	固定资产		4 000	346 000	投资活动
12	10	支付债权人款项	应付账款		4 000	342 000	经营活动
12	12	收回转让商场设施款	应收账款	700		342 700	投资活动
12	15	预收代售业务费	应付账款	600		343 300	经营活动
12	31	合计		501 300	158 000	343 300	

根据表 3-27，同样可以编制南华公司 2015 年 12 月份的现金流量表，如表 3-26 所示。

思考题

1. 财务会计包括哪些基本假设？其含义分别是什么？
2. 财务会计包括哪些基本原则？其含义分别是什么？
3. 财务会计包括哪些确认基础？其区别是什么？
4. 财务会计包括哪些修正性惯例？其含义分别是什么？
5. 如何理解扩展的财务会计恒等式？它与财务会计的基本恒等式有何关系？
6. 如何借助财务会计的恒等式进行交易或事项分析？
7. 财务会计循环包括哪些内容？

业务题

1. 权责发生制与收付实现制

Tomas 公司是一家小型游艇贸易公司。2015 年 3 月 28 日出售一艘价值为 100 000

① 现有的银行存款（包括库存现金）日记账不包括“经济活动类型”这部分。这里的“经济活动类型”还可以在“经营活动”“筹资活动”和“投资活动”的基础上，进一步根据现金流量表的具体内容（项目）细分并列示。例如，在“经营活动”项目下再细分“销售商品、提供劳务收到的现金”“收到的税费返还”“收到其他与经营活动有关的现金”“购买商品、接受劳务支付的现金”“支付给职工以及为职工支付的现金”“支付的各项税费”和“支付其他与经营活动有关的现金”等具体项目。“投资活动”和“筹资活动”也依此处理。其实，根据这样的思路，只要扩展银行存款（包括库存现金）日记账，就可以根据银行存款（包括库存现金）日记账直接编制现金流量表。这对电子计算机来说根本就不是问题。

元的游艇。该游艇的成本总额为 80 000 元。Tomas 公司已经支付了购买该游艇的货款 80 000 元，但是，到了 2015 年底，Tomas 公司还没有从顾客那里收到这 100 000 元的货款。假设不考虑其他费用。

根据上述资料，要求：

（1）列表说明基于权责发生制与收付实现制确认的经营成果差异。

（2）Tomas 公司的成本得到补偿了吗？

2. 账户的性质

南湖公司的部分账户如下："银行存款"账户、"应付账款"账户、"实收资本"账户、"销售收入"账户和"管理费用"账户。

根据上述资料，要求：

判断上述账户的性质，用 T 形或丁字形账户结构说明其借贷方登记的内容，指出正常情况下的余额方向。

3. 财务会计恒等式与复式记账法

长江公司 2015 年 1 月 31 日资产负债表如下表所示。

资产负债表

2015 年 1 月 31 日　　　　单位：元

资产	金额	负债与所有者权益	金额
现金	500	短期借款	19 200
银行存款	25 000	其他应付款	800
应收账款	5 000	应付账款	4 500
原材料	20 000	实收资本	326 000
固定资产	300 000		
资产总计	350 500	负债与所有者权益总计	350 000

假设 2015 年 2 月份长江公司发生如下交易或事项：

（1）2 月 3 日，以银行存款偿还短期借款 8 000 元。

（2）2 月 8 日，向黄河公司购买材料一批，价款为 13 000 元。材料已验收入库，但货款尚未支付。

（3）2 月 15 日，收到江南公司前欠货款 4 000 元，存入开户银行。

（4）2 月 20 日，从开户银行提取现金 4 000 元，以备用。

（5）2 月 21 日，业主追加投资一台设备，价值为 50 000 元。

（6）2 月 25 日，向商业银行借款，用以偿还前欠黄河公司已到期货款。

（7）2 月 28 日，用现金偿还全部的其他应付款。

根据上述资料，要求：

（1）运用财务会计恒等式分析上述交易或事项。

（2）设置账户并运用复式记账法编制上述交易或事项的记账凭证（以会计分录替代记账凭证）。

4. 试算平衡原理

黑田公司 2015 年 12 月 31 日相关账户余额如下表所示。

黑田公司 2015 年 12 月 31 日相关账户余额

单位：元

账户名称	期初余额		本期发生额		期末余额	
	借方	贷方	借方	贷方	借方	贷方
固定资产	（　）		10 000	—	110 000	
原材料	9 900		（　）	22 805	21 695	
应收账款	4 000		—	4 000	0	
银行存款	20 600		5 100	（　）	15 700	
现金	5 200		5 000	4 945	（　）	
应付账款		2 700	2 545	（　）		7 150
短期借款		（　）	4 000	2 500		18 500
实收资本		（　）	—	（　）		（　）
合计	（　）	（　）	（　）	（　）	（　）	（　）

根据上述资料，要求：

根据试算平衡原理，计算出括号内的数字。

5. 基本财务报表

南岳服务公司在 2015 年 1 月 1 日创立，第一年免税，到 2015 年 12 月 31 日，其有关账户余额如下表所示。

南岳服务公司账户余额表

2015 年 12 月 31 日

单位：元

项目	余额
应付账款	8 645
应付票据	10 000
现金	39 861
房屋	54 000
累计折旧——房屋	1 800
设备	19 200
累计折旧——设备	2 400
实收资本	100 000
应收账款	23 300
工资费用	7 130
电话费	324
服务费收入	26 120
广告费用	500
资料费	450

根据上述资料，要求：

(1) 编制南岳服务公司 2015 年度的利润表和资产负债表。

（2）计算南岳服务公司 2015 年 12 月 31 日的未分配利润。

案例讨论题

1. 交易或事项分析与复式记账法

华生公司是一家新近（2015 年 5 月）成立的零售商店。在全面经营活动开始之前，发生了一些筹备过程的初始交易。下表以会计恒等式的方式列示了华生公司在 5 月 10 日及其之后 9 个工作日的余额。

华生公司 5 月份交易情况表　　单位：元

日期	银行存款	应收账款	商品存货	固定资产	应付账款	实收资本
5 月 10 日	6 000	4 000	18 000	3 000	4 000	27 000
5 月 11 日	12 000	4 000	18 000	3 000	4 000	33 000
5 月 12 日	12 000	4 000	18 000	7 000	4 000	37 000
5 月 15 日	9 000	4 000	21 000	7 000	4 000	37 000
5 月 16 日	9 000	4 000	26 000	7 000	9 000	37 000
5 月 17 日	12 000	1 000	26 000	7 000	9 000	37 000
5 月 18 日	7 000	1 000	26 000	13 000	10 000	37 000
5 月 19 日	5 000	1 000	26 000	13 000	8 000	37 000
5 月 22 日	5 000	1 000	25 600	13 000	7 600	37 000
5 月 23 日	2 000	1 000	25 600	13 000	7 600	34 000

要求：

（1）假设每天只发生一笔交易，简要描述华生公司 5 月份这 9 天每天发生的交易或事项。

（2）分析上述交易或事项，设置账户并运用复式记账法编制华生公司每天的交易或事项的记账凭证（以会计分录替代记账凭证），登记相应的账户。

（3）编制华生公司 5 月 31 日的试算平衡表和资产负债表。

（4）登记银行存款日记账并编制现金流量表。

2. 财务会计信息：可靠性还是相关性

近年来，人们对财务会计信息的可靠性或相关性争论不休。基于金融市场与公司制度的框架，请分组辩论：财务会计信息是追求可靠性（甲方）还是相关性（乙方）？

3. 如何设计一个完整的财务会计系统

假设你的一个亲戚正在创业。他听说你正在学习“会计学”这门课程，于是向你咨询如何为新创立的企业组织建立一个完整的财务会计系统。你给他什么建议呢？

第4章 多维成本观念

本章要点

4.1 基于存货计价与收益确定的成本观念

4.2 基于管理控制的成本观念

4.3 基于经营决策的成本观念

学习目标

1. 理解基于存货计价与收益确定的成本观念
2. 理解基于管理控制的成本观念
3. 理解基于经营决策的成本观念

引例

2008年下半年，一场罕见的金融海啸席卷全球，世界经济面临重大冲击。于是，许多企业组织纷纷召开会议，研究和部署如何开源节流，尤其是节流，以便渡过这个“寒冬”。

说到“节流”，人们马上想到裁员或减薪。无论裁员还是减薪，尽管采用的方式不同，但殊途同归，目的都是削减或控制成本。一时间，“cut cost”（削减成本）成为2009年企业组织使用频率最高的词汇。许多人都担心被裁员或遭遇减薪，人心惶惶，人人自危。就连商业思维活跃的广东人，也改变了春节期间的传统问候方式。以前，春节期间，广东人遇到熟人都会说“恭喜发财，财源广进”。现在，因“财源”与“裁员”同音而不敢再说“财源广进”了！政府也不得不出台各种政策，安抚民心。

其实，裁员裁的是人心。更重要的是，裁员或减薪未必就能够真正有效地削减或控制成本。因为企业组织的有些成本非发生不可。削减或控制成本可能危及企业组织的竞争优势，乃至核心能力。

那么，何谓成本？企业组织的哪些成本可以削减而不至于危及竞争优势呢？

4.1 基于存货计价与收益确定的成本观念

成本信息是企业组织的经理人极为关注的信息。如果企业组织的经理人连成本是多少都不知道，如何补偿成本？企业组织又如何知道是否获得利润呢？当然，企业组织的经理人在经营决策与管理控制的过程中，奉行“不同目的，不同成本”（different costs for different purposes）的信条，强调成本信息的相关性。有鉴于此，成本信息必须满足存货计价与收益确定（总体上属于财务会计的成本观念）、管理控制（基于管理控制的成本观念）和经营决策（基于经营决策的成本观念）三种目的。

基于存货计价与收益确定的成本观念主要满足企业组织的存货计价与收益确定的信息需求。这类成本通常称为财务性成本。根据企业组织的需求，财务性成本可以按不同标志分类。

4.1.1 财务性成本按其管理职能分类

按其管理职能，企业组织的财务性成本可以分为制造成本（manufacturing cost）与非制造成本（nonmanufacturing cost）。

1. 制造成本

制造成本又称生产成本，指企业组织在产品生产过程中发生的成本。制造成本包括直接材料（direct material）、直接人工（direct labor）和制造费用（manufacturing overhead）。

（1）直接材料。直接材料指企业组织在产品生产过程中耗用的构成产品主要成分并易于追溯到特定产品的材料成本。有些材料成本虽然也构成产品的实体，但难以追溯到该特定产品或需要花较多的精力才能追溯到该特定产品。根据成本与效益原则，这种材料成本就不归集为直接材料，而称为间接材料（indirect material），归入制造费用项目。值得指出的是，直接材料与间接材料的区分主要是根据成本效益原则和重要性原则而定。

（2）直接人工。直接人工指企业组织在产品生产过程中直接参与产品的生产所耗用的并能追溯到特定产品的人工成本。同样，对于那些难以或要花较多的精力才能追溯到该特定产品的人工成本，也不归集为直接人工，而称为间接人工（indirect labor）。它也归入制造费用项目。

（3）制造费用。制造费用又称间接费用，指企业组织在产品生产过程中发生的不能归入直接材料、直接人工的所有其他费用。制造费用通常分为间接材料、间接人工和其他间接费用（other manufacturing overhead）三部分。

1）间接材料。间接材料指企业组织在产品生产过程中耗用但无法归入特定产品的材料成本，如修理设备用的材料等项目。

2）间接人工。间接人工指为企业组织产品生产过程服务但不直接参与产品生产制造的人工成本，如维修人员的工资等项目。

3）其他间接费用。其他间接费用指不属于间接人工、间接材料的其他各种间接费用，如厂房机器设备的折旧费、修理费、保险费、税金等项目。

值得注意的是，那些发生于产品生产过程之外的费用都不属于制造费用。

上述制造成本中，直接材料和直接人工通常合称主要成本（prime cost），而直接人工和制造费用通常合称加工成本（conversion cost）。

2. 非制造成本

非制造成本又称非生产成本，指不属于生产制造过程，但为企业组织经营管理服务所发生的成本。非制造成本可进一步分为销售费用（marketing or selling expense）与管理费用（administrative expense）两类。[①]

（1）销售费用。销售费用指企业组织在产品销售过程中发生的成本，如营销人员工资、差旅费以及广告费等项目。

（2）管理费用。管理费用指为组织、指导和控制企业组织的各项经济业务所发生的经营管理费用，如管理人员工资、办公费、邮电费、非经营性固定资产的保险费和折旧费等项目。

4.1.2 财务性成本按其时间归属分类

企业组织在一定时期内发生的财务性成本，按其时间归属可以分为产品成本（product cost）与期间费用（period expense）。

1. 产品成本

产品成本又称可盘存成本（inventoriable cost），指与产品的生产存在直接关系的成本。其承担成本的客体是产品，按产品来归集并计算成本。其成本随着产品流动而流动，如果特定产品销售出去了，那么，其成本为产品销售成本（cost of goods sold），而与产品销售收入相配比；如果特定产品尚未销售或未完全销售出去，那么，其成本将作为存货结转到下一个会计分期。可盘存成本的名称由此而来。前述的制造成本即属于可盘存成本。

2. 期间费用

期间费用又称不可盘存成本（uninventoriable cost），指随着时间的推移而在某个特定期间内发生的成本，由当期的损益负担，不结转到下一个会计分期。这类成本与特定产品无关，而与该期间的时间长短存在密切关系。不可盘存成本的名称由此而来。前述的非制造成本即属于期间费用。

4.1.3 财务性成本按其归属于产品的难易分类

企业组织的财务性成本，有些与某特定产品或部门存在直接的联系，很容易归属于特定成本计算对象；有些与某特定产品没有直接的联系，无法按照某种标志归属于特定产品或部门。企业组织的财务性成本按其归属于产品的难易程度可以分为直接成本（direct cost）与间接成本（indirect cost）。

1. 直接成本

直接成本又称可追溯成本（traceable cost），指可以直接计入特定产品的成本，如直接材料成本、直接人工成本等项目。

2. 间接成本

间接成本又称不可追溯成本（untraceable cost），指不能直接计入特定产品的成本，如制造费用项目。由于间接成本不能直接归属于特定产品，而是由许

① 在中国，非制造成本还包括财务费用。财务费用指企业组织短期融资所发生的费用，如融资手续费和利息费用。

多产品或部门共同负担，因此，应该通过合理的方法在各种产品或部门之间进行分配和再分配，使其恰当地归属于各相关的特定产品或部门。

4.1.4　财务性成本按其与企业组织经营活动的联系分类

企业组织的经营活动包括生产经营与资本经营。相应地，企业组织的财务性成本包括生产经营成本与资本经营成本（简称资本成本，cost of capital）。企业组织的生产经营成本发生于企业组织的生产经营过程，包括产品成本与期间费用。生产经营成本主要与生产要素市场相联系。企业组织的资本经营成本发生于企业组织的资本经营过程，包括债务资本成本（cost of debt）和权益资本成本（cost of equity）。资本经营成本主要与资本市场相联系。由此可见，生产要素市场与资本市场共同影响企业组织的财务性成本。

5 分钟回顾：

1. 财务性成本都是企业组织实际发生的成本吗？
2. 财务性成本都列示于企业组织的财务报表吗？

4.2　基于管理控制的成本观念

基于管理控制的成本观念主要满足企业组织管理控制的信息需求。这类成本通常称为控制性成本。基于管理控制的成本观念，与前述基于存货计价与收益确定的成本观念有所不同。

4.2.1　控制性成本按其成本性态分类

成本性态（cost behavior）又称成本习性，指成本总额的变动与业务量之间的依存关系，也就是在一个特定的相关范围（relevant range）内，如果某项业务量发生变动，与之相对应的成本总额将如何变动。

按照成本性态，控制性成本可以分为变动成本（variable cost）与固定成本（fixed cost）。

1. 变动成本

变动成本是指在相关范围内，成本总额与业务量成正比例变动关系的成本项目，如直接材料成本、直接人工成本等。这些成本项目的发生额都与业务量存在直接的联系。业务量增加，变动成本总额也增加；业务量减少，变动成本总额也减少。但是，单位业务量分摊的变动成本即单位变动成本（variable cost per unit，VCPU）在相关范围内固定不变，即不随着业务量的变化而变化。

如果用 VC 代表变动成本总额，b 代表单位业务量分摊的变动成本，X 代表业务量，那么，变动成本的性态可用代数式表示如下：

$$VC=bX$$

变动成本的上述性态如图 4－1 所示。

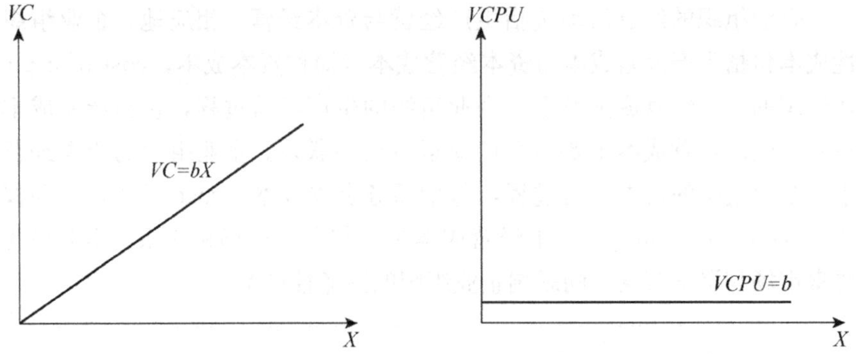

图 4－1　变动成本的性态

2. 固定成本

固定成本是指在相关范围内，成本总额不受业务量变动的影响而保持固定不变的成本项目，如生产用厂房、设备按直线法①计提的折旧费用、保险费用、广告费用和管理人员工资等成本项目。但是，如果从单位业务量分摊的固定成本来看，单位业务量负担固定成本即单位固定成本（fixed cost per unit, FCPU）与业务量的增减成反比例关系，即业务量越大，单位业务量负担的固定成本越小；业务量越小，单位业务量负担的固定成本越大。

如果用 a 代表固定成本总额，固定成本的性态可用代数式表示如下：

$$FC=a$$

固定成本的上述性态如图 4－2 所示。

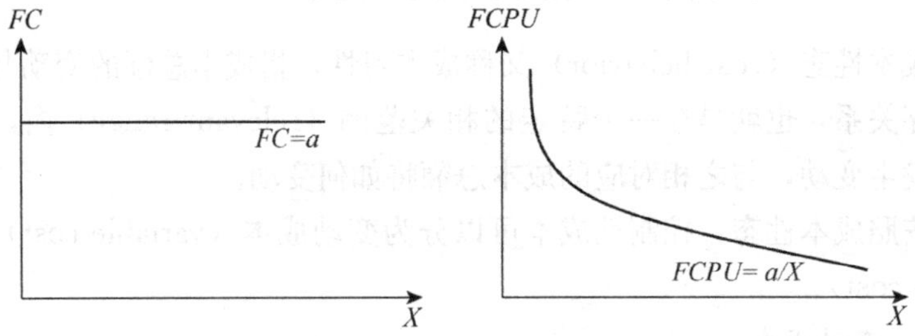

图 4－2　固定成本的性态

通常，固定成本还可以进一步细分为约束性固定成本（committed fixed cost）与酌量性固定成本（discretionary fixed cost）。约束性固定成本是指不因企业组织经理人的经营决策而改变的固定成本项目。它是一种维持企业组织生产能力的成本，如前

① 直线法是固定资产计提折旧的方法之一。根据直线法，固定资产应计提折旧的价值在固定资产使用年限内平均分配，与业务量无关。本书将在第 7 章讨论固定资产折旧方法。

述的生产用厂房、设备按直线法计提的折旧费用。而酌量性固定成本则会因企业组织经理人的经营决策而发生改变，如前述的广告费用。不过，如果企业组织面临严峻的经营环境，经理人也可能会在短期内削减某些或部分约束性固定成本。

上面对固定成本与变动成本的论述中，多次提到“相关范围”一词。在这里，“相关范围”有两层含义：（1）特定的期间；（2）某一特定的业务量水平范围。上述成本性态只有在相关范围内才有效。就长期而言，一切成本项目都是可变的。即使在短期内保持不变的成本项目，也只有在某个特定业务量范围内，超出这个业务量水平，成本性态就会发生变化。对变动成本而言，也只有在相关范围内，成本总额与业务量呈线性关系的假设才有效。因此，成本性态研究的焦点在于“相关范围”。

值得指出的是，在实践中，并非所有的成本项目都可以清楚地分为固定成本与变动成本。有些成本项目可能同时包含固定成本与变动成本两个因素。这类成本项目，其成本发生总额虽然也受业务量变动的影响，但并不存在绝对或严格的比例关系。这类成本项目称为混合成本（mixed cost）或半变动成本（semi-variable cost）。但是，企业组织的经理人可以运用一定的技术方法将其分解为固定成本与变动成本。从理论上说，一切成本项目按其成本性态都可以分解为固定成本与变动成本。正因为如此，混合成本没有必要单独列为一类成本项目。

5分钟回顾：

1. 从企业组织经营管理的角度看，单位固定成本（$FCPU=a/X$）是否有意义？

2. 假设企业组织的产品的市场需求量只有100件，然而，如果企业组织生产200件，其单位固定成本最低。这时，企业组织应该生产100件还是生产200件呢？为什么？

3. 混合成本的分解

通常，混合成本分解的方法主要包括历史成本分析法、工程研究法、账户分类法和合同认定法。但是，较常用的是历史成本分析法。因此，下面讨论历史成本分析法。历史成本分析法包括高低点法（high-low points method）、散布图法（scatter diagram method）以及回归分析法（regression analysis method）。

（1）高低点法。高低点法通过观察相关范围内成本总额与业务量的最高点和最低点之间的差异分解混合成本。

这种方法假设成本总额与业务量存在线性关系，其成本表达式为：

$$Y=a+bX$$

设 X_1，X_2 分别为最高点和最低点的业务量；Y_1，Y_2 分别为最高点和最低点的成本总额，那么

$$Y_1=a+bX_1 \quad (1)$$

$$Y_2=a+bX_2 \quad (2)$$

由式（1）－式（2）得

$$Y_1-Y_2=b(X_1-X_2)$$

$$b=\frac{Y_1-Y_2}{X_1-X_2} \quad (3)$$

将式（3）代入式（1）得

$$a=Y_1-bX_1$$

求出 a 与 b 的数值之后，成本表达式 $Y=a+bX$ 也就随之确定。这样既把混合成本分解成为固定成本与变动成本，又可用于预测在相关范围内某个业务量水平下的混合成本总额。

案例 4-1

华西公司 2015 年度 1—12 月份维修成本的历史数据如表 4-1 所示。

表 4-1　华西公司 2015 年 1—12 月维修成本的历史数据

项目 \ 月份	1	2	3	4	5	6	7	8	9	10	11	12
机器工作时间（X：小时）	1 200	1 300	1 150	1 050	900	800	700	800	950	1 100	1 250	1 400
维修成本（Y）	900	910	840	850	820	730	720	780	750	890	920	930

如果华西公司 2016 年 6 月份预计机器工作 750 小时，则其维修成本将为多少？

根据表 4-1，首先确定在相关范围（700～1 400 小时）内的最高点与最低点：

	机器工作小时（X）	维修成本（Y）
最高点	1 400	930
最低点	700	720
最高点与最低点差异	700	210

其次，运用高低点法分解维修成本：

$$b=\frac{930-720}{1\,400-700}=0.30(\text{元/小时})$$

$$a=930-0.30\times 1\,400=510(\text{元})$$

最后，写出维修成本的表达式：

$$Y=510+0.30X$$

华西公司 2016 年 6 月份预计机器工作 750 小时，则其维修成本将为 735 元（$510+0.30\times 750$）。

值得指出的是，在实践中，高低点的业务量与成本总额未必严格对应，也就是说，业务量最高，与之相对应的成本总额却未必最高；业务量最低，与之相对应的成本总额却未必最低。这时，应该以业务量的最高点或最低点确定成本总额的最高点或最低点，因为业务量是成本总额发生的动因（driver）。

高低点法计算简单，便于运用，但是，它只用最高点与最低点确定成本性态，如果最高点与最低点缺乏代表性，那么，其结果可能与实际相去甚远。

（2）散布图法。散布图法是将观察到的历史成本数据在直角坐标系上作图，描绘出各期成本点散布图，并根据目测，在各成本点之间画出一条反映成本变动趋势的直线，其与纵轴的交点就是固定成本（a），然后再据此计算单位变动成本（b）的一种方法。具体地说，散布图法的基本步骤包括：

1）画一个平面直角坐标系，以横轴代表业务量（X），以纵轴代表成本总额（Y）。

2）将业务量与成本总额坐标点逐一描绘在直角坐标系上，形成若干坐标点，即散布点。

3）以目测的方法描绘一条能大致代表上述各点的直线。其表达式为：$Y=a+bX$。

4）上述直线与纵轴的交点就是固定成本（a）。

5）在直线上任意取一点（X_1，Y_1），即可确定单位变动成本（b），即 $b=(Y_1-a)/X_1$。

由此，成本表达式 $Y=a+bX$ 便随之确定。

续案例 4-1，根据表 4-1 中的数据，绘制散布图，如图 4-3 所示。

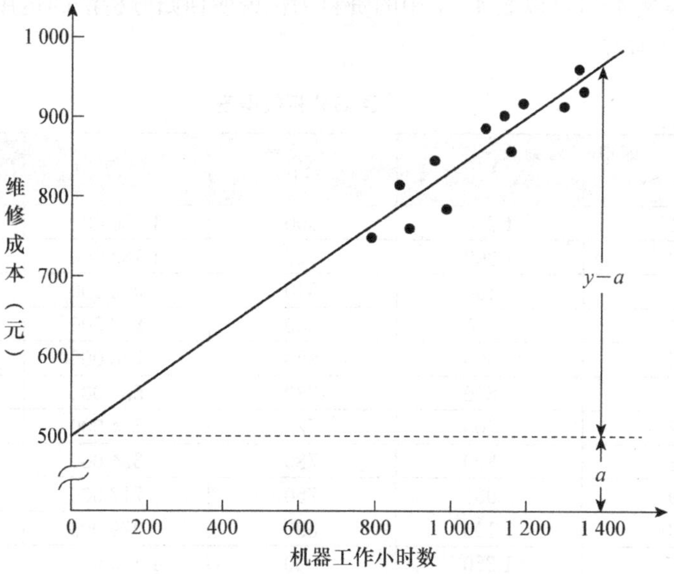

图 4-3　华西公司维修成本散布图

根据图 4－3，目测画出的成本趋势直线与纵轴的交点为 500，即固定成本总额 $a=500$ 元，成本趋势直线的斜率即为单位变动成本 b。在成本趋势直线上任意取一点，如（1 200，900），那么，$b=(900-500)/1\ 200=0.33$。由此，维修成本表达式为：

$$Y=500+0.33X$$

华西公司 2016 年 6 月份预计机器工作 750 小时，则其维修成本将为 747.5 元（500＋0.33×750）。

由此可见，散布图法综合考虑了各观察点的成本总额与业务量的依存关系，而不是只凭最高点与最低点确定成本表达式。因而，相对高低点法，其结果要精确一些。但是，它只是目测的结果，可能对同一组数据资料，不同的目测者可以描绘出各自不同的直线。

（3）回归分析法。回归分析法也称最小二乘法（least-squares method）。如前所述，对于同一组数据资料，不同的目测者可以描绘出各自不同的直线。回归分析法就是要从这些众多的直线中找出一条最接近散布图各点的直线。这条直线的表达式为 $Y=a+bX$。根据微积分原理，这条直线就是使各个观察点引起的总误差最小的那条直线。这可以借助高等数学极值原理推导出 a 与 b 的数值，即

$$a=\frac{\sum X_i^2\sum Y_i-\sum X_i\sum X_iY_i}{n\sum X_i^2-(\sum X_i)^2},\quad b=\frac{n\sum X_iY_i-\sum X_i\sum Y_i}{n\sum X_i^2-(\sum X_i)^2}$$

续案例 4－1，以表 4－1 中的资料为例说明回归分析法的运用。其具体计算如表 4－2 所示。

表 4－2　　回归分析数据表

项目 / 月份	X_i	Y_i	X_iY_i	X_i^2
1	1 200	900	1 080 000	1 440 000
2	1 300	910	1 183 000	1 690 000
3	1 150	840	966 000	1 322 500
4	1 050	850	892 500	1 102 500
5	900	820	738 000	810 000
6	800	730	584 000	640 000
7	700	720	504 000	490 000
8	800	780	624 000	640 000
9	950	750	712 500	902 500
10	1 100	890	979 000	1 210 000
11	1 250	920	1 150 000	1 562 500
12	1 400	930	1 302 000	1 960 000
$\sum$	12 600	10 040	10 715 000	13 770 000

根据表4-2，计算a与b数值如下：

$$a=\frac{13\ 770\ 000\times10\ 040-12\ 600\times10\ 715\ 000}{12\times13\ 770\ 000-12\ 600^2}=500.28$$

$$b=\frac{12\times10\ 715\ 000-12\ 600\times10\ 040}{12\times13\ 770\ 000-12\ 600^2}=0.32$$

于是，得到维修成本表达式为：

$$Y=500.28+0.32X$$

华西公司2016年6月份预计机器工作750小时，则其维修成本将为740.28元（500.28+0.32×750）。

回归分析法克服了高低点法和散布图法的局限性，运用高等数学方法求解成本表达式，具有严密性和科学性。如果手工计算，其计算过程比较复杂。当然，借助于电子计算机，其计算过程还是相当简单的。

4.2.2　控制性成本按其管理权限分类

根据某个部门对成本发生的控制程度或其职权范围，控制性成本可以分为可控成本（controllable cost）与不可控成本（uncontrollable cost）。

可控成本是指某一部门能够计量、控制和调节其发生数额的成本。可控成本的可控性是针对某个特定部门而言的。而不可控成本则指某一部门无法计量、控制和调节的成本。

值得指出的是，可控成本与不可控成本的区分是相对的。从企业组织这个大系统而言，所有成本都是可以控制的。但就某个部门而言，则存在可控成本与不可控成本之分。有些成本项目在某个部门是可控的，而对另一个部门而言则变成不可控的。例如，在企业组织的加工车间，加工产品所需要耗用的材料是可控的成本项目，但是，由于材料质量存在问题而造成超定额消耗，则是无法控制的成本项目，属于不可控成本。然而，这对于供应部门来说，却又是可控制的成本项目，属于可控成本。

可控成本与不可控成本的区分，还有一个时间问题。一切成本项目，从长期看都是可控的，而从短期看却是不可控的。例如广告费用，一旦合同签订，其数额便无法控制或改变，而如果合同期满，重新签订合同，其数额则是可控的。

通常，可控成本都是直接成本，但直接成本并不都是可控成本。例如，构成产品实体的某种主要材料，对加工车间而言是可控成本，也是直接成本；而加工用的某种零配件，如果从其他厂家外购而来，虽然是直接成本，但却不是可控成本。至于间接成本，属于由若干部门或产品共同负担的成本，因此，对某个特定部门而言，多数是不可控成本。

此外，基于管理控制，控制性成本根据其数据来源还可以分为实际成本

(actual cost）与标准成本（standard cost)。

4.3 基于经营决策的成本观念

基于经营决策的成本观念主要满足企业组织经营决策的信息需求。这类成本通常称为决策性成本。决策性成本同样可以根据不同标志分类。

4.3.1 决策性成本按其差异性分类

决策性成本按其差异性可以分为差别成本（differential cost）与边际成本(marginal cost)。

1. 差别成本

差别成本也称为差量成本，存在广义与狭义之分。广义的差别成本是指在进行方案的决策分析时，两个或两个以上备选方案之间预期成本的差异。狭义的差别成本是指两个或两个以上备选方案之间由于业务量增减变化而形成的预期成本差异。差量成本可分为增量成本（incremental cost）和减量成本（decremental cost)。例如，假设有 A，B 两个方案，其预期成本分别为 250 000 元与 200 000 元，那么，A 方案与 B 方案对比，A 方案所增加的成本 50 000 元就是增量成本；反之，B 方案与 A 方案对比，B 方案所减少的成本 50 000 元就是减量成本。增量成本和减量成本是差别成本的两个侧面，经理人在决策分析时，只要根据其偏好选择其一即可。

在企业组织的经营决策中，差别成本是一个广泛运用的重要成本观念，诸如零部件外购或自制决策，是否应该接受特殊订货决策等，都可以运用差别成本观念进行决策。

与差别成本相对应的是差别收入或差量收入，差别收入与差别成本之间的差异就是差别利润或差量利润。

2. 边际成本

从本质上说，边际成本是一个数学概念。在数学上，边际成本就是成本函数的一阶导数。根据经济学的一般理论，边际成本是指成本对业务量无限小变化的变动部分。在实践中，业务量无限小变化，最小只能小到一个单位，业务量的变化小到一个单位以下，如十分之一单位、百分之一单位，就没有什么实际意义了。因此，在实践中，边际成本的计量，就是业务量增加或减少一个单位所引起的成本变动额。这样，边际成本可以视为差别成本的一种特殊形式。但差别成本是一个具有更广泛意义的成本观念。不过，在相关范围内，边际成本与变动成本可以取得一致。

5 分钟回顾：

差别成本、边际成本与变动成本三者是否一致？为什么？

4.3.2　决策性成本按其排他性分类

决策性成本按其排他性可以分为机会成本（opportunity cost）与应负成本（imputed cost）。

1. 机会成本

每种资源都存在多种用途，但是，由于资源的稀缺性，资源用于某个用途就不能同时用于另一个用途。也就是说，资源在某个用途之所得，正是由于放弃另一个用途机会之所失。在决策过程中，如果存在若干个备选方案，选取最满意方案而放弃另一个次满意方案所丧失的潜在利益，就构成实施最满意方案的机会成本。就会计事项而言，机会成本就是由于放弃某一个方案实现的机会而失去的收益。这部分收益应当由被选方案的收益来补偿，如果被选方案的收益不能补偿机会成本，便不能认为被选方案是最令人满意的。机会成本虽然不是实际支出，也不记入会计账簿，有时甚至难以计量，但在决策时，需要把它作为一个现实的重要因素加以考虑，否则，就可能做出错误的选择，不能取得应有的效果。

案例 4-2

假设华南公司拥有一块土地的使用权。该土地存在两种用途：(1) 建商品房，从事房地产经营；(2) 直接将土地的使用权转让给其他房地产开发商。华南公司将土地用于自己的房地产开发和经营活动预计可得利润 5 000 万元，而将土地的使用权转让则可得 4 500 万元。那么，华南公司如果选择了自己从事房地产开发和经营活动的方案，则土地使用权转让的潜在收益 4 500 万元就构成了其机会成本。相反，如果华南公司选择了土地使用权转让的方案，则华南公司从事房地产开发和经营活动的潜在收益 5 000 万元就构成了其机会成本。由此可见，考虑了机会成本后，华南公司应该选择自己从事房地产开发和经营活动的方案。

值得注意的是，不管当时华南公司是以 4 150 万元还是以 4 200 万元的价格购买该土地的使用权，都应该以现行市场价格 4 500 万元作为其机会成本。

当然，如果某项资源只有一个用途，别无选择，那么，其机会成本就等于零。例如，某工人失业在家，某公司招聘了该工人，该工人对是否应聘的选择就不存在机会成本问题。

经理人在决策过程中考虑机会成本的意义在于它有助于经理人全面考虑可能采取的各种行动方案，以便为有限的资源寻求最为有利的使用途径。

2. 应负成本

应负成本也称为假计成本，是机会成本的一种表现形式。它既不是企业组织的实际支出，也不必记账，只是运用某种经济资源的代价。经理人在选择方案时必须考虑这种代价。例如，企业组织的生产性资产投资项目可以选择不同的方案，各种方案所需要的资金数量、资金来源和投入时点可能不同。为了保证各种方案评价的口径一致，企业组织为此所需要的资金不论其来源如何都必须以机会成本的形式计算利息。前述的权益资本成本就是应负成本的一种形式。在这里，应负成本实际上是机会成本和货币时间价值观念在决策中的具体体现和运用。

4.3.3 决策性成本按其影响的时效性分类

从决策的角度看，不同时期发生的成本对决策可能产生不同的影响。根据这种影响的时效性，决策性成本可以分为沉没成本（sunk cost）、重置成本（replacement cost）与付现成本（out-of-pocket cost）。

1. 沉没成本

沉没成本是过去的成本支出。广义上说，凡是过去已经发生，不是目前或将来决策所能改变的成本，都是沉没成本。狭义上说，沉没成本是指过去发生的在一定情况下无法补偿的成本，因而，也可称之为“一经花费就一去不复返的成本”。例如，某公司过去购置了一台设备，原始价值为 800 000 元，累计折旧为 160 000 元。由于技术的进步，现在这台设备完全过时了。在这种情况下，这台设备的账面价值 640 000 元就属于沉没成本。

沉没成本的特征决定了它不是差别成本，与决策不存在相关性，因而，当前的决策可以不必考虑这个因素。但还是要注意区分和判别沉没成本，否则，可能导致决策失误。

2. 重置成本

重置成本也称为现行成本（current cost），是指按照现行市场价格购买功能与目前拥有的某项资产相同或相似的资产所需要支付的成本。① 目前财务会计在总体上依然以历史成本作为计量基础，历史成本是资产入账的基础，但是，基于通货膨胀的环境，就企业组织的经营决策而言，历史成本信息失去了相关性。与财务会计不同，管理会计立足现在，面向未来，强调信息的相关性。因此，在有关的决策如企业组织的定价决策中，侧重考虑的是重置成本信息，而不是历史成本信息。例如，某公司 3 个月前购进了 A 产品，当时的单位购进价格为 100 元，假设当前 A 产品的市场价格由于通货膨胀因素的影响发生了较大变化，其单位购进价格变为 120 元。这时，A 产品的现行市场价格 120 元就是其重置

① 重置成本或现行成本类似于公允价值。历史成本曾经是公允价值，公允价值一旦入账，也就转化为历史成本。

成本。该公司在为产品定价时要认真考虑重置成本这个因素。如果从历史成本信息出发，该公司以成本为基础定价，将价格定为 110 元，那么，每出售一件 A 产品就可以获得 10 元的利润。然而，仔细分析，可以看到这实际上只是一种假象。因为只要该公司还想持续经营，将 A 产品出售之后，就必须重新购进 A 产品。这时，每一件要花 120 元。这样，按 110 元定价，该公司不仅不能盈利，反而亏了 10 元。这种错误的定价决策将导致该公司现金流量不足，长此以往，该公司必将走向破产。① 因此，重置成本对于企业组织的定价决策具有重要的现实意义。

3. 付现成本

付现成本是指那些由于未来某项决策所引起的需要现在动用现金支付的成本。例如，某公司拥有一台旧设备，某租赁公司愿意以"以旧换新"（trade-in）的方式收购该旧设备。其条件是新设备的价格为 150 000 元，旧设备按现行市场价格折价 120 000 元，余款以现金支付。这时，虽然新设备的价款是 150 000 元，但是，该公司只需要支付 30 000 元（150 000－120 000）。因此，该公司的付现成本就是需要动用该公司现金支付的数额，即 30 000 元。

在实践中，尤其是遇到企业组织本身的现金流量严重不足，近期又难以收回应收账款，而要向金融市场融资又有困难或资本成本太高的困境时，企业组织的经理人在决策过程中对付现成本的考虑要重于对成本总额的考虑。经理人通常会选择付现成本较低而成本总额相对较高的方案，即在付现成本最低方案与成本总额最低方案之间选择付现成本最低方案。

案例 4－3

假设华文公司因为生产需要急需购进 A 原材料 100 吨，如果不能及时购进该原材料，将影响该公司的正常生产经营活动，缺货成本较高。但是，该公司目前现金流量严重不足，又恰逢金融市场的银根紧缩，资本成本较高。正当该公司处于进退两难、无计可施之时，某供应商为了维持良好的顾客关系，同意为该公司提供所需要的 100 吨 A 原材料，但提出了两个付款方案供该公司选择。

第一方案：每吨报价 9 000 元，但货款总额 900 000 元必须一次支付。

第二方案：每吨报价 9 500 元，但货款总额 950 000 元可以分 10 个月支付，每月支付 95 000 元。

华文公司经理人为了避免停工待料，产生缺货成本，选择了第二方案。尽管第二

---

① 实际上，在通货膨胀的环境下，以历史成本为基础定价只是实现了"财务资本保持"（financial capital maintenance），而没有实现"实物资本保持"（physical capital maintenance）。企业组织要可持续发展，必须注重"实物资本保持"。以重置成本为基础定价有助于实现"实物资本保持"。"财务资本保持"与"实物资本保持"是会计学的两个重要概念。对这个问题的深入讨论超出了本书的范围，有兴趣的读者可进一步参阅财务会计理论方面的论著。

方案需要支付的成本总额 950 000 元比第一方案需要支付的成本总额 900 000 元高出 50 000元，但是，现在的付现成本只有 95 000 元，比第一方案的付现成本 900 000 元低得多。这样，第二方案多支付的成本 50 000 元可以从该公司及时投入生产，保持生产经营活动的连续性，消除缺货成本所取得的收益得到补偿。

因此，付现成本对于企业组织在特殊情境下，究竟是采用一次付款方式还是采用分期付款方式的决策具有一定的指导意义。

综上所述，企业组织不同时期发生的成本对决策可能产生不同的影响。沉没成本、重置成本和付现成本正是分别从过去、现在和未来三个不同的时间维度说明了企业组织成本发生的时间对决策的影响。

4.3.4 决策性成本按其可避免性分类

决策性成本按其可避免性可以分为可避免成本（avoidable cost）与不可避免成本（unavoidable cost）。

1. 可避免成本

可避免成本是指企业组织经理人的某项决策可以改变发生与否及其数额的成本项目。也就是说，如果企业组织的经理人采用了某个特定的方案，与其相联系的某项成本必然发生，不可避免；反之，如果企业组织的经理人拒绝接受该项方案，则与此相联系的某项成本就不会发生。成本的发生及其数额与企业组织经营决策行为密切相关。前面提到的变动成本与酌量性固定成本就属于可避免成本。例如，某公司尚有剩余的生产能力，为了充分利用现有生产能力，计划接受某项特殊订货。这时，与该订货相关的变动成本就是可避免成本。如果该公司接受了该特殊订货，与此相关的变动成本必然发生；反之，如果该公司不接受该特殊订货，则变动成本就可以不发生。进一步假设对于该特殊订货，顾客有一项特殊要求，为了满足这个特殊要求，该公司需要购进一项专用设备，那么，该专用设备的价款也是可避免成本。因为该专用设备价款的支出最终是否发生，完全取决于该公司是否接受该特殊订货。如果该公司不接受该特殊订货，专用设备价款的支出自然不会发生。

2. 不可避免成本

与上述可避免成本相对应，不可避免成本是指企业组织经理人的某项决策不能改变发生与否及其数额的成本。也就是说，该项成本的发生与特定的决策方案无关，其发生与否并不取决于有关决策方案的取舍。前面提到的约束性固定成本就属于不可避免成本。在相关范围内，约束性固定成本主要为企业组织提供一定的生产经营条件而发生。这些生产经营条件一旦形成，不管其实际利用程度如何，相关费用照样发生。因此，企业组织的经理人的决策行为不能改变其发生数额。例如，在企业组织生产能力尚有剩余的情境下，如果特殊订货没有特殊要求，企业组织是否接受该特殊订货都不会改变所发生的固定成本数额。

根据差别成本的概念可以看出，某个决策方案的取舍，主要考虑可避免成本。因为只有可避免成本才构成差别成本，不可避免成本并不是差别成本的组成部分。不可避免成本是企业组织当前客观存在的成本项目，无论企业组织的决策方案如何取舍，它都照样发生。因此，对于决策方案的取舍而言，不可避免成本并没有差别。

决策性成本按其可避免性分为可避免成本与不可避免成本，对于企业组织的亏损产品决策、特殊订货决策以及零部件是自制还是外购决策都具有重要的现实意义。

4.3.5 决策性成本按其可延缓性分类

在实践中，有些选定方案的成本可以递延到以后期间发生。决策性成本按其可延缓性可以分为可延缓成本（deferrable cost）与不可延缓成本（undeferrable cost）。

1. 可延缓成本

在企业组织受到资源稀缺约束的条件下，如果对某个已经选定的方案推迟实施，不至于对企业组织的全局产生重要影响，那么，与该方案相关的成本就称为可延缓成本。例如，某公司的办公条件较差，原来打算在 2017 年度内在办公室安装空调以改善办公条件。2017 年度该公司的资金比较紧张，经过讨论决定将安装空调改善办公条件的方案推迟到下一个年度执行。那么，与安装空调相关的成本就属于可延缓成本，因为安装空调与否，对该公司的全局不会产生重要的影响。

2. 不可延缓成本

与可延缓成本相反，即使企业组织受到资源稀缺的约束，对于已经选定的某个方案也必须立即实施，不得推迟，否则，将对企业组织的全局产生重要影响。那么，与该方案相关的成本就称为不可延缓成本。例如，企业组织的某项关键设备出现严重故障，需要立即进行大修理，否则，将影响企业组织的正常生产经营活动，致使企业组织遭受重大损失，乃至失去竞争优势。这时，即使企业组织资金再紧张，也必须想方设法，立即修复该项关键设备，尽快投入运行。因此，与关键设备大修理相关的成本就属于不可延缓成本。

在实践中，如果企业组织受到资源稀缺的约束，对于已经选定的方案不能同时付诸实施，应该区分轻重缓急，确定哪些方案可延缓实施，哪些方案不可延缓实施，然后依次排队，逐步付诸实施，量力而行。只有这样，才能有效地运用企业组织现有的资源，提高企业组织的资源配置效益与资源运用效益。因此，决策性成本按其可延缓性分为可延缓成本与不可延缓成本对于企业组织在资源稀缺的约束条件下方案实施的时间安排具有一定的指导意义。

4.3.6 决策性成本按其与决策的相关性分类

企业组织所发生的成本有些与决策有关，有些与决策无关。决策性成本根据其与决策的相关性可以分为相关成本（relevant cost）与非相关成本（irrelevant cost）。

1. 相关成本

相关成本是指与特定决策方案相关联的成本。其基本特征是：

(1) 相关成本是一种未来成本。企业组织的决策总是面向未来，与之相关联的成本也只能是未来将要发生的成本，而不是也不可能是已经发生的历史成本。因此，前述沉没成本不是相关成本。

(2) 相关成本是一种有差别的未来成本。即使是未来成本，只有可供选择的不同方案之间预期成本额存在差别的成本，才是与决策有关的相关成本。换言之，没有差别的未来成本也不是相关成本。例如，某公司需要更新一台关键设备，A，B两种类型的设备都能够满足该公司的要求。如果A，B两种类型的设备价格都是120 000元，那么，尽管它们都是未来成本，但是，该公司无论选择A型设备还是选择B型设备，其预期成本都没有差别。因此，从成本这个层面看，120 000元的未来成本不是相关成本。如果进一步假设A型设备是国产设备，其价格为120 000元，而B型设备是进口设备，其价格为150 000元，则相关成本为30 000元。因为不管该公司选择哪一个方案，其无差别成本120 000元都要发生。就A型设备与B型设备的决策而言，相关成本就是这30 000元是否值得发生的问题。

相关成本是企业组织决策关注的焦点。前面提到的差别成本、边际成本、机会成本、应负成本、重置成本、付现成本、可避免成本和可延缓成本等就属于相关成本。

2. 非相关成本

与相关成本相反，非相关成本是指与特定决策方案无关的成本。上面有关相关成本的阐述其实已经充分说明了非相关成本的概念。前面提到的沉没成本、不可避免成本和不可延缓成本等就属于非相关成本。

决策性成本根据其与决策的相关性分为相关成本与非相关成本，有助于提高成本信息的决策有用性。因此，这种分类对于企业组织的经营决策具有重要的指导意义。

5分钟回顾：

1. 有人认为“所有变动成本都是相关成本，而所有固定成本都是非相关成本”，你以为呢？

2. 在企业组织的资产负债表中，机器设备的账面价值对企业组织而言是一种资产，但是，在企业组织的经营决策过程中，它却是非相关成本。为什么？

现将本章讨论的多维成本观念总结一下，如图4-4所示。

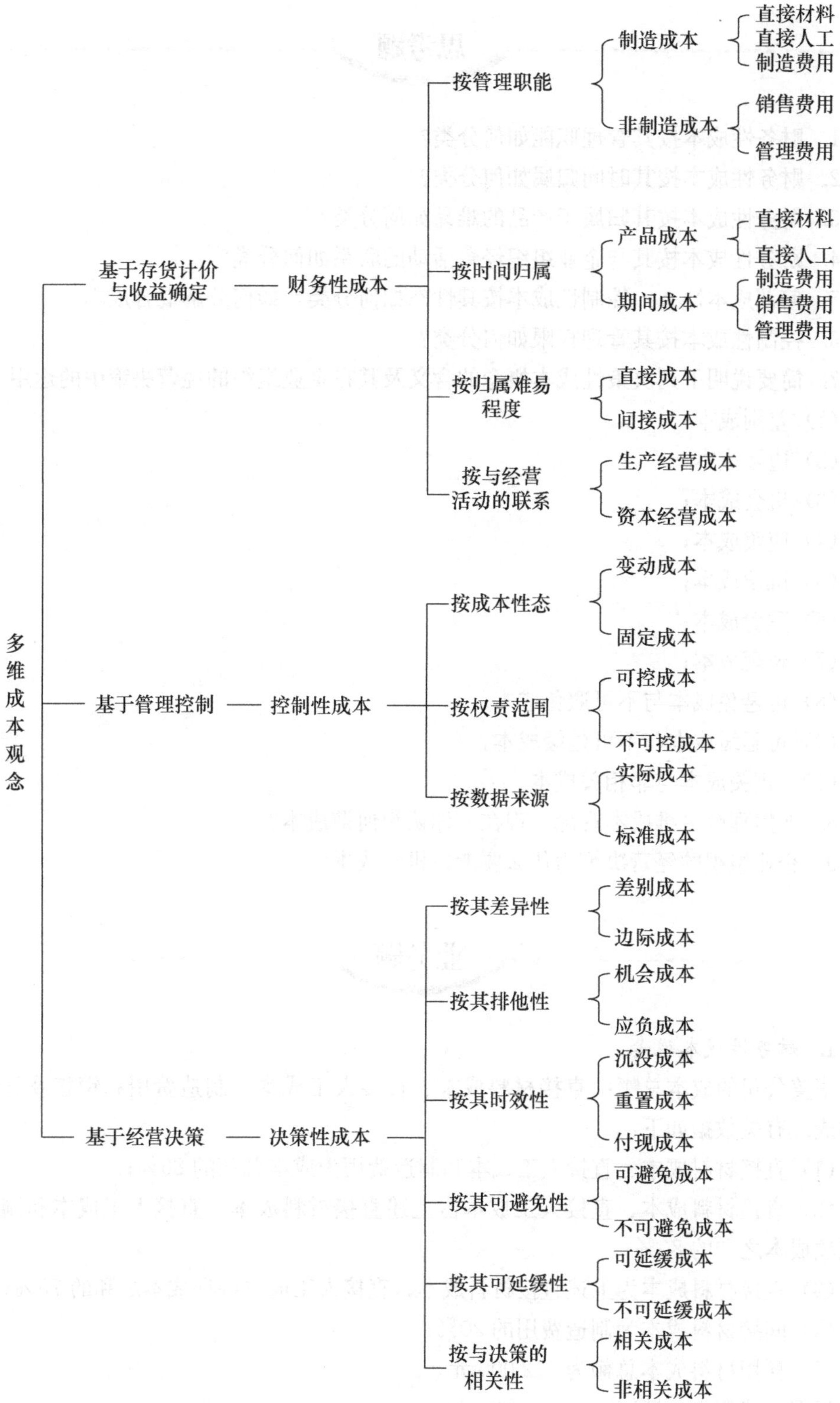
多维成本观念
基于存货计价与收益确定
财务性成本
按管理职能
制造成本
直接材料
直接人工
制造费用
非制造成本
销售费用
管理费用
按时间归属
产品成本
直接材料
直接人工
制造费用
期间成本
销售费用
管理费用
按归属难易程度
直接成本
间接成本
按与经营活动的联系
生产经营成本
资本经营成本
基于管理控制
控制性成本
按成本性态
变动成本
固定成本
按权责范围
可控成本
不可控成本
按数据来源
实际成本
标准成本
基于经营决策
决策性成本
按其差异性
差别成本
边际成本
按其排他性
机会成本
应负成本
按其时效性
沉没成本
重置成本
付现成本
按其可避免性
可避免成本
不可避免成本
按其可延缓性
可延缓成本
不可延缓成本
按与决策的相关性
相关成本
非相关成本

图4-4 多维成本观念

思考题

1. 财务性成本按其管理职能如何分类？
2. 财务性成本按其时间归属如何分类？
3. 财务性成本按其归属于产品的难易如何分类？
4. 财务性成本按其与企业组织经营活动的联系如何分类？
5. 何谓成本性态？控制性成本按其性态如何分类？如何分解混合成本？
6. 控制性成本按其管理权限如何分类？
7. 简要说明下列决策性成本概念的含义及其在企业组织的经营决策中的运用：

（1）差别成本；

（2）边际成本；

（3）机会成本；

（4）应负成本；

（5）沉没成本；

（6）重置成本；

（7）付现成本；

（8）可避免成本与不可避免成本；

（9）可延缓成本与不可延缓成本；

（10）相关成本与非相关成本。

8. 如何理解多维成本观念？现在，你认为何谓成本？
9. 企业组织的经营决策为什么要考虑机会成本？

业务题

1. 财务性成本观念

华美公司的成本总额由直接材料成本、直接人工成本、制造费用和销售及管理费用构成。有关数据如下：

（1）直接材料成本、直接人工成本和制造费用为成本总额的80%；

（2）直接材料成本、直接人工成本占上述直接材料成本、直接人工成本和制造费用三项成本之和的80%；

（3）直接材料成本为上述直接材料成本、直接人工成本两项成本之和的75%；

（4）间接材料成本为制造费用的20%；

（5）耗用材料成本总额为512 000元。

根据上述资料，请问：

（1）直接材料成本为多少？

（2）间接材料成本为多少？

（3）直接人工成本为多少？

（4）制造费用为多少？

（5）销售及管理费用为多少？

（6）成本总额为多少？

2. 成本性态与混合成本的分解

南方公司只生产和销售一种产品。其过去的历史成本数据显示，与最高业务量（75 000 件）及最低业务量（50 000 件）相对应的成本总额分别为 176 250 元和 142 500 元。南方公司的成本总额包括变动成本、固定成本和混合成本三类。南方公司对最低业务量下的成本总额进行分析得到如下信息：

变动成本总额	50 000 元
固定成本总额	60 000 元
混合成本总额	32 500 元
成本总额	142 500 元

如果南方公司某年度计划生产 65 000 件，根据上述资料，计算其混合成本总额和成本总额。

3. 混合成本分解的高低点法与回归分析法

某公司的历史成本数据表明，维修成本在相关范围内的变动情况如下表所示。

月份	机器小时（小时）	维修成本（元）
1	440	460
2	460	500
3	380	400
4	240	400
5	240	400
6	180	300
7	140	280
8	220	280
9	280	320

要求：

（1）运用高低点法分解维修成本。

（2）运用回归分析法分解维修成本。

（3）如果机器小时预计为 450 小时，其维修成本将为多少？

（4）如果高低点法与回归分析法的计算结果不同，其可能原因是什么？

案例讨论题

1. 倡导“不同目的，不同成本”的多维成本观念是否意味着倡导“做假账”？

2. 公允价值：相关性还是可靠性？

碧海房地产开发公司在其 2015 年度资产负债表的“投资性房地产”项目报告如下内容：

投资性房地产　　　　　　　　5 966 000 000 元

附注说明：该投资性房地产的价值以当时取得的历史成本计价。

假设根据 2015 年 12 月 31 日的房地产市场行情，该投资性房地产的市场公允价值为 11 456 000 000 元。

讨论：

（1）该投资性房地产是否可以采用公允价值计价？如果可以，其调整分录如何？如果不考虑税收因素，调整分录对财务报表有何影响？是否所有企业组织的资产项目都可以采用公允价值计价？

（2）5 966 000 000 元和 11 456 000 000 元，哪一个数据更具有相关性？哪一个数据更具有可靠性？

（3）如果你是一个正在考虑购买碧海房地产开发公司股票的潜在投资者，5 966 000 000元和 11 456 000 000 元，哪一个数据更具有相关性？

（4）如果你是碧海房地产开发公司的股东，关注该公司把你投入的钱用于何处，5 966 000 000元和 11 456 000 000 元，哪一个数据更具有相关性？

part 2

企业组织的投资活动与筹资活动

企业组织的投资活动与筹资活动并不是完全独立的两个过程，而是相互联系、密不可分的。投资活动是筹资活动的前提，只有存在可行的投资项目，才有必要筹集资金（筹资）。而筹集资金的最终目的就是投资（用资）。从决策程序来看，先有投资决策，后有筹资决策。但是，从资金运用来看，却必须先筹集资金（筹资），而后才能投资（用资）。否则，投资便成为“无米之炊”。企业组织的投资和筹资活动必然引起相应的会计问题。

有鉴于此，本篇包括：

第 5 章　生产性资产投资决策

第 6 章　证券投资和融资

第 7 章　生产性资产投资

第5章 生产性资产投资决策

本章要点

5.1 生产性资产投资概述
5.2 生产性资产投资决策的基本方法
5.3 估算投资项目的现金流量
5.4 投资决策与筹资决策的关系

学习目标

1. 了解企业组织的生产性资产投资项目的类型
2. 掌握生产性资产投资决策的基本原理及其运用
3. 掌握生产性资产投资项目现金流量的估算方法
4. 理解投资决策与筹资决策的关系

引例

曾几何时，一旦有人指责中国上市公司“圈钱”，上市公司便辩解“巧妇难为无米之炊”。乍一听，颇为理直气壮，潜台词也很清楚，“我要不圈钱，哪有钱做事情”。的确，再巧的媳妇，如果没有米又怎么做得出饭呢！然而，这只是问题的一个方面。如果我们进一步思考，不禁要问：巧妇为何要为“炊”？上市公司又凭什么认为自己就是“巧妇”呢？

金融市场为上市公司提供了一个大舞台。金融市场可以为上市公司这个“巧妇”提供源源不断的“米源”（资金来源）。但是，“米”（资本）是要花钱买的！金融市场的任何资本都有成本。那么，上市公司花钱买“米”干什么（上市公司要钱干什么）？因为上市公司要“炊”（用钱）！如此一来，又产生一个问题：上市公司为何要“炊”（用钱）呢？因为上市公司要实施其宏伟的发展战略！上市公司的战略及其实施通过投资项目体现，投资项目自然离不开资金的支持，也就需要“找米下锅”（筹资）。也就是说，上市公司的发展战略驱动投资项目，而投资项目驱动上市公司的筹资活动。

接下来的问题是上市公司凭什么认为自己就是“巧妇”呢？也就是说，凭什么说上市公司就是理财（用钱）高手，能够把“米”做成最可口的“饭”（使资金的盈利能力得到充分发挥）呢？空口无凭，上市公司的招股说明书其实就是承诺。上市公司在招股说明书上比较详细地说明募集资金（买米）的用途（投资项目与资金投向）及其前景（包括盈利能力）。潜在股东（投资者）通过招股说明书就可以看出上市公司是否属于“巧妇”（遗憾的是中国许多股东并没有关注上市公司的招股说明书）。

只有能够为股东（投资者）赚取其个人所不能赚取的收益率的上市公司才称得上“巧妇”！

那么，如何借助一双慧眼看清上市公司是否就是“巧妇”呢？

5.1 生产性资产投资概述

广义上说，投资（investment）是指企业组织（投资者）以收回更多的现金为目的而发生的现金支出。换言之，投资就是企业组织当前付出现金，预期会收回投资额并得到满意的投资收益。因此，投资相当于购买一系列预期的未来现金流入量。

企业组织的投资既包括生产性资产投资，也包括金融性资产投资。生产性资产投资是指创建或收购新的企业组织或购买固定资产等实物资产（统称投资项目），直接参与企业组织的经济活动，属于直接投资；而金融性资产投资是企业组织购买其他企业组织发行的股票、债券等金融性资产，这些资金转移到其他企业组织后再投入其经济活动，因而属于间接投资。尽管生产性资产投资与金融性资产投资所运用的财务观念相同，都是包括资产的流动性、风险性和收益性，但是，其投资决策程序与方法并不相同。企业组织的生产性资产投资是企业组织长远发展战略的财务体现，也是构建企业组织的核心能力和竞争优势的基础。本章讨论企业组织的生产性资产投资决策的基本原理与方法。①

5.1.1 投资项目的分类

理解生产性资产投资的基本概念是掌握生产性资产投资决策的基础。企业组织的生产性投资项目（investment project）可以按不同标志分类。

1. *按投资项目从属关系分类*

投资项目按其相互间的从属关系可以分为独立项目（independent project）和互斥项目（mutually exclusive project）两类。独立项目指不同的投资项目各自独立存在，互不影响，即某个投资项目的实施并不排斥其他投资项目的实施。其决策准则是判断投资项目本身的可行性，即“达标而不是择优”。互斥项目指多个投资项目不能同时实施，实施某个投资项目必须以排除其他投资项目的实施为条件。其决策准则是不仅要判断投资项目本身的可行性，还要在所有可行的投资项目中选取最好的方案，即“在所有达标的投资项目中择优”。

2. *按投资项目现金流量模式分类*

投资项目按其现金流量模式可以分为常规项目与非常规项目两类。常规项目指一系列现金流出量伴随着一系列现金流入量的生产性资产投资项目。如果用负号表示现金流出量，用正号表示现金流入量，那么，常规项目的现金流量

① 第6章将讨论金融性资产投资的会计处理。金融性资产投资决策通常归属于专门开设的投资学或证券投资学或财务管理学课程。因此，本书不讨论金融性资产投资决策，有兴趣的读者可以参阅相关的论著。

的正负号只变换一次。除此之外，其余的投资项目都属非常规项目。

3. 按投资项目性质分类

投资项目按其性质可以分为：（1）与维持企业组织现有生产经营有关的重置型投资项目（replacement investment），例如更换已报废或损坏的生产设备；（2）与降低成本有关的重置型投资项目，例如用高效的新设备更换可用但已陈旧的生产设备；（3）与现有产品和市场有关的扩充型投资项目（expansion investment），如为了增加产量或扩大销售渠道的投资项目；（4）与新产品和新市场有关的扩充型投资项目，如为了生产新产品和开辟新市场而实施的投资项目；（5）与工业安全和环境保护有关的强制性投资项目（required investment）或非营利性投资项目（non-profit investment），如为了达到排污法规要求更换水处理设备。

上述投资项目的评估分析，都需要企业组织做出各种不同的可供选择的投资方案，然后运用合理的方法从中选择合适的行动方案。

5.1.2 投资项目的基本特征

投资项目的基本特征包括：（1）投资额大。尽管投资项目的投资额可能一次投入，也可能分次投入，但无论采用哪种投入方式，其投资额都较大，甚至巨大。（2）时间跨度大。投资项目涉及的时间跨度较大，其投资回收期较长。（3）风险高。投资项目面向未来，且投资额大、时间跨度大，因此，投资项目的风险较高。

基于投资项目的基本特征，投资项目的决策分析必须关注现金流量，并考虑货币时间价值（time value of money）。[①]

5.2 生产性资产投资决策的基本方法

生产性资产投资决策的基本方法包括投资回收期法（payback period method）、会计收益率法（accounting rate of return method）、净现值法（net present value method）、现值指数法（present value index method）、内部收益率法（internal rate of return method）。其中，投资回收期法和会计收益率法没有考虑货币时间价值，属于静态决策方法；而净现值法、现值指数法和内部收益率法则考虑了货币时间价值，属于动态决策方法。

① 基于考虑问题的不同时间点，货币时间价值包括现值（present value，PV）和未来值或终值（future or final value，FV）两种表现形式。投资决策通常采用现值。基于不同的现金流量模式，现值又可以分为复利现值和年金现值。年金（annuity）是指定期等额的系列收支。不同时点的现金流量可以借助复利现值系数和年金现值系数分别转化为复利现值和年金现值。这个转化过程称为折现（discounting）。折现所用的利率称为折现率、必要收益率（required rate of return）或最低收益率（hurdle rate）。

案例5-1

假设吉南公司目前存在三个投资机会，要求的最低收益率为10%。相关资料如表5-1所示。

表5-1 **投资项目及其现金流量状况** 单位：元

期间	A投资项目		B投资项目		C投资项目	
	税后利润	现金流量	税后利润	现金流量	税后利润	现金流量
0		(20 000)		(9 000)		(12 000)
1	1 800	11 800	(1 800)	1 200	600	4 600
2	3 240	13 240	3 000	6 000	600	4 600
3			3 000	6 000	600	4 600
合计	5 040	5 040	4 200	4 200	1 800	1 800

吉南公司应该选择哪个投资项目呢？

5.2.1 投资回收期法

投资回收期法以投资回收期（payback period，PBP）作为评价指标。投资回收期是指投资项目引起的现金流入量累计到与投资额相等所需要的时间。投资回收期代表收回投资项目的投资额所需要的年限。

1. 投资回收期计算原理

投资回收期的具体计算与投资项目现金流量特点有关。

如果投资项目的投资额是一次性投入的，且每期现金流入量相等（即年金型），那么，投资回收期的计算公式为：

$$\text{投资回收期}(PBP)=\frac{\text{投资额}}{\text{每期现金流入量}}$$

案例5-1中的C投资项目属于这种情况，其投资回收期为2.61年（=12 000/4 600）。

如果投资项目的现金流入量各期不等或投资额不是一次性投入的（即混合型），那么，投资回收期的计算公式为：

$$\text{投资回收期}(PBP)=\begin{matrix}\text{累计净现金流量开}\\\text{始出现正值的年份}\end{matrix}-1+\begin{matrix}\text{上年累计净现}\\\text{金流量绝对值}\end{matrix}\div\begin{matrix}\text{当年净}\\\text{现金流量}\end{matrix}$$

案例5-1中的A投资项目和B投资项目均属于这种情况。其累计现金流量状况分别如表5-2和表5-3所示。

表 5-2　　A 投资项目累计现金流量状况　　单位：元

期间	年现金流量	累计现金流量
0	(20 000)	(20 000)
1	11 800	(8 200)
2	13 240	5 040

表 5-3　　B 投资项目累计现金流量状况　　单位：元

期间	年现金流量	累计现金流量
0	(9 000)	(9 000)
1	1 200	(7 800)
2	6 000	(1 800)
3	6 000	4 200

根据表 5-2 和表 5-3，A 投资项目和 B 投资项目的投资回收期计算如下：

$$\text{A 投资项目的投资回收期}=2-1+\frac{8\ 200}{13\ 240}=1.62(\text{年})$$

$$\text{B 投资项目的投资回收期}=3-1+\frac{1\ 800}{6\ 000}=2.3(\text{年})$$

2. 投资回收期法的决策准则

投资回收期是一个无量纲的指标，单独的投资回收期指标无法评估投资项目的优劣，它需要一个参照系。这个参照系就是基准投资回收期。

对于独立项目，只要投资项目的投资回收期小于基准投资回收期，投资项目就可以接受；反之，投资项目不可接受。假设案例 5-1 的基准投资回收期为 2 年，那么，只有 A 投资项目可以接受。对于互斥项目，则从可以接受的投资项目中选择投资回收期最短的投资项目。

3. 投资回收期法的评价

投资回收期法计算简便，并且容易为经理人所理解。但是，投资回收期法没有考虑货币时间价值，以及投资回收期之后的现金流量和投资项目的整体效益。事实上，具有战略意义的投资项目通常早期收益较低，后期收益较高。因此，投资回收期法优先考虑急功近利的投资项目，可能导致放弃长期成功的投资项目。

5.2.2 会计收益率法

会计收益率法以会计收益率（accounting rate of return，ARR）作为评价指标。会计收益率是投资项目年平均利润与原始投资额的比值。

1. 会计收益率计算原理

会计收益率的计算公式为：

$$\text{会计收益率}(ARR)=\frac{\text{年平均利润}}{\text{原始投资额}}\times 100\%$$

根据案例5-1，各投资项目的会计收益率分别计算如下：

$$A投资项目会计收益率=\frac{(1\,800+3\,240)/2}{20\,000}\times100\%=12.6\%$$

$$B投资项目会计收益率=\frac{(-1\,800+3\,000+3\,000)/3}{9\,000}\times100\%=15.6\%$$

$$C投资项目会计收益率=\frac{(600+600+600)/3}{12\,000}\times100\%=5\%$$

当然，上述公式的分母也可以采用平均投资额。尽管其结果不同，但并不改变投资项目的优先次序。

2. *会计收益率法的决策准则*

会计收益率也是一个无量纲指标，本身无法判断投资项目的优劣，需要一个参照系。这个参照系就是企业组织要求投资项目达到的最低收益率。

对于独立项目，只要投资项目的会计收益率大于最低收益率，投资项目就可以接受；反之，投资项目不可接受。案例5-1中，吉南公司要求达到的最低收益率为10%，因此，A投资项目和B投资项目都可以接受，C投资项目不可以接受。对于互斥项目，则从可以接受的投资项目中选择会计收益率最高的投资项目。案例5-1中的吉南公司应该选择B投资项目。

3. *会计收益率法的评价*

会计收益率法计算简便，易于理解和掌握，数据资料也易于收集。但是，它没有考虑货币时间价值，而且以利润为基础不能有效地反映投资项目的真实效益。

5.2.3 净现值法

净现值法以净现值（net present value，NPV）作为评价指标。净现值是指投资项目未来现金流入量现值与未来现金流出量现值之间的差额。按照这种方法，所有未来现金流入量和现金流出量都要按预定的折现率折算为现值，然后再计算其差额。净现值的计算公式为：

$$NPV=\sum\frac{CI_k}{(1+i)^k}-\sum\frac{CO_k}{(1+i)^k}$$

式中，CI_k 为第 k 年的现金流入量；CO_k 为第 k 年的现金流出量；i 为预定的折现率。

1. *净现值计算原理*

净现值的具体计算与现金流量模式有关。[①]

如果投资项目的现金流量模式属于年金型，则在计算净现值时，可以直接

① 现代计算技术为计算投资项目的净现值提供了方便。某些比较高级的商用计算器为计算净现值而设置了“NPV”键。只要输入相关数据，按一下“NPV”键，就可以得到净现值。

采用年金现值系数，以简化计算。案例 5-1 中的 C 投资项目属于这种情况，其净现值计算如下：

$$NPV_C = 4\,600 \times 2.487 - 12\,000 = -560(\text{元})$$

如果投资项目的现金流量模式属于混合型，则在计算净现值时，应该逐项采用复利现值系数。案例 5-1 中的 A 投资项目和 B 投资项目均属于这种情况，其净现值计算如下：

$$NPV_A = (11\,800 \times 0.909\,1 + 13\,240 \times 0.826\,4) - 20\,000 = 1\,669(\text{元})$$

$$NPV_B = (1\,200 \times 0.909\,1 + 6\,000 \times 0.826\,4 + 6\,000 \times 0.751\,3) - 9\,000 = 1\,557(\text{元})$$

2. *净现值法的决策准则*

对于独立项目，净现值大于零，说明投资项目的收益率大于预定的收益率，投资项目可以接受；反之，净现值小于零，说明投资项目的收益率小于预定的收益率，投资项目不可接受。案例 5-1 中的 A 投资项目和 B 投资项目的净现值都大于零，可以接受；C 投资项目的净现值小于零，不可以接受。对于互斥项目，选择净现值大于零（所有可以接受的投资项目）且净现值最大的投资项目。案例 5-1 中的吉南公司应该选择 A 投资项目。

3. *净现值法的评价*

净现值法考虑了货币时间价值，具有广泛的适用性，在理论上也比其他方法更为完善。净现值法与企业组织的价值最大化目标一致。但是，采用净现值法，折现率的确定是一个复杂的问题。折现率高低影响投资项目的可行性。净现值法只能说明投资项目的收益率高于或低于预定的收益率，而不能确定投资项目本身的收益率，而且净现值本身是一个绝对数，不利于不同规模投资项目的比较。

5.2.4 现值指数法

现值指数法以现值指数（present value index，PVI）作为评价指标。现值指数是投资项目未来现金流入量现值与现金流出量现值的比率。现值指数说明单位投资额未来可以获得的现金流入量现值。

1. *现值指数计算原理*

现值指数的计算公式为：

$$PVI = \frac{\sum \frac{CI_k}{(1+i)^k}}{\sum \frac{CO_k}{(1+i)^k}}$$

式中，有关的符号含义与净现值法相同。

案例5-1中A投资项目、B投资项目和C投资项目的现值指数分别计算如下：

$$PVI_A=(11\,800\times0.909\,1+13\,240\times0.826\,4)/20\,000=1.08$$

$$PVI_B=(1\,200\times0.909\,1+6\,000\times0.826\,4+6\,000\times0.751\,3)/9\,000=1.17$$

$$PVI_C=4\,600\times2.487/12\,000=0.95$$

2. 现值指数法的决策准则

对于独立项目，如果投资项目的现值指数大于1，说明投资项目的收益率大于预定的收益率，投资项目可以接受；反之，如果投资项目的现值指数小于1，说明投资项目的收益率小于预定的收益率，投资项目不可以接受。案例5-1中的A投资项目和B投资项目的现值指数都大于1，可以接受；C投资项目的现值指数小于1，不可接受。对于互斥项目，选择现值指数大于1且最大的投资项目。案例5-1中的吉南公司应该选择B投资项目。

3. 现值指数法的评价

现值指数法在一定意义上弥补了净现值法的缺陷，有助于不同规模投资项目的比较。但是，现值指数依然不能显示投资项目本身的收益率。

5.2.5 内部收益率法

内部收益率法以投资项目本身内部收益率（internal rate of return，IRR）作为评价指标。内部收益率是使投资项目未来现金流入量现值等于现金流出量现值的折现率，或使投资项目的净现值等于零的折现率。内部收益率的计算公式为：

$$\sum\frac{CI_k}{(1+IRR)^k}-\sum\frac{CO_k}{(1+IRR)^k}=0$$

式中，有关符号的含义与净现值法相同。

1. 内部收益率计算原理

其实，内部收益率的计算过程就是一个求解一元 n 次方程的过程。内部收益率的计算过程与投资项目的现金流量模式有关。[①]

如果投资项目的现金流量模式是年金型，可以先计算年金现值系数（P/A，i，n），然后，依据正负相邻的两个折现率（i）求内部收益率。

案例5-1中的C投资项目属于这种情况，其内部收益率计算过程如下：

$$\text{年金现值系数}=\frac{\text{原始投资额}}{\text{年现金流入量}}=\frac{12\,000}{4\,600}=2.609$$

---

① 现代计算技术为计算投资项目的内部收益率提供了方便。某些比较高级的商用计算器为计算内部收益率而设置了“IRR”键。只要输入相关数据，按一下“IRR”键，就可以得到内部收益率

查阅1元年金现值表，在$n=3$这一栏中找到最接近（P/A，i，3）=2.609的i是：

$i=6\%$，$(P/A，6\%，3)=2.673$

$i=8\%$，$(P/A，8\%，3)=2.577$

这就说明内部收益率介于6%～8%之间，具体计算如下：

$$IRR=6\%+(8\%-6\%)\times\frac{2.673-2.609}{2.673-2.577}\times100\% =7.33\%$$

如果投资项目的现金流量模式是混合型，则要通过逐次测试法计算内部收益率。首先估计使净现值由正值到负值相邻的两个折现率（i）。如果$NPV>0$，则$i<IRR$；反之，如果$NPV<0$，则$i>IRR$。然后，依据使净现值正负相邻的折现率，用内插法计算内部收益率。其计算公式为：

$$IRR=i_1+(i_2-i_1)\times\frac{|NPV_1|}{|NPV_1|+|NPV_2|}$$

案例5-1中的A投资项目和B投资项目均属于这种情况。表5-4和表5-5分别列示了A投资项目和B投资项目求解内部收益率的逐次测试过程。

表5-4　　A投资项目求解内部收益率的逐次测试过程

期间	折现率为16%		折现率为18%	
	复利现值系数	现值	复利现值系数	现值
0	1	(20 000)	1	(20 000)
1	0.862	10 172	0.847	9 995
2	0.743	9 837	0.718	9 506
净现值		9		(499)

表5-5　　B投资项目求解内部收益率的逐次测试过程

期间	折现率为16%		折现率为18%	
	复利现值系数	现值	复利现值系数	现值
0	1	(9 000)	1	(9 000)
1	0.862	1 034	0.847	1 016
2	0.743	4 458	0.718	4 308
3	0.641	3 846	0.609	3 654
净现值		338		(22)

根据表5-4和表5-5，A投资项目和B投资项目的内部收益率分别计算如下：

$$IRR_A=16\%+(18\%-16\%)\times9/(9+499)=16.04\%$$

$$IRR_B = 16\% + (18\% - 16\%) \times 338/(338+22) = 17.88\%$$

2. 内部收益率法的决策准则

对于独立项目，内部收益率同样是一个无量纲指标，它本身不能判断投资项目的优劣。在运用内部收益率法时，必须寻找一个参照指标。这个指标就是最低收益率。如果投资项目的内部收益率大于最低收益率，投资项目可以接受；反之，投资项目不可以接受。案例 5-1 的 A 投资项目和 B 投资项目的内部收益率都大于最低收益率（10%），都可以接受；C 投资项目的内部收益率低于最低收益率，不可以接受。对于互斥项目，应该从可以接受的投资项目中选择内部收益率最高的投资项目。案例 5-1 中的吉南公司应该选择 B 投资项目。

3. 内部收益率法的评价

净现值法和现值指数法虽然都考虑了货币时间价值，可以说明投资项目的收益率大于、等于或低于预定的收益率，但是，它们都没有揭示投资项目本身可以达到的具体收益率。内部收益率是根据投资项目的现金流量计算出来的，它可以显示投资项目本身的收益率。

内部收益率法与现值指数法一样，用相对数作为投资项目的评价指标，但是，内部收益率法不必事先选择折现率，根据内部收益率就能确定投资项目的优先次序，只是最后需要一个最低收益率来判断投资项目是否可以接受。现值指数法则需要确定一个适当的折现率，这个折现率的大小会影响投资项目的优先次序。

但是，内部收益率法也存在一定的缺陷：（1）中间现金流量再投资收益率的假设不现实。内部收益率法假设中间现金流量按投资项目的内部收益率（而不是市场利率）再投资，这种假设不现实。（2）如果采用手工计算内部收益率，其计算过程较烦琐。（3）内部收益率的计算过程实际上是一个一元 n 次方程的求解过程。对于非常规项目，由于内部收益率的数学特性，可能出现多个（n 个）内部收益率，使经理人无法判别投资项目真实的内部收益率究竟是多少。

5 分钟回顾：

如果折现率为 8%时，某个投资项目的现值指数为 1，那么，该投资项目的内部收益率为多少？

内部收益率与净现值的关系如图 5-1 所示。如果折现率（i）大于内部收益率（IRR），净现值（NPV）小于零；如果折现率等于内部收益率，净现值等于零；如果折现率小于内部收益率，净现值大于零。这就是逐次测试法计算内部收益率的依据。

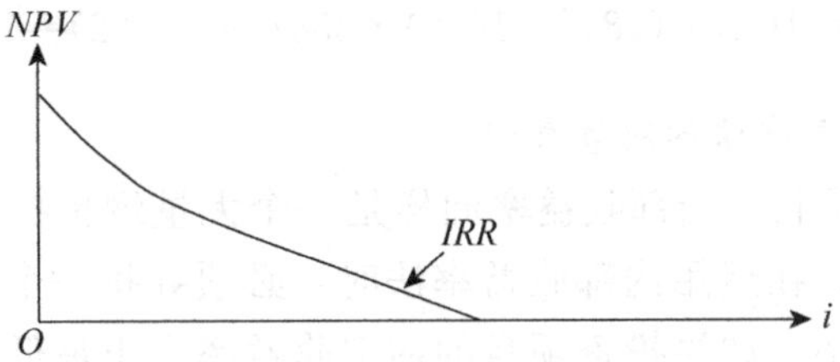

图 5-1　内部收益率与净现值的关系

上述各种生产性资产投资决策方法的基本原理如表 5-6 所示。

表 5-6　　各种生产性资产投资决策方法的基本原理

决策方法	运用的指标	决策准则		决策方法的评价
		独立项目	互斥项目	
投资回收期法	投资回收期（PBP）	投资回收期小于基准投资回收期，投资项目可以接受；反之，投资项目不可接受	可以接受的投资项目（投资回收期小于基准投资回收期）且投资回收期最短	计算简便，容易为经理人所理解。但是，没有考虑货币时间价值，而且只考虑投资回收期，没有考虑投资回收期之后的现金流量和投资项目的整体效益，可能导致优先考虑急功近利的投资项目。
会计收益率法	会计收益率（ARR）	会计收益率大于最低收益率，投资项目可以接受；反之，投资项目不可接受	可以接受的投资项目（会计收益率大于最低收益率）且会计收益率最高	计算简便，易于理解，数据资料也易于收集。但是，没有考虑货币时间价值，而且以利润为基础不能有效地反映投资项目的真实效益。
净现值法	净现值（NPV）	净现值大于零，投资项目可以接受；反之，投资项目不可接受	可以接受的投资项目（净现值大于零）且净现值最大	考虑了货币时间价值，具有广泛的适用性，与企业组织的价值最大化目标一致。但是，折现率的确定是一个复杂的问题。不能显示投资项目本身的收益率。净现值本身是一个绝对数，不利于不同规模投资项目的比较。
现值指数法	现值指数（PVI）	现值指数大于 1，投资项目可以接受；反之，投资项目不可接受	可以接受的投资项目（现值指数大于 1）且现值指数最大	考虑了货币时间价值，弥补了净现值法的缺陷，有助于不同规模投资项目的比较。但是，依然不能显示投资项目本身的收益率。
内部收益率法	内部收益率（IRR）	内部收益率大于最低收益率，投资项目可以接受；反之，投资项目不可接受	可以接受的投资项目（内部收益率大于最低收益率）且内部收益率最高	考虑了货币时间价值，弥补了净现值法和现值指数法的缺陷，可以显示投资项目本身的收益率。但是，中间现金流量再投资收益率的假设不现实，手工计算比较烦琐，非常规项目可能出现多个内部收益率。

由此可见，各种生产性资产投资决策方法各有其适应性，经理人应该根据其偏好和具体管理情境选用合适的投资决策方法。

5.3 估算投资项目的现金流量

如前所述，生产性资产投资决策的基本方法涉及预期现金流量或利润①、投资项目寿命期②和折现率③或最低收益率等三个变量。不过，估算生产性资产投资项目的预期现金流量是生产性资产投资决策的首要环节。

5.3.1 投资项目现金流量的基本概念

在生产性资产投资决策中，现金流量特指一个投资项目引起企业组织的现金支出和现金收入增加的数额。这里的“现金”与一般意义上的现金不同，它指的是广义的现金，不仅包括各种货币资金（库存现金、银行存款和其他货币资金），而且包括投资项目需要投入、企业组织所拥有的非货币资源的变现价值或重置价值。例如，某个投资项目需要使用企业组织原有的厂房、设备和材料等实物资产，则相关的现金流量是指这些实物资产的变现价值，而不是其账面成本。

生产性资产投资项目的现金流量包括现金流出量、现金流入量和现金流量净额三个具体概念。

1. 现金流出量

某个生产性资产投资项目的现金流出量是指该生产性资产投资项目引起企业组织的现金支出的增加额。例如，企业组织购置一条生产线，通常会引起以下的现金流出量：

(1) 购置生产线的价款。它可能是一次性支出，也可能分几次支出。

(2) 生产线的维修费用。在该生产线的整个使用期限内，会发生保持生产能力的各种费用。它们都是由于购置该生产线引起的，应该作为购置生产线的现金流出量。

(3) 垫支流动资金。由于该生产线扩大了企业组织的生产能力，引起对流动资产需求的增加。企业组织需要追加的流动资金，也是购置该生产线引起的，应该作为购置生产线的现金流出量。只有在生产性资产投资项目寿命期终了、

① 尽管会计收益率法采用的是利润，但是，就生产性资产投资决策而言，现金流量状况远比盈亏状况更为重要。某个生产性资产投资项目能否维持下去，并不取决于一定时期内企业组织是否盈利，而取决于企业组织是否拥有充足的现金流量用于各种支付。因此，从总体上看，生产性资产投资决策必须关注现金流量。

② 投资项目寿命期由工程技术部门和市场营销部门根据投资项目的性质、技术发展趋势和市场竞争态势等因素综合确定。

③ 折现率由财务部门根据投资项目预期现金流量的风险水平和资本成本率（cost of capital）综合确定。如何确定折现率是财务管理的一个重要问题。基于本书的定位，本章对此不作讨论。有兴趣的读者可以参阅财务管理方面的相关论著。

出售或报废该生产线时才能收回这些资金，用于其他目的。

2. 现金流入量

某个生产性资产投资项目的现金流入量是指该生产性资产投资项目引起企业组织的现金收入的增加额。例如，企业组织购置一条生产线，通常会引起下列现金流入量：

(1) 经营现金流入量。购置生产线扩大了企业组织的生产能力，使销售收入增加，扣除有关的付现成本增量之后的余额，就是该生产线引起的一项现金流入量。经营现金流入量的计算公式为：

经营现金流入量＝销售收入－付现成本

这里的"销售收入"不是会计学权责发生制意义上的销售收入，而是从现金流量角度来定义的销售收入（也就是现销售收入），包括以前各期实现销售在本期产生现金流入量以及本期实现销售本期产生现金流入量的销售收入。"付现成本"是指需要支付现金的销售成本。转账摊销费用不属于付现成本。生产性资产投资决策需要考虑的非付现成本项目主要是折旧费用。因此，付现成本可以用销售成本减折旧费用来估计：

付现成本＝销售成本－折旧费用

如果从每期现金流动的结果来看，增加的现金流入量无非来自两部分：一是利润形成的货币增值；二是以货币形式收回的折旧费用。因此

经营现金流入量＝销售收入－付现成本
＝销售收入－(销售成本－折旧费用)
＝利润＋折旧费用

不过需要指出的是，折旧费用作为现金流入量必须基于如下假设前提：第一，企业组织生产的产品必须全部完工并销售，否则，企业组织计提的生产性资产（固定资产）折旧费用作为一个成本项目表现在存货项目上。这时，固定资产折旧费用的计提只是增加存货项目账面价值，减少生产性资产（固定资产）项目账面价值而已。第二，本期全部生产完工并销售的产品必须产生与销售收入大体上相匹配的现金流入量，否则，企业组织计提的生产性资产（固定资产）折旧费用作为一项债权表现在应收账款项目上，并没有导致现金流入。当然，如果考虑所得税因素，折旧费用的存在可以减少应税所得额，从而减少所得税费用支出。从增量的角度看，折旧费用为企业组织的生产性资产投资项目带来一笔现金流入量。

(2) 该生产线寿命期终了、出售或报废时的残值收入。资产出售或报废时的残值收入是由于当初购置该生产线引起的，应当作为生产性资产投资项目的一项现金流入量。

(3) 收回的流动资金。该生产线寿命期终了、出售或报废时，企业组织就

可以相应地减少流动资金垫支，收回的资金可以用于其他目的。因此，应将其作为该生产性资产投资项目的一项现金流入量。

3. 现金流量净额

现金流量净额是指一定时期内现金流入量与现金流出量之间的差额。这里的"一定时期"根据生产性资产投资决策需要而定，有时是指一年，有时是指生产性资产投资项目的寿命期。如果一定时期的现金流入量大于现金流出量，现金流量净额为正值；反之，现金流量净额为负值。有时，为了简化起见，现金流量指的就是现金流量净额。

5.3.2 估算投资项目的现金流量

由于所得税是企业组织的一项现金流出，其大小取决于利润的大小和所得税税率的高低，而利润的大小又受企业组织的生产性资产（固定资产）折旧方法的影响。因此所得税问题与折旧问题联系在一起。折旧对现金流量的影响进而对投资决策的影响是由所得税引起的。企业组织的生产性资产投资决策必须以税后现金流量为基础。

1. 税后成本与税后收入

凡是可以抵减税负的项目，其实际支付的数额并不是其真实负担的成本。因此，企业组织的生产性资产投资决策应该将由此而减少的所得税因素考虑在内。这种扣除了所得税因素影响的费用净额称为税后成本。税后成本的一般计算公式为：

税后成本＝实际支付额×(1－所得税税率)

这里的"成本"是指根据税法规定允许扣除的成本费用项目。

案例5-2

假设华南公司2015年12月为了某个生产性资产投资项目发生广告费支出20 000元。假设所得税税率为25%，那么，其税后成本为：

20 000×(1－25%)＝15 000(元)

与税后成本相对应的概念是税后收入。由于所得税的作用，企业组织的销售收入并不都归其所有，有一部分要作为所得税支出流出企业组织。企业组织实际得到的只是税后收入。税后收入的一般计算公式为：

税后收入＝收入金额×(1－所得税税率)

同样，这里所说的"收入"是指根据税法规定需要纳税的应税收入，不包括生产性资产投资项目结束时收回的流动资金等现金流入量。

续案例5-2，假设华南公司2015年12月某个生产性资产投资项目产生应税收入100 000元，假设所得税税率为25%，那么，其税后收入为：

100 000×(1−25%)=75 000(元)

2. 折旧费用的抵税作用

企业组织的成本费用增加，应税利润就减少，应交所得税也随之减少。如果企业组织不计提生产性资产（固定资产）折旧费用，企业组织的应交所得税就会增加。折旧费用可以起到减少税负的作用。这种作用称为“折旧税抵”或“税收挡板”。

案例5-3

假设东南公司和南方公司2015年度销售收入和付现成本都相同，所得税税率为25%。两个公司唯一的区别是东南公司拥有一项应计提折旧的生产性资产（固定资产），每年计提的折旧费用都是3 000元，而南方公司没有应计提折旧的生产性资产（固定资产）。两个公司的现金流量如表5-7所示。

表5-7　东南公司与南方公司的现金流量对比表　单位：元

项目	东南公司	南方公司
销售收入	20 000	20 000
付现成本	10 000	10 000
折旧费用	3 000	—
税前利润	7 000	10 000
所得税费用	1 750	2 500
税后利润	5 250	7 500
折旧费用	3 000	—
经营现金流入量	8 250	7 500

根据表5-7，东南公司税后利润虽然比南方公司少2 250元，但是，其现金流入量却比南方公司多了750元。这是因为东南公司应计提折旧的生产性资产（固定资产）每年计提3 000元的折旧费用，使应税所得额减少3 000元，从而少交所得税750元（3 000×25%）。这笔现金流量将保留在东南公司而不必上缴。从增量分析看，由于增加一笔3 000元的折旧费用，使东南公司获得750元的现金流入量。

折旧对税负的影响可按下列公式计算：

税负减少额=折旧费用×所得税税率=3 000×25%=750(元)

3. 估算税后现金流量

考虑所得税因素，现金流量计算就复杂一些。税后现金流量有三种计算方法：

(1) 根据现金流量的定义计算。根据现金流量的定义，所得税费用是一项现金流出量，应当作为经营现金流入量的一个减项。即

经营现金流入量＝销售收入－付现成本－所得税费用

续案例 5－3，东南公司税后现金流量计算如下：

经营现金流入量＝20 000－10 000－1 750＝8 250(元)

(2) 根据期末经营结果计算。企业组织每期现金流量的增加主要来自两个方面：一是当期增加的税后利润；二是当期计提的生产性资产（固定资产）折旧费用，以现金形式从当期销售收入收回，留存于企业组织。经营现金流入量计算公式为：

经营现金流入量＝税后利润＋折旧费用

续案例 5－3，东南公司税后现金流量计算如下：

经营现金流入量＝5 250＋3 000＝8 250(元)

(3) 根据所得税对收入、成本和折旧费用的影响计算。根据前述的税后成本、税后收入和折旧税抵因素，由于所得税因素的影响，现金流量并不等于生产性资产投资项目实际的收支金额。

$$\begin{aligned}\text{经营现金流入量}&=\text{税后收入}-\text{税后成本}+\text{税负减少额}\\&=\begin{matrix}\text{收入}\\\text{金额}\end{matrix}\times\left(1-\begin{matrix}\text{所得税}\\\text{税率}\end{matrix}\right)-\begin{matrix}\text{付现}\\\text{成本}\end{matrix}\times\left(1-\begin{matrix}\text{所得税}\\\text{税率}\end{matrix}\right)\\&\quad+\begin{matrix}\text{折旧}\\\text{费用}\end{matrix}\times\begin{matrix}\text{所得税}\\\text{税率}\end{matrix}\end{aligned}$$

续案例 5－3，东南公司税后现金流量计算如下：

$$\begin{aligned}\text{经营现金流入量}&=20\,000\times(1-25\%)-10\,000\times(1-25\%)+3\,000\times25\%\\&=8\,250(\text{元})\end{aligned}$$

值得指出的是，只有企业组织处于盈利且应税时，才存在折旧的“税收挡板”。如果企业组织出现亏损或虽然盈利但处于免税期，则不存在折旧的“税收挡板”。

5 分钟回顾：

生产性资产投资决策在估算现金流量时，为何将折旧费用视为一项现金流入量？

上述各种估算生产性资产投资项目现金流量的方法基本原理相通。不过，不同的估算方法所涉及的变量不同，其需要的数据资料也不同。在实践中，

经理人可以根据企业组织的具体情况和所掌握的数据资料，选择合适的估算方法。

4. 估算投资项目现金流量的一般原则

生产性资产投资项目所需的资本支出以及该投资项目每期产生的现金流量净额涉及许多变量。因此，需要企业组织相关部门如销售部、产品开发部、技术部、生产部、成本管理部和财务会计部的共同参与。

在估算生产性资产投资项目的相关现金流量（relevant cash flows）时，应遵循的基本原则是：只有增量现金流量（incremental cash flows）才是与生产性资产投资项目相关的现金流量。增量现金流量是指接受或拒绝某个生产性资产投资项目后，企业组织的现金流量总额因此而发生的变动。只有那些由于采纳某个生产性资产投资项目引起的现金支出量增加额才是该生产性资产投资项目的现金流出量；只有那些由于采纳某个生产性资产投资项目引起的现金流入量增加额才是该生产性资产投资项目的现金流入量。

为了合理估算生产性资产投资项目的增量现金流量，需要判断哪些支出会引起企业组织的现金流量总额的变动，哪些支出不会引起现金流量总额的变动。为此，经理人要注意以下几个问题：

(1) 区分相关成本与沉没成本。如前所述，沉没成本是指那些已经指定用途或已经发生的支出。沉没成本不会影响生产性资产投资项目的取舍，投资决策不应将其包括在内。例如，华西公司 2015 年曾经计划新建一个车间，花费 50 万元请东方会计师事务所做了可行性研究。后来，由于华西公司有更好的投资机会，该项目搁置下来。2016 年旧事重提，在估算生产性资产投资项目的现金流量时，这 50 万元是不是相关成本呢？显然不是，它属于沉没成本。不管华西公司是否新建这个车间，它都无法收回，与华西公司未来的现金流量总额无关。如果将沉没成本纳入生产性资产投资项目的成本总额，则一个有利的投资项目可能因此而变得不利，一个较好的投资项目可能变得较差，从而造成投资决策的失误。

(2) 考虑机会成本。在生产性资产投资决策中，如果选择了一个投资项目，则必须放弃投资其他项目的机会，其他投资机会可能取得的收益，就是实施被选中投资项目的一种代价，成为这项投资项目的机会成本。例如，华西公司新建车间的投资项目，需要使用华西公司拥有的一块土地。该项生产性资产投资决策必须考虑这块土地的其他用途所能带来的收益，即利用土地建车间的机会成本。假设这块土地出售可得 3 000 万元，那么，新建车间的机会成本就是 3 000万元。值得注意的是，不管这块土地当时是以 3 150 万元还是 2 500 万元购买的，都应以现行市场价格作为该土地的机会成本。生产性资产投资决策考虑机会成本的意义就在于促使经理人全面考虑可能采取的各种投资项目，以便为有限的资源寻求最为有利的使用途径。

(3) 考虑投资项目对企业组织其他部门的影响。例如，如果新建车间生产的产品上市之后，企业组织原有其他部门生产的产品的销量可能减少。这时，生产性资产投资决策不应该直接将新车间的现金流量作为增量现金流量，而应扣除其他部门因此而减少的现金流量。当然，也可能发生相反的情况，新产品上市后将促进企业组织其他部门的销量增长。这主要看新项目与原有项目之间的关系是竞争关系还是互补关系。诸如此类的交互影响，事实上很难准确度量，但生产性资产投资决策仍要将其考虑在内。

(4) 考虑投资项目对企业组织营运资金净额的影响。所谓营运资金（working capital)，是指企业组织的流动资产总额与其流动负债总额之间的差额。通常，如果企业组织开办一项新业务并使销售额扩大，对于存货和应收账款等流动资产的需求也会随之增加，企业组织必须筹措新的资金以满足这种额外需求。另一方面，随着企业组织的扩充，应付账款与一些应付费用等流动负债也会同时增加，从而降低了企业组织的流动资金实际需要量。营运资金净额的需求指增加的流动资产总额与增加的流动负债总额之间的差额。如果生产性资产投资项目的寿命期快要结束时，企业组织将与该投资项目相关的存货出售，应收账款转变为现金，应付账款和应付费用也随之偿付，那么，营运资金净额将恢复到原有的水平。生产性资产投资决策通常假设企业组织开始投资时筹措的营运资金净额在该投资项目结束时全部收回。

5分钟回顾：

生产性资产投资项目的“现金流量”是否与现金流量表的“现金流量”相同？为什么？

尽管估算生产性资产投资项目的预期现金流量是生产性资产投资决策的首要环节，但是，就生产性资产投资决策而言，应该注重各种数据资料的获取，而不是各种数据资料的处理。只要获得各种数据资料，数据的处理在电子计算机时代相当简单。就经理人而言，关键在于如何把握这些数据资料的可靠性。如果获取的数据资料本身不可靠，数据处理的结果也没有多大用处。借用计算机语言就是“垃圾进去，垃圾出来”(garbage in , garbage out)。即使是各种数据资料的获取，也要强调“适可而止”，而不是“止于至善”。任何投资决策都不可能获得100%的数据资料，经理人也不可能等到获得100%的数据资料之后才做出投资决策。经济环境不断变化，如果经理人已经取得95%的数据资料，而为了收集另外5%的数据资料，可能错过商机。事实上，当经理人收集到另外5%的数据资料时，时过境迁，原先收集的95%的数据资料也将成为不相关的信息。经理人需要具备面对不确定性环境的果断判断能力。

5.4 投资决策与筹资决策的关系

前述各种生产性资产投资决策方法确定的可以接受的投资项目所需要的投资额就是企业组织的长期资金需要量。如何解决这些长期资金需要量就是企业组织的筹资决策①问题了。企业组织的资本预算②与筹资活动由此而展开。可见，投资决策与筹资决策紧密相连，浑然一体。而投资决策与筹资决策的连接点就是资本成本率。

5.4.1 资本成本率与投资决策

如前所述，基于净现值法或现值指数法，如果以企业组织的资本成本率为折现率，投资项目的净现值为正值或现值指数大于1，则说明该投资项目可以接受；反之，如果投资项目的净现值为负值或现值指数小于1，则说明该投资项目不能接受。基于内部收益率法，企业组织的资本成本率成为企业组织的最低收益率。投资项目的内部收益率只有大于资本成本率，该投资项目才能接受；否则，该投资项目不可以接受。可见，无论采用哪种动态决策方法，资本成本率都是投资项目必须达到的最低收益率。因此，企业组织的资本成本率是其投资决策的基准“取舍率”。

5.4.2 资本成本率与筹资决策

企业组织的资本成本率是其选择资金来源，拟定筹资方案的依据。企业组织通过金融市场可以从多种渠道采用多种方式筹集资金。但是，不同的资金来源其资本成本率也不同。为了提高企业组织的价值，必须降低其资本成本率。这就要求根据企业组织的目标资本结构，综合分析各种资金来源的资本成本率高低，选择适当的资金来源，拟定相应的筹资方案。这样，企业组织的资本成本率就成为企业组织筹资决策必须考虑的一个重要因素。

5.4.3 资本成本率是连接投资决策与筹资决策的桥梁

其实，企业组织的投资决策与筹资决策不是完全独立的两个过程，而是相互关联、密不可分的两个过程。投资决策是筹资决策的前提，只有存在可行的投资项目，才有必要筹资。而筹资的最终目的就是投资。投资决策与筹资决策联系的桥梁就是企业组织的资本成本率。企业组织在进行投资决策时，其资本成本率是一个取舍率，但是，如果企业组织拟定的投资项目可以接受的话，企

① 企业组织的筹资决策属于财务管理的范畴。有兴趣的读者可以参阅财务管理方面的相关论著。

② 企业组织的资本预算也属于财务管理的范畴。有兴趣的读者可以参阅财务管理方面的相关论著。

业组织接下来的工作便是以可行资本结构为指南，考虑如何筹集可以接受的投资项目所需要的资金，即筹资决策。这时，企业组织无论采用何种筹资方案，都必须保证其资本成本率不超过其投资决策所使用的资本成本率。从这个意义上说，企业组织的投资决策制约着筹资决策，而筹资决策又反过来影响投资决策的经济效益。如果企业组织的筹资决策失误，其投资决策也难以取得预期的效益。

从决策程序来说，先有投资决策，后有筹资决策。但是，从资金运用来看，却必须先筹资，而后才能投资。否则，投资便成为“无米之炊”。这样就给人造成一种假象，似乎企业组织先筹集资金，然后再寻找投资机会。揭开这种假象所造成的迷雾，对于提高企业组织的投资效益和筹资效益具有重要的理论与实践意义。因为任何资金，无论其来源如何，都有代价（即资本成本率）。如果企业组织果真先筹资再投资的话，要是找不到可行的投资项目或者虽然能找到但需要时间，岂不是白白地花费了筹资成本吗？

综上所述，资本成本率是连接投资决策与筹资决策的桥梁（见图5-2）。①

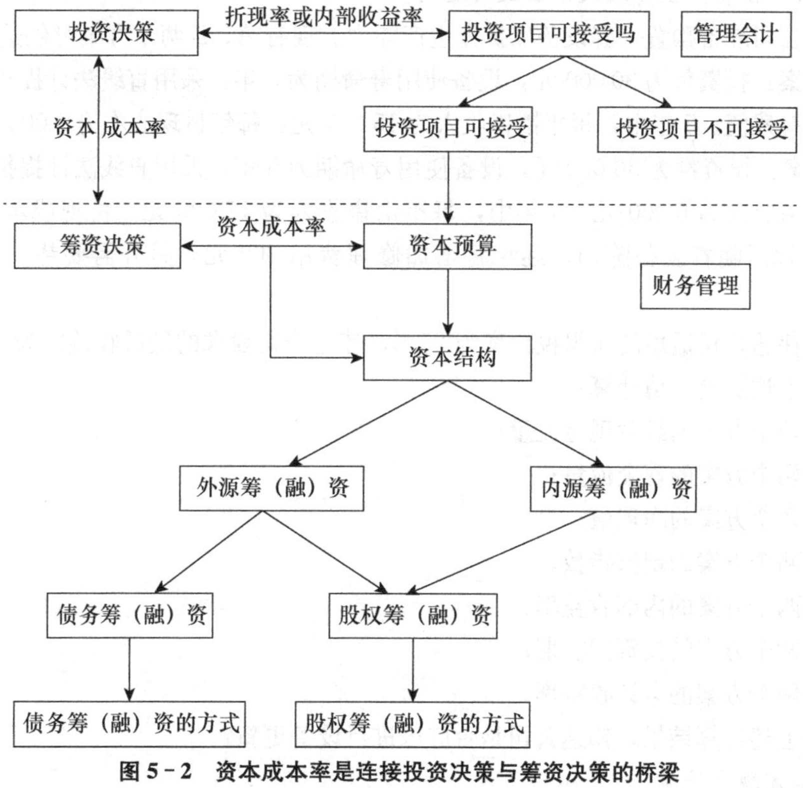

图5-2 资本成本率是连接投资决策与筹资决策的桥梁

① 图5-2也说明了管理会计与财务管理之间的关系。作为一个决策支持系统，管理会计提供的是投资项目可行性建议，而作为一个现金流量配置系统，财务管理则提供可行的投资项目的资金来源方案（筹资决策）。在图5-2中，虚线以上部分为管理会计的主题，虚线以下部分为财务管理的主题。

思考题

1. 生产性资产投资项目如何分类？
2. 生产性资产投资决策为何要重视现金流量和货币时间价值？
3. 如何理解生产性资产投资决策方法及其运用？
4. 如何估算生产性资产投资项目的现金流量？
5. 如何理解折旧费用的税收挡板功能？
6. 估算生产性资产投资项目相关现金流量应该遵循哪些原则？
7. 如何理解投资决策与筹资决策之间的关系？

业务题

1. 生产性资产投资决策方法及其运用

伟达公司准备购置一套设备以扩充生产能力。现有 A，B 两个方案可供选择。

A 方案：投资额为 30 000 元，设备使用寿命期为 5 年，采用直线法计提折旧，5 年后设备没有残值。5 年中，每年销售收入为 15 000 元，每年付现成本为 5 000 元。

B 方案：投资额为 36 000 元，设备使用寿命期为 5 年，采用直线法计提折旧，5 年后设备残值收入为 6 000 元。5 年中，每年销售收入为 17 000 元，付现成本第一年为 6 000元，以后随着设备陈旧，逐年将增加修理费用 300 元，另外需要垫支流动资金 3 000元。

假设伟达公司适用的所得税税率为 25%，伟达公司要求的最低收益率为 10%。

根据上述资料，请计算：

(1) 两个方案的经营现金流量；

(2) 两个方案的现金流量；

(3) 两个方案的净现值；

(4) 两个方案的现值指数；

(5) 两个方案的内部收益率；

(6) 两个方案的投资回收期；

(7) 两个方案的会计收益率。

根据上述计算结果，伟达公司是否应该进行设备更新？

2. 确定现金流量

南方公司有一个投资项目，需要投资 60 000 元（其中，54 000 元用于购置设备，6 000元用于追加流动资金）。预期该项目可使公司利润增加：第 1 年为 1 200 元，第 2 年为 7 200 元，第 3 年为 19 200 元。第 3 年末该项目报废时，收回流动资金 6 000 元。假设所有现金流出量发生于期初，而利润引起的现金流入量发生于期末。假设该设备报废时没有残值并采用直线法计提折旧。

根据上述资料，要求：

(1) 如果不考虑所得税因素，计算该项目各年度现金流量。

(2) 如果该公司适用的所得税税率为25%，计算该项目各年度现金流量。

3. 确定现金流量

基南公司有一台设备，购置于3年前。现在正考虑是否需要更新。假设该公司适用的所得税税率为25%，相关资料如下表所示。

基南公司相关资料

项目	旧设备	新设备
原始价值（元）	60 000	50 000
税法规定残值（10%，元）	6 000	5 000
税法规定使用年限（年）	6	4
已使用年限（年）	3	0
尚可使用年限（年）	4	4
每年现付运行成本（元）	8 600	5 000
两年后大修理付现成本（元）	28 000	—
最终报废残值（元）	7 000	10 000
目前变现价值（元）	10 000	—
每年折旧额（元）：		
第1年	9 000	18 000
第2年	9 000	13 500
第3年	9 000	9 000
第4年	—	4 500

根据上述资料，请估算：

(1) 继续使用旧设备的现金流量。

(2) 更换新设备的现金流量。

4. 投资决策与筹资决策

蒲华公司有一个投资项目，其内部收益率为10%。基于现有的环境，蒲华公司只能按9.84%的资本成本率筹集该投资项目所需要的资金。

根据上述资料，请讨论：

(1) 蒲华公司的投资项目可以接受吗？为什么？

(2) 以此为基础，讨论企业组织的投资决策与筹资决策之间的关系。

案例讨论题

2016 年 3 月 18 日，江南日用化工公司召开投资委员会会议。参加会议的人员包括董事长 A、董事 B、负责新产品开发的副董事长 C、财务主管 D 和新来的财务人员 E。会议的议题是关于是否生产一种新型液体洗涤剂。与公司原有产品相比，该新型液体洗涤剂具有明显的优点。为了研究开发该新型液体洗涤剂，公司已经投入了巨额的研究与开发费用。

董事长 A 简短地说明了会议议题之后，便由负责新产品开发的副董事长 C 发言。

副董事长 C 首先分析了新产品的现金流量（见表 1 和表 2），随后解释了这些数据的计算依据。

表 1　　新型液体洗涤剂项目现金流量（不考虑对公司现有产品销售的影响）　　单位：元

年份	现金流量	年份	现金流量
1	280 000	9	350 000
2	280 000	10	350 000
3	280 000	11	250 000
4	280 000	12	250 000
5	280 000	13	250 000
6	350 000	14	250 000
7	350 000	15	250 000
8	350 000		

表 2　　新型液体洗涤剂项目现金流量（考虑对公司现有产品销售的影响）

年份	现金流量	年份	现金流量
1	250 000	9	315 000
2	250 000	10	315 000
3	250 000	11	225 000
4	250 000	12	225 000
5	250 000	13	225 000
6	315 000	14	225 000
7	315 000	15	225 000
8	315 000		

新型液体洗涤剂的初始成本包括 50 000 元的市场测试费。这项活动在 2015 年底就已经完成。初始成本还包括 200 万元的专用设备和包装设备购置费。这些设备的预计

使用年限为15年，使用期满后没有残值。

副董事长C提醒说不能直接采用表1的数据。因为这些现金流量的一部分是挤占了公司现有产品的销售而获得的。副董事长C为此给出了调整后的现金流量（见表2）。

接着，董事B和财务主管D分别发表意见，他们认为本公司资金的机会成本为10%。新来的财务人员E则提出为什么在资本预算中没有考虑厂房设备成本，这是生产新产品必不可少的。

副董事长C回答说，因为公司目前生产能力只利用了55%，而现有设备也适合生产新产品。因此，除了前面提到的专用设备和包装设备外，生产新产品没有必要添置其他设备和厂房。估计生产新产品的生产能力只占现有生产能力的10%。

财务主管D接下来问新投资项目的运作是否考虑了运营资金的增加。副董事长C回答说，这个项目需要追加200 000元的资金。但是，这些资金一直会在公司内部流动，因此，没有包括在计算之中。

董事B认为这个项目利用了公司现有未充分利用的厂房和设备，相应地应付出一些代价。他的理由是把这部分闲置的厂房和设备租给外面的公司，公司将获得2 000 000元的收益。另外，由于新产品与公司现有产品构成竞争关系，应该将其视为外部项目。但他同时又承认公司严禁将生产设备出租。

....

讨论继续进行，主要集中在如何处理市场测试费和营运资金的问题。

假设江南日用化工公司对投资项目的期望收益率为10%，行业同类投资项目的投资回收期为3年。

根据上述素材，请回答下列问题：

（1）新型液体洗涤剂项目的现金流量是否应该包括市场测试费？

（2）如何处理营运资金问题？

（3）新型液体洗涤剂项目使用公司现有闲置设备和厂房需要付费吗？

（4）就新型液体洗涤剂挤占公司现有产品销售和市场这个事实而言，新型液体洗涤剂项目现金流量是用表1的数据还是用表2的数据？如果即使公司不推出新型液体洗涤剂，竞争对手也会推出类似的产品，会影响你的回答吗？

（5）如果公司采用举债方式为新型液体洗涤剂项目筹资，在估算投资项目的相关现金流量时是否考虑筹资额？由此而引起的利息支出如何处理（是否包括在其现金流量之中）？

（6）计算该投资项目的投资回收期、净现值和内部收益率。

（7）该投资项目是否可以接受？

（8）就生产性资产投资项目的决策方法而言，国内外并没有什么区别。中国的企业组织运用这些方法所面临的环境与国外的企业组织有何不同？这些环境的不同又如何影响生产性资产投资项目的决策方法在中国运用的有效性？

（9）生产性资产投资项目的决策方法隐含的假设与经理人（决策者）的行为是否

存在矛盾？如果你认为存在矛盾，那么，这种矛盾在中国的企业组织有何表现？

网络习题

登录巨潮资讯网（www. cninfo. com. cn），选择一家新近上市的公司为样本，阅读其招股说明书，分析其采用的投资决策方法。

第6章 证券投资和融资

本章要点

6.1　证券投资和融资概述

6.2　股票投资和融资

6.3　债券投资和融资

学习目标

1. 了解证券投资的基本特征以及股票和债券的基本概念
2. 掌握股票投资和融资双方的会计处理
3. 掌握债券投资和融资双方的会计处理

引例

基于市场经济环境，上市公司是最能体现现代市场经济本质特征的企业组织形式。上市公司的财务行为以金融市场为基础。金融市场的功能就在于将资金从所有者手中，按照一定的法则分配到使用者手中。如果风险相同，资金总是流向收益率较高的公司；如果收益率相同，资金则流向风险较低的公司。在自由竞争的金融市场上，风险与收益率之间的关系，决定着资金的流向，引导着各个资金所有者将资金投向收益率高、风险低的公司，从而使资金所有者获得最大财富。从另一个方面看，在自由竞争的金融市场上，资金的使用权最终将属于盈利能力最强的公司。上市公司的盈利能力是其获得资金的最有利条件。谁取得了资金，谁也就取得了各种经济资源的支配权。这也是金融市场合理配置社会经济资源的功能。

通俗地说，金融市场就是资金融通的场所。在这里，资金的需求者和供应者联系在一起，它们的交易活动决定了资金的“价格”——利率（收益率）水平。金融市场上的利率（收益率）水平变动，反映了资金的供求关系。而证券市场的行情则反映了投资者对上市公司的生产经营情况、盈利水平、风险等级和未来发展前景的综合评价。同时，资金需求者与供应者的风险与收益率权衡观念在自由竞争的金融市场上也得到了充分的体现。每个投资者都有各自不同的风险与收益率权衡观念，我们无法了解每个投资者的投资理念，但是，借助于金融市场，我们就可以将个别投资者的“个人行动逻辑”转化为“集体行动逻辑”。因此，上市公司通过自由竞争的金融市场所提供的信息，可以了解资金的供求关系，衡量风险与收益率水平，合理地做出投资决策与筹资决策。在自由竞争的金融市场上，有投资者就有筹资者，有人做投资决策，就有人做筹资决策。投资的标的物可以是股票，也可以是债券。与此相对应，筹资的渠道自然也就可以分为股票筹资和债券筹资！

那么，作为投资者，你投资的标的物是什么？你关心什么？作为筹资者，你通过何种渠道筹资？你又关注什么呢？

6.1 证券投资和融资概述

如前所述，企业组织的投资活动包括生产性资产投资和金融性资产投资。金融性资产投资也称为证券投资。总体而言，证券包括股票和债券。① 通俗地说，证券投资就是购买证券，而证券融资就是发售证券。

6.1.1 证券投资的基本特征

如前所述，生产性资产投资与证券投资所运用的财务观念相同。但由于投资对象不同，与生产性资产投资相比，证券投资具有以下三个特征。

1. 可分割性

生产性资产投资具有整体性的特征。投资者不可能建造 2/3 的桥梁或购买 1/2 的机器设备，否则，企业组织的经济活动难以正常运作。而证券投资则不然，具有高度的可分割性，投资者可以购买某个企业组织 1%的股权，没有必要将某个企业组织的股权全部买下来。同理，投资者可以购买某个企业组织发行的证券总额的 1%，没有必要将某个企业组织发行的所有证券都买下来。

2. 流动性

第 5 章的讨论表明，如果投资者将其资金投资于生产性资产，这些资金将在较长的时间内“凝固”在投资标的物上，因受到束缚而难以流动。然而，基于金融市场环境，证券投资却可以不受时间的约束。绝大多数证券都可以自由买卖，投资者可以根据自己的意愿通过金融市场买卖证券，证券投资具有高度的流动性。

3. 独立性

资金总是稀缺的。生产性资产投资项目往往具有互斥性。基于生产性资产投资的整体性特征，企业组织接受了某个投资项目，就不能再接受其他投资项目。证券投资的可分割性决定了证券投资具有独立性。投资者可以根据需要同时购买若干种证券。

6.1.2 股票的基本概念

股份公司②是一种现代企业组织形式，而且是一种最具有生命力的企业组织形式。股份公司通过发行股票（stock）筹集所需要的长期资金即股本（capital stock)，股本划分为若干金额相等的股份。股票是股东（stockholder or share-

① 严格地说，证券还包括可转换证券。随着金融产品或金融工具的不断创新，证券的品种丰富多彩。有兴趣的读者可以参阅证券投资或投资学方面的相关论著。

② 需要注意的是，股份公司不等于上市公司。

holder）拥有股份公司股份的书面证明，属于权益性证券（equity security）。

股份公司发行的股票数量和种类都要在章程中具体说明。股份公司可以发行的股票总数称为核定股份（authorized share）。但是，核定股份的数量并不代表股份公司向潜在投资者（股东）实际发行的股票数量，这些股票通常随着时间的推移分批发行。如果股份公司已经通过发行股票收到货币资金，那么，这些股票就成为已发行股票（issued share）。而股份公司已经发行且由投资者（股东）持有的股票则称为流通在外的股票（outstanding share）。

股份公司可能溢价发行股票（股票发行价格高于股票面值），也可能按面值发行股票（股票发行价格等于股票面值），还可能折价发行股票（股票发行价格低于股票面值）。①

6.1.3 债券的基本概念

债券（bond）是企业组织为了筹集资金而发行的、约定在一定期限内还本付息的一种有价证券。尽管债券具有明确的到期日，但债券可以提前收兑（callable），也可转换（convertible）为股票。实质上，债券就是一种应付票据，可以在金融市场上自由转让。

企业组织发行的债券至少必须列明四个要素：（1）债券面值。债券面值（par value）又称票面金额（face amount），是企业组织到期应该偿还的本金数额。因此，债券面值又称为债券的到期价值。（2）到期日。到期日是企业组织清偿债券到期价值的日期。（3）付息日。付息日是企业组织支付债券利息的日期。（4）债券利率。债券利率又称票面利率，是指企业组织应该支付利息的年利率。债券发行契约或合同明确规定了债券利率。

与债券利率相对应的是由金融市场资金供求关系决定的市场利率。市场利率是指债券发行时金融市场上的通行利率。由于债券利率与市场利率通常不一致，因此，企业组织可能溢价发行债券（债券发行价格高于债券面值），也可能按面值发行债券（债券发行价格等于债券面值），甚至还可能折价发行债券（债券发行价格低于债券面值）。②

6.2 股票投资和融资

企业组织按照规定成功地发行股票，就意味着股票市场的股票投融资活动宣告完成。发行股票的一方（筹资者）就是筹资活动，体现为所有者权益（实收资本和资本公积）；购买股票的一方（投资者）就是投资活动，根据其投资目的和投

① 希望更详细了解股票及其发行的读者，可以参阅证券投资方面的相关论著。

② 希望更详细了解债券及其发行的读者，可以参阅证券投资方面的相关论著。

资比例体现为交易性金融资产（trading financial assets）或可供出售金融资产（financial assets available for sale）或长期股权投资（long-term equity investment）。

6.2.1 股票融资

股票融资涉及股票发行、发放股利（包括现金股利和股票股利）、股票分割和股票回购等基本会计学问题。

1. 股票发行

作为筹资者，通过发行股票筹集资金，一方面要记录收到的货币资金，另一方面需要单独设立“股本”账户记录股东权益。

企业组织发行股票通常通过两个渠道：(1) 委托投资银行或其他金融机构包销发行；(2) 直接由投资者认购。如前所述，股票发行价格可能高于其面值（溢价发行），也可能等于其面值（面值发行），还有可能低于其面值（折价发行）。无论企业组织以哪种方式发行股票，都要根据其收到的货币资金记入“银行存款”账户的借方，根据股票面值记入“股本”账户的贷方，股票发行价格与其面值之间的差额记入“资本公积——股本溢价”账户的贷方或“资本公积——股本折价”账户的借方。如果企业组织发行了无面值股票，那么，企业组织收到的货币资金直接记入“银行存款”账户的借方，同时记入“股本”账户的贷方。

2. 发放股利

企业组织通常会向股东发放股利。股利包括现金股利（cash dividend）和股票股利（stock dividend）。

(1) 现金股利。现金股利是最常见的股利形式，是指以现金的方式支付的股利。不过，企业组织支付现金股利的程序较为复杂。

案例 6-1

2016年3月15日，花冠公司召开董事会并宣布发放每股0.50元的现金股利（含税）。花冠公司将在2016年4月20日将上述股利支付给那些已在2016年4月15日登记为公司股东的人。

花冠公司这则公告包含了现金股利支付程序：

1. 宣告日（declaration date）。即花冠公司董事会宣告发放现金股利的日期：2016年3月15日。花冠公司在宣告日根据发放的现金股利数额，记入“利润分配”账户的借方，同时，记入“应付股利”账户的贷方。

2. 持有人登记日（holder-of-record date）。即有权领取现金股利的股东的资格登记截止日期：2016年4月15日。只有在股权登记日之前在公司股东名册上有名字的股东才有权分享股利。如果花冠公司的A股东将其拥有的花冠公司股票卖给C股东，而且股票的所有权转移业务在2015年4月15日之前就已办妥，则C股东将获得现金股利；如果股票所有权的转移业务在2016年4月16日或之后才办妥，则A股东将获得现金股利。

3. 除息日（ex-dividend date）。假定C股东在2016年4月13日向A股东购买股票，那么，花冠公司能否及时获得股票所有权已经转移的通知，以便将C股东的名字登记在股东名册上并将现金股利发放给C股东呢？根据国际惯例，如果股东交易的所有权转移发生在由持有人登记日往前算起的第四个工作日之前，则购买方如C股东为股票持有人，有权享受现金股利；如果所有权转移发生在由持有人登记日往前算起的第四个工作日之后，则现金股利不再伴随股票一起转移给购买方如C股东，而归出卖方如A股东所有。除息日指的就是领取现金股利的权利与股票彼此分开的那一天。本案例中，除息日为2016年4月15日往前算起的第四个工作日即2016年4月11日。因此，如果C股东想获得现金股利，必须在2016年4月8日或之前购买股票，否则，现金股利将归A股东所有。

需要指出的是，之所以出现持有人登记日与除息日不同，是因为股票的买卖过户需要时间。不过，现代交易手段为股票交易提供了方便，如有些国家实行了“T+0”回转交易制度（T代表股票交易日，0代表股票交易过户需要占用的时间为0），股票持有人登记日与除息日为同一天。

4. 支付日（payment date）。支付日就是公司向股东发放现金股利的日期。本案例中，花冠公司会在2016年4月20日（支付日）将现金股利转给名字已列在持有人登记日股东名册的股东。花冠公司在支付日支付已宣告的现金股利，记入“应付股利”账户的借方，同时记入“银行存款”账户的贷方。

(2) 股票股利。企业组织发放现金股利受到许多因素的制约。现金流量是其中的一个制约因素。如果企业组织现金流量并不充裕，可能就不发放现金股利，取而代之发放股票股利或者将股票股利作为现金股利的补充。股票股利是指企业组织按照股东持有的股票数量按比例增加发行股票作为股利给现有的股东。实际上，企业组织发放股票股利就是把一部分留存收益转为股本。这时，根据股票市场价格记入“利润分配”账户的借方，按股票面值记入“股本”账户的贷方，股票市场价格与股票面值之间的差额记入“资本公积”账户的贷方。[①]

从会计学的角度看，股票股利只是所有者权益账户之间的内部结转，并不涉及资金运用问题，同时，各个股东拥有的股票份额（比例）也没有变化。唯一改变的是企业组织的股票数量。企业组织发放股票股利时，流通在外的股票数量增加，股票市场价格通常会下降。

---

① 这种处理方法称为“公允价值法”。它适用于企业组织发放少量股票股利的情形。所谓发放少量股票股利，是指增发的股票数量少于先前流通在外的股票数量的20%。如果增发股票数量超过先前流通在外的股票数量的20%，应该采用面值法，即根据发行股票面值记入“利润分配”账户的借方，同时记入“股本”账户的贷方。我国目前采用面值法处理股票股利。

案例6-2

2015年12月31日江南公司发放股票股利之前的所有者权益结构如表6-1所示。

表6-1 **江南公司发放股票股利之前的所有者权益结构** 单位：元

所有者权益项目	金额
股本（普通股，每股面值5元，已发行400 000股）	2 000 000
资本公积	1 000 000
留存收益	7 000 000
所有者权益合计	10 000 000

假设2016年3月15日江南公司宣布发放5%的股票股利，即20 000股（400 000×5%）。如果当时股票市场上江南公司的股票市场价格为每股40元。那么，由于发放股票股利，将有800 000元（20 000×40）从留存收益账户转到“股本”和“资本公积”账户。普通股的每股面值为5元，发放20 000股，“股本”账户应该增加100 000元，其余的700 000元转入“资本公积”账户。其会计分录为：

借：利润分配——未分配利润 800 000
  贷：股本——普通股 100 000
    资本公积——股本溢价 700 000

江南公司发放股票股利之后，其所有者权益结构如表6-2所示。

表6-2 **江南公司发放股票股利之后的所有者权益结构** 单位：元

所有者权益项目	金额
股本（普通股，每股面值5元，已发行420 000股）	2 100 000
资本公积	1 700 000
留存收益	6 200 000
所有者权益合计	10 000 000

5分钟回顾：

企业组织发放股票股利是企业组织的利润分配行为吗？

3. 股票分割

股票分割或拆股（stock split）是企业组织将某一特定数额的新股按一定比例交换一定数量的流通在外股票的行为。例如，两股换一股的股票分割是指用两股新股换取一股旧股，即“一分为二”。股票分割对企业组织的财务结构和所有者权益不会产生任何影响。股票分割只是增加流通在外的股票数量，使得每股面值和每股市场价格降低。

案例 6-3

续案例 6-2，假设江南公司股票分割之前的所有者权益结构如表 6-1 所示。2015 年 3 月 20 日，江南公司决定对股票进行 2∶1 的分割。江南公司股票分割之后的所有者权益结构如表 6-3 所示。

表 6-3　江南公司股票分割之后的所有者权益结构　单位：元

所有者权益项目	金额
股本（普通股，面值 2.5 元，已发行 800 000 股）	2 000 000
资本公积	1 000 000
留存收益	7 000 000
所有者权益合计	10 000 000

与股票分割或拆股相反，企业组织也可能为了减少流通在外的股票数量，提高每股市场价格，而实施股票合并或反拆股（reverse stock split）。

5 分钟回顾：

企业组织对股票分割为何没有做出正式的会计处理（分录）？

4. 股票回购

股票回购（stock repurchase）是指发行股票的企业组织在二级市场上购回自己流通在外的股票。与股票回购事项相联系的是库藏股票（treasury stock）问题。库藏股票是指不是为了注销目的而由企业组织重新取得并持有的自己发行的股票。

库藏股票的会计处理取决于企业组织日后对库藏股票的安排。如果企业组织计划将库藏股票在适当时机重新发行，采用成本法。根据成本法，企业组织取得库藏股票按其重新取得成本记入“库藏股票”账户的借方，同时记入“银行存款”账户的贷方，而不需要考虑其面值或原先的发行价格。如果库藏股票重新发行，其发行价格可以不受限制。如果库藏股票的重新发行价格高于其取得成本，根据发行价格记入“银行存款”账户的借方，同时记入“库藏股票”账户的贷方，两者之间的差额记入“资本公积”账户的贷方；反之，如果库藏股票的重新发行价格低于其取得成本，根据发行价格记入“银行存款”账户的借方，同时记入“库藏股票”账户的贷方，两者之间的差额先记入“资本公积”账户的借方，如果“资本公积”账户余额不足或没有余额，则记入“未分配利润”账户的借方。如果企业组织计划减少所有者权益（注销资本），采用面值法。根据面值法，企业组织取得和重新发行库藏股票，按面值记入“库藏股票”账户。库藏股票重新发行的会计处理与前述股票发行的会计处理一样。如果企业组织取得库藏股票的成本高于其面值，根据其面值记入“库藏股票”账户的借方，同时记入“银行存款”账户的贷方，两者之间的差额记入“未分配利润”账户的借方。

总之，库藏股票会计处理的总体原则是，凡涉及库藏股票的业务都只可能是所有者权益的增减变动，既不能给企业组织创造收益，也不会给企业组织带来损失。

5 分钟回顾：

库藏股票是企业组织的资产项目还是所有者权益项目？

6.2.2 股票投资

股票投资涉及购买股票、持有期间取得的股利（包括现金股利和股票股利）、期末计价和转让持有股票等基本会计学问题。

1. 购买股票

投资者购买的股票根据其投资目的和投资比例体现为交易性金融资产（股票）、可供出售金融资产（股票）或长期股权投资。

(1) 交易性金融资产（股票）是指企业组织为了交易目的而持有的金融资产（股票）。这些金融资产（股票）可以随时让渡且预期一年之内变现。企业组织持有这些交易性金融资产（股票）的目的在于利用闲置资金获得收益。企业组织购买股票，取得交易性金融资产（股票），一方面以公允价值记入“交易性金融资产——股票投资”账户的借方，所发生的交易费用记入“投资收益——股票投资”账户的借方，实际支付的价款如果包含已宣告发放的现金股利，记入“应收股利”账户的借方；另一方面以实际支付价款记入“银行存款”账户的贷方。交易性金融资产（股票）作为流动资产列示于资产负债表。

(2) 可供出售金融资产（股票）是指企业组织持有股票的意图不明确，不能归入交易性金融资产（股票）或长期股权投资的金融资产（股票）。企业组织购买股票，取得可供出售金融资产（股票），一方面以公允价值与所发生的交易费用之和记入“可供出售金融资产——股票投资”账户的借方，实际支付的价款如果包含已宣告发放的现金股利，记入“应收股利”账户的借方；另一方面以实际支付价款记入“银行存款”账户的贷方。可供出售金融资产（股票）作为非流动资产列示于资产负债表。

(3) 长期股权投资是指企业组织通过各种形式长期持有的其他企业组织的股权。企业组织以长期持有的目的购买股票，一方面以购买时支付的价款即取得成本记入“长期股权投资——股票投资”账户的借方，实际支付的价款如果包含已宣告发放的现金股利，记入“应收股利”账户的借方；另一方面以实际支付价款记入“银行存款”账户的贷方。长期股权投资作为非流动资产列示于资产负债表。

2. 持有期间取得的股利

交易性金融资产（股票）、可供出售金融资产（股票）和长期股权投资在持有期间取得的股利，其会计处理有所不同。

（1）交易性金融资产（股票）在持有期间取得的现金股利，一方面记入“银行存款”账户的借方；另一方面如果企业组织在取得股票时实际支付的价款包含已宣告发放的现金股利，在实际收到现金股利时先冲减已经登记入账的“应收股利”账户，记入“应收股利”账户的贷方，否则，记入“投资收益——股票投资”账户的贷方。

（2）可供出售金融资产（股票）在持有期间取得的现金股利，一方面记入“银行存款”账户的借方；另一方面如果企业组织在取得股票时实际支付的价款包含已宣告发放的现金股利，在实际收到现金股利时先冲减已经登记入账的“应收股利”账户，记入“应收股利”账户的贷方，否则，记入“投资收益——股票投资”账户的贷方。

（3）长期股权投资的会计处理方法与其投资目的和投资比例有关，可能采用成本法（cost method）或权益法（equity method）。① 如果采用成本法，企业组织的投资收益仅限于从被投资公司（筹资者）收取的现金股利。只有收到被投资公司发放的现金股利，才确认为投资收益。前述的交易性金融资产和可供出售金融资产的会计处理就体现了成本法。如果采用权益法，不管被投资公司（筹资者）是否发放现金股利，企业组织要根据其持股比例确认被投资公司（筹资者）报告利润（亏损）中应该享有（分担）的部分，并调整其“长期股权投资”账户，从而使“长期股权投资”账户的余额反映出企业组织享有被投资公司（筹资者）所有者权益的相应份额。如果被投资公司报告期盈利，企业组织根据持股比例确认其享有的份额，一方面记入“长期股权投资”账户的借方，另一方面记入“投资收益——股票投资”账户的贷方。如果被投资公司报告期亏损，企业组织根据持股比例确认其分担的份额，一方面记入“投资收益——股票投资”账户的借方，另一方面记入“长期股权投资”账户的贷方。企业组织收到被投资公司（筹资者）发放的现金股利，一方面记入“银行存款”账户的借方，另一方面记入“长期股权投资——股票投资”账户的贷方。

如果被投资公司（筹资者）宣告发放股票股利，企业组织得到股票股利不必做出正式的会计处理（分录），但需要在相关的备查账簿中进行记录，说明增加的股票数量、现有持股数量及每股平均持有成本。

5分钟回顾：

企业组织收到股票股利，为何不必做出正式的会计处理（分录）呢？

① 实际上，长期股权投资的会计处理非常复杂。基于本书的性质和定位，本章只是阐述长期股权投资的基本原理。有兴趣的读者可以进一步阅读中级财务会计方面的相关论著。

3. 期末计价

交易性金融资产（股票）、可供出售金融资产（股票）和长期股权投资在期末的会计处理有所不同。

（1）交易性金融资产（股票）期末采用市价法计价，并将市场价格与其账面价值之间的差额直接计入当期损益。如果市场价格高于账面价值，根据两者的差额，一方面记入“交易性金融资产——股票投资”账户的借方，另一方面记入“公允价值变动损益”账户的贷方；如果市场价格低于账面价值，根据两者的差额，一方面记入“公允价值变动损益”账户的借方，另一方面记入“交易性金融资产——股票投资”账户的贷方。

（2）可供出售金融资产（股票）期末也采用市价法计价，并将市场价格与其账面价值之间的差额计入所有者权益。如果市场价格高于账面价值，根据两者的差额，一方面记入“可供出售金融资产——股票投资”账户的借方，另一方面记入“其他综合收益”账户的贷方；如果市场价格低于账面价值，根据两者的差额，一方面记入“其他综合收益”账户的借方，另一方面记入“可供出售金融资产——股票投资”账户的贷方。

（3）对于长期股权投资，如果发生减值，根据估计的减值数额，一方面记入“资产减值损失”账户的借方，另一方面记入“长期股权投资减值准备”账户的贷方。

4. 转让持有股票

交易性金融资产（股票）、可供出售金融资产（股票）和长期股权投资在持有期间转让，其会计处理有所不同。

（1）企业组织转让交易性金融资产（股票）时，根据实际取得的价款记入“银行存款”账户的借方，同时根据交易性金融资产账面价值记入“交易性金融资产——股票投资”账户的贷方，并将实际得到的价款与其账面价值之间的差额确认为当期的投资损益记入“投资收益”账户的借方或贷方。同时，将以前已经记录的“公允价值变动损益”账户余额转入“投资收益”账户。

（2）企业组织转让可供出售金融资产（股票）时，根据实际取得的价款记入“银行存款”账户的借方，同时根据可供出售金融资产（股票）账面价值记入“可供出售金融资产——股票投资”账户的贷方，将实际得到的价款与其账面价值之间的差额确认为当期的投资损益记入“投资收益”账户的借方或贷方。同时，将以前已经记录的“其他综合收益”账户余额转入“投资收益”账户。

（3）企业组织处置长期股权投资时，将实际得到的价款与其账面价值之间的差额确认为当期的投资损益。根据实际收到的金额，记入“银行存款”账户的借方，按其账面价值记入“长期股权投资”账户的贷方，两者之间的差额记入“投资收益”账户的借方或贷方。同时，将以前已经记录的“长期股权投资减值准备”账户余额转入“投资收益”账户。

5分钟回顾：

交易性金融资产（股票）和可供出售金融资产（股票）的期末计价都采用市价法。可是，为什么交易性金融资产（股票）期末的市场价格与账面价值之间的差额记入“投资收益”账户，而可供出售金融资产（股票）期末的市场价格与账面价值之间的差额却记入“其他综合收益”账户呢？

案例6-4

2014年2月15日，德班公司以每股10元首次公开发行每股面值1元的普通股10 000 000股，所有款项已经收到并存入银行。与德班公司具有密切关系的珠江公司基于实施重大影响目的以银行存款购买了2 100 000股并支付各种手续费20 000元。

2014年6月14日，珠江公司因业务周转问题，预计年内有一笔暂时闲置资金。于是，珠江公司以每股12元的市场价格用银行存款在二级市场购买了德班公司的普通股10 000股。

2014年12月31日，德班公司报告期净利润为10 000 000元，股票市场价格为每股15元。

2015年2月18日，德班公司为了将股份奖励给本公司职工，经股东大会决议通过以每股16元的价格在二级市场用银行存款从珠江公司回购其持有的德班公司股票10 000股，珠江公司因资金周转需要将其2014年6月14日购买的德班公司股票10 000股出售给德班公司。

2015年3月12日，德班公司的股票收盘价格为每股15元。德班公司董事会宣告发放现金股利每股0.1元（不含税），同时发放1%的股票股利（除权日为2015年3月20日）。

2015年3月14日，珠江公司运用因暂停实施某个投资项目而闲置的资金，以每股15元的价格在二级市场购买德班公司股票8 000股。珠江公司一旦启动该投资项目，将出售这8 000股德班公司的股票。不过，根据2015年的经济形势，启动该投资项目的时间难以确定。

2015年4月1日，德班公司用银行存款支付现金股利。

2015年12月31日，德班公司报告期亏损了2 000 000元，股票市场价格为每股10元。

2016年3月18日，德班公司董事会决定并宣告公司不分配股利。

2016年4月6日，原先珠江公司暂停实施的投资项目准备启动，珠江公司以每股市场价格16元出售其持有的德班公司股票8 000股，所有款项已经收到并存入银行。

根据上述资料，德班公司（筹资者）与珠江公司（投资者）两个不同会计主体（双方地位相对应）的会计处理如表6-4所示。

表 6-4　　德班公司（筹资方）与珠江公司（投资方）会计处理一览表

交易日期	交易事项	德班公司会计处理	珠江公司会计处理
2014年2月15日	发行（购买）股票	借：银行存款 100 000 000 贷：股本 10 000 000 资本公积 90 000 000	借：长期股权投资 21 020 000 贷：银行存款 21 020 000 该长期股权投资采用权益法
2014年6月14日	二级市场购买股票	无须做出会计处理	借：交易性金融资产 120 000 贷：银行存款 120 000
2014年12月31日	确认投资损益	无须做出会计处理	借：长期股权投资 2 100 000 贷：投资收益 2 100 000
2014年12月31日	期末调整	无须做出会计处理	借：交易性金融资产 30 000 贷：公允价值变动损益 30 000
2015年2月18日	回购（出售）股票	借：库藏股票 160 000 贷：银行存款 160 000	借：银行存款 160 000 公允价值变动损益 30 000 贷：交易性金融资产 150 000 投资收益 40 000
2015年3月12日	宣告发放股利	现金股利 借：利润分配 1 000 000 贷：应付股利 1 000 000 股票股利 借：利润分配 1 500 000 贷：股本 100 000 资本公积 1 400 000	现金股利 借：应收股利 210 000 贷：长期股权投资 210 000 股票股利 无须做出会计处理。但需在“长期股权投资”账户做得到股票股利的备忘录：珠江公司拥有德班公司的股票数量从2 100 000股增加到2 121 000股，每股平均持有成本10.80元［(21 020 000＋2 100 000－210 000)/2 121 000］
2015年3月14日	二级市场购买股票	无须做出会计处理	借：可供出售金融资产 119 200 应收股利 800 贷：银行存款 120 000
2015年4月1日	支付现金股利	借：应付股利 1 000 000 贷：银行存款 1 000 000	借：银行存款 210 800 贷：应收股利 210 800
2015年12月31日	确认投资损益	无须做出会计处理	借：投资收益 420 000 贷：长期股权投资 420 000
2015年12月31日	期末调整	无须做出会计处理	借：其他综合收益 39 200 贷：可供出售金融资产 39 200
2016年3月18日	宣告股利政策	无须做出会计处理	无须做出会计处理
2016年4月6日	出售股票	无须做出会计处理	借：银行存款 128 000 贷：可供出售金融资产 80 000 其他综合收益 39 200 投资收益 8 800

5 分钟回顾：

如果案例 6-4 中珠江公司的长期股权投资采用成本法，那么，其会计处理（分录）将如何呢？

6.3 债券投资和融资

与股票投资和融资类似，企业组织按照规定成功地发行债券，就意味着债券市场的债券投融资活动宣告完成。发行债券的一方（筹资者）就是筹资活动，体现为负债（应付债券）；购买债券的一方（投资者）就是投资活动，体现为金融资产。

6.3.1 债券融资

债券融资涉及债券发行、支付利息、溢折价摊销、提前收兑、债转股和到期清偿等基本会计学问题。

1. 债券发行

企业组织无论按面值还是溢价或折价发行债券，都根据债券面值记入“应付债券（面值）”账户。根据债券发行价格（扣除发行费用），企业组织取得债券发行款项记入“银行存款”账户的借方，根据债券面值记入“应付债券（面值）”账户的贷方。如果企业组织溢价发行债券，溢价部分记入“应付债券（利息调整）”账户的贷方；如果企业组织折价发行债券，折价部分记入“应付债券（利息调整）”账户的借方。①

如果企业组织发行了可转换债券，那么，企业组织根据实际收到的款项记入“银行存款”账户的借方，按债券的面值记入“应付债券——可转换债券（面值）”账户的贷方，根据可转换权（选择权）的公允价值记入“资本公积——其他资本公积”账户的贷方，根据实际收到的款项与债券面值和可转换权公允价值之间的差额记入“应付债券（利息调整）”账户的借方或贷方。

5 分钟回顾：

债券折价发行，筹资者是否就“亏”了？债券溢价发行，筹资者是否就“赚”了？

① 如果债券溢价发行，“应付债券（利息调整）”账户（贷方余额）是“应付债券（面值）”账户的附加账户，在资产负债表上，作为“应付债券”项目的加项；如果债券折价发行，“应付债券（利息调整）”账户（借方余额）是“应付债券（面值）”账户的备抵账户，在资产负债表上，作为“应付债券”项目的减项。

2. 支付利息

与股票不同，债券必须根据规定按期支付利息。企业组织按期支付利息，记入“财务费用”或“在建工程”账户①的借方，同时记入“银行存款”账户的贷方。

3. 溢折价摊销

债券溢价或折价实际上是债券存续期间内的利息费用调整。② 因此，如果企业组织溢价或折价发行债券，那么，企业组织在支付利息的同时必须摊销或转销这部分溢价或折价。这个过程称为债券的溢价或折价摊销（premium or discount amortization）。

债券折价的摊销增加了发行者的利息费用，记入“财务费用”或“在建工程”账户的借方，同时记入“应付债券（利息调整）”账户的贷方。随着债券折价的摊销，“应付债券（利息调整）”账户借方余额会递减为零，而“应付债券”账面价值会递增，直至等于债券面值。债券溢价的摊销减少了发行者的利息费用，记入“应付债券（利息调整）”账户的借方，同时记入“财务费用”或“在建工程”账户的贷方。随着债券溢价的摊销，“应付债券（利息调整）”账户贷方余额会递减为零，“应付债券”账面价值也会递减，直至等于债券面值。债券到期时，债券溢价或折价刚好摊销完毕，“应付债券”账面价值等于债券面值。

债券溢价或折价的摊销方法包括：

（1）直线摊销法。直线摊销法（straight-line amortization）将债券的溢价或折价在债券的存续期内平均分配，每期的摊销额都相等。

（2）实际利息法。实际利息法（effective-interest amortization）根据发行债券时金融市场的市场利率和债券账面价值计算每期的利息费用。

运用实际利息法摊销债券折价，就是用一个固定利率（发行时金融市场的市场利率）乘以逐期增加的债券账面价值，实际利息费用的数额将逐期增加，而从逐期增加的利息费用扣除每期支付的固定利息而得出的债券折价摊销额也将逐期增加。

案例6-5

假设大通公司于2016年1月1日发行面值为100 000 000元，期限为4年，债券利率为8%的债券。该债券每年1月1日和7月1日支付一次利息。如果债券发行时金融市场的市场利率为10%，那么，该债券的发行价格为93 537 000元，该债券折价发行，

① 根据债券筹集的资金用途记入不同账户。如果债券筹集的资金用于企业组织日常经营活动，记入“财务费用”账户；如果债券筹集的资金用于企业组织基本建设活动，记入“在建工程”账户。

② 债券溢折价摊销可以与支付利息合并处理。

折价数额为 6 463 000 元。① 根据实际利息法编制的债券折价摊销表如表 6-5 所示。

表 6-5　　基于实际利息法的债券折价摊销表　　单位：元

期数	利息费用 (1)＝(5)×5％	支付利息 (2)＝面值×4％	折价摊销 (3)＝(1)－(2)	未摊销折价 (4)＝上期(4)－(3)	债券账面价值 (5)＝面值－(4)
发行日				6 463 000	93 537 000
1	4 676 850	4 000 000	676 850	5 786 150	94 213 850
2	4 710 693	4 000 000	710 693	5 075 457	94 924 543
3	4 746 227	4 000 000	746 227	4 329 230	95 670 770
4	4 783 539	4 000 000	783 539	3 545 691	96 454 309
5	4 822 715	4 000 000	822 715	2 722 976	97 277 024
6	4 863 851	4 000 000	863 851	1 859 125	98 140 875
7	4 907 044	4 000 000	907 044	952 081	99 047 919
8	4 952 081*	4 000 000	952 081	0	100 000 000

* 因为前面的计算过程忽略了小数点之后的数字，最后一期取近似值。

运用实际利息法摊销债券溢价，就是用一个固定利率（发行时金融市场的市场利率）乘以逐期减少的债券账面价值，实际利息费用的数额将逐期减少，而从每期支付的固定利息扣除逐期减少的利息费用而得出的债券溢价摊销额也将逐期增加。

案例 6-6

假设大通公司于 2016 年 1 月 1 日发行面值为 100 000 000 元，期限为 4 年，债券利率为 8％的债券。该债券每年 1 月 1 日和 7 月 1 日支付一次利息。如果债券发行时金融市场的市场利率为 6％，那么，该债券的发行价格为 107 020 000 元，该债券溢价发行，溢价数额为 7 020 000 元。根据实际利息法编制的债券溢价摊销表如表 6-6 所示。

表 6-6　　基于实际利息法的债券溢价摊销表

期数	利息费用 (1)＝(5)×3％	支付利息 (2)＝面值×4％	溢价摊销 (3)＝(2)－(1)	未摊销溢价 (4)＝上期(4)－(3)	债券账面价值 (5)＝面值＋(4)
发行日				7 020 000	107 020 000
1	3 210 600	4 000 000	789 400	6 230 600	106 230 600

① 在确定债券发行价格时，通常以市场利率为折现率，将未来应支付的利息与债券面值折算为现值。债券的发行价格即销售价格由两部分组成：(1) 按市场利率折算的未来本金偿还额（面值）的现值；(2) 按市场利率折算的未来一系列债券利息的现值。这两部分之和就是债券的发行价格。希望更深入了解如何确定债券发行价格的读者可以阅读财务管理方面的相关论著。

续前表

期数	利息费用 (1)=(5)×3%	支付利息 (2)=面值×4%	溢价摊销 (3)=(2)−(1)	未摊销溢价 (4)=上期 (4)−(3)	债券账面价值 (5)=面值+(4)
2	3 186 918	4 000 000	813 082	5 417 518	105 417 518
3	3 162 526	4 000 000	837 474	4 580 044	104 580 044
4	3 137 401	4 000 000	862 599	3 717 445	103 717 445
5	3 111 523	4 000 000	888 477	2 828 968	102 828 968
6	3 084 869	4 000 000	915 131	1 913 837	101 913 837
7	3 057 415	4 000 000	942 585	971 252	100 971 252
8	3 028 748*	4 000 000	971 252	0	100 000 000

*因为前面的计算过程忽略了小数点之后的数字，最后一期取近似值。

鉴于直线摊销法没有考虑货币时间价值，无法反映应付债券与利息费用之间的内在关系，我国《企业会计准则——应用指南》规定，债券溢价或折价的摊销（债券利息调整）采用实际利息法。

4. 提前收兑

如果企业组织资金充裕，不必再使用债券筹集的资金，或者预计未来金融市场的市场利率存在下降的趋势，就有可能在债券到期之前，提前收兑其发行的债券，以便减轻企业组织的债务和利息负担。如果企业组织提前收兑其发行的债券，其收兑价格通常高于债券的账面价值，其间的差额就是债券收兑损益(loss on redemption of bonds)，作为营业外支出处理。

企业组织提前收兑其发行的债券，首先要支付债券应享有的利息，记入“财务费用”或“在建工程”账户的借方，同时记入“银行存款”账户的贷方。其次将债券的溢价或折价摊销到债券收兑日，如果债券溢价发行，记入“应付债券（利息调整）”账户的借方，同时记入“财务费用”或“在建工程”账户的贷方；如果债券折价发行，记入“财务费用”或“在建工程”账户的借方，同时记入“应付债券（利息调整）”账户的贷方。最后确定债券提前收兑损失，根据债券的面值记入“应付债券（面值）”账户的借方，根据确定的债券提前收兑损失记入“营业外支出”账户的借方，根据提前收兑价格记入“银行存款”账户的贷方。同时，根据尚未摊销的债券溢价或折价余额分别记入“应付债券（利息调整）”账户的借方（溢价发行）或贷方（折价发行）。

5分钟回顾：

为什么企业组织预计未来金融市场的市场利率存在下降的趋势时会提前收兑其发行的债券？如果预计未来金融市场的市场利率存在上升的趋势，企业组织是否也会提前收兑其发行的债券呢？为什么？

5. 债转股

如果企业组织发行了可转换债券，那么，可转换债券转换为股票时，根据可转换债券的账面价值借记“应付债券——可转换债券（面值）”和“应付债券——可转换债券（利息调整）”账户（溢价发行）或借记“应付债券——可转换债券（面值）”，贷记“应付债券——可转换债券（利息调整）”账户（折价发行），同时借记“资本公积——其他资本公积”账户；根据转换的股票面值和转换的股票数量计算的股票面值总额贷记“股本”账户；按上述借贷双方之间的差额贷记“资本公积——股本溢价”账户。

6. 到期清偿

债券具有明确的到期日。无论企业组织是按面值发行还是溢价或折价发行债券，到期都必须按债券面值偿还。此时，债券的溢价或折价已经摊销完毕，债券的账面价值等于其面值。企业组织以银行存款偿还到期债券时，记入“应付债券（面值）”账户的借方，同时记入“银行存款”账户的贷方。

6.3.2 债券投资

债券投资涉及购买债券、持有期间的利息收益、溢折价摊销、期末计价、债券的转让、债转股和到期收回等基本会计学问题。

1. 购买债券

企业组织购买的债券，根据其投资目的，可以分为交易性金融资产（债券）、可供出售金融资产（债券）和持有至到期投资。

（1）企业组织持有交易性金融资产（债券）的目的在于利用闲置资金获得收益，将在一年之内出售。企业组织购买债券，取得交易性金融资产（债券），一方面以公允价值记入“交易性金融资产——债券投资”账户的借方，所发生的交易费用记入“投资收益——债券投资”账户的借方，实际支付的价款如果包含利息记入“应收利息”账户的借方；另一方面以实际支付价款记入“银行存款”账户的贷方。交易性金融资产（债券）作为流动资产列示于资产负债表。

（2）可供出售金融资产（债券）是指企业组织持有债券的意图不明确，不能归入交易性金融资产（债券）或持有至到期投资的金融资产（债券）。企业组织购买债券，取得可供出售金融资产（债券），一方面以债券面值记入“可供出售金融资产——债券投资（成本）”账户的借方，实际支付的价款如果包含利息记入“应收利息”账户的借方；另一方面以实际支付价款记入“银行存款”账户的贷方。如果企业组织溢价或折价购买债券，则溢价或折价部分记入“可供出售金融资产——债券投资（利息调整）”账户的借方（溢价购买债券）或“可供出售金融资产——债券投资（利息调整）”账户的贷方（折价购买债券）。可供出售金融资产（债券）作为非流动资产列示于资产负债表。

（3）持有至到期投资是指企业组织持有意图明确且计划将其持有至到期的

债券。企业组织购买债券，取得持有至到期投资，一方面以债券的面值记入“持有至到期投资——债券投资（成本）”账户的借方，实际支付的价款如果包含利息记入“应收利息”账户的借方；另一方面以实际支付价款记入“银行存款”账户的贷方。如果企业组织溢价或折价购买债券，则溢价或折价部分记入“持有至到期投资——债券投资（利息调整）”账户的借方（溢价购买债券）或“持有至到期投资——债券投资（利息调整）”账户的贷方（折价购买债券）。持有至到期投资作为非流动资产列示于资产负债表。

2. 持有期间的利息收益

交易性金融资产（债券）、可供出售金融资产（债券）和持有至到期投资在持有债券期间取得的利息收益，其会计处理有所不同。

（1）交易性金融资产（债券）在持有期间取得的利息，一方面记入“银行存款”账户的借方；另一方面如果企业组织在取得债券时实际支付的价款包含利息，在实际收到利息时先冲减已经登记入账的“应收利息”账户，记入“应收利息”账户的贷方，否则，记入“投资收益——债券投资”账户的贷方。

（2）可供出售金融资产（债券）在持有期间取得的利息，一方面记入“银行存款”账户的借方，另一方面如果企业组织在取得债券时实际支付的价款包含利息，在实际收到利息时先冲减已经登记入账的“应收利息”账户，记入“应收利息”账户的贷方，否则，记入“投资收益——债券投资”账户的贷方。

（3）持有至到期投资在持有期间取得的利息，一方面记入“银行存款”账户的借方；另一方面如果企业组织在取得债券时实际支付的价款包含利息，在实际收到利息时先冲减已经登记入账的“应收利息”账户，记入“应收利息”账户的贷方，否则，记入“投资收益——持有至到期投资”账户的贷方。

3. 溢折价摊销

企业组织的可供出售金融资产（债券）和持有至到期投资，在持有期间取得利息收益时，还要摊销其溢价或折价。购买债券的溢折价摊销方法与发行债券的溢折价摊销方法相同。

以案例6-5的资料为例，如果采用实际利息法，那么，折价购买债券的企业组织编制的债券折价摊销表如表6-7所示。

表6-7　　基于实际利息法的债券折价摊销表

期数	应收利息 (1)＝面值×4%	利息收益 (2)＝(5)×5%	折价摊销 (3)＝(2)－(1)	未摊销折价 (4)＝上期(4)－(3)	债券账面价值 (5)＝面值－(4)
发行日				6 463 000	93 537 000
1	4 000 000	4 676 850	676 850	5 786 150	94 213 850
2	4 000 000	4 710 693	710 693	5 075 457	94 924 543
3	4 000 000	4 746 227	746 227	4 329 230	95 670 770
4	4 000 000	4 783 539	783 539	3 545 691	96 454 309

续前表

期数	应收利息 (1) ＝面值×4%	利息收益 (2) ＝ (5) ×5%	折价摊销 (3) ＝ (2) － (1)	未摊销折价 (4) ＝上期 (4) － (3)	债券账面价值 (5) ＝面值－ (4)
5	4 000 000	4 822 715	822 715	2 722 976	97 277 024
6	4 000 000	4 863 851	863 851	1 859 125	98 140 875
7	4 000 000	4 907 044	907 044	952 081	99 047 919
8	4 000 000	4 952 081*	952 081	0	100 000 000

* 因为前面的计算过程忽略了小数点之后的数字，最后一期取近似值。

以案例 6－6 的资料为例，如果采用实际利息法，那么，溢价购买债券的企业组织编制的债券溢价摊销表如表 6－8 所示。

表 6－8　　基于实际利息法的债券溢价摊销表

期数	应收利息 (1)＝面值×4%	利息收益 (2)＝(5)×3%	溢价摊销 (3)＝(1)－(2)	未摊销溢价 (4)＝上期 (4)－(3)	债券账面价值 (5)＝面值＋(4)
发行日				7 020 000	107 020 000
1	4 000 000	3 210 600	789 400	6 230 600	106 230 600
2	4 000 000	3 186 918	813 082	5 417 518	105 417 518
3	4 000 000	3 162 526	837 474	4 580 044	104 580 044
4	4 000 000	3 137 401	862 599	3 717 445	103 717 445
5	4 000 000	3 111 523	888 477	2 828 968	102 828 968
6	4 000 000	3 084 869	915 131	1 913 837	101 913 837
7	4 000 000	3 057 415	942 585	971 252	100 971 252
8	4 000 000	3 028 748*	971 252	0	100 000 000

* 因为前面的计算过程忽略了小数点之后的数字，最后一期取近似值。

（1）可供出售金融资产（债券）。如果企业组织溢价或折价购买债券，则在收到利息的同时必须摊销溢价或折价部分。摊销溢价时，一方面记入“投资收益”账户的借方，另一方面记入“可供出售金融资产——债券投资（利息调整）”账户的贷方；企业组织摊销折价时，一方面记入“可供出售金融资产——债券投资（利息调整）”账户的借方，另一方面记入“投资收益”账户的贷方。

（2）持有至到期投资。如果企业组织溢价或折价购买债券，则在收到利息的同时必须摊销溢价或折价部分。摊销溢价时，一方面记入“投资收益”账户的借方，另一方面记入“持有至到期投资——利息调整”账户的贷方；企业组织摊销折价时，一方面记入“持有至到期投资——利息调整”账户的借方，另一方面记入“投资收益”账户的贷方。

5 分钟回顾：

为什么交易性金融资产（债券）在持有期间得到利息时不必摊销其溢价或折价部分呢？

如果企业组织持有的债券，其付息日与结账日不一致，期末就应该根据权责发生制确认相应的利息收益，同时摊销相应的溢折价部分。

4. 期末计价

交易性金融资产（债券）、可供出售金融资产（债券）和持有至到期投资在期末的会计处理有所不同。

(1) 交易性金融资产（债券）期末采用市价法计价，并将市场价格与其账面价值之间的差额直接计入当期损益。如果市场价格高于账面价值，根据两者的差额，一方面记入“交易性金融资产——债券投资”账户的借方，另一方面记入“公允价值变动损益”账户的贷方；如果市场价格低于账面价值，根据两者的差额，一方面记入“公允价值变动损益”账户的借方，另一方面记入“交易性金融资产——债券投资”账户的贷方。

(2) 可供出售金融资产（债券）期末采用市价法计价，并将市场价格与其账面价值之间的差额计入所有者权益。如果市场价格高于账面价值，根据两者的差额，一方面记入“可供出售金融资产——债券投资”账户的借方，另一方面记入“其他综合收益”账户的贷方；如果市场价格低于账面价值，根据两者的差额，一方面记入“其他综合收益”账户的借方，另一方面记入“可供出售金融资产——债券投资”账户的贷方。

(3) 如果企业组织确定持有至到期投资发生了减值，根据估计的减值数额，一方面记入“资产减值损失”账户的借方，另一方面记入“持有至到期投资减值准备”账户的贷方。

5. 债券的转让

交易性金融资产（债券）、可供出售金融资产（债券）和持有至到期投资的转让，其会计处理有所不同。

(1) 企业组织转让交易性金融资产（债券）时，根据实际取得的价款记入“银行存款”账户的借方，同时根据交易性金融资产（债券）账面价值记入“交易性金融资产——债券投资”账户的贷方，并将实际得到的价款与其账面价值之间的差额确认为当期的投资损益，记入“投资收益”账户的借方或贷方。同时，将以前已经记录的“公允价值变动损益”账户余额转入“投资收益”账户。

(2) 企业组织转让可供出售金融资产（债券）时，根据实际取得的价款记入“银行存款”账户的借方，同时根据可供出售金融资产（债券）账面价值记入“可供出售金融资产——债券投资”账户的贷方，将实际得到的价款与其账面价值之间的差额确认为当期的投资损益记入“投资收益”账户。同时，将以前已经记录的“其他综合收益”账户余额转入“投资收益”账户。

(3) 企业组织处置持有至到期投资时，将实际得到的价款与其账面价值之间的差额确认为当期的投资损益。根据实际收到的金额，记入“银行存款”账户的借方，按其账面价值记入“持有至到期投资”账户的贷方，两者之间的差额记入“投资收益”账户的借方或贷方。同时，将以前已经记录的“持有至到期投资减值准备”账户余额转入“投资收益”账户。

6. 债转股

如果企业组织购买的债券属于可转换债券，那么，对于交易性金融资产（债券）和可供出售金融资产（债券）而言，根据其账面价值分别转为交易性金融资产（股票）和可供出售金融资产（股票）并注明持有股票数量和每股平均持有成本。对于持有至到期投资而言，企业组织要根据其账面价值转为长期股权投资并注明持有股票数量和每股平均持有成本，然后根据持有股票数量确定采用成本法还是权益法。

7. 到期收回

持有至到期投资的债券到期时，企业组织根据实际收到的款项记入“银行存款”账户的借方，根据债券面值记入“持有至到期投资”账户的贷方。

案例 6-7

为了扩大再生产，建造生产设备（建设期为 4 年），2012 年 1 月 1 日，大通公司经过批准发行面值为 1 000 元、期限为 4 年、利率为 8%的债券 100 000 份。所有款项已经存入银行。假设 2012 年 1 月 1 日，金融市场的市场利率为 6%。该债券每年 1 月 1 日和 7 月 1 日支付一次利息。华南公司根据资金运用计划安排以暂时闲置资金购买了大通公司债券 10 000 份。

2012 年 10 月 1 日，华南公司以每份 1 080 元出售其持有的大通公司 2012 年 1 月 1 日发行的债券 10 000 份。

2012 年 12 月 31 日，大通公司发行的债券在债券市场上的市场价格为每份 1 000元。

2013 年 1 月 1 日，面对国内扩大内需的宏观环境，大通公司认为其产能有必要进一步扩大（建设期为 4 年）。于是，大通公司决定再次发行面值为 1 000 元、期限为 4 年、利率为 8%的债券 100 000 份。所有款项已经存入银行。假设 2013 年 1 月 1 日，金融市场的市场利率为 10%。债券发行条款规定大通公司根据需要可以提前收兑。该债券每年 1 月 1 日和 7 月 1 日支付一次利息。华南公司因某项投资项目暂时停止实施而产生了一笔暂时闲置资金。根据华南公司面临的管理情境，该投资项目何时继续实施难以明确。于是，华南公司购买了大通公司债券 20 000 份（其中，10 000 份债券，华南公司将持有至大通公司债券到期日）。

2013 年 12 月 31 日，大通公司发行的债券在债券市场上的市场价格为每份1 100元。

2014 年 12 月 31 日，大通公司发行的债券在债券市场上的市场价格为每份1 000元。

2015 年 3 月 31 日，根据资金需求和金融市场发展趋势，大通公司决定以每份 1 010元的价格提前收兑 2013 年 1 月 1 日发行的债券。

2015 年 12 月 31 日，大通公司发行的债券在债券市场上的市场价格为每份 980 元。

2016年1月1日，大通公司偿还其2012年1月1日发行的债券。

根据上述资料，假设债券的溢折价采用实际利息法摊销。大通公司（筹资者）与华南公司（投资者）两个不同会计主体（双方地位相对应）的会计处理如表6-9所示。

表6-9　　大通公司（筹资者）与华南公司（投资者）会计处理一览表

交易日期	交易事项	大通公司会计处理	华南公司会计处理
2012.1.1	溢价发行（购买）债券	借：银行存款　107 020 000① 　贷：应付债券——面值　100 000 000 　　应付债券——利息调整　7 020 000	借：交易性金融资产——债券　10 702 000 　贷：银行存款　10 702 000
2012.7.1	支付（取得）利息	支付利息： 借：在建工程　4 000 000 　贷：银行存款　4 000 000 同时摊销债券溢价： 借：应付债券——利息调整　789 400② 　贷：在建工程　789 400	收到利息： 借：银行存款　400 000 　贷：投资收益　400 000
2012.10.1	出售债券	无须做出会计处理	借：银行存款　10 800 000 　贷：交易性金融资产——债券　10 702 000 　　投资收益　98 000
2012.12.31	计提利息费用（收益）	计提利息费用并摊销债券溢价： 借：在建工程　3 186 918 　应付债券（利息调整）　813 082 　贷：应付利息　4 000 000	无须做出会计处理
2013.1.1	支付（取得）利息	支付利息： 借：应付利息　4 000 000 　贷：银行存款　4 000 000	无须做出会计处理
2013.1.1	折价发行（购买）债券	借：银行存款　93 537 000③ 　应付债券——利息调整　6 463 000 　贷：应付债券——面值　100 000 000	借：可供出售金融资产——债券　10 000 000 　持有至到期投资——成本　10 000 000 　贷：银行存款　18 707 400 　　可供出售金融资产——利息调整　646 300 　　持有至到期投资——利息调整　646 300
2013.7.1	支付（取得）利息	支付第一次发行债券的利息并摊销债券溢价： 借：在建工程　3 162 526 　应付债券——利息调整　837 474 　贷：银行存款　4 000 000 支付第二次发行债券的利息并摊销债券折价： 借：在建工程　4 676 850 　贷：银行存款　4 000 000 　　应付债券——利息调整　676 850	收到可供出售金融资产利息收益并摊销折价： 借：银行存款　400 000 　可供出售金融资产——利息调整　67 685④ 　贷：投资收益　467 685 收到持有至到期投资利息收益并摊销折价： 借：银行存款　400 000 　持有至到期投资——利息调整　67 685 　贷：投资收益　467 685
2013.12.31	计提利息费用（收益）	计提第一次发行债券的利息并摊销债券溢价： 借：在建工程　3 137 401 　应付债券——利息调整　862 599 　贷：应付利息　4 000 000 计提第二次发行债券的利息并摊销债券折价： 借：在建工程　4 710 693 　贷：应付利息　4 000 000 　　应付债券——利息调整　710 693	计提可供出售金融资产利息收益并摊销折价： 借：应收利息　400 000 　可供出售金融资产——利息调整　71 069.3 　贷：投资收益　471 069.3 计提持有至到期投资利息收益并摊销折价： 借：应收利息　400 000 　持有至到期投资——利息调整　71 069.3 　贷：投资收益　471 069.3

① 发行价格来源于案例6-6。

② 数据来源于表6-6（下同）。这样，实际利息费用只有3 210 600元。如果读者熟悉的话，这两个会计分录可以合并为：借：在建工程 3 210 600，借：应付债券（利息调整）789 400，贷：银行存款 4 000 000。表6-9后面类似的会计处理将采用合并会计分录，以节约篇幅。

③ 发行价格来源于案例6-5。

④ 数据来源于表6-7（下同）。不过，只是其中的10%。

续前表

交易日期	交易事项	大通公司会计处理	华南公司会计处理
2013.12.31	期末计价	无须做出会计处理	借：可供出售金融资产 1 507 545.7① 贷：其他综合收益 1 507 545.7
2014.1.1	支付（取得）利息	借：应付利息 8 000 000 贷：银行存款 8 000 000	借：银行存款 800 000 贷：应收利息 800 000
2014.7.1	支付（取得）利息	支付第一次发行债券的利息并摊销债券溢价： 借：在建工程 3 111 523 应付债券——利息调整 888 477 贷：银行存款 4 000 000 支付第二次发行债券的利息并摊销债券折价： 借：在建工程 4 746 227 贷：银行存款 4 000 000 应付债券——利息调整 746 227	收到可供出售金融资产利息收益并摊销折价： 借：银行存款 400 000 可供出售金融资产——利息调整 74 622.7 贷：投资收益 474 622.7 收到持有至到期投资利息收益并摊销折价： 借：银行存款 400 000 持有至到期投资——利息调整 74 622.7 贷：投资收益 474 622.7
2014.12.31	计提利息费用（收益）	计提第一次发行债券的利息并摊销债券溢价： 借：在建工程 3 084 869 应付债券——利息调整 915 131 贷：应付利息 4 000 000 计提第二次发行债券的利息并摊销债券折价： 借：在建工程 4 783 539 贷：应付利息 4 000 000 应付债券——利息调整 783 539	计提可供出售金融资产利息收益并摊销折价： 借：应收利息 400 000 可供出售金融资产——利息调整 78 353.9 贷：投资收益 478 353.9 计提持有至到期投资利息收益并摊销折价： 借：应收利息 400 000 持有至到期投资——利息调整 78 353.9 贷：投资收益 478 353.9
2014.12.31	期末计价	无须做出会计处理	借：其他综合收益 1 152 976.6② 贷：可供出售金融资产 1 152 976.6
2015.1.1	支付（取得）利息	借：应付利息 8 000 000 贷：银行存款 8 000 000	借：银行存款 800 000 贷：应收利息 800 000
2015.3.31	提前收兑（转让）债券	计提第二次发行债券利息并摊销债券折价③： 借：在建工程 2 411 357.5 贷：应付利息 2 000 000 应付债券——利息调整 411 357.5 支付提前收兑第二次发行债券价款和利息： 借：应付利息 2 000 000 应付债券——面值 100 000 000 营业外支出 4 134 333.5 贷：银行存款 103 000 000 应付债券——利息调整 3 134 333.5④	计提可供出售金融资产利息收益并摊销折价： 借：应收利息 200 000 可供出售金融资产——利息调整 41 135.75 贷：投资收益 241 135.75 收到提前收兑可供出售金融资产价款和利息： 借：银行存款 10 300 000 可供出售金融资产——利息调整 313 433.35 其他综合收益 354 569.1 贷：应收利息 200 000 可供出售金融资产——债券 10 000 000 投资收益 768 002.45 计提持有至到期投资利息收益并摊销折价： 借：应收利息 200 000 持有至到期投资——利息调整 41 135.75 贷：投资收益 241 135.75 收到提前收兑持有至到期投资价款和利息： 借：银行存款 10 300 000 持有至到期投资——利息调整 313 433.35 贷：持有至到期投资——成本 10 000 000 应收利息 200 000 投资收益 413 433.35

① 此时，可供出售金融资产的市场价值为 11 000 000 元（1 100×10 000），而可供出售金融资产的账面价值为 9 492 454.3元（10 000 000－646 300＋67 685＋71 069.3），该债券升值了 1 507 545.7 元（11 000 000－9 492 454.3）。

② 此时，可供出售金融资产的市场价值为 10 000 000 元（1 000×10 000），而可供出售金融资产的账面价值为 11 152 976.6 元（11 000 000＋74 622.7＋78 353.9），该债券贬值了 1 152 976.6 元（11 152 976.6－10 000 000）。

③ 为了便于计算，3 个月的利息和折价摊销额按 822 715 元的一半计算，即 411 357.5 元。

④ 根据表 6－5，此时“应付债券——利息调整”账户的余额为 3 134 333.5 元（3 545 691－411 357.5）。

续前表

交易日期	交易事项	大通公司会计处理	华南公司会计处理
2015.7.1	支付利息	支付第一次发行债券的利息并摊销债券溢价： 借：在建工程 3 057 415 应付债券——利息调整 942 585 贷：银行存款 4 000 000	无须做出会计处理
2015.12.31	计提利息费用	计提第一次发行债券的利息并摊销债券溢价： 借：在建工程 3 028 748 应付债券——利息调整 971 252 贷：应付利息 4 000 000	无须做出会计处理
2016.1.1	支付利息并偿还到期债券	支付利息： 借：应付利息 4 000 000 贷：银行存款 4 000 000 偿还到期债券： 借：应付债券——面值 100 000 000 贷：银行存款 100 000 000	无须做出会计处理

思考题

1. 证券投资有何基本特征？
2. 何谓股票？何谓债券？
3. 简述股票融资的会计处理。
4. 简述股票投资的会计处理。
5. 简述债券融资的会计处理。
6. 简述债券投资的会计处理。

业务题

1. 发行股票及其会计处理

南华公司2015年1月1日的股东权益部分如下（单位：元）：

普通股（面值25元，已经发行20 000股）	500 000
资本公积——股本溢价	50 000
留存收益	214 000
合计	764 000

2015年度发生的涉及股东权益的经济业务如下：

(1) 1月11日，按每股31元发行普通股4 000股，相关款项已经存入开户银行。

(2) 1月26日，按每股30元回购普通股2 000股。

(3) 3月8日，按每股32元出售库藏股份的50%。

(4) 7月14日，按每股28元出售剩余库藏股份的50%。

(5) 12月31日，结转本年度净利润（2015年度，南华公司销售收入总额为100 000元，销售成本总额为50 000元，经营费用为10 000元，所得税税率为25%）。

(6) 2016年2月18日，南华公司宣告对股票实施“一分为二”的分割。

根据上述资料，要求：

(1) 为上述经济业务做出必要的会计分录。

(2) 编制2015年12月31日南华公司资产负债表的股东权益部分。

(3) 编制2016年2月18日南华公司股票分割之后资产负债表的股东权益部分。

2. 股利支付程序及其会计处理

2016年2月15日，光谱公司召开董事会并宣布发放每股0.40元的现金股利（含税）。光谱公司将在2016年3月20日将上述股利支付给那些已在2016年3月15日登记为公司股东的人士。

假设光谱公司流通在外的股票数量为100 000 000股（每股面值为10元），2016年2月15日光谱公司的股票市场价格为每股20元。

根据上述资料，请回答下列问题：

(1) 光谱公司的宣告日、持有人登记日、除息日和支付日是哪天？同时，做出必要的会计分录。

(2) 假设光谱公司2016年2月15日同时宣告发放5%的股票股利，做出必要的会计分录。

3. 股票投融资及其会计处理

运通公司2014年11月9日利用闲置资金以每股市场价格20.30元购买了黄埔公司的股票10 000股（每股面值10元），支付相关税费4 500元。尽管运通公司持有股票的意图不太明确，但没有长期持有的准备。2014年12月31日，黄埔公司的股票市场价格为每股18.50元。2015年5月18日，运通公司收到黄埔公司支付的现金股利每股0.20元。2015年12月31日，黄埔公司的股票市场价格为每股22.60元。2016年3月8日，运通公司以每股21.80元的价格在二级市场出售其持有的黄埔公司全部股票。

根据上述资料，要求：

(1) 如果运通公司根据市场行情随时都可能出售其持有的黄埔公司的股票，针对上述经济业务做出必要的会计分录。

(2) 如果运通公司不打算随时出售其持有的黄埔公司的股票，针对上述经济业务做出必要的会计分录。

(3) 针对上述经济业务，为黄埔公司做出必要的会计分录。

4. 股票投资及其会计处理

华源公司2015年1月2日以每股成本11元的价格购入远洋公司的普通股5 000股，作为一项长期投资。2015年12月31日，远洋公司宣布当年净利润为90 000元，每股发放现金股利1元。现金股利将于2016年1月20日支付给2016年1月10日登记持有股份的股东。2015年12月31日，远洋公司股票的市场价格为每股14元。2016年1月21日，华源公司收到远洋公司发放的现金股利。2016年6月18日，华源公司以每股16元的价格出售其持有的远洋公司股票的50%。

根据上述资料，要求：

(1) 采用成本法，针对上述经济业务做出华源公司必要的会计分录。

(2) 采用权益法并假设华源公司持有股份占远洋公司股份的30%，针对上述经济业务做出华源公司必要的会计分录。

5. 债券融资及其会计处理

华美公司为了解决日常经营资金的需求，于2016年3月1日发行了面值为160 000元，利率为8%的15年期债券。该债券每年3月1日和9月1日支付半年利息。华美公司会计年度为日历年度。假设华美公司有一部分债券60 000元于2016年7月1日按其面值的102%加应计利息出售。

针对2016年7月1日发售的债券，要求：

(1) 为华美公司做出债券发行时的会计分录。

(2) 为华美公司做出支付第一个半年利息的会计分录（按直线法摊销债券溢价或折价）。

(3) 为华美公司做出2016年12月31日的会计分录。

(4) 假设2026年3月1日，华美公司按其面值的101%提前收兑该部分债券的2/3，做出必要的会计分录。

6. 债券投资及其会计处理

2015年2月1日，美迪公司以585 660元加应计利息购入南方公司20年期、利率为8%、面值为600 000元的债券。该债券的发行日期为2015年1月1日，利息于每年1月1日和7月1日支付。2015年12月31日，该债券的市场价格为588 000元。2016年5月1日，美迪公司改变其原先购买债券的意图，按债券面值的101%加应计利息出售该债券。美迪公司购买和出售该债券时，分别发生相关税费500元。采用直线法摊销债券溢价或折价。

针对上述情境，要求：

(1) 如果美迪公司购买债券时只是利用闲置资金购买债券，做出必要的会计分录。

(2) 如果美迪公司购买债券时的意图不明确但不会持有至到期，做出必要的会计分录。

(3) 如果美迪公司购买债券时的意图是持有至到期，做出必要的会计分录。

案例讨论题

平安公司采用实际利息法摊销债券溢价或折价。其债券溢价或折价摊销表如下：

期数	应收利息 (1)＝面值×4%	利息收益 (2)＝(5)×5%	本期摊销额 (3)＝(2)－(1)	未摊销额 (4)＝上期(4)－(3)	债券账面价值 (5)＝面值－(4)
发行日				6 463 000	93 537 000

续前表

期数	应收利息 (1)＝面值×4%	利息收益 (2)＝(5)×5%	本期摊销额 (3)＝(2)－(1)	未摊销额 (4)＝上期 (4)－(3)	债券账面价值 (5)＝面值－(4)
1	4 000 000	4 676 850	676 850	5 786 150	94 213 850
2	4 000 000	4 710 693	710 693	5 075 457	94 924 543
3	4 000 000	4 746 227	746 227	4 329 230	95 670 770
4	4 000 000	4 783 539	783 539	3 545 691	96 454 309
5	4 000 000	4 822 715	822 715	2 722 976	97 277 024
6	4 000 000	4 863 851	863 851	1 859 125	98 140 875
7	4 000 000	4 907 044	907 044	952 081	99 047 919
8	4 000 000	4 952 081*	952 081	0	100 000 000

*因为前面的计算过程忽略了小数点之后的数字，最后一期取近似值。

假设每半年支付一次利息，阅读上述债券溢价或折价摊销表，回答下列问题：

（1）上述债券溢价或折价摊销表是债券发行方还是债券投资方编制？为什么？

（2）该债券是溢价发行还是折价发行？为什么？

（3）该债券的票面利率为多少？该债券发行时金融市场的利率又是多少？

（4）假设债券投资方购买该债券的目的在于利用闲置资金，为债券发行方和投资方分别做出发行（购买）债券时的会计分录。

（5）假设债券发行方发行债券是为了解决日常经营资金需求，为债券发行方和投资方分别做出第一次支付（收到）债券利息时的会计分录。

（6）根据我国企业会计准则，我国为何不采用直线法摊销债券溢价或折价？

网络习题

登录巨潮资讯网（www.cninfo.com.cn)，选择一家中国上市公司为样本，分析：

（1）其股票发行公告，指出其发行股票数量、发行价格。

（2）其债券发行公告，指出其发行债券数量、债券面值、债券票面利率、发行价格。

第 7 章

生产性资产投资

本章要点

学习目标

1. 了解长期资产的分类
2. 掌握固定资产的取得与处置的会计处理
3. 掌握固定资产折旧及其计算方法
4. 掌握无形资产的特征及其会计处理
5. 了解其他长期资产及其会计处理

引例

进入21世纪，基于经济的国际化、金融化和知识化，企业组织面临日趋激烈的竞争。于是，许多经验丰富的公司总裁和高层管理人员（通称经理人）纷纷加入高级管理人员培训（executive development programs，EDP）、工商管理硕士（master of business administration，MBA）和高级管理人员工商管理硕士（executive master of business administration，EMBA）的行列。一时间，大学的校园里和课堂上增添了一道靓丽的风景：随着大学校园里高级轿车数量的增加，学生的平均年龄也骤然提高。

俗话说"在商言商"。作为一种商业语言的会计学自然而然地成为这些"老学生"的必修课程。在一次会计学课程上，一位有技术背景的公司总裁提出了这样三个问题：

"汽车到处跑，怎么是固定资产呢？"

"各种媒体老是报道，可口可乐的商标值多少钱。可是，查阅可口可乐公司的资产负债表，为什么没有发现这个巨额的数字呢？"

"没有摊销完的费用，怎么会是资产呢？"

你如何回答这三个问题呢？

7.1 长期资产概述

如前所述，企业组织的投资包括生产性资产投资和金融性资产投资即证券投资。严格地说，生产性资产投资包括流动资产投资①和长期资产投资。企业组织的长期资产投资在会计学上表现为长期资产（long-term asset）。

长期资产是指企业组织拥有或控制的仅供其经营活动使用，而不是为了销

① 本书将在第10章讨论流动资产投资问题。

售，且其经济使用寿命（economic useful life）将经历多个会计分期的资产项目。在性质上，长期资产属于非流动资产（non-current asset），在企业组织的资产负债表上单独列示。

企业组织的长期资产按其实物形态可以分为两大类：（1）具有实物形态的资产，如机器设备、厂房建筑物和运输工具等。这些资产项目统称为固定资产（fixed asset）或有形资产（tangible asset）。不过，在有形资产中，有一类资产如森林、矿山和油田等自然资源（natural resource）的会计处理比较特殊，因而，单独作为一类有形资产，称为递耗资产（wasting asset）。（2）不具有实物形态的资产，如专利权、非专利技术、商标权、特许经营权和著作权等。这类资产通称为无形资产（intangible asset）。因此，企业组织的长期资产就可以分为固定资产、递耗资产和无形资产三类。

固定资产、递耗资产和无形资产具有一个共同的特征：可以在多个会计分期为企业组织提供效用。企业组织为了取得这些资产所发生的成本或支出都要作为资本支出（capital expenditure），先资本化①（capitalized）为这些资产项目的原始成本，然后，随着这些资产项目为企业组织提供效用和获得收入的潜在能力的递减，其原始成本也要在各个会计分期内转销为费用，以便体现权责发生制和配比原则。

在会计学上，长期资产的原始成本通常分别通过这些相应资产的备抵账户如累计折旧（accumulated depreciation）、累计折耗（accumulated depletion）和累计摊销（accumulated amortization）转销为费用。在企业组织的资产负债表上，这些备抵账户都应该作为各相应资产项目的抵减项目，从而确定其账面价值。②

7.2 固定资产

固定资产是企业组织重要的生产性资产投资之一，是企业组织赖以生存的物质基础，也是企业组织创造价值的源泉，关系到企业组织的营运与发展。

7.2.1 固定资产的基本概念

根据我国《企业会计准则第 4 号——固定资产》，固定资产是指同时具备以下特征的有形资产：（1）为生产商品、提供劳务、出租或经营管理而持有；（2）经

① 所谓资本化，就是将成本或支出首先转为相应资产的价值。与资本化相对应的是费用化，即将成本或支出直接作为当期费用处理。

② 长期资产涉及资产减值损失问题。由于减值损失的确定较为复杂，超出了本书范畴，本章对长期资产减值损失问题不作讨论。递耗资产较为特殊，基于本书的定位，本章也不作讨论。

济使用寿命期超过一个会计期间。

据此，固定资产具有如下三个特征：

1. 为生产商品、提供劳务、出租或经营管理而持有

企业组织持有固定资产的目的在于生产商品、提供劳务、出租或经营管理。这就意味着企业组织持有的固定资产是企业组织的劳务工具或手段，而不是直接用于出售的产品。

2. 经济使用寿命期超过一个会计分期

固定资产的经济使用寿命期是指企业组织使用固定资产的预计期间，或者该固定资产所能生产产品或提供劳务的数量。更多的管理情境下，固定资产的经济使用寿命期是指使用固定资产的预计期间。固定资产的经济使用寿命期超过一个会计分期表明固定资产属于长期资产，随着使用和磨损，通过计提折旧的方式逐渐减少其账面价值。

3. 一种有形资产

固定资产具有实物形态，属于有形资产。这就将固定资产与无形资产区分开来。

5 分钟回顾：

房屋和汽车就一定是固定资产吗？

企业组织的固定资产种类繁多，根据管理需要，可以将固定资产按不同标准进行合理分类。表 7－1 列示了固定资产常见的分类。

表 7－1　　常见的固定资产分类

分类标准	固定资产分类	具体项目举例
按经济用途分	生产经营用固定资产	厂房、生产经营用的机器设备
	非生产经营用固定资产	职工食堂使用的房屋和设备
按所有权分	自有固定资产： 自用固定资产 租出固定资产	 厂房、生产经营用的机器设备 临时租给其他单位的固定资产
	租入固定资产	从其他单位租入的生产设备
按使用情况分	使用中的固定资产	正在使用和由于正常原因如季节性临时停用的固定资产
	未使用的固定资产	已经完工或购建但尚未交付使用的固定资产
	不需用的固定资产	多余的不需用的固定资产

7.2.2 固定资产的取得

企业组织取得固定资产的会计处理的首要问题是如何确定固定资产的成本。而合理地区分资本支出与收益支出（revenue expenditure）则是合理地确定固定

资产成本的关键。

1. 资本支出与收益支出

资本支出是指那些为了取得本期及以后多期效益而发生的支出。这些支出都应该予以资本化，计入相应资产项目的成本，而后再按各期受益程度转销为费用。而收益支出是指那些仅涉及当期效益的支出。这些支出应该作为当期费用处理。

就固定资产而言，一项资本支出如果被错误地当作收益支出，将少计固定资产成本，从而使当期费用增加，收益减少；反之，如果一项收益支出被错误地当作资本支出，将多计固定资产成本，从而使当期费用减少，收益增加。

一般而言，一项支出究竟属于资本支出还是收益支出，视其效益分布时间长短而定。但是，在会计实务中，许多企业组织根据重要性原则规定：支出数额较小、未来的效益不大、未来效益难以合理地计量的支出，尽管从其性质看可能属于资本支出，但作为收益支出处理。有些企业组织甚至规定，任何一项支出，不管其性质如何，只要在某个数额如1 000元以下，就作为收益支出处理，计入当期费用。

2. 固定资产原始成本的构成

根据我国《企业会计准则——基本准则》，固定资产的计量基础依然是历史成本，即为了取得固定资产并使之能按预定用途交付使用而支出的现金或现金等价物的价格，也可称为取得成本。这也意味着取得的固定资产以其取得成本计量；固定资产的折旧按其原始成本计算。不过，取得固定资产的方式不同，其取得成本也有所不同。①

（1）外购固定资产的取得成本包括购买价款、相关税费②以及使固定资产达到预定可使用状态前所发生的可归属于该项固定资产的运输费用、装卸费用、安装费用和专业人员服务费用等。

（2）自行建造固定资产的取得成本由建造该固定资产达到预定可使用状态前所发生的必要支出构成，包括工程用物资成本、人工成本、缴纳的相关税费、应予以资本化的借款费用以及应该分摊的间接费用等。企业组织自行建造固定资产包括自营建造和出包建造两种方式。无论采用哪种建造方式，所建造固定资产都应当按照实际发生的支出确定其成本。

（3）投资者投入固定资产的成本根据投资合同或协议约定的价值确定，除非合同或协议约定价值有失公允。

---

① 企业组织取得固定资产的方式很多，包括外购、自行建造、投资者投入、非货币性交易、债务重组、企业合并、融资租赁等。这里只讨论外购、自行建造（包括自营和出包）和投资者投入等常见的固定资产取得方式的会计处理。有兴趣的读者可以进一步参阅中级财务会计方面的相关论著。

② 企业组织购置固定资产所支付的增值税是否构成固定资产成本，取决于增值税是消费型还是生产型。我国从2009年1月1日开始在全国推行增值税转型改革，由生产型增值税转为消费型增值税，允许企业组织抵扣新购置固定资产所含的增值税。有关增值税问题较为复杂，本章不讨论，有兴趣的读者可以进一步参阅中级财务会计方面的相关论著。

3. 取得固定资产的会计处理

企业组织可以通过多种方式取得固定资产。但不同的取得方式，其会计处理有所不同。

（1）外购固定资产。企业组织外购的固定资产，如果不需要安装，根据其成本记入“固定资产”账户的借方，同时记入“银行存款”等账户的贷方；如果需要进一步安装，则先记入“在建工程”账户，该固定资产达到预定可使用状态时，再转入“固定资产”账户。

案例7-1

华夏公司于2016年3月18日购买了一台需要安装的生产经营用机器设备。该机器设备的价款为150 000元，适用的增值税税率为17%，包装费用为1 800元，运输费用为2 000元。2016年3月19日，华夏公司安装该机器设备，发生安装费用2 700元。所有款项以银行存款支付。2016年4月2日，该机器设备安装完毕，经过验收合格交付使用。

根据上述资料，华夏公司做出如下会计分录①：

（1）2016年3月18日，购入机器设备时，做如下会计分录：

借：在建工程	153 800	
应交税费——应交增值税（进项税额）	25 500	
贷：银行存款		179 300

（2）2016年3月19日，安装该机器设备，发生安装费用，做如下会计分录：

借：在建工程	2 700	
贷：银行存款		2 700

（3）2016年4月2日，该机器设备安装完毕，经过验收合格交付使用，做如下会计分录：

借：固定资产——生产经营用固定资产	156 500	
贷：在建工程		156 500

5分钟回顾：

如果增值税是生产型增值税，如何做出案例7-1的会计分录呢？

（2）自营建造固定资产。企业组织自营建造固定资产过程中，领用的工程物资、原材料或库存商品等，根据其成本记入“在建工程”账户的借方，同时记入“工程物资”“原材料”和“库存商品”等账户的贷方。如果涉及增值税问题，还要结转相应的增值税额。自营建造的固定资产应该负担的职工薪酬，记

① 为了简化会计处理，本书不考虑其他费用涉及的增值税问题。有兴趣的读者可以进一步参阅中级财务会计方面的相关论著。

入“在建工程”账户的借方，同时记入“应付职工薪酬”账户的贷方。企业组织的辅助生产部门为固定资产的建造提供的水、电、设备安装、修理和运输等劳务，记入“在建工程”账户的借方，同时记入“生产成本——辅助生产成本”账户的贷方。如果企业组织的自营建造固定资产已经完工，已经领用的剩余物资应该办理退库手续，记入“工程物资”账户的借方，同时记入“在建工程”账户的贷方。自营建造的固定资产达到预定可使用状态，结转自营建造固定资产的成本，记入“固定资产”账户的借方，同时记入“在建工程”账户的贷方。

案例 7－2

华南公司自营建造一个生产车间的厂房，建造期间发生如下经济业务：

(1) 2015 年 10 月 8 日，以银行存款购买一批该工程用的物资，支付了购买价款 320 000 元、增值税额 54 400 元和运输费用 3 500 元。

(2) 2015 年 10 月 10 日，该工程领用工程物资 323 500 元。

(3) 2015 年 11 月 9 日，因该工程建设需要，领用华南公司生产的电机一台。该电机的生产成本为 2 400 元。

(4) 2015 年 12 月 31 日，计算应付自营工程的职工薪酬，总共为 118 000 元。

(5) 2015 年 12 月 31 日，分配并结转华南公司辅助生产部分提供的水、电、运输劳务等各项费用 34 000 元。

(6) 2015 年 12 月 31 日，自营工程完工，退回剩余物资 8 000 元。

(7) 2016 年 1 月 10 日，自营工程经验收合格并交付使用。

根据上述资料，华南公司的会计处理如表 7－2 所示。

表 7－2　　华南公司自营建造固定资产的会计处理一览表

交易日期	交易事项	华南公司会计处理
2015.10.8	购买工程用物资	借：工程物资　323 500 　应交税费——应交增值税（进项税额）　54 400 　贷：银行存款　377 900
2015.10.10	领用工程物资	借：在建工程——厂房　323 500 　贷：工程物资　323 500
2015.11.9	领用本公司产品	借：在建工程——厂房　2 400 　贷：库存商品　2 400
2015.12.31	结转职工薪酬	借：在建工程——厂房　118 000 　贷：应付职工薪酬　118 000
2015.12.31	结转辅助生产费用	借：在建工程——厂房　34 000 　贷：生产成本——辅助生产成本　34 000
2015.12.31	退回工程剩余物资	借：工程物资　8 000 　贷：在建工程——厂房　8 000
2016.1.10	工程完工并交付使用	借：固定资产——生产经营用固定资产　469 900 　贷：在建工程——厂房　469 900

5分钟回顾：

表 7-2 中，2015 年 12 月 31 日，“在建工程”账户的余额 469 900 元在资产负债表上如何列示呢？

(3) 出包建造固定资产。采用出包建造固定资产的方式时，企业组织要与建造承包商签订建造合同。企业组织是建造合同的甲方，负责筹集资金和组织管理工程建设，通常称为建设单位。建造承包商是建造合同的乙方，负责建造工程的施工任务。

在该方式下，“在建工程”账户是企业组织与建造承包商办理工程价款结算的账户。企业组织根据合理估计的工程进度和合同约定结算工程进度款时，记入“在建工程”账户的借方，同时记入“银行存款”或“预付账款”账户的贷方。建造工程完工时，根据合同约定补付工程款时，记入“在建工程”账户的借方，同时记入“银行存款”账户的贷方。在建工程达到预定可使用状态并交付使用时，记入“固定资产”账户的借方，同时记入“在建工程”账户的贷方。

案例 7-3

2015 年 2 月 6 日，华南公司与珠江公司签订合同，将一个生产车间的建造任务出包给珠江公司。根据双方签订的合同，建造该生产车间的价款为 8 000 000 元。

在该生产车间建造过程中，发生如下经济业务（为了简化起见，假设不考虑相关税费）：

(1) 2015 年 2 月 6 日，华南公司根据合同约定向珠江公司预付 10%的备料款 800 000元。

(2) 2015 年 8 月 2 日，该生产车间的工程进度达到 50%，华南公司与珠江公司办理工程价款结算 4 000 000 元。华南公司抵扣了预付备料款之后，以银行存款支付余款。

(3) 2016 年 3 月 10 日，该生产车间的建造工程全部完工并交付使用，华南公司与珠江公司办理工程价款结算。华南公司开具一张期限为 3 个月的商业票据给珠江公司，结算工程价款 4 000 000 元。

(4) 2016 年 6 月 10 日，华南公司以银行存款结清 4 000 000 元的商业票据款。

根据上述资料，华南公司的会计处理如表 7-3 所示。

表 7-3　　华南公司出包建造固定资产的会计处理一览表

交易日期	交易事项	华南公司会计处理	
2015.2.6	预付工程款	借：预付账款——珠江公司 　贷：银行存款	800 000 800 000
2015.8.2	按工程进度结算工程款	借：在建工程——厂房 　贷：预付账款——珠江公司 　　　银行存款	4 000 000 800 000 3 200 000

续前表

交易日期	交易事项	华南公司会计处理
2016.3.10	工程完工并结算工程款	借：在建工程——厂房 4 000 000 贷：应付票据 4 000 000 借：固定资产——生产经营用固定资产 8 000 000 贷：在建工程——厂房 8 000 000
2016.6.10	支付票据款	借：应付票据 4 000 000 贷：银行存款 4 000 000

5分钟回顾：

根据出包建造固定资产方式的会计处理，为什么华南公司只体现工程款项的结算，而没有体现固定资产建造过程的具体支出？

(4) 投资者投入固定资产。企业组织接受投资者投入的固定资产，根据其投资合同或协议约定的价值，记入“固定资产”账户的借方，同时记入“实收资本”账户的贷方。

案例7-4

江南公司2015年12月12日接受华西公司的一套设备作为投资。根据投资合同的约定，该设备的价值为200 000元。

根据上述资料，江南公司2015年12月12日取得该套设备并交付使用时，做如下会计分录：

借：固定资产——生产经营用固定资产 200 000

贷：实收资本 200 000

7.2.3 固定资产的折旧

固定资产的原始成本是一种资本支出，其效益涉及一个以上的会计分期。因此，随着时间的推移或固定资产的使用，固定资产的成本必须逐渐转化为各个会计分期的费用。这种按期有系统、合理地转销固定资产价值的过程就是折旧。折旧本质上是一种价值转移，固定资产折旧过程就是固定资产成本分配的过程。

固定资产折旧是区分权责发生制与收付实现制的一个重要因素。企业组织以现金或银行存款购买固定资产，如果采用收付实现制，就应该将该项固定资产的全部成本在购买时一次性确认为费用①，但是，如果采用权责发生制，就应

① 当然，基于收付实现制，根本就没有必要区分流动资产与非流动资产，自然也就没有固定资产可言。

该先将该项固定资产的全部成本资本化为固定资产的价值，然后再以折旧的方式在固定资产经济使用寿命期内逐渐转销为费用。

固定资产之所以要计提折旧，是因为随着时间的推移或固定资产的使用，固定资产的价值会逐渐损耗。通常认为造成固定资产价值损耗的主要原因包括：(1) 有形损耗（physical deterioration）。由于物质损耗、自然侵蚀或意外事故引起的固定资产使用效能的衰减。(2) 无形损耗（non-physical deterioration）。由于技术进步而使固定资产的使用效能衰减。在技术飞速发展的今天，无形损耗对固定资产的影响远比有形损耗大。

1. 计提折旧的固定资产范围

根据我国《企业会计准则第 4 号——固定资产》的规定，企业组织应该对所有的固定资产计提折旧，但是，已提足折旧仍然继续使用的固定资产和单独计价入账的土地除外。

企业组织在确定计提折旧的固定资产范围时，还要注意以下三个问题：

(1) 固定资产应当按月计提折旧。固定资产应该自其达到预定可使用状态时开始计提折旧，终止确认时或划分为持有待售非流动资产时停止计提折旧。不过，为了简化会计处理，通常按期初固定资产余额计提折旧：当月增加的固定资产当月不计提折旧，从下月起开始计提折旧；当月减少的固定资产当月仍然计提折旧，从下月起停止计提折旧。

(2) 已提足折旧的固定资产不再计提折旧。提前报废的固定资产不再补提折旧。已提足折旧的固定资产，不论是否继续使用，都不再计提折旧。提前报废的固定资产也不再补提折旧。在这里，“已提足折旧”是指已经提足该固定资产的应计提折旧额。

(3) 达到预定可使用状态的固定资产就要计提折旧。已经达到预定可使用状态但尚未办理竣工结算的固定资产，应当按照其估计价值确定其成本并计提折旧。办理竣工结算之后，再按其实际成本调整原来的暂估价值，但不需要调整原来已经计提的折旧额。

2. 影响固定资产折旧的因素

影响固定资产折旧的基本因素或者企业组织计提固定资产折旧的主要依据有：

(1) 固定资产的原值。固定资产的原值是企业组织计提固定资产折旧的基数。这也是固定资产取得时的成本即入账价值，称为原始价值（original value）或应计提折旧价值（depreciable value）。

(2) 固定资产的预计残值。固定资产的预计残值（salvage value）是指固定资产退废时可收回的残料价值（scrap value）或最后处置价值（disposal value）。固定资产的预计残值应该事先估计确定。在我国，固定资产的残值通常在固定资产原始价值的 5%以内。

（3）固定资产的经济使用寿命期。通常，固定资产的经济使用寿命期通过两种方式确定：时间，如多少年或多少月；工作时数，如工作小时，或生产产品的数量。

3. 固定资产折旧方法

企业组织应当根据与固定资产相关的经济利益的预期实现方式，合理地选择折旧方法。企业组织可选择的折旧方法主要包括直线法（straight-line depreciation method）、工作量法（unit depreciation method）、年数总和法（sum-of-the-years' digits depreciation method）和双倍余额递减法（double declining balance depreciation method）。

（1）直线法也称年限平均法，是指将固定资产的应计提折旧额均衡地分摊到固定资产预计经济使用寿命期内的一种折旧方法。其每年（期）计提折旧数额的计算公式为：

$$D_t=\frac{C-S}{N}=\frac{1}{N}\times(C-S)$$

$$D_m= D_t/12$$

式中，D_t表示第t年（期）计提的折旧额；C表示固定资产的原值；S表示固定资产的预计残值；N表示固定资产的预计经济使用寿命期；D_m表示每月计提的折旧额。

案例7-5

华南公司拥有一项应计提折旧的机器设备，其原始价值为32 000元，预计经济使用寿命期为5年，残值率为2.5%。

那么，如果华南公司选择直线法计提机器设备的折旧，其每年的折旧额为：

$$D_t=\frac{32\,000-800}{5}=6\,240(\text{元})$$

直线法是固定资产折旧方法中最简易和最常见的方法。根据直线法计提固定资产折旧，其每年（期）计提的折旧额相等。但是，直线法只注重固定资产的使用时间，而不注重固定资产的使用情况。此外，直线法使得企业组织在生产经营过程中承担的固定资产年使用成本在各个会计分期内不均匀。随着固定资产的日益陈旧，固定资产所需要的修理、保养费用势必逐渐增加。而根据直线法计提折旧，其折旧额每年都相等。这样，固定资产的年使用成本（折旧费用与修理、保养费用之和）不均衡。

（2）工作量法实际上仍然属于直线法，只不过是改用工作时数（称为工作时数法）或产量（称为产量法）作为计算每年（期）折旧费用的基础。其理论依据是各项固定资产，特别是机器设备使用时数或产量越多，物质磨损就越大，折旧就越快。而且使用时数或产量越多，固定资产进行修理和保养的时间也就越少，从而加速固定资产的磨损。此外，固定资产使用时数或产量越多，固定资产创造的收益也越多，多收益就应该多摊销折旧费用。

根据工作量法，其每年（期）计提折旧数额的计算公式为：

$$R=\frac{C-S}{N}$$

$$D_t=R\times N_t$$

式中，R 表示单位工作时数或产量计提的折旧额；C 表示固定资产的原值；S 表示固定资产的预计残值；N 表示固定资产工作时数或产量总额；D_t 表示第 t 年（期）计提的折旧额。

案例 7-6

续案例 7-5，假设华南公司的机器设备预计工作时数为 60 000 小时，第 1 年至第 4 年的工作时数分别为 15 000 小时、15 000 小时、20 000 小时和 10 000 小时。

如果华南公司选择工作量法计提机器设备的折旧，其单位时数的折旧额为：

$$R=\frac{32\,000-800}{60\,000}=0.52(\text{元/小时})$$

华南公司该机器设备第 1 年至第 4 年的折旧额如表 7-4 所示。

表 7-4　　华南公司机器设备折旧计算表（基于工作量法）　　单位：元

年份	折旧基数	工作量（小时）	单位折旧额	折旧额	累计折旧	账面价值
0						32 000
1	31 200	15 000	0.52	7 800	7 800	24 200
2	31 200	15 000	0.52	7 800	15 600	16 400
3	31 200	20 000	0.52	10 400	26 000	6 000
4	31 200	10 000	0.52	5 200	31 200	800

工作量法将固定资产的折旧费用与其使用情况相联系，更好地体现了收入与费用配比原则，但是，只注重固定资产的使用情况，忽略了固定资产的无形损耗因素。

（3）年数总和法用分子为固定资产尚可使用的经济使用寿命期、分母为固定资产经济使用寿命期的数字总和的一个分数，去乘以固定资产应计提折旧基数，计算出每年（期）应计提的折旧数额。

根据年数总和法，其每年（期）计提折旧数额的计算公式为：

$$D_t=\frac{(N+1)-t}{N(N+1)/2}\times(C-S)$$

式中，D_t表示第 t 年（期）计提的折旧额；C 表示固定资产的原值；S 表示固定资产的预计残值；N 表示固定资产的预计经济使用寿命期；t 表示固定资产使用的第几年；$N(N+1)/2$ 表示固定资产经济使用寿命期的数字总和（$1+2+3+\cdots+N$）。

案例 7-7

续案例 7-5，华南公司该机器设备的经济使用寿命期为 5 年，那么，其经济使用寿命期的数字总和为 15（1+2+3+4+5）。这样，根据年数总和法，华南公司该机器设备第 1 年至第 5 年的折旧额分别如表 7-5 所示。

表 7-5　　华南公司机器设备折旧计算表（基于年数总和法）　　单位：元

年份	折旧基数	折旧率	折旧额	累计折旧	账面价值
0					32 000
1	31 200	5/15	10 400	10 400	21 600
2	31 200	4/15	8 320	18 720	13 280
3	31 200	3/15	6 240	24 960	7 040
4	31 200	2/15	4 160	29 120	2 880
5	31 200	1/15	2 080	31 200	800

根据年数总和法，其固定资产的折旧基数固定不变（$C-S$），但是，其折旧率却逐渐递减，由此，每年（期）的折旧额自然逐渐递减。也就是说，固定资产经济使用寿命期的早期计提的折旧数额较大，而固定资产经济使用寿命期的后期计提的折旧数额较小。这就是加速折旧法（accelerated depreciation method）的基本原理。

（4）双倍余额递减法也是一种加速折旧法。顾名思义，双倍余额递减法的折旧率为直线法折旧率（$1/N$）的两倍，即其折旧率为 $2/N$。每年（期）用这个固定的折旧率乘以逐渐递减的固定资产账面价值就得到每年（期）的折旧额。

根据双倍余额递减法，其每年（期）计提折旧数额的计算公式为：

$$D_t= B_{t-1}\times 2/N$$

式中，D_t表示第 t 年（期）计提的折旧额；B_{t-1}表示第（$t-1$）年（期）的固定资产账面价值；N 表示固定资产的预计经济使用寿命期。

案例 7-8

续案例 7-5，华南公司该机器设备的经济使用寿命期为 5 年，根据双倍余额递减法，其折旧率为 40%（2/5）。使用双倍余额递减法，华南公司该机器设备第 1 年至第 5 年的折旧额如表 7-6 所示。

表 7－6　　华南公司机器设备折旧计算表（基于双倍余额递减法）　　单位：元

年份	折旧基数	折旧率	折旧额	累计折旧	账面价值
0					32 000
1	32 000	40%	12 800	12 800	19 200
2	19 200	40%	7 680	20 480	11 520
3	11 520	40%	4 608	25 088	6 912
4	6 912	40%	2 765	27 853	4 147
5	4 147	40%	1 659	29 512	2 488

采用双倍余额递减法会自动出现一个余额。但是，根据税法的规定，这个余额不能低于固定资产预计残值。尽管根据表 7－6，这个余额为 2 488 元，没有低于固定资产预计残值，符合税法的规定，但是，这对企业组织不利。企业组织自然会在不违反税法规定的前提下，尽量将固定资产成本分摊到只剩下预计残值，即保证最后一年（期）年末（期末）的固定资产账面价值与预计残值相符。因此，如果企业组织选择双倍余额递减法，那么，在固定资产经济使用寿命期的后期要多加小心，一旦发现某个年度（期间）按双倍余额递减法计提的折旧额小于按直线法计提的折旧额，就要开始改用直线法计提折旧。这种改变折旧方法的做法称为转换。

5 分钟回顾：

采用双倍余额递减法为什么会自动出现一个余额呢？其他折旧方法为什么不会自动出现一个余额？

根据案例 7－8 的资料，表 7－6 显示华南公司该机器设备第 4 年按双倍余额递减法计提的折旧额为 2 765 元，小于按直线法计提的折旧额（3 056 元①），因此，从第 4 年开始，该机器设备改用直线法计提折旧，将第 4 年和第 5 年的折旧额调整为 3 056 元。如此一来，华南公司该机器设备第 1 年至第 5 年的折旧额计算如表 7－7 所示。

表 7－7　　华南公司机器设备折旧计算表（基于双倍余额递减法）　　单位：元

年份	折旧基数	折旧率	折旧额	累计折旧	账面价值
0					32 000
1	32 000	40%	12 800	12 800	19 200
2	19 200	40%	7 680	20 480	11 520
3	11 520	40%	4 608	25 088	6 912
4	6 912	直线法	3 056	28 144	3 856
5	3 856	直线法	3 056	31 200	800

① 其计算过程为：(6 912－800)/2＝3 056（元）。

由表 7－7 可见，通过第 4 年的转换，华南公司该机器设备第 5 年的累计折旧为 31 200 元，账面价值为 800 元，与固定资产预计残值相符。当然，为了简化计算，也可以在固定资产经济使用寿命期的最后两年（期）直接将双倍余额递减法转换为直线法，甚至可以在固定资产经济使用寿命期的最后一年（期）直接以固定资产账面价值与其预计残值之间的差额作为该年（期）的折旧额。以案例 7－8 的表 7－6 为例，将该机器设备的账面价值（4 147 元）与其预计残值（800 元）之间的差额（3 347 元）作为第 5 年的折旧额。

企业组织之所以选择加速折旧法可能基于如下考虑：(1) 固定资产年使用成本应该大致相同。固定资产的修理和保养费用随着固定资产的使用年数增加而增加，为了使固定资产年使用成本大致相同，折旧费用就应该逐渐减少。这种论据在概念上是合理的，但假设修理和保养费用的增加会与折旧费用的减少相同，则只能是一种偶合。(2) 固定资产已经投入使用，就成为“旧货”，其价值便会大大降低。因此，在固定资产经济使用寿命期的早期应该多计提折旧，从而使固定资产账面价值更为接近其市场价格。(3) 固定资产经济使用寿命期的早期，其生产能力较强，早期的收益较大，就应该多计提折旧，从而使得收入与费用配比。(4) 技术进步与通货膨胀成为不可忽视的折旧因素。为了避免固定资产投资风险，尽快转移或补偿固定资产成本，也有必要在固定资产经济使用寿命期的早期多计提折旧。(5) 税收效应。根据加速折旧法的基本原理，采用加速折旧法意味着固定资产经济使用寿命期的早期多计提折旧，而企业组织的折旧费用增加，企业组织早期的应税收益（应纳税所得额）自然相应地减少，从而企业组织（纳税人）可以在固定资产经济使用寿命期的早期少交所得税，而固定资产经济使用寿命期的后期才多交所得税。尽管在固定资产经济使用寿命期内，固定资产折旧总额不变，企业组织应交所得税额也不变，然而，由于存在货币时间价值因素，“早期少交所得税，后期才多交所得税”这种做法无异于为企业组织（纳税人）提供了一种“无息贷款”，使企业组织可以从中获得一定的财务效益。

5 分钟回顾：

固定资产折旧是否可以创造现金流量？为什么？

以案例 7－5 至案例 7－8 的资料为例，华南公司的机器设备基于不同折旧方法计提的各年（期）折旧额如表 7－8 所示。

表 7－8　华南公司机器设备基于不同折旧方法计提的各年（期）折旧额一览表　单位：元

年份	直线法	工作量法	年数总和法	双倍余额递减法
1	6 240	7 800	10 400	12 800
2	6 240	7 800	8 320	7 680
3	6 240	10 400	6 240	4 608

续前表

年份	直线法	工作量法	年数总和法	双倍余额递减法
4	6 240	5 200	4 160	3 056
5	6 240	—	2 080	3 056
合计	31 200	31 200	31 200	31 200

由表 7-8 可见，企业组织选择不同的折旧方法，将影响固定资产经济使用寿命期内不同会计分期的折旧费用。因此，企业组织一旦选择了固定资产折旧方法，除非与固定资产相关的经济利益预期实现方式发生重大改变，不得随意变更。如果企业组织的固定资产折旧方法发生变更，应当在财务报表附注中加以说明。

4. 固定资产折旧的会计处理

企业组织计提的固定资产折旧应该根据固定资产折旧计算表（depreciation schedule）和固定资产的用途计入相关资产的成本或当期损益。企业组织自行建造固定资产过程中使用的固定资产计提的折旧应记入“在建工程”账户的借方，基本生产车间使用的固定资产计提的折旧记入“制造费用”账户的借方，经营管理部门使用的固定资产计提的折旧记入“管理费用”账户的借方，营销部门使用的固定资产计提的折旧记入“销售费用”账户的借方，经营租出的固定资产计提的折旧记入“其他业务成本”账户的借方，未使用的固定资产计提的折旧记入“管理费用”账户的借方；同时记入“累计折旧”账户的贷方。

案例 7-9

2016 年 3 月 31 日，华南公司编制的固定资产折旧计算表如表 7-9 所示。

表 7-9　华南公司固定资产折旧计算表

2016 年 3 月份

单位：元

固定资产使用部门	上月固定资产计提折旧额	上月增加固定资产应计提折旧额	上月减少固定资产应计提折旧额	本月应计提折旧额
基本生产车间	73 500	1 250	850	73 900
经营管理部门	4 050	250		4 300
出租	1 200			1 200
合计	78 750	1 500	850	79 400

根据表 7-9，华南公司 2016 年 3 月 31 日做如下会计分录：

借：制造费用　　73 900
　　管理费用　　4 300
　　其他业务成本　　1 200
　贷：累计折旧　　79 400

5分钟回顾：

期末，“累计折旧”账户的余额在资产负债表上如何列示？

7.2.4 固定资产的处置

企业组织出售、转让、报废固定资产或发生固定资产毁损，应当将固定资产的处置收入扣除其账面价值和相关税费之后的金额计入当期损益。企业组织处置固定资产通过“固定资产清理”账户进行会计处理，其步骤如下：

1. 固定资产转入清理

企业组织的固定资产转入清理时，根据其账面价值记入“固定资产清理”账户的借方，根据已计提的累计折旧记入“累计折旧”账户的借方，根据固定资产原始成本记入“固定资产”账户的贷方。

2. 发生清理费用

企业组织在固定资产清理过程中发生的清理费用和相关税费，记入“固定资产清理”账户的借方，同时记入“银行存款”或“库存现金”“应交税费”账户的贷方。

3. 产生清理收入和残料收入

企业组织收到出售固定资产的价款、残料价值和变价收入，应该冲减固定资产清理支出，根据实际收到的出售价款和残料变价收入等记入“银行存款”“原材料”账户的借方，同时记入“固定资产清理”账户的贷方。

4. 保险赔偿

如果固定资产已经向保险公司投保，企业组织计算或收到由保险公司或过失人赔偿的损失时，应该冲减固定资产清理支出，记入“其他应收款”或“银行存款”账户的借方，同时记入“固定资产清理”账户的贷方。

5. 清理净损益

企业组织固定资产清理的净损失，如果属于生产经营期间正常的处置损失，记入“营业外支出——处置非流动资产损失”账户的借方，同时记入“固定资产清理”账户的贷方；如果属于生产经营期间由于自然灾害等非正常原因引起的处置损失，记入“营业外支出——非常损失”账户的借方，同时记入“固定资产清理”账户的贷方。企业组织固定资产清理的净收益，记入“固定资产清理”账户的借方，同时记入“营业外收入”账户的贷方。

案例7-10

2016年3月26日，华南公司一台已经向保险公司投保的精密仪器因意外事故被一场大火烧毁。该精密仪器的原始成本为236 000元，累计已计提折旧137 352元。

2016 年 3 月 28 日，华南公司为清理该精密仪器以现金支付了清理费用 150 元。

2016 年 3 月 29 日，华南公司收到残料变价收入 2 400 元并已经存入银行。

2016 年 4 月 3 日，保险公司经过现场勘察和事故的认定，核准赔偿华南公司 84 000 元。

2016 年 4 月 4 日，华南公司完成该精密仪器的全部清理工作，结转固定资产清理净损失。

根据上述资料，华南公司固定资产清理的会计处理如表 7－10 所示。

表 7－10　　　　公司固定资产清理会计处理一览表

交易日期	交易事项	华南公司会计处理	
2016.3.26	固定资产转入清理	借：固定资产清理 　　累计折旧 　贷：固定资产——生产经营用固定资产	98 648 137 352 236 000
2016.3.28	支付固定资产清理费用	借：固定资产清理 　贷：库存现金	150 150
2016.3.29	收到固定资产清理的残料变价收入	借：银行存款 　贷：固定资产清理	2 400 2 400
2016.4.3	结转保险公司的赔偿款	借：其他应收款——保险公司 　贷：固定资产清理	84 000 84 000
2016.4.4	完成清理工作，结转固定资产清理净损失	借：营业外支出——非常损失 　贷：固定资产清理	12 398 12 398

5 分钟回顾：

期末，如果“固定资产清理”账户存在余额，在资产负债表上如何列示？

7.3　无形资产

无形资产是指那些不具有实物形态，但却能够为企业组织带来经济利益的法定权利或优势。① 不过，根据我国《企业会计准则第 6 号——无形资产》，无形资产是指企业组织拥有或控制的没有实物形态的可辨认非货币性资产。②

① 这里的优势指企业组织拥有的商誉（goodwill）。

② 显然，根据我国《企业会计准则第 6 号——无形资产》的规定，商誉不属于无形资产。西方会计学家将商誉称为“最为无形的资产”。简单地说，商誉是指企业组织获取超额收益（excess earning）的能力。它可以解释为超额收益的价值。商誉不能单独计价，它与企业组织整体相联系，具有不可分割性。商誉是一种不可辨认的无形资产，包括自创商誉和外购商誉，但只有外购商誉才能作为商誉入账。外购商誉源于企业组织的并购活动。只有并购方（购买方）所支付价款总额超过被并购方的净资产时，才将超额部分作为商誉入账。因此，商誉的计量或估价与企业组织并购活动相联系。有兴趣的读者可以参阅中级财务会计和高级财务会计等方面的相关论著。

7.3.1 无形资产概述

要理解无形资产的概念，首先要了解无形资产的特征。

1. 无形资产的基本特征

一般认为，无形资产必须具备以下特征：（1）没有实物形态；（2）将在较长的期间内使企业组织受益；（3）它所代表的未来经济利益具有高度的不确定性。

只有同时具备这三个特征，才是无形资产。例如，应收账款、预付账款等流动资产项目，没有实物形态，符合第一个特征；长期股权投资则同时具备前两个特征。但是，无论是应收账款、预付账款还是长期股权投资，都不具备第三个特征。因此，依然归入有形资产。无形资产的不确定性表现为无形资产只对特定企业组织具有价值，且其价值难以确定；基于不同管理情境，其有效的经济使用寿命也比较难以确定。

2. 无形资产的主要项目

根据我国《企业会计准则第6号——无形资产》，无形资产包括专利权（patent）、非专利技术（know-how）、商标权（trademark）、著作权（copyright）、土地使用权（land occupancy right）和特许权（franchise）等项目。

（1）专利权。专利权是一种为了奖励发明创造而给予发明者或购买者独家享有创造、出售和使用其发明的权利。专利权可以外购（向发明者购买），也可以自创（企业组织自行发明创造）。对于外购的专利权，其成本比较容易确定，企业组织所支付的购买价款及相关费用就是专利权成本。对于自创专利权的成本，通常只计算与申请取得专利权相关的法律费用及其他相关费用，至于研究过程所发生的支出，则记入当期费用。在中国，专利权的发明专利法定年限为20年，实用新型和外观设计专利法定年限为10年。不过，由于技术的进步，专利权的经济寿命期往往少于其法定年限。因此，专利权成本按法定年限与经济寿命期孰短的原则予以摊销。

（2）非专利技术。其实，非专利技术就是一种“秘方”或“技巧”。它包括企业组织尚未申请专利的各种发明创造、工艺技术、产品成分配方、计算公式、计算机软件程序等。非专利技术具有经济价值，可以在其经济寿命期内为企业组织带来经济利益。非专利技术同样包括自创和外购两种取得方式。外购的非专利技术的成本包括购买价款和相关的费用，按非专利技术的经济寿命期予以摊销。自创非专利技术通常不单独入账。

5分钟回顾：

为什么有些企业组织不愿意申请专利？

（3）商标权。商标权是指为了标明某类商品而专门并继续使用特定的词语、名称或图案的权利。商标权的成本通常包括设计费和注册登记费。如果购入一个驰名商标，那么，其成本就是其购买价款和相关费用。从理论上说，商标权具有永续的法定寿命。[①] 但是，如果企业组织衰亡或顾客不再认可企业组织所拥有的商标，商标权也就没有价值。因此，商标权成本通常按其经济寿命期予以摊销。

（4）著作权。著作权是指对编写或出版的专门著作或创作的艺术品所提供的专属权利。著作权的成本比较容易确定，它由购买价款和手续费构成。根据我国《著作权法》，作者的署名权、修改权、保护作品完整权的保护期不受限制，但其作品的发表权、使用权和获得报酬权的保护期为作者终身及其死亡后50年。企业组织外购的著作权，其成本按法定年限与经济寿命期孰短的原则予以摊销。

（5）土地使用权。土地使用权是指企业组织（土地使用者）依据法律的规定，对其所使用的土地享有的利用和取得收益的权利。[②] 企业组织为了取得土地使用权，必须向政府部门支付土地使用权的出让金和使用金。其中，出让金是企业组织为了取得土地使用权而支付的一次性价款，而使用金则是企业组织在土地使用期间内按年缴纳的使用费。因此，土地使用权的成本包括向政府部门支付的出让金以及随后发生的使土地处于可使用状态的直接支出（如相关的法律费用、土地丈量费用、土地平整费用等项目）。土地使用权成本必须在法定年限内摊销。

（6）特许权。特许权是指企业组织获准在一定区域内经营某种特定商标产品的专有权利。企业组织取得特许权的初始成本较大，应该在特许权协议规定的有效期间内摊销。根据特许权协议规定，企业组织每年（期）支付的特许权使用费则作为当期费用处理。

7.3.2 无形资产的会计处理

无形资产的会计处理主要包括无形资产的取得、摊销和处置等问题。

1. 无形资产的取得

企业组织以外购方式取得无形资产，按其取得成本记入“无形资产”账户的借方，按税务机关认证的可抵扣增值税额记入“应交税费——应交增值税（进项税额）”账户的借方，同时记入“银行存款”等账户的贷方。

---

① 我国《商标法》规定，注册商标的有效期为10年，期满前6个月内可以申请续展注册。在此期间未能提出申请的，可以给予6个月的宽展期。宽展期仍未提出申请的，注销其注册商标。每次续展注册有效期为10年。

② 根据我国《土地管理法》，在我国，土地实行公有制，任何单位和个人不得侵占、买卖或以其他方式非法转让。但是，准许企业组织在一定期间内对国有土地拥有开发、利用、经营的权利。因此，土地不属于企业组织的固定资产，而是无形资产，企业组织只能拥有土地使用权。尽管企业组织取得的土地使用权通常应该确认为无形资产，但改变土地使用权用途，用于赚取租金或资本增值的，应当将其转为投资性房地产。鉴于投资性房地产过于专门化，本书对投资性房地产问题不作讨论。有兴趣的读者可以进一步参阅中级财务会计方面的相关论著。

案例7-11

2014年12月29日，华南公司以银行存款1 536 000元购入一项非专利技术。根据该非专利技术的性质和未来市场竞争环境，预计该非专利技术的经济使用寿命期为8年。根据《关于全面推开营业税改征增值税试点的通知》（财税〔2016〕36号），无形资产的增值税税率为6%。

根据以上资料，2014年12月29日，华南公司取得非专利技术时，做如下会计分录：

借：无形资产——非专利技术　　1 536 000
　　应交税费——应交增值税（进项税额）　　92 160
　贷：银行存款　　1 628 160

企业组织自行开发无形资产发生的研究与开发支出（research and development expenditure），不满足资本化条件的，记入“研发支出——费用化支出”账户的借方；满足资本化条件的[①]，记入“研发支出——资本化支出”账户的借方，同时记入“原材料”“银行存款”和“应付职工薪酬”等账户的贷方。研究与开发项目达到预定用途形成无形资产的，按其应该予以资本化的支出，记入“无形资产”账户的借方，同时记入“研发支出——资本化支出”账户的贷方。期末，应将费用化支出部分转入“管理费用”账户，记入“管理费用”账户的借方，同时记入“研发支出——费用化支出”账户的贷方。

案例7-12

华南公司自行研究与开发一项专利技术。在研究与开发过程中，耗费了原材料300 000元，支付职工薪酬200 000元，其他相关费用100 000元。其中符合资本化条件的支出为200 000元。该专利技术已经达到预定用途并顺利申请了专利。

根据上述资料，华南公司的会计处理如下：

（1）发生相关费用时，做如下会计分录：

借：研发支出——费用化支出　　400 000
　　　　　　——资本化支出　　200 000
　贷：原材料　　300 000
　　　应付职工薪酬　　200 000

① 我国《企业会计准则第6号——无形资产》将研究与开发区分开来。研究阶段发生的支出在其发生时记入当期损益，开发阶段发生的支出如果同时满足下列5个条件，可以资本化处理，确认为无形资产：（1）完成该无形资产并使其能够使用或出售，已经具备技术可行性，不存在技术上的障碍或其他不确定性。（2）具备完成该无形资产并使用或出售的意图，能够说明开发无形资产的目的。（3）无形资产产生经济效益的方式，包括能够证明运用该无形资产生产的产品存在市场，或无形资产本身存在市场。如果无形资产在企业组织内部运用，应证明其有用性。（4）有足够的技术、财务资源或其他资源支持完成该项无形资产的开发，并有能力使用或出售该无形资产。（5）归属于该无形资产开发阶段的支出能够可靠地计量。

银行存款　　100 000

（2）期末，结转研究与开发支出时，做如下会计分录：

借：管理费用　　400 000

　无形资产——专利权　　200 000

　贷：研发支出——费用化支出　　400 000

　　　——资本化支出　　200 000

2. 无形资产的摊销

无形资产属于长期资产，其受益期超过一个以上的会计分期。因此，其成本应该在受益期内摊销。无形资产摊销通常采用直线法，而且没有残值。企业组织按期（月）摊销无形资产时，记入"管理费用"账户的借方，同时记入"累计摊销"账户的贷方。

案例 7－13

续案例 7－11，2015 年 1 月 31 日，华南公司摊销其非专利技术时，做如下会计分录：

借：管理费用　　16 000[①]

　贷：累计摊销　　16 000

5 分钟回顾：

期末，"累计摊销"账户的余额在资产负债表上如何列示？

3. 无形资产的处置

无形资产的处置主要包括无形资产的注销和出售两个方面。

（1）无形资产的注销。如果企业组织拥有的无形资产因经营环境的变化和技术更新，不能为企业组织带来经济利益，不再具有使用价值和转让价值，就应该予以注销。注销时，根据累计摊销数额记入"累计摊销"账户的借方，根据无形资产的账面价值（取得成本）记入"无形资产"账户的贷方，两者之间的差额记入"营业外支出"账户的借方。

案例 7－14

续案例 7－11 和案例 7－13，华南公司发现市场出现更为先进的技术，其原先拥有的非专利技术已经不能为其带来经济利益，既没有使用价值，也没有转让价值。于是，

① 其计算过程为：1 536 000/（8×12）＝16 000（元）。

2016年1月5日，华南公司决定注销该非专利技术。

根据上述资料，2016年1月5日，华南公司做如下会计分录：

借：累计摊销	192 000①	
营业外支出	1 344 000	
贷：无形资产——非专利技术		1 536 000

(2) 无形资产的出售。如果企业组织出售或转让其拥有的无形资产，根据实际收到的金额记入“银行存款”账户的借方，根据累计摊销数额记入“累计摊销”账户的借方，按现行增值税制度规定计算的销项税额记入“应交税费——应交增值税（销项税额）”账户的贷方，根据无形资产的账面价值（取得成本）记入“无形资产”账户的贷方，根据其差额记入“营业外支出”账户的借方或“营业外收入”账户的贷方。

案例7-15

续案例7-11和案例7-13，假设华南公司因经营业务转型而使其原先拥有的非专利技术对华南公司而言没有价值，但对其他单位却还具有较高的商业价值。于是，2016年1月5日，华南公司决定以900 000元的价格出售该非专利技术。

根据上述资料，2016年1月5日，华南公司做如下会计分录：

借：银行存款	954 000	
累计摊销	192 000	
营业外支出——处置非流动资产损失	444 000	
贷：无形资产——非专利技术		1 536 000
应交税费——应交增值税（销项税额）		54 000

7.4 其他长期资产

除了上面讨论的长期资产之外，长期资产还有长期待摊费用。

7.4.1 长期待摊费用的概念

长期待摊费用是指企业组织已经支出，但摊销期限在一年以上的各项费用，如租入固定资产的改良支出（leasehold improvement）。

企业组织（承租人）对租入固定资产进行的改良工程，必然成为租入固定

① 从2014年12月29日至2016年1月5日，累计已经摊销192 000元（16 000×12或1 536 000/8）。

资产的组成部分，到租赁期满后，就要随租入固定资产一起交还给出租人。因此，租入固定资产的改良工程的支出应该在租赁期内摊销。

5分钟回顾：

租入固定资产的改良支出为什么不记入“固定资产”账户呢？

7.4.2 长期待摊费用的会计处理

长期待摊费用的会计处理较为简单。企业组织发生长期待摊费用时，记入“长期待摊费用”账户的借方，同时记入“银行存款”“原材料”等账户的贷方。企业组织按期摊销长期待摊费用时，记入“管理费用”“销售费用”等账户的借方，同时记入“长期待摊费用”账户的贷方。期末，“长期待摊费用”账户的借方余额反映企业组织尚未摊销完毕的长期待摊费用。

5分钟回顾：

没有摊销完的费用也是企业组织的资产吗？

思考题

1. 长期资产可以分为哪几类？长期资产具有哪些共同特征？
2. 固定资产有何基本特征？
3. 如何划分资本支出与收益支出？
4. 如何确定固定资产的取得成本？
5. 简述取得固定资产的会计处理。
6. 固定资产折旧的范围如何？影响固定资产折旧的因素有哪些？
7. 何谓直线法？其如何计算固定资产折旧额？
8. 何谓工作量法？其如何计算固定资产折旧额？
9. 何谓年数总和法？其如何计算固定资产折旧额？
10. 何谓双倍余额递减法？其如何计算固定资产折旧额？
11. 何谓加速折旧法？如何评述加速折旧法？
12. 何谓无形资产？无形资产主要包括哪些项目？
13. 简述无形资产的会计处理。
14. 简述研究与开发支出的会计处理。
15. 简述长期待摊费用及其会计处理。

业务题

1. 外购固定资产

新夏公司于2016年4月18日购买一台生产经营用机器设备。该机器设备的价款为100 000元，适用的增值税税率为17%，包装费用为1 500元，运输费用为3 000元。假设所有款项都以银行存款支付。

根据上述资料，要求：

(1) 如果该机器设备需要安装，为新夏公司做出必要的会计分录。

(2) 如果该机器设备需要安装，2016年4月20日，新夏公司开始安装该机器设备，发生安装费用4 200元。2016年4月30日，该机器设备已经安装完毕，经过验收合格交付使用。

2. 自营建造固定资产

西南公司适用增值税税率为17%，2016年该公司自营建造一个生产车间的厂房，建造期间发生如下经济业务：

(1) 2016年3月8日，以银行存款购买一批该工程用的物质，支付了购买价款300 000元和运输费用4 000元。

(2) 2016年3月10日，领用3月8日购买的工程物资。

(3) 2016年4月10日，因该工程建设需要，领用自己生产的电机一台。该电机的生产成本为3 000元，销售价格为4 100元。

(4) 2016年4月30日，计算应付自营工程的职工薪酬总共为120 000元。

(5) 2016年4月30日，分配并结转西南公司辅助生产部分提供的水、电、运输劳务等各项费用40 000元。

(6) 2016年4月30日，自营工程完工，退回剩余物资8 000元。

(7) 2016年5月10日，自营工程经验收合格并交付使用。

根据上述资料，为西南公司做出必要的会计分录。

3. 出包建造固定资产

2016年4月6日，南光公司与南海公司签订合同，将一个生产车间的建造任务出包给南海公司，由南海公司承建该生产车间。根据双方签订的合同，建造该生产车间的价款为7 800 000元。

在该生产车间建造过程中，发生如下经济业务（为了简化起见，假设不考虑相关税费）：

(1) 2016年4月8日，南光公司根据合同约定向南海公司预付15%的备料款。

(2) 2016年8月10日，该生产车间的工程进度达到60%，南光公司与南海公司按工程进度办理工程价款结算。南光公司抵扣了预付备料款之后，以银行存款支付余款。

(3) 2016年11月9日，该生产车间的建造工程全部完工并交付使用，南光公司与南海公司办理工程价款结算。南光公司以银行存款支付余款。

根据上述资料，为南光公司做出必要的会计分录。

4. 固定资产折旧与处置

华美公司以银行存款购置了一台机器设备。该机器设备的购买价格为 48 000 元，相关税费 2 000 元，运费 300 元，安装费 200 元，调试费 500 元。此外，华美公司还支付该机器设备操作工人培训费 500 元。预计该机器设备的使用寿命为 5 年，预计残值为 1 000 元。该机器设备每年的产能有 80%用于本公司生产经营，20%用于出租给其他企业。

根据上述资料，要求：

（1）为华美公司做出固定资产购置的会计分录。

（2）采用直线法计算该机器设备各年的折旧额，并做出第一年计提折旧的会计分录。

（3）假设该机器设备预计工作时数为 100 000 小时，第一年至第四年的工作时数分别为 25 000 小时、25 000 小时、30 000 小时和 20 000 小时。采用工作量法计算该机器设备各年的折旧额，并做出第一年计提折旧的会计分录。

（4）采用年数总和法计算该机器设备各年的折旧额，并做出第一年计提折旧的会计分录。

（5）采用双倍余额递减法计算该机器设备各年的折旧额，并做出第一年计提折旧的会计分录。

（6）采用直线法计算该机器设备各年的折旧额，因为华美公司战略转移，经营业务变更，该机器设备使用 3 年之后以 25 000 元出售，相关税费为 2 500 元。相关款项已经通过银行存款收付。为华美公司做出固定资产处置的必要会计分录。

（7）采用直线法计算该机器设备各年的折旧额，该设备已经向保险公司投保。该机器设备使用 3 年之后，因一场意外火灾被烧毁。华美公司以银行存款支付相关的清理费用 2 000 元，残料变价收入 2 500 元已经存入银行。保险公司经过现场勘查和事故认定，核准赔付华美公司 16 800 元。固定资产清理工作顺利结束。为华美公司做出固定资产处置的必要会计分录。

5. 无形资产取得、摊销与处置

光华新技术公司是一家高新技术企业。技术领先是其竞争优势的根本，一方面外购非专利技术，另一方面自行研发。光华新技术公司于 2014 年 2 月 1 日以银行存款 1 000 000 元购入一项非专利技术。根据该非专利技术的性质和未来市场竞争环境，预计该非专利技术的经济使用寿命期为 10 年。同时，投入资金自行研究与开发一项专利技术。在研究与开发过程中，耗费原材料 400 000 元，支付职工薪酬 250 000 元，其他相关费用 120 000 元。其中，符合资本化条件的支出为 230 000 元。2015 年 3 月 1 日，光华新技术公司自行研究与开发的专利技术顺利申请到专利。该专利权的经济寿命期为 9 年。

根据上述资料，要求：

(1) 2015年3月1日，光华新技术公司发现市场出现更为先进的技术，其原先拥有的非专利技术已经不能为其带来经济利益，既没有使用价值，也没有转让价值。于是，光华新技术公司决定注销该非专利技术。为光华新技术公司做出该非专利技术的购置、摊销和处置的必要会计分录。

(2) 2016年2月1日，光华新技术公司因经营业务转型而使其原先拥有的专利权没有商业价值，但对其他企业组织还具有较高的商业价值。于是，光华新技术公司决定以450 000元出售该专利权，相关税费为22 500元。为光华新技术公司做出该专利权的开发、摊销和处置的必要会计分录。

案例讨论题

厦门航空有限公司（以下简称“厦航”）成立于1984年7月25日，是中国改革开放初期成立的第一家股份制航空公司（非上市公司）。其现有股东为中国南方航空股份有限公司（以下简称“南航”，上市公司，股票代码为600029）和厦门建发股份有限公司（以下简称“厦门建发”，上市公司，股票代码为600153），分别持有厦航60%和40%的股权。

根据南航2003年7月公布的招股说明书，厦航2002年度实现净利润4.4亿元，截至2002年12月31日的净资产为28.7亿元。2003年6月，厦门建发以5.76亿元将其拥有股权转让给其大股东厦门建发集团（以下简称“建发集团”，非上市公司）。根据厦门建发公布的财务数据，厦航2002年度实现净利润0.78亿元，截至2002年12月31日的净资产为12亿元。由此可见，南航和厦门建发这两大股东对同一子公司（厦航）同一个会计年度的净利润的估计竟然相差3.62亿元，而截至同一时点的净资产也相差16.7亿元之巨。

南航是一家香港上市公司，迫切希望尽快在国内A股市场上市。2003年，中国正遭遇“非典”，航空业整体绩效不佳。2003年上半年，南航亏损已成定局。根据相关规定，在国内A股市场上市，其上市之前三年必须连续盈利。如果南航不能在2003年上市，一旦出现全年亏损，就要等到2006年之后才有可能上市。经过各种努力，2003年南航终于成功在国内A股市场上市。而同一年度，厦门建发却将厦航的股权转让给自己的大股东建发集团。因此，就出现厦航两大股东对厦航的净利润和净资产“一高一低”的现象。

南航依据当时执行的财政部发布的《企业会计准则》(2006)、《企业会计制度》(2000)及其补充规定和相关具体会计准则规定编制其财务报表。就固定资产折旧而言，飞机以其原始成本，考虑预计残值率28.75%，按10～15年的预计可使用年限，采用直线法计提折旧，年折旧率为4.75%。而厦航依据《企业会计准则》和《运输（民用航空）企业会计制度》编制其财务报表。就固定资产折旧而言，飞机以其原始成本，考虑预计残值率3%，按8～10年的预计可使用年限，采用加速折旧法计提折旧，年折旧率为9.7%～12.1%。厦航飞机的折旧率比南航高得多。显然，在编制合并财务报表时，南航已经按其自身的会计政策（折旧政策）调整了厦航的财务报表。

厦门建发认为，厦航基于稳健经营的角度，采用加速折旧法，选择飞机折旧年限为10年，遵循的是民航总局和财政部的会计政策（折旧政策）。而且，厦门建发当时并非厦航的控股股东，只能按权益法计算其对厦航的投资收益，厦门建发并不从事航空业务，没有充分理由调整厦航的会计政策（折旧政策），也不可能对厦航的财务数据进行再判断。因此，厦门建发基本尊重厦航对财务数据的判断。（本案例基本素材来自：崔学刚、岳虹：《“会计魔术”挑战会计规范的有效性——来自厦航利润之争案的启示》，载《财务与会计》，2005（6），18～20页。）

根据上述资料，请讨论：

（1）南航和厦门建发对厦航的飞机采取不同的折旧政策（方法）。这与财务会计的可靠性原则是否矛盾？

（2）企业组织的固定资产折旧政策（方法）肯定会影响企业组织的净利润。为什么南航和厦门建发对厦航的利润之争如此引人注目？

（3）为什么南航和厦门建发对厦航的利润会表现出“一高一低”的现象？

网络习题

登录巨潮资讯网（www.cninfo.com.cn），选择一家中国上市公司为样本，分析其长期资产的构成及其折旧或摊销方法。

part
3

企业组织的经营活动

企业组织的经济活动除了投资活动与筹资活动之外，还有经营活动。经营活动是企业组织最基本的经济活动。企业组织的经营活动起源于经营决策和经营预算，历经供产销业务活动。当然，企业组织的经营活动要取得预期成效，必须辅之以成本控制，也就必然引起相应的会计问题。

本篇包括：

第 8 章

经营决策

本章要点

8.1 本量利分析

8.2 基于相关成本的经营决策

学习目标

1. 理解本量利之间的关系
2. 掌握以相关成本为基础的短期经营决策基本原理及其运用

引例

在某公司的生产经营分析会议上，总经理抱怨公司的成本分类和成本数据不能充分满足公司的决策、计划和控制要求。因为公司的这些内部经营管理工作，通常以业务量为起点，而以利润为目标。公司的经理人在决定生产和销售等业务量时，很想知道业务量对公司利润的影响。但是，这中间隔着收入与成本。根据预计的业务量和单位销售价格很容易估算收入，而成本则不然。无论是成本总额还是单位成本，公司的经理人都感到难以把握。显然，不能用单位成本乘以业务量来估算成本总额。因为业务量变化之后，单位成本也会变化。这就需要一个数学模型，其中除了业务量和利润之外都是常数，使业务量与利润之间建立起直接的函数关系。这样，公司的经理人就可以运用这个数学模型，在业务量变动时估计其对利润的影响，或者在目标利润变动时计算完成目标所需要的业务量水平。

那么，这个数学模型是什么呢？

如果你是该公司的经理人，你如何解决总理的抱怨呢？公司的成本数据如何辅助公司的决策、计划和控制呢？

8.1 本量利分析

顾名思义，本量利分析（cost-volume-profit analysis）就是立足于成本性态，分析成本—业务量—利润之间的依存关系。本量利分析主要包括本量利之间相互关系的分析、盈亏临界点分析、各因素变动分析和敏感性分析等四个方面的内容。

8.1.1 本量利之间相互关系的分析

根据成本性态，成本可以分解为固定成本与变动成本，如果再引入收入与利润，那么，成本、业务量（销售量）① 和利润之间的关系就可以统一于一个简

① 严格地说，业务量与销售量不完全相同，业务量的适用范围更广。但是，为了叙述方便，本章将“业务量”与“销售量”视为同义词，并在后面统一采用“销售量”一词。

单的数学模型之中。本量利相互之间的关系存在四种数学表达形式。

1. 损益方程式

根据企业组织的数据来源及管理需求，损益方程式也存在多种形式。

（1）基本的损益方程式。目前多数企业组织都运用损益法计算利润。据此，利润（P/L）、成本和销售量之间的关系为：

$$P/L=TR-TC$$

式中，TR 代表销售总额；TC 代表成本总额。

如果以 P 代表单位销售价格，Q_t 代表销售量，b 代表单位变动成本，a 代表固定成本，那么

$$P/L=PQ_t-bQ_t-a$$

这个方程式是明确表达本量利之间数量关系的基本方程式。它包含相互联系的5个变量，只要给定其中的4个变量值，便可求得另外1个变量值。在编制利润预算时，通常把销售价格、单位变动成本和固定成本视为固定的常量，只有销售量和利润两个自由变量。给出一定的销售量，便可运用基本的损益方程式直接计算出预期利润；给定目标利润，则可直接计算出应该达到的销售量。

（2）多种产品的损益方程式。上述基本的损益方程式建立在企业组织只生产和销售一种产品的基础上。实际上，大多数企业组织生产多种产品。为了使上述基本的损益方程式适用于产销多种产品的企业组织，引入“联合单位”这个概念。联合单位是指按一定实物量比例构成的一组产品，用于计量产销多种产品的企业组织的销售量。

案例8-1

假设华南公司生产A，B，C三种产品。其销售量分别为100件、200件、300件，三种产品的实物量比例为1∶2∶3。在这里，把1个A产品、2个B产品和3个C产品构成的一组产品称为1个联合单位。华南公司的销售量为100组即100个联合单位，它是各种产品实物量的最大公倍数：

联合单位数量＝(100,200,300)＝100

每个联合单位包含的产品数量为各种产品数量与联合单位数量的比值：

A产品：100∶100＝1；B产品：200∶100＝2；C产品：300∶100＝3

假设 P_u 代表联合单位销售价格，Q_u 代表联合单位销售量，b_u 代表联合单位变动成本，那么，就可以运用损益方程式表达产销多种产品的企业组织的本量利之间的关系：

$$P/L=P_uQ_u-b_uQ_u-a$$

进一步假设华南公司 2016 年 3 月份的固定成本总额为 800 元，单位销售价格和单位变动成本如表 8-1 所示。

表 8-1　　华南公司单位销售价格与单位变动成本数据表　　单位：元

产品	单位销售价格	单位变动成本
A	5	3
B	4	2
C	3	1

根据上述资料，计算其预期利润如下：

联合单位销售量 $Q_u=(100,200,300)=100$

每联合单位构成＝1∶2∶3

联合单位销售价格 $P_u=5\times1+4\times2+3\times3=22$（元）

联合单位变动成本 $b_u=3\times1+2\times2+1\times3=10$（元）

预期利润 $P/L=22\times100-10\times100-800=400$（元）

5 分钟回顾：

你觉得现实生活中存在联合单位所表述的情况吗？

当然，损益方程式的其他变换形式，也可以运用联合单位作为销售量的单位。

2. 贡献毛益方程式

（1）贡献毛益的概念。贡献毛益（contribution margin，CM）是指销售总额减去变动成本总额之后的差额，即

$$CM=PQ_t-bQ_t=(P-b)Q_t$$

如果用单位产品来表示，单位贡献毛益（UCM）就是：

$$UCM=P-b$$

贡献毛益是产品扣除其自身变动成本之后给企业组织所做出的贡献。贡献毛益首先用于弥补企业组织的固定成本。如果贡献毛益弥补固定成本之后还有剩余，就成为企业组织的利润，否则，企业组织就发生亏损。

由于变动成本包括生产过程中的变动成本和非生产过程中的变动成本，因此，贡献毛益也可以具体分为生产贡献毛益和最终贡献毛益。通常，如果在“贡献毛益”之前未加任何定语，那么，贡献毛益就是指最终贡献毛益。

（2）贡献毛益率（contribution margin ratio，C/M）是指贡献毛益占销售总额的比率，即

$$C/M=\frac{CM}{TR}\times 100\%$$

如果企业组织产销单一产品，则

$$C/M=\frac{P-b}{P}\times 100\%$$

通常，贡献毛益率指的是最终贡献毛益率。贡献毛益率可以理解为每1元的销售额可以创造多少贡献毛益。贡献毛益反映产品对企业组织做出贡献的能力，可以视为产品本身的盈利能力。

与贡献毛益率相对应的概念是变动成本率。变动成本率是变动成本总额占销售总额的比率。变动成本率通常指的是产品变动成本率。由于销售总额被分为变动成本总额和贡献毛益总额，前者是产品自身的耗费，后者是对企业组织的贡献，因此，变动成本率与贡献毛益率之和等于100%。

（3）基本的贡献毛益方程式。引入贡献毛益后，基本的损益方程式可以表述为：

$$P/L=CM-a=UCM\times Q_t-a$$

这个公式也明确地表达了本量利之间的数量关系。当然，它也可以根据企业组织的管理需求转换为其他形式。其中，$Q_t=(a+P/L)/UCM$ 就是实现目标利润（P/L）应该达到的销售量。

贡献毛益方程式也适用联合单位作为销售量的计算单位。

以案例8-1的资料为例，华南公司2016年3月份预期利润计算如表8-2所示。

表8-2　　华南公司2016年3月份预期利润计算表　　单位：元

产品	单位销售价格	单位变动成本	单位贡献毛益
A	5	3	2
B	4	2	2
C	3	1	2

联合单位销售量 $Q_u=(100,200,300)=100$

每联合单位构成＝1∶2∶3

联合单位贡献毛益 $CM_u=2\times1+2\times2+2\times3=12$（元）

预期利润 $P/L=12\times100-800=400$（元）

（4）贡献毛益率方程式。上述贡献毛益方程式，还可以运用贡献毛益率表述为：

$$P/L=CM-a=C/M\times PQ_t-a$$

这个方程式可以根据管理需求转换成其他形式。其中，$PQ_t=(a+P/L)\div$

C/M，就是实现目标利润应该达到的销售额。

这个方程式同样可以运用于产销多种产品的企业组织。由于多种产品的销售总额可以直接相加，因此，问题的关键在于如何计算多种产品的加权平均贡献毛益率。

$$\text{加权平均贡献毛益率}=\sum(\text{各产品贡献毛益率}\times\text{某种产品占销售总额比重})$$

根据案例 8－1 的资料，华南公司加权平均贡献毛益率计算过程如表 8－3 所示。

表 8－3　　华南公司加权平均贡献毛益率计算表　　单位：元

产品	单位销售价格	单位贡献毛益	销售量	贡献毛益	销售额	贡献毛益率	销售比重
A	5	2	100	200	500	40%	22.73%
B	4	2	200	400	800	50%	36.36%
C	3	2	300	600	900	66.67%	40.91%

$$\begin{aligned}\text{加权平均贡献毛益率}&=40\%\times 22.73\%+50\%\times 36.36\%\\&\quad+66.67\%\times 40.91\%\\&=54.55\%\end{aligned}$$

$$\text{预期利润 } P/L=2\,200\times 54.55\%-800=400(\text{元})$$

3. 销售利润率方程式

利润通常按销售总额的百分比即销售利润率（$SR=P/L\div PQ_t$）来表示，而不是按某一个绝对数来表示。这时，利润的方程式可表示为：

$$P/L=SR\times TR=SR\times PQ_t$$

由于 $TR=a+bQ_t+P/L$，那么

$$Q_t=a/(P-b-SR\times P)$$

如果要用贡献毛益率（C/M）表示的话，那么，上述公式两边同时乘以 P 便得到

$$TR=a/(C/M-SR)$$

4. 本量利图

如果将上述成本、销售量和利润之间的关系反映在直角坐标系上，那就将损益方程式转化为本量利图（cost-volume-profit chart）。由于本量利图能够清晰地显示企业组织不盈也不亏时应该达到的产销量，因此，又称为盈亏临界图或损益平衡图。

根据资料来源与不同的管理目的，本量利图存在多种形式。

（1）基本的本量利图。基本的本量利图的制作方法为：

1）以销售量为横轴，以成本总额和销售总额为纵轴；

2）以固定成本 a 为纵坐标的截距，作平行于横坐标的直线即固定成本线；

3）以（0，a）为原点，以 b 为斜率，作变动成本线；

4）以（0，0）为原点，以 p 为斜率，作销售总额线。

其结果如图 8－1 所示。

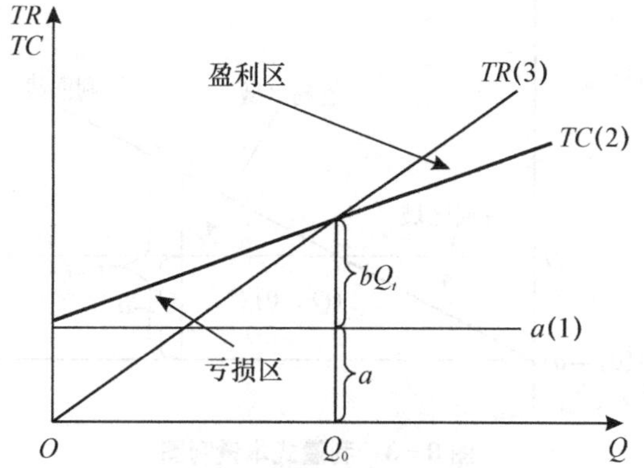

图 8－1　基本的本量利图

（2）贡献毛益式本量利图。贡献毛益式本量利图的基本制作方法为：

1）以销售量为横轴，以成本总额和销售总额为纵轴；

2）以（0，0）为原点，以 b 为斜率，作变动成本线；

3）以固定成本 a 为纵坐标的截距，作平行于变动成本线的直线；

4）以（0，0）为原点，以 p 为斜率，作销售总额线。

其结果如图 8－2 所示。

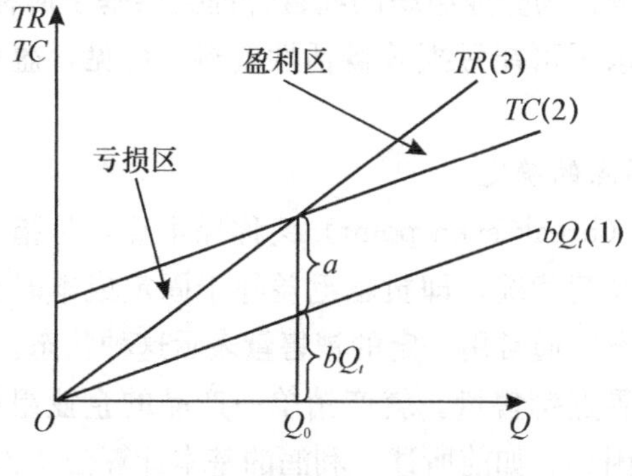

图 8－2　贡献毛益式本量利图

其特点在于：它显示了贡献毛益的数值。

（3）利量式本量利图。这种本量利图表现了利润与销售量的直接关系，简明扼要，更容易为企业组织的经理人所理解和接受。

利量式本量利图的制作方法为：

1）以销售量为横轴，以利润总额为纵轴；

2）如果销售量为 0，利润为 $-a$，则确定了点（0，$-a$）；

3）如果利润为 0，销售量为 Q_0，则确定了点（Q_0，0）；

4）连接点（0，$-a$）和（Q_0，0）成一条直线。这条直线就是利润线。

其结果如图 8－3 所示。

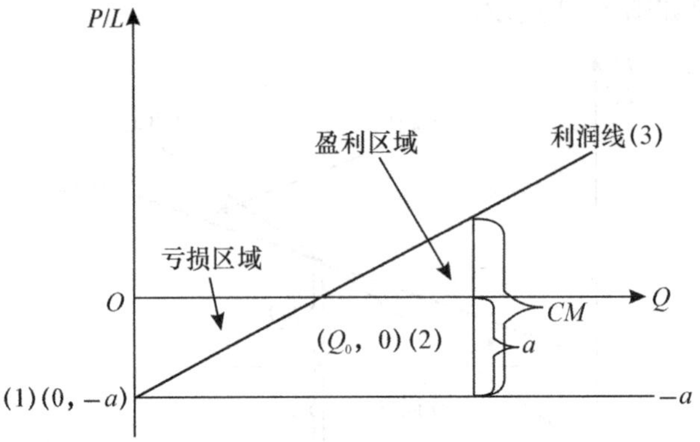

图 8－3　利量式本量利图

其意义在于：如果销售量为零，亏损额为固定成本，即 $P/L=-a$；利润线与固定成本线所夹区域为贡献毛益。由此得出：第一，如果 $CM<a$，$P/L<0$ 即亏损；第二，如果 $CM=a$，$P/L=0$ 即盈亏平衡；第三，如果 $CM>a$，$P/L>0$ 即盈利。

8.1.2　盈亏临界点分析

盈亏临界点分析（break-even analysis ）是本量利分析的一项重要内容，也称为损益平衡分析。它主要研究如何确定盈亏临界点、有关因素变动对盈亏临界点的影响等问题，为企业组织的经营管理提供基于何种销售量水平能够盈利，基于何种销售量水平可能亏损等概括性资料。可见，盈亏临界点分析是本量利分析的一个特例。

1. 盈亏临界点的确定

盈亏临界点（break-even point）又称保本点，是指企业组织的销售总额与成本总额相等的经营状况，即贡献毛益等于固定成本时企业组织所处的既不盈利也不亏损的状态。通常用一定的销售量表示这种状态。

（1）盈亏临界点销售量。就产销单一产品的企业组织而言，盈亏临界点销售量的计算并不困难。如前所述，利润的基本计算公式为：

$$P/L=PQ_t-bQ_t-a$$

令 $P/L=0$，此时的销售量就是盈亏临界点销售量 Q_0，即

$$Q_0=a/(P-b)=a/UCM$$

案例 8－2

假设江南公司只产销一种产品，其单位销售价格为 20 元，单位变动成本为 12 元，2016 年 3 月份固定成本总额为 8 000 元，那么

盈亏临界点销售量 Q_0＝8 000/(20－12)＝1 000(件)

如果企业组织产销多种产品，可以用联合单位表示其销售量。

案例 8-3

华南公司 2015 年度的固定成本为 255 000 元，生产 A，B 和 C 三种产品。有关资料如表 8-4 所示。

表 8-4　　华南公司 2015 年度有关资料

产　品	销售量（件）	单位销售价格（元）	单位变动成本（元）	单位贡献毛益（元）
A	10 000	20	10	10
B	5 000	20	12	8
C	5 000	20	14	6

根据表 8-4，计算其联合单位的贡献毛益如表 8-5 所示。

表 8-5　　华南公司 2015 年度联合单位贡献毛益计算表

产　品	销售组合比例	单位贡献毛益（元）	联合单位贡献毛益（元）
A	2	10	20
B	1	8	8
C	1	6	6
合计	—	—	34

根据表 8-5，盈亏临界点的联合单位为 7 500（255 000/34）。以此为基础，可以计算盈亏临界点销售额为：

联合单位的单位销售价格＝ 2×20＋1×20＋1×20＝80(元)

盈亏临界点销售额＝7 500×80＝600 000(元)

(2) 盈亏临界点销售额。基于现代企业组织的经营环境，产销单一产品的企业组织并不多。尽管经理人可以运用联合单位销售量表示产销多种产品的企业组织的盈亏临界点，但是，通常运用销售额表示盈亏临界点。

在“$Q_0=a/(P-b)=a/UCM$”两边同时乘以 P 就得到了盈亏临界点销售额：

$$PQ_0=a\div(C/M)$$

以案例 8-2 的资料为例，$C/M=(20-12)/20=40\%$，那么

$$PQ_0=8\,000\div40\%=20\,000(元)$$

对于产销多种产品的企业组织而言，贡献毛益率也要采用加权平均贡献毛

益率。

(3) 盈亏临界点作业率。盈亏临界点作业率是指盈亏临界点销售量或销售额占企业组织正常销售量或销售额的比重。这里的正常销售量或销售额是指基于正常市场和正常开工情况，企业组织的销售量或销售额。其计算公式为：

$$盈亏临界点作业率=\frac{盈亏临界点销售量(额)}{正常销售量(额)}\times100\%$$

盈亏临界点作业率表明企业组织保本的销售量占正常销售量的比重。由于多数企业组织的生产经营能力是以正常销售量（额）来规划的，生产经营能力与正常销售量（额）基本相同。因此，盈亏临界点作业率还表明企业组织基于保本状态的生产经营能力的运用程度，它对企业组织的生产安排具有一定的指导意义。

以案例 8－2 的资料为例，假设正常销售量为 1 600 件，那么

$$盈亏临界点作业率=1\,000/1\,600=62.5\%$$

即江南公司 2016 年 3 月份的作业率必须达到正常作业的 62.5%以上才能盈利，否则就会亏损。

2. 安全边际和安全边际率

企业组织的安全性可以通过安全边际（margin of safety，MS）和安全边际率（ratio of margin of safety，RMS）体现。

(1) 安全边际。安全边际是指企业组织的正常销售量（额）超过盈亏临界点销售量（额）的数额，它表明销售量（额）下降多少企业组织仍然不至于出现亏损。其计算公式为：

$$安全边际=正常销售量(额)-盈亏临界点销售量(额)$$

以案例 8－2 的资料为例，江南公司 2016 年 3 月份的安全边际计算如下：

$$安全边际=1\,600-1\,000=600(件)$$

或 $$安全边际=32\,000-20\,000=12\,000(元)$$

即江南公司 2016 年 3 月份的销售量下降不超过 600 件或销售额下降不超过 12 000 元，仍然不至于亏损。

(2) 安全边际率。企业组织生产经营的安全性，还可以用安全边际率来表示。安全边际率是安全边际量（额）与正常销售量（额）的比率，即

$$安全边际率=安全边际/正常销售量(额)\times100\%$$

以案例 8－2 的资料为例，江南公司 2016 年 3 月份的安全边际率计算如下：

$$安全边际率=600/1\,600\times100\%=37.5\%$$

安全边际和安全边际率的数值越大，企业组织发生亏损的可能性越小，企

业组织经营就越安全。安全边际率是一个相对指标，可用于不同企业组织和不同行业之间的比较。企业组织经营安全性的经验数据如表 8－6 所示。①

表 8－6　　企业组织经营安全性的经验数据表

安全边际率	40%以上	30%～40%	20%～30%	10%～20%	10%以下
安全等级	很安全	安全	较安全	值得注意	危险

盈亏临界点和安全边际的关系可用图 8－4 表示。

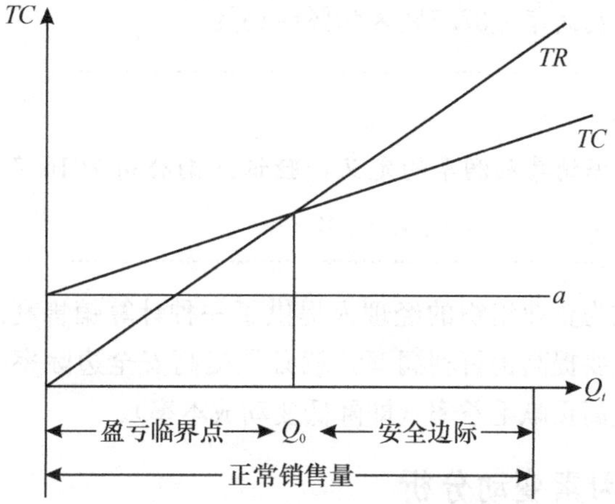

图 8－4　盈亏临界点和安全边际的关系图

根据图 8－4，盈亏临界点将企业组织的正常销售量分成盈亏临界点销售量和安全边际两部分，即

正常销售量＝盈亏临界点销售量＋安全边际

上式两边同时除以正常销售量，便得到

盈亏临界点作业率＋安全边际率＝1

根据图 8－4，只有安全边际才能为企业组织提供利润，而盈亏临界点销售量只能收回企业组织的固定成本。安全边际部分的销售总额减去其自身的变动成本之后即为企业组织的利润。也就是说，安全边际的贡献毛益等于利润。用公式表示就是：

利润＝安全边际(额)×贡献毛益率

或　利润＝安全边际(量)×单位贡献毛益

以案例 8－2 的资料为例，江南公司 2016 年 3 月份的利润计算如下：

利润＝600×8＝4 800(元)

① 值得注意的是，这些经验数据来自西方市场经济国家。基于不同的经济环境，这些经验数据对中国的企业组织未必完全适用。

上述公式为企业组织的经理人计算预期利润提供了另一条思路，使利润计算过程简化。

如果把公式“利润＝安全边际（额）×贡献毛益率”的两边同时除以销售额，则得

销售利润率＝安全边际率×贡献毛益率

以案例8－2的资料为例，江南公司2016年3月份的销售利润率计算如下：

销售利润率＝37.5％×40％＝15％

5分钟回顾：

如何根据销售利润率的定义，验证江南公司2016年3月份的销售利润率为15％呢？

上述公式为企业组织的经理人提供了一种计算销售利润率的新方法，而且表明企业组织要提高销售利润率，就必须提高安全边际率（即降低盈亏临界点作业率）或提高贡献毛益率（即降低变动成本率）。

8.1.3 各因素变动分析

各因素变动分析是指本量利各个因素发生变动时相互影响的定量分析。它是本量利分析最常用的一项内容。这里主要讨论各因素变动对盈亏临界点销售量和目标利润销售量的影响。

1. 各因素变动对盈亏临界点及目标利润的影响

根据公式“$Q_0=a/(P-b)$ 及 $Q_t=(P/L+a)/(P-b)$”可知，盈亏临界点及实现目标利润销售量的影响因素包括单位销售价格（P）、单位变动成本（b）和固定成本（a）三个因素。

案例8－4

珠江公司只产销一种产品，其2016年度的固定成本总额为120 000元，目标利润为48 000元，单位变动成本为12元，单位销售价格为18元。那么

Q_0＝120 000/(18－12)＝20 000(件)

Q_t＝(48 000＋120 000)/(18－12)＝28 000(件)

如果各个因素发生变化，Q_0和Q_t将如何变化呢？

（1）单位销售价格变动的影响。企业组织的经理人经常面临是否应该提高价格的问题。提高价格，Q_0和Q_t都降低，但可能遭到顾客的反对，从而销售量减少。

以案例8－4的资料为例，假设其他条件不变，单位销售价格从原来的18元提

高到 20 元，那么

$$Q_0 = 120\,000/(20-12) = 15\,000(\text{件})$$

$$Q_t = (48\,000+120\,000)/(20-12) = 21\,000(\text{件})$$

即提高单位销售价格之后，如果珠江公司的销售量能保证在 15 000 件以上就能保本，在 21 000 件以上就能实现利润 48 000 元。

(2) 变动成本变动的影响。激烈的市场竞争使企业组织运用提价策略受到限制。因此，企业组织必须加强内部管理，降低成本。单位变动成本就是其中之一。

以案例 8-4 的资料为例，假设其他条件不变，单位变动成本由原来的 12 元下降到 10 元，那么

$$Q_0 = 120\,000/(18-10) = 15\,000(\text{件})$$

$$Q_t = (48\,000+120\,000)/(18-10) = 21\,000(\text{件})$$

即降低单位变动成本之后，如果珠江公司的销售量能保证在 15 000 件以上就能保本，在 21 000 件以上就能实现利润 48 000 元。

(3) 固定成本变动的影响。固定成本是企业组织降低成本的另一个方面。

以案例 8-4 的资料为例，假设珠江公司的固定成本在短期内无法降低。在其他条件不变的情况，为了促销，珠江公司只能增加广告费 30 000 元，那么

$$Q_0 = 150\,000/(18-12) = 25\,000(\text{件})$$

$$Q_t = (48\,000+150\,000)/(18-12) = 33\,000(\text{件})$$

即增加广告费之后，如果珠江公司的销售量能保证在 25 000 件以上就能保本，在 33 000 件以上就能实现利润 48 000 元。

(4) 各因素同时变动的影响。以上分析只是讨论了单一因素变动对 Q_0 和 Q_t 的影响，但是，在实践中，以上各因素通常并不是孤立存在的，而是相互影响。

以案例 8-4 的资料为例，假设其他条件不变，珠江公司的单位销售价格提高 2 元，广告费增加 6 000 元，那么

$$Q_0 = 126\,000/(20-12) = 15\,750(\text{件})$$

$$Q_t = (48\,000+126\,000)/(20-12) = 21\,750(\text{件})$$

2. 品种结构变动对盈亏临界点的影响

上述分析以单一产品为例，就销售量、销售价格、固定成本和变动成本各因素变动对企业组织的盈亏临界点及利润的影响进行了讨论。但是，在现实经济活动中，这种情况并不多。就产销多种产品的企业组织而言，盈亏临界点除了受上述四个因素影响之外，还受到品种结构的影响。

品种结构（product mix）也称销售组合（sale mix），是指某种产品的销售额占全部产品销售总额的比重，换句话说，也就是不同产品销售额的组合。由于各种产品的盈利能力不同（即贡献毛益或贡献毛益率不同），品种结构变化将

影响加权平均贡献毛益率，从而影响企业组织的盈亏临界点。

案例 8-5

南方公司 2015 年度生产 A，B，C 三种产品，该年度的固定成本总额为 313 500 元，各种产品的产量分别为 45 000 件、45 000 件和 30 000 件。单位产品有关资料如表 8-7 所示。

表 8-7　南方公司 2015 年度单位产品有关资料

项目	A 产品	B 产品	C 产品
单位销售价格（元）	10	5	2.50
单位变动成本（元）	7.50	3	1
单位贡献毛益（元）	2.50	2	1.50
贡献毛益率（%）	25	40	60

根据表 8-7 中的资料，南方公司 2015 年度的加权平均贡献毛益率计算过程如表 8-8 所示。

表 8-8　南方公司 2015 年度加权平均贡献毛益率计算表

项目	销售额（元）	销售比例（%）	贡献毛益率（%）
A 产品	450 000	60	25
B 产品	225 000	30	40
C 产品	75 000	10	60
合计	750 000	100	33

根据表 8-8，南方公司 2015 年度的盈亏临界点销售额为：

$$PQ_0=313\,500\div 33\%=950\,000(\text{元})$$

如果南方公司的品种结构由原来的 60%：30%：10%变为 40%：40%：20%，那么，其加权平均贡献毛益率为：

$$40\%\times 25\%+40\%\times 40\%+20\%\times 60\%=38\%$$

$$PQ_0=313\,500\div 38\%=825\,000(\text{元})$$

这时，南方公司的盈亏临界点销售额从 950 000 元下降到 825 000 元。这是因为南方公司的品种结构发生变动，贡献毛益率较高的 B 产品和 C 产品的比重有所提高，而贡献毛益率较低的 A 产品比重下降，从而加权平均贡献毛益率提高，盈亏临界点销售额下降。

3. 企业组织的类型对盈亏临界点的影响

不同企业组织的固定成本总额占成本总额的比重有高有低。固定成本总额占成本总额比重较大的企业组织称为高固定成本型企业组织；固定成本总额占成本总额比重较小的企业组织称为低固定成本型企业组织。一般而言，技术（资金）密集型企业组织属于高固定成本型，劳动密集型企业组织属于低固定成本型。高固定成本型企业组织与低固定成本型企业组织在盈亏临界点方面也显示出明显的差别。

案例 8-6

假设 A，B 两家公司 2015 年 3 月份都生产 C 产品，有关资料如表 8-9 所示。

表 8-9　　A，B 两家公司相关资料

项目	A 公司	B 公司	差异（A 公司－B 公司）
销售量（千克）	100	100	0
单位销售价格（元）	200	200	0
单位变动成本（元）	100	120	－20
单位贡献毛益（元）	100	80	＋20
固定成本（元）	5 000	3 000	＋2 000

根据表 8-9，A，B 两家公司 2015 年 3 月份的利润计算如下：

$$P/L_A=100\times100-5\,000=5\,000(\text{元})$$
$$P/L_B=100\times80-3\,000=5\,000(\text{元})$$

两个公司的利润总额相等，都是 5 000 元，而且其成本总额也相等：

$$TC_A=100\times100+5\,000=15\,000(\text{元})$$
$$TC_B=100\times120+3\,000=15\,000(\text{元})$$

但是，其内部的成本结构则存在较大差别，A 公司的固定成本总额占成本总额的 1/3，而 B 公司的固定成本总额只占成本总额的 1/5。A 公司属于高固定成本型企业组织，B 公司属于低固定成本型企业组织。成本结构不同，其盈亏临界点自然不同：

$$Q_{0A}=5\,000/100=50(\text{千克})$$
$$Q_{0B}=3\,000/80=37.50(\text{千克})$$

上述计算表明，A 公司的盈亏临界点比 B 公司高。一般而言，高固定成本型企业组织的盈亏临界点较高，而低固定成本型企业组织的盈亏临界点较低。与此相对应，高固定成本型企业组织的安全边际较小，安全边际率也较低，发生亏损的可能性较大；而低固定成本型企业组织的安全边际较大，发生亏损的可能性较小。这是低固定成本型企业组织的优越之处。

但这并不意味着任何情况下，低固定成本型企业组织都比高固定成本型企业组织优越。相反，如果市场需求量趋于上升，增加产销量的前景很好，并且潜力很大，销售量降低到盈亏临界点以下的可能性很小，那么，由于高固定成本型企业组织的单位变动成本较小，提供的贡献毛益数额较大，如果销售量增长，其利润增长幅度要比低固定成本型企业组织高得多。此时，高固定成本型企业组织比低固定成本型企业组织具有更大的优越性。

以案例 8－6 的资料为例，假设销售量增长 10%，那么

$P/L_{A}=110\times100-5\,000=6\,000$(元)

A 公司的利润增长率＝(6 000－5 000)/5 000＝20%

$P/L_{B}=110\times80-3\,000=5\,800$(元)

B 公司的利润增长率＝(5 800－5 000)/5 000＝16%

但是，如果 C 产品市场需求疲软，增加销售量的可能性较小，或者市场对 C 产品的需求量极不稳定，销售量降低到盈亏临界点以下的可能性较大，那么，低固定成本型企业组织比高固定成本型企业组织具有更大的优越性。

5 分钟回顾：

如果销售量减少 10%，A，B 两个公司的利润降低幅度如何呢？

总之，如果销售量发生增减变动，高固定成本型企业组织的利润波动幅度大于低固定成本型企业组织的利润波动幅度。这正是所谓“高风险，高利润”的生动写照。

值得注意的是，这里讨论了一个重要问题：企业组织的经营风险。显然，企业组织的经营风险源于其成本结构（固定成本与变动成本的比重）。而企业组织的成本结构又源于哪里呢？企业组织的行业特征、战略定位和经营/商业模式的选择都可能锁定成本结构，从而决定经营风险。如此一来，企业组织如何立足行业特征、战略定位和经营/商业模式的选择，依据市场需求变化趋势，选择生产能力的取得方式（如自建或外包），从而改变成本结构，控制经营风险呢？这是企业组织的经理人需要考虑的一个重要问题。

8.1.4 敏感性分析

敏感性分析（sensibility analysis）是一种具有广泛用途的分析方法，并不限于本量利分析。通常，敏感性分析是分析一个系统因周围条件发生变化而引起其状态或输出结果变化的敏感程度的方法。本章运用敏感性分析主要是探讨如果单位销售价格、单位变动成本、固定成本总额和销售量等因素发生变化，那么利润将受到什么影响。

前述的盈亏临界点及有关因素变动分析都假设除待求变量之外，其他变量都是确定的。但是，由于市场变化和企业组织的技术条件变化，可能引起反映本量利之间关系的数学模型的参数发生变化，使得原来计算出来的盈亏临界点、目标利润或销售量失去可靠性。企业组织的经理人希望事先知道哪个因素影响小，哪个因素影响大，影响程度如何。掌握这些数据有助于企业组织的经理人

在情况发生变化后采取对策，调整企业组织的计划，使企业组织的生产经营活动经常处于最有利的状态。

案例8-7

华夏公司2015年度只产销一种产品，单位销售价格为10元，单位变动成本为6元，2015年度的固定成本总额预计为200 000元，销售量预计为500 000件。那么

$$P/L=500\,000\times(10-6)-200\,000=1\,800\,000(\text{元})$$

下面将根据上述资料，分析华夏公司影响2015年度利润的各个因素的敏感性。

1. 相关因素发生多大变化将使企业组织从盈利转为亏损

单位销售价格、单位变动成本、固定成本和销售量的变化，都会影响企业组织的利润。这种变化达到一定程度，将使企业组织的利润消失，进入盈亏临界点状态，并使其经营状况发生质变。在这里，敏感性分析的目的之一，就是提供引起目标发生质变的各因素变化的界限。这种方法也称为最大最小法。

(1) 单位销售价格的最小值。单位销售价格下降将使企业组织的利润下降，下降到一定程度，利润将变为零。它是企业组织能容忍的单位销售价格最小值。如果降价幅度超过这个数值，企业组织将进入亏损状态。

华夏公司2015年度单位销售价格最小值为：

$$500\,000\times(P-6)-200\,000=0$$
$$P=6.4(\text{元})$$

也就是说，如果华夏公司2015年度的单位销售价格下降到6.4元以下，华夏公司将发生亏损。

(2) 单位变动成本的最大值。单位变动成本上升将使企业组织的利润下降，并逐步趋近于零，此时的单位变动成本是企业组织能忍受的最大值。

华夏公司2015年度单位变动成本最大值为：

$$500\,000\times(10-b)-200\,000=0$$
$$b=9.6(\text{元})$$

也就是说，如果华夏公司2015年度的单位变动成本上升到9.6元以上，华夏公司将发生亏损。

(3) 固定成本最大值。固定成本总额上升将使企业组织的利润下降，并逐步趋近于零，此时的固定成本是企业组织能忍受的最大值。

华夏公司2015年度固定成本总额最大值为：

$$500\,000\times(10-6)-a=0$$
$$a=2\,000\,000(\text{元})$$

也就是说，如果华夏公司2015年度固定成本上升到2 000 000元以上，华夏公司将发生亏损。

（4）销售量最小值。销售量最小值就是前述的盈亏临界点销售量。

华夏公司2015年度销售量最小值为：

$$Q_0(10-6)-200\,000=0$$

$$Q_0=50\,000(\text{件})$$

也就是说，华夏公司2015年度的销售量只要达到50 000件或只要完成原来销售计划的10%就可以保本了。

2. 各个因素变化对利润的影响程度

各个因素变化都将引起利润的变化，但其影响程度各不相同。有的因素发生微小的变化，就会引起利润较大幅度的变化。如果利润对这些因素的变化十分敏感，就称这类因素为敏感因素；相反，有些因素变化之后，利润的变化幅度不大，反应比较迟钝，称这些因素为不敏感因素。反映敏感程度的指标是敏感系数。其计算公式为：

$$\text{敏感系数}=\frac{\text{目标值变动百分比}}{\text{因素值变动百分比}}$$

案例8-7中，假设各个因素都增长25%，那么，华夏公司2015年度影响利润的各个因素的敏感性如何呢？

（1）单位销售价格的敏感程度。

$$P/L=500\,000\times(12.5-6)-200\,000=3\,050\,000(\text{元})$$

$$\text{利润变动百分比}=(3\,050\,000-1\,800\,000)\div1\,800\,000\times100\%=69.44\%$$

$$\text{敏感系数}=69.44\%\div25\%=2.78$$

这就是说，单位销售价格对利润影响较大，从百分比来看，利润以2.78倍的速率随着单位销售价格变化而变化。涨价是提高利润的有效手段，价格下跌也将对企业组织产生威胁。根据敏感系数，华夏公司2015年度的价格每提高（降低）1%，利润将增加（减少）2.78%。

（2）单位变动成本的敏感程度。

$$P/L=500\,000\times(10-7.5)-200\,000=1\,050\,000(\text{元})$$

$$\text{利润变动百分比}=(1\,050\,000-1\,800\,000)\div1\,800\,000\times100\%=-41.67\%$$

$$\text{敏感系数}=-41.67\%\div25\%=-1.67$$

由此可见，单位变动成本对利润的影响小于单位销售价格对利润的影响，华夏公司2015年度的单位变动成本每上升（降低）1%，利润将减少（增加）1.67%。但是，敏感系数绝对值大于1，说明其变化会引起利润较大的变化，仍属于敏感因素。

（3）固定成本总额的敏感程度。

$P/L=500\,000\times(10-6)-250\,000=1\,750\,000$(元)

利润变动百分比$=(1\,750\,000-1\,800\,000)\div1\,800\,000\times100\%=-2.78\%$

敏感系数$=-2.78\%\div25\%=-0.11$

这说明固定成本上升，利润将减少，但是，其敏感系数绝对值小于1，说明不敏感。

（4）销售量的敏感程度。

$P/L=625\,000\times(10-6)-200\,000=2\,300\,000$(元)

利润变动百分比$=(2\,300\,000-1\,800\,000)\div1\,800\,000\times100\%=27.78\%$

敏感系数$=27.78\%\div25\%=1.11$

利润对销售量的敏感系数，也称为经营杠杆系数。①

综上所述，在案例8-7（且仅为案例8-7）影响华夏公司2015年度利润的各个因素当中，最敏感的因素是单位销售价格（2.78），其次是单位变动成本（-1.67）、销售量（1.11），最后是固定成本总额（-0.11）。其中，敏感系数为正值，表明该因素与利润呈同方向增减变化；敏感系数为负值，表明该因素与利润呈相反方向增减变化。

8.2 基于相关成本的经营决策

第4章以“多维成本观念”为主题，讨论了企业组织的多维成本观念。本节将以多维成本观念为基础，运用差量分析法讨论设备出租或出售、特殊订货应否接受、零部件自制还是外购、亏损产品应否停产、联产品应否进一步加工、存货决策方案的分析评价以及企业组织的资源配置等短期经营决策问题。

8.2.1 设备出租或出售决策

企业组织必须以市场为导向，根据市场需求不断调整其生产经营方向和策略。企业组织在调整经营方向时，有时可能产生闲置的设备。一旦出现闲置的设备，企业组织就面临设备出租还是出售的决策问题。

案例8-8

暨华公司为了适应市场需求的变化而调整其生产结构。在调整过程中，有一台设备不再使用，其原始成本为100 000元，累计折旧为10 000元。现有一个顾客愿意以150 000元租赁一年，租赁期满归还暨华公司。租赁期的维修费用、保险费用以及财产

① 经营杠杆系数是财务管理的重要问题之一。有兴趣的读者可以参阅财务管理方面的相关论著。

税估计为 35 000 元，由暨华公司自己负责。对于该设备还有一种处理方法，即通过经纪人以 100 000 元出售，经纪人佣金、税项等费用估计为销售额的 6%。此时，暨华公司需要就该设备出租还是出售做出决策。

根据上述资料，差量分析如下：

差别收入＝150 000－100 000＝50 000(元)

差别成本＝35 000－100 000×6%＝29 000(元)

差别利润＝50 000－29 000＝21 000(元)

因此，暨华公司应该考虑出租方案。

值得注意的是，在这里，该设备的账面价值 90 000 元属于沉没成本，不是相关成本，因而，在决策时不应予以考虑。由于该设备属于闲置设备，没有其他用途，自然也不存在机会成本问题。

8.2.2 特殊订货决策

从长期看，产品单位销售价格应该高于企业组织生产和销售该产品的完全成本。如果企业组织存在剩余生产能力，而顾客提出某种出价低于企业组织的完全成本的特殊订货，企业组织是否应该接受呢？对此，不能一概而论，应该根据差别成本进行具体分析，从而做出合理的决策。

案例 8－9

华西公司的生产能力为年产 A 产品 200 000 件。根据过去的销售情况和未来的发展趋势，预计 2015 年度可生产 140 000 件，且可按每件 100 元的价格通过其原先销售渠道予以销售。其单位产品的完全成本为 80 元，其中，单位变动成本为 60 元。

现有一个顾客要求订货 30 000 件，每件价格为 70 元，但该顾客愿意承担所有运费，华西公司应否接受该订货呢？

从表面上看，华西公司似乎不能接受该订货，因为该顾客单位产品的出价（70 元）低于 A 产品单位完全成本（80 元），每件产品要亏损 10 元。但是，如果经理人深入分析就可以看到华西公司目前生产能力还有剩余（只利用了 70%），接受该订货之后，华西公司的生产能力也只利用了 85%，顾客愿意承担所有运费，其相关成本就是单位变动成本。这批订货的单位贡献毛益为 10 元（70－60），大于零，因而，华西公司应该接受这批订货。其具体分析如表 8－10 所示。

表 8－10　　是否接受特殊订货的差异分析表（1）　　单位：元

差别收入（30 000×70）	2 100 000
减：差别成本（30 000×60）	1 800 000
差别利润	300 000

根据表8-10，接受该特殊订货可以为华西公司带来300 000元的利润。因此，华西公司应该接受该订货。

以案例8-9的资料为基础，假设顾客对特殊订货有某些特殊要求，如果华西公司接受该特殊订货需要另外购置一台价值为310 000元的专用设备。该专用设备除此之外没有其他用途。基于这种管理情境，华西公司是否接受该特殊订货呢？

由于专用设备成本是由特殊订货引起的，因此，它是相关成本，华西公司在决策时必须考虑。根据上述资料，具体分析如表8-11所示。

表8-11　　是否接受特殊订货的差异分析表（2）　　单位：元

差别收入（30 000×70）	2 100 000
减： 差别成本（30 000×60） 专用设备支出	 1 800 000 310 000
差别利润	(10 000)

根据表8-11，基于需要增加专用设备的管理情境，华西公司不应该接受该特殊订货。否则，华西公司将损失10 000元。

当然，如果专用设备以后还有其他用途如变卖或出租，那么，其所得应该作为专用设备支出的抵减项目，从专用设备支出中扣除。

此外，企业组织的特殊订货决策还要注意接受特殊订货是否影响正常销售，要处理好原先订货的顾客关系。以案例8-9的资料为例，如果原先正常订货的价格是100元，特殊订货价格才70元，原先订货的顾客是否也会要求按70元订货或取消订单呢？竞争对手有何反应？会不会引起价格大战呢？这些问题也是企业组织的特殊订货决策应该加以考虑的因素。

以案例8-9的资料为基础，进一步假设华西公司如果以70元的价格接受了这批30 000件的特殊订货，将使正常销售量减少1/4即减少销售量35 000件(140 000×1/4)，那么，华西公司是否还应该接受该特殊订货呢？

根据上述资料，具体分析如表8-12所示。

表8-12　　是否接受特殊订货的差异分析表（3）　　单位：元

30 000件特殊订货：		
差别收入（30 000×70）	2 100 000	
减：差别成本（30 000×60）	1 800 000	
差别利润		300 000
减少正常订货：		
差别收入（35 000×100）	3 500 000	
减：差别成本（35 000×60）	2 100 000	
差别利润		1 400 000
接受特殊订货的差别利润		(1 100 000)

表 8 - 12 中的结果，还可以进行差量分析如下：

差别收入＝2 100 000－3 500 000＝－1 400 000(元)
差别成本＝1 800 000－2 100 000＝－300 000(元)
差别利润＝－1 400 000－(－300 000)＝－1 100 000(元)

上述计算表明，华西公司接受该特殊订货可以得到差别利润 300 000 元，而丧失了正常销售所能带来的差别利润 1 400 000 元，两者相抵，其差别利润净额为－1 100 000 元。因此，华西公司不能接受该特殊订货。

如果企业组织的生产能力已经得到充分运用，没有剩余生产能力，这已经超出了短期经营决策的相关范围。这时，不仅单位变动成本是相关成本，而且固定成本总额也是相关成本。

案例 8 - 10

假设越江公司相关的成本资料如表 8 - 13 所示。

表 8 - 13　越江公司相关的成本资料　单位：元

项目	正常的生产能力		
生产能力的利用率	70%	85%	125%
产品产量	7 000	8 500	12 500
变动成本总额（29 元/件）	203 000	246 500	362 500
固定成本	85 000	85 000	100 000
成本总额	288 000	331 500	462 500
单位完全成本	41.14	39	37

进一步假设越江公司现有生产能力只利用了 85%即生产 8 500 件。这时，越江公司接到一份新的订单，要求订货 4 000 件，每件价格为 36 元。根据表 8 - 13，如果越江公司接受了该订货，其生产能力的利用程度将达到 125%，单位产品的完全成本将为 37 元。新订单的单位报价（36 元）比单位完全成本（37 元）低。

越江公司似乎不应该接受这批订货。但是，通过差量分析可以看到，其相关成本包括两部分：其一是变动成本总额 116 000 元；其二是固定成本总额 15 000 元(100 000－85 000)。这部分固定成本是由于越江公司接受特殊订货超出了正常生产能力而引起的。而其相关收入就是接受特殊订货增加的收入 144 000 元（4 000×36）。上述分析表明，如果越江公司接受该特殊订货可以获得差别利润 13 000 元（144 000－116 000－15 000）。因此，越江公司应该接受该特殊订货。

8.2.3　零部件自制还是外购决策

企业组织生产所需要的零部件可以自己生产制造，也可以外购。这样，企业组织就面临自制还是外购的决策问题。

案例8－11

华南公司每期生产产品都需要用A零部件30 000件。其相关资料如表8－14所示。

表8－14 华南公司相关资料 单位：元

项目	单位成本	总成本（30 000件）
直接材料	6	180 000
直接人工	5	150 000
变动性制造费用	7	210 000
固定性制造费用	7	210 000
合计	25	750 000

华南公司本身的生产能力还没有充分利用。假设现在有一个供应商愿意以每件20元的价格提供A零部件，那么，A零部件是自制还是外购呢？

对于这个问题乍看似乎以外购为宜。因为外购成本为600 000元，而自制成本为750 000元。但进一步分析却可以看到固定性制造费用210 000元，不论A零部件是自制还是外购都会发生，与自制或外购决策无关。这样，自制的相关成本为540 000元而外购的相关成本为600 000元。显然，自制成本比外购成本低，华南公司应该以自制为宜。

不过，上述讨论忽略了机会成本因素。如果华南公司用于生产A零部件的生产设施可以生产其他产品或出租或做其他用途，则需要考虑机会成本问题。

以案例8－11的资料为基础，进一步假设华南公司用于生产A零部件的生产设施可以用来生产B产品20 000件，每件可以盈利5元。这时，华南公司的生产能力用来生产A零部件与用来生产B产品是互斥方案。如果用来生产A零部件，就不能用来生产B产品。因此，生产B产品所能得到的利润100 000元（20 000×5）就成为A零部件自制的机会成本。为了有效地利用现有生产设施，决策必须充分考虑机会成本。考虑了机会成本，决策结论就可能逆转。这时，A零部件自制的相关成本，不仅包括原来的变动成本总额540 000元，还包括放弃生产B产品而产生的机会成本100 000元，其相关成本总额为640 000元，而外购的相关成本还是600 000元。显然，外购成本低于自制成本。因此，华南公司还是以外购为宜。

有时，企业组织为了自制零部件还需添置专用设备，这时，需要考虑专用设备固定成本因素。

假设华南公司为了生产A零部件，需要添置专用设备，由此引起的专属固定成本为100 000元。在这种情况下，A零部件是自制还是外购呢？

根据上述资料，可以先确定添置专用设备，追加了专属固定成本之后零部件自制或外购的无差别点：

$$\text{零部件自制或外购无差别点}=\frac{\text{追加的专属固定成本}}{\text{零部件外购单位价格}-\text{追加专属固定成本前零部件自制单位成本}}=\frac{100\ 000}{20-18}=50\ 000(\text{件})$$

上述计算表明，如果华南公司的零部件需求量在 50 000 件以上，自制成本低于外购成本，应该以自制为宜；如果华南公司的零部件需求量为 50 000 件，自制成本与外购成本没有差别，选择自制还是外购都可以（A 零部件需求量 50 000 件就是无差别点）；如果华南公司的零部件需求量在 50 000 件以下，自制成本高于外购成本，应该以外购为宜。案例 8－11 的华南公司对 A 零部件的需求量 30 000 件低于 50 000 件，应该以外购为宜。具体验证过程如表 8－15 所示。

表 8－15　　　　华南公司自制或外购验证表　　　　单位：元

零部件需求量 / 项目	30 000 件	50 000 件	50 001 件
零部件自制成本 零部件外购成本	640 000 600 000	1 000 000 1 000 000	1 000 018 1 000 020
选择方案	外购方案	没有差别	自制方案

上述对零部件自制或外购的决策分析基于定量因素（quantitative factor），即以成本因素为基础分析如何有效地运用现有的生产设施。此外，零部件自制或外购决策还要考虑定性因素（qualitative factor）。事实上，对于大多数零部件自制或外购决策，定性因素都起着重要的作用。首先是供应商的低价格能维持多久，低价格是不是供应商的价格策略，让购货方“先甜后苦”。更为重要的是零部件的质量和交货及时性问题。因此，零部件自制或外购决策应该综合考虑定量因素和定性因素。

最后，值得指出的是，零部件的自制或外购决策还要结合经济订货批量模型①和企业组织内部转移价格②问题进行综合分析。

8.2.4　亏损产品应否停产决策

如果企业组织的一个部门、一种产品或一条生产线出现亏损，就应该考虑是否停产的问题。通常认为停产亏损产品，可以提高企业组织的整体利润。事实上，未必尽然。根据成本性态，停产亏损产品通常只能减少变动成本总额而不会减少固定成本总额。因而，对亏损产品是否停产不能一概而论。如果亏损产品的贡献毛益大于零，即亏损产品能为企业组织提供贡献毛益，弥补一部分

① 有关经济订货批量模型将在本章后面讨论。

② 企业组织内部转移价格是企业组织责任会计的一个重要问题。但企业组织内部转移价格是一个较为复杂的问题。因此，本书对其不作讨论。有兴趣的读者可以进一步参阅管理会计方面的相关论著。

固定成本，就不能停产。因为一旦停产，全部亏损产品原先拥有的贡献毛益便消失，一切固定成本都由其他产品负担。这时，企业组织的整体利润未必增加，反而会减少。其实，固定成本总额的分配本身就是一种主观行为。

案例 8－12

粤西公司生产 A，B，C 三种产品。其相关资料如表 8－16 所示。

表 8－16　　**粤西公司相关资料**　　单位：元

产品 项目	A 产品	B 产品	C 产品	合计
销售总额	100 000	400 000	500 000	1 000 000
销售成本： 　变动成本总额 　固定成本总额	 60 000 20 000	 200 000 80 000	 220 000 120 000	 480 000 220 000
销售毛利	20 000	120 000	160 000	300 000
经营费用： 　变动性费用 　固定性费用	 25 000 6 000	 60 000 20 000	 95 000 25 000	 180 000 51 000
经营利润	(11 000)	40 000	40 000	69 000

根据表 8－16，A 产品亏损了 11 000 元，为了合理安排生产，粤西公司是否应该停产 A 产品呢?

表面上看，A 产品应该停产。因为 A 产品亏损了 11 000 元。但是，进一步分析可以看到其贡献毛益为 15 000 元（100 000－60 000－25 000），可以弥补部分固定成本，即 A 产品为粤西公司弥补了固定成本 15 000 元。如前所述，固定成本总额在各种产品之间的分配本身就是一种主观的行为。因此，如果将表 8－16 改为按贡献毛益式（contribution format）编制（见表 8－17），就可以清楚地看出这一点。

表 8－17　　**贡献毛益式报表**　　单位：元

产品 项目	A 产品	B 产品	C 产品	合计
销售总额	100 000	400 000	500 000	1 000 000
减： 变动成本总额 变动性费用总额	 60 000 25 000	 200 000 60 000	 220 000 95 000	 480 000 180 000
贡献毛益	15 000	140 000	185 000	340 000
减： 固定成本总额 固定性费用总额				 220 000 51 000
经营利润				69 000

如果 A 产品停产，则其贡献毛益 15 000 元将丧失，粤西公司的贡献毛益总额将相

应地减少 15 000 元，而原来人为分配给 A 产品的固定成本 26 000 元（20 000＋6 000）照样发生，从而将原来分配给 A 产品的固定成本全部转嫁给 B 产品和 C 产品，使 B 产品和 C 产品多负担了原来由 A 产品弥补的固定成本 15 000 元，因而粤西公司的整体利润减少 15 000 元。具体验证过程如表 8-18 所示。

表 8-18　　亏损产品是否停产验证表（1）　　单位：元

项目＼产品	B 产品	C 产品	合计
销售总额	400 000	500 000	900 000
减： 变动成本总额 变动性费用总额	 200 000 60 000	 220 000 95 000	 420 000 155 000
贡献毛益	140 000	185 000	325 000
减： 固定成本总额 固定性费用总额			 220 000 51 000
经营利润			54 000

根据表 8-17，如果粤西公司继续生产 A 产品，其整体利润为 69 000 元。根据表 8-18，如果粤西公司停产 A 产品，其整体利润为 54 000 元。因此，停产 A 产品之后，粤西公司的整体利润不仅没有增加，反而减少了 15 000 元。所以，粤西公司应该继续生产 A 产品。

当然，如果原来生产 A 产品的生产设施有其他用途，如可以出租或用于生产其他产品，就应该考虑机会成本问题。例如，假设粤西公司生产 A 产品的生产设施是独立的，它可以按 16 000 元出租。这时，继续生产 A 产品的机会成本就是 16 000 元，其贡献毛益变为－1 000 元（15 000－16 000），因而粤西公司应该停产 A 产品。

进一步假设 B 产品存在较大的市场容量。如果粤西公司停产 A 产品，其生产设施可以用来增加生产 B 产品，使 B 产品的销售量在原来的基础上增长 20%。这时，B 产品销售量增长所带来的增量贡献毛益 28 000 元就是继续生产 A 产品的机会成本。考虑了机会成本之后，继续生产 A 产品的贡献毛益为－13 000 元（15 000－28 000）。从提高粤西公司整体利润的角度看，粤西公司应该停产 A 产品。具体验证过程如表 8-19 所示。

表 8-19　　亏损产品是否停产验证表（2）　　单位：元

项目＼产品	B 产品	C 产品	合计
销售总额	480 000	500 000	980 000
减： 变动成本总额 变动性费用总额	 240 000 72 000	 220 000 95 000	 460 000 167 000

续前表

项目 \ 产品	B产品	C产品	合计
贡献毛益	168 000	185 000	353 000
减： 固定成本总额 固定性费用总额			 220 000 51 000
经营利润			82 000

根据表8-19，停产A产品并将其生产设施用于增产20%的B产品，粤西公司的整体利润（82 000元）比继续生产A产品时的整体利润（69 000元）多了13 000元(82 000—69 000)。基于这种管理情境，粤西公司自然应该停产A产品，将其生产设施用于增产B产品。

上述讨论都假设固定成本总额在相关范围内保持不变，但是，在某些情况下，固定成本总额也会发生变化。这时，固定成本总额也是决策应该考虑的相关成本。

案例8-13

朝阳公司生产A和B两种产品，固定性制造费用和固定性销售及管理费用按产品销售量比例分配。其相关资料如表8-20所示。

表8-20　　朝阳公司相关资料　　单位：元

项目 \ 产品	A产品	B产品	合计
销售量（件）	250 000	20 000	—
销售总额	800 000	35 000	835 000
变动性成本费用总额	375 000	24 000	399 000
贡献毛益	425 000	11 000	436 000
固定性制造费用总额	185 185	14 815	200 000
固定性销售及管理费用总额	115 741	9 259	125 000
经营利润	124 074	(13 074)	111 000

根据表8-20，B产品虽然亏损了13 074元，但是，其贡献毛益为11 000元。因此，朝阳公司应该继续生产B产品。尽管这里假设固定成本总额都是不可避免成本，因而都是非相关成本，但不能得出固定成本总额对决策总是非相关这样的结论。假设朝阳公司为了提高B产品的质量专门聘请了一位工程师，其年工资为12 000元。显然，该工程师的工资属于固定成本。但是，如果朝阳公司停产B产品，就可以解聘该工程师，从而其工资支出可以避免发生，属于可避免成本。这时，这部分固定成本就是决策的相关成本。考虑了这个因素之后，朝阳公司应该停产B产品。具体分析过程如表8-21所示。

表 8-21　　产品是否停产分析表　　单位：元

如果停产B产品：		
销售总额将减少		35 000
成本将减少：		
变动性成本费用总额	24 000	
固定性制造费用总额	12 000	36 000
经营利润将增加		1 000

同理，上述分析只考虑定量因素。此外，企业组织还要考虑定性因素，如停产亏损产品是否损害正常顾客关系或影响企业组织的社会形象等。企业组织有关亏损产品是否停产的决策分析对于跨国公司或集团公司综合绩效评价、实现整体价值最大化具有现实指导意义。

8.2.5　联产品应否进一步加工的决策

有些制造行业的生产过程，投入同一种原材料可以同时生产出几种最终产品。这些由同一种原材料经过相同生产工序生产出来的产品称为联产品（joint product）。在分离点以前为了生产联产品所发生的成本称为联合成本（joint product cost）。分离点（split-off point）是指联产品变成个别可辨认产品的生产交界点。超过这一点所发生的任何成本均是可分属成本（separable cost）。因为它们不再是联合生产过程的一部分，而且能与个别产品联系起来。在分离点之后，有些联产品要进一步加工后才能出售，有些联产品本身就是最终产品，既可以直接对外销售，也可以进一步加工之后再出售。因此，对于联产品是立即出售还是进一步加工之后再出售的决策问题是产销联产品或多步骤生产的企业组织经常面临的问题。

对于联产品立即出售或进一步加工之后再出售的决策而言，联合成本是非相关成本。因为在分离点，联合成本早已发生，所以它属于沉没成本。只有可分属成本才是决策的相关成本。一般原则是，在分离点之后，只要进一步加工所带来的增量收入超过相应的增量成本，就值得进一步加工。

案例 8-14

明湖公司的生产过程是：甲部门对R原材料进行加工，可同时生产出A产品6 000千克和B产品4 000千克，其联合成本为16 000元。A产品和B产品都是独立的产品，可以立即对外销售，也可以进一步加工之后再出售。如果立即出售，则A产品和B产品的单位售价分别为3元和3.5元。如果进一步加工之后再出售，A产品可投入乙部门进一步加工，其追加成本为8 000元；B产品可投入丙部门进一步加工，其追加成本为6 000元。进一步加工之后，A产品和B产品的单位售价分别为4元和6元。基于上述情况，明湖公司是立即出售还是进一步加工再出售呢？

根据案例 8－14 的资料，明湖公司的生产过程如图 8－5 所示。

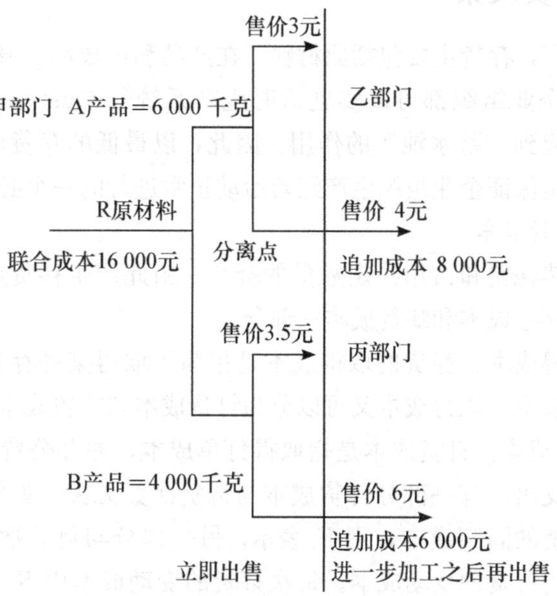

图 8－5 联产品生产过程

计算其差别利润，如表 8－22 所示。

表 8－22 **差别利润计算表** 单位：元

项目＼产品	A 产品	B 产品
差别收入 差别成本	（4－3）×6 000＝6 000 8 000	（6－3.5）×4 000＝10 000 6 000
差别利润	（2 000）	4 000

根据表 8－22，A 产品应该立即出售，而 B 产品应该加工之后再出售。

联产品进一步加工之后再出售就意味着放弃立即出售所带来的利润，因此，联产品立即出售或进一步加工之后再出售的决策分析也可以采用机会成本观念。以案例 8－14 的资料为基础，具体分析如表 8－23 所示。

表 8－23 **加工或出售分析表** 单位：元

项目＼产品	A 产品进一步加工之后再出售	B 产品进一步加工之后再出售
收入	4×6 000＝24 000	6×4 000＝24 000
分属成本	8 000	6 000
机会成本	3×6 000＝18 000	3.5×4 000＝14 000
差别利润	（2 000）	4 000

根据表 8－23，A 产品应该立即出售，而 B 产品应该加工之后再出售。

8.2.6 存货决策①

一般而言，存货主要包括原材料、在产品和产成品。基于目前的现实条件，并非所有的企业组织都可以实施适时生产系统②（just-in-time ，JIT）。这样，存货还可以起到“蓄水池”的作用。因此，以最低的存货成本保持一定数量的存货，仍然是保证企业组织生产经营活动正常进行的一个必要条件。

1. 存货的成本

存货必然耗费和占用一定数量的资金，由此产生存货成本。存货成本包括取得成本、储存成本和缺货成本三部分。

（1）取得成本。存货的取得成本是指为了取得某种存货而发生的成本。通常用 TC_a 来表示。取得成本又可以分为订货成本和购置成本。

1）订货成本。订货成本是指取得订单成本，如办公费、差旅费、邮费、电报电话费等支出。有一部分订货成本与订货次数无关，如常设机构的基本开支等，称为订货的固定成本，用 F_1 表示。另一部分与订货次数有关，如差旅费、邮费等，称为订货的变动成本。每次订货的变动成本用 K 表示。订货次数等于存货的年需要量（D）与每次进货批量（Q）之商。因此，订货成本的数学表达式为：

$$\frac{D}{Q}\times K+F_1$$

2）购置成本。购置成本是指存货本身的价值，通常用数量与单位价格的乘积来确定。假设存货的单位价格为 U，则购置成本为 DU。这样，存货取得成本的数学表达式为：

$$TC_a=\frac{D}{Q}\times K+F_1+DU$$

（2）储存成本。储存成本是指为了保持存货而发生的成本，包括存货占用资金的机会成本、仓库费用、保险费用、存货破损和变质损失等。通常用 TC_c 表示储存成本。同样，储存成本也可以分为固定成本和变动成本。固定成本与存货数量的多少无关，如仓库折旧、仓库职工的工资等，通常用 F_2 表示。变动成本

① 从价值增值的角度看，除了烟草、酿酒等特种行业之外，存货不会增加价值。因此，企业组织从优化价值链的角度看，应该消除存货。这里，只是讨论如何运用相关成本观念确定存货经济订货批量。

② 适时生产系统是最近 20 多年来高新技术广泛运用于生产领域，在生产高度计算机化、自动化基础上形成的一种新的生产管理系统。其目标就是消除一切不必要的作业（activity）。例如，如前所述，除非特种行业如酿酒和烟草行业，与存货有关的存货储存、维护、归类、整理等作业，因存货质量问题、供产销各阶段的停工待料或脱销等问题而引起的作业就是不必要的作业。适时生产系统要求企业组织在供产销的各个环节尽量实现“零存货”（zero inventory）。也就是说，在供应阶段，企业组织所需要的原材料、外购件能够保质保量适时供生产使用；在生产阶段，各个生产环节密切配合，协调一致，前一道工序按后一道工序的要求适时地、保质保量地提供半成品；在销售阶段，按顾客的要求，保质保量、适时地将产品送到顾客手中。

与存货数量有关，如存货的机会成本、存货的破损和变质损失、存货的保险费用等。单位存货储存变动成本用 K_c 表示。由此，存货储存成本的数学表达式为：

$$TC_c=\frac{Q}{2}\times K_c+F_2$$

（3）缺货成本。缺货成本是指由于存货供应中断而造成的损失，包括材料供应中断造成的停工损失、产成品库存缺货造成的拖欠发货损失和丧失销售机会的损失（还应该包括需要主观估计的商誉损失）。如果企业组织以紧急采购代用材料解决库存材料中断之急，那么，缺货成本表现为紧急额外购入成本（一般来说紧急额外购入成本大于正常的采购成本）。缺货成本用 TC_s 表示。

综上所述，如果用 TC 代表存货的总成本，那么，其计算公式为：

$$\begin{aligned}TC&=TC_a+TC_c+TC_s\\&=\frac{D}{Q}\times K+F_1+DU+\frac{Q}{2}\times K_c+F_2+TC_s\end{aligned}$$

2. 存货决策

根据上述公式，为了求出存货总成本 TC 的极小值，从数学角度，只要对上述公式求关于 Q 的一阶导数，并令其等于零，即得

$$Q=\sqrt{2KD/K_c}$$

这就是经济订货批量基本模型（EOQ）。由此求出的每次订货量 Q 就是使存货成本最小的订货批量。

这个基本模型还可以演变成其他形式：

（1）每年经济订货次数 $N=D/Q=\sqrt{DK_c/（2K）}$；

（2）存货相关总成本 $TC(Q)\ =\sqrt{2KDK_c}$；

（3）年经济订货周期 $T=12/N$；

（4）经济订货批量占用资金 $I=UQ/2$。

案例 8 - 15

南诏公司每年耗用 A 原材料 3 600 千克，A 原材料的单位成本为 10 元，单位储存成本为 2 元，一次订货成本为 25 元，那么

经济订货批量 $Q=\sqrt{2\times25\times3\,600/2}=300$(千克)

每年最佳订货次数 $N=3\,600\div300=12$(次)

存货相关总成本 $TC(Q)=\sqrt{2\times25\times3\,600\times2}=600$(元)

年经济订货周期 $T=12\div12=1$(月)

经济订货批量占用资金 $I=10\times300/2=1\,500$(元)

8.2.7 企业组织的资源配置问题[①]

企业组织的资源是有限的。因此，企业组织通常要研究基于资源约束条件，如何组织生产的问题。这种决策对于企业组织的利润具有深远的影响。有时企业组织虽然销售量较大，但是，如果生产和销售的是贡献毛益较低的产品，其利润并未增加，反而减少了。基于资源约束条件，企业组织应该优先生产和销售哪种产品呢？

案例 8－16

龙溪公司生产 A 产品和 B 产品。其相关资料如表 8－24 所示。

表 8－24　龙溪公司相关资料　单位：元

项目＼产品	A 产品	B 产品
单位销售价格	30	60
单位变动成本	12	48
单位贡献毛益	18	12
贡献毛益率（%）	60	20

根据表 8－24，A 产品的盈利能力高于 B 产品，龙溪公司应该生产 A 产品。但是，它却掩盖了一个重要的信息：生产各种产品所消耗的资源不同。这是企业组织生产经营活动的约束条件（limiting factor or constraint）。约束条件表现为生产能力，如人工小时、机器小时、原材料供应、仓库面积等。不同企业组织的约束条件有所不同。当然，市场容量或竞争因素也是一个约束条件。

案例 8－17

南都公司的年生产能力为 20 000 机器小时，每小时可以生产 1 件 A 产品或 2 件 B 产品。两种产品的市场容量不受限制，那么，考虑了约束条件之后，南都公司应该生产 A 产品还是 B 产品呢？

南都公司的决策应该考虑如何使其贡献毛益最大。因为固定成本总额是非相关成本，贡献毛益最大，南都公司的利润自然最大。而且在资源约束条件下，不能单独考虑单位贡献毛益最大的产品，而应该考虑单位资源所带来的贡献毛益最大的产品。

---

① 这里对资源配置问题的讨论假设企业组织生产的各种产品市场容量没有限制。在实践中，这是不存在的。基于现代市场经济环境，大多数企业组织并不是生产多少就可以销售多少，其产品的市场容量受到限制。因此，企业组织的资源配置问题必须充分考虑产品的市场容量限制因素。这将使问题复杂化。由于这个问题的讨论涉及线性规划问题，基于本书的定位，这里不予讨论。有兴趣的读者可以进一步参阅管理会计方面的相关论著。

根据案例 8－17 的资料，南都公司生产能力安排的分析如表 8－25 所示。

表 8－25　　南都公司生产能力安排分析表　　单位：元

项目＼产品	A 产品	B 产品
每小时产品产量（件）	1	2
单位产品贡献毛益	18	12
每小时贡献毛益	18	24
生产能力（机器工作小时）	20 000	20 000
生产能力贡献毛益总额	360 000	480 000

根据表 8－25，南都公司应该生产 B 产品，而不是生产 A 产品。尽管 A 产品的单位贡献毛益最大，但其消耗的单位资源（机器小时）所带来的贡献毛益却较小。

思考题

1. 何谓本量利分析？本量利分析主要包括哪些内容？
2. 本量利之间的关系存在哪些表述方式？
3. 何谓贡献毛益？何谓贡献毛益率？
4. 如何制作本量利图？
5. 何谓盈亏临界点分析？
6. 如何分析各个因素变动对利润的影响？
7. 如何进行敏感性分析？
8. 设备出租或出售如何决策？
9. 如何决策特殊订货应否接受？
10. 如何决策零部件自制还是外购？
11. 如何决策亏损产品应否停产？
12. 如何决策联产品应否进一步加工？
13. 存货如何决策？
14. 企业组织的资源配置应该考虑哪些因素？

业务题

1. *单一产品盈亏临界点及其相关指标*

假设南美公司只生产和销售一种产品，该产品单位销售价格为 100 元，单位变动成本为 70 元，固定成本总额为 90 000 元，预计正常销售量为 6 000 件。

根据上述资料，要求：

（1）计算盈亏临界点销售量、盈亏临界点销售额和盈亏临界点作业率。

（2）计算安全边际和安全边际率。

2. 多产品盈亏临界点销售额

假设雅兰公司同时生产和销售A，B，C三种产品，计划年度三种产品的产销量分别为60 000件、60 000件和40 000件。雅兰公司的固定成本总额为576 000元。单位产品的其他相关资料如下表所示。

单位：元

项目	A产品	B产品	C产品
单位销售价格	15	9	9
单位变动成本	9	6	4.5
单位贡献毛益	6	3	4.5

根据上述资料，要求：

（1）计算雅兰公司计划年度盈亏临界点销售额和三种产品的盈亏临界点销售额与盈亏临界点销售量。

（2）假设雅兰公司计划年度销售额保持不变，三种产品的销售额比例为3∶4∶3。计算雅兰公司的盈亏临界点销售额和三种产品的盈亏临界点销售额与盈亏临界点销售量。

3. 各因素变动影响分析

陇西公司只生产和销售一种产品，2016年度销售量为10 000件，每件销售价格为200元，单位成本为150元（其中，单位变动成本为120元）。陇西公司计划2017年度的利润在2016年度的基础上增加20%。

根据上述资料，要求：

（1）运用本量利关系，从哪些方面采取措施才能实现目标利润？

（2）对上述措施，运用敏感性分析原理计算利润对其的敏感系数。

4. 敏感系数的运用

南诏公司2016年度实际销售量为2 000件，单位销售价格为300元，单位变动成本为200元，利润总额为50 000元。

根据上述资料，要求：

（1）计算其经营杠杆系数。

（2）如果南诏公司2017年度的销售量计划增长率为2.5%，运用经营杠杆系数预测其利润。

（3）如果南诏公司2017年度的目标利润为60 000元，运用经营杠杆系数预测应该达到的销售量。

5. 特殊订货决策

浮云公司生产A产品，单位销售价格为30元，其正常的单位成本如下表所示。

单位：元

项目	金额
直接材料	10
直接人工	7
制造费用 变动性制造费用 固定性制造费用	 4 5
合计	26

根据目前的生产状况，浮云公司还有一些剩余的生产能力，可以再接受订货。假设南湖公司要求订购 A 产品 1 000 件，单位报价为 24 元。

根据上述资料，要求：

(1) 如果浮云公司剩余生产能力没有其他用途，是否接受南湖公司的订货?

(2) 如果浮云公司剩余生产能力可以 3 500 元出租，是否接受南湖公司的订货?

(3) 除了财务因素，你认为特殊订货决策还需要考虑哪些非财务因素?

6. 自制或外购决策

华伟公司制造某种产品，每年需要 A 零部件 2 000 件。如果外购 A 零部件，其外购成本为 25 元/件。华伟公司存在一定的剩余生产能力，可供制造 A 零部件。其制造成本如下表所示。

单位：元

项目	金额
直接材料	10
直接人工	6
制造费用 变动性制造费用 固定性制造费用	 4 7
合计	27

根据上述资料，要求：

(1) 如果华伟公司的剩余生产能力没有其他用途，A 零部件是自制还是外购?

(2) 如果华伟公司的剩余生产能力既可以用于自制 A 零部件 2 000 件，也可以用于生产 B 产品 1 200 件，每件获利 10 元。A 零部件是自制还是外购?

(3) 除了财务因素，你认为自制或外购决策还需要考虑哪些非财务因素?

7. 亏损产品决策

朴厚公司生产 A，B 和 C 三种产品。相关资料如下表所示。

单位：元

项目	A 产品	B 产品	C 产品	合计
销售总额	600 000	450 000	150 000	1 200 000

续前表

项目	A产品	B产品	C产品	合计
销售成本：				
变动性成本	360 000	270 000	105 000	735 000
固定性成本	120 000	90 000	30 000	240 000
销售毛利	120 000	90 000	15 000	225 000
销售费用：				
变动性费用	40 000	30 000	15 000	85 000
固定性费用	30 000	22 500	7 500	60 000
经营净利润	50 000	37 500	(7 500)	80 000

根据上述资料，要求：

(1) 说明C产品是否应该停产。

(2) 除了财务因素，你认为亏损产品决策还需要考虑哪些非财务因素?

8. *立即出售或进一步加工决策*

东湖公司生产A半成品，年产销量为10 000件。其单位成本如下表所示。

单位：元

项目	金额
直接材料	4
直接人工	6
制造费用：	
变动性制造费用	2
固定性制造费用	3
合计	15

A半成品可以销售给其他厂商作为原材料进一步加工，单位销售价格为20元。不过，东湖公司正在考虑如何利用剩余生产能力将A半成品继续加工。加工之后，单位销售价格为28元。继续加工10 000件A半成品，单位直接人工和变动性制造费用将分别增加2.50元/件和1.50元/件，同时增加专属固定成本16 000元。

根据上述资料，要求：

(1) 说明A半成品应立即出售还是进一步加工。

(2) 除了财务因素，你认为立即出售或进一步加工决策还需要考虑哪些非财务因素?

9. *存货决策*

安福公司每年耗用A原材料30 000千克，A原材料的单位成本为100元，单位储存成本为0.30元，一次订货成本为60元。

根据上述资料，要求：

(1) 计算经济订货批量（取1 000的倍数）。

(2) 计算每年最佳订货次数、存货相关总成本、最佳订货周期和经济订货批量占用资金。

(3) 说明经济订货批量基本模型 (EOQ) 隐含的基本逻辑是什么。

10. 资源配置决策

法拉公司现有生产能力为直接人工小时 10 000 小时。该生产能力可以用于生产 A 产品，也可用于生产 B 产品。如果用于生产 A 产品，每件需要 1/3 小时；如果用于生产 B 产品，每件需要 1 小时。相关资料如下表所示。

单位：元

项目	A 产品	B 产品
单位销售价格	20	30
单位变动成本	16	21
单位贡献毛益	4	9
贡献毛益率	20%	30%

根据上述资料，要求：

说明法拉公司现有生产能力应该用于生产 A 产品还是生产 B 产品。

案例讨论题

假设 A，B 两家公司相关的财务指标如下表所示。

单位：万元

项目	A 公司	B 公司
销售总额	2 000	2 000
固定成本总额	700	200
变动成本总额	1 000	1 500
成本总额	1 700	1 700
经营利润	300	300

根据上述资料，如果你是一家资金充裕的公司的财务经理，A，B 两家公司同时向你提出筹资的意向，你将选择哪家公司呢？请全面阐述你的理由。

第9章 全面预算管理

本章要点

9.1 以市场为导向的全面预算基本框架

9.2 全面预算编制原理

9.3 全面预算管理

9.4 全面预算管理与战略一体化

学习目标

1. 理解以市场为导向的全面预算基本框架
2. 掌握全面预算的编制原理
3. 理解全面预算管理的基本原理
4. 理解全面预算管理的战略思维

引例

企业组织的分权与授权通过企业组织的全面预算得以体现。美国最近的一项调查显示企业组织的全面预算非常有价值。众多研究也表明，在削减和控制成本方面，全面预算是运用最为广泛和评价最高的工具。全面预算的倡导者甚至声称全面预算的编制过程迫使企业组织的经理人成为一个更好的管理者，并将企业组织的计划排在第一位。实际上，许多看似健康的企业组织突然倒闭，就是因为其经理人没能编制、监控全面预算并随着经营环境的变化及时调整全面预算。

人们普遍认为，全面预算使企业组织的经理人向前看，即事先对不断变化的管理情境做出预测和筹划。全面预算的编制过程使计划成为一种明确的管理责任。然而，现实是经理人往往忙于应付每天的工作，平息一场又一场生意上的冲突，难以有时间考虑明天的问题。基于强大的日常压力，经理人将计划放在了次要的位置，甚至忽略了计划。用这种“过一天算一天”的方式管理企业组织，存在的问题就是目标从来没有具体化。经理人只是对眼前的问题做出了反应，而不是对未来做出计划。

为了编制一份完整的预算，经理人首先必须确定企业组织的战略，然后根据战略确定企业组织要达到的目标。目标就是企业组织的目的地，全面预算则是指引企业组织到达目的地的地图。没有战略和目标，企业组织的经营活动将缺乏方向，问题不能事先预测，事后也就难以对结果做出合理解释。

一直以来，中国政府对以全面预算为基础的预算管理颇为重视，各种培训班层出不穷。财政部为此还专门颁布条例。由此，一个具有鲜明个性化和行为化特征的管理模式被演化为政府行为。在经济转轨时期的中国，这种情形并不罕见。每当政府行为驱动企业组织的管理行为时，人们便可以看到各种“昙花一现”的“经验”。坦率地说，在全国范围内树立企业组织的管理“经验”，并号召全国的企业组织学习本身就是一种计划经济思维！

然而，正当国内外的企业组织掀起一阵全面预算热潮，正当全面预算“好评如潮”之时，美国通用电气公司前总裁杰克·韦尔奇（Jack Welch）却认为：“预算是美国公司的祸根。它根本不应该存在。制定预算就等于追求最低绩效。你永

远只能得到员工最低水平的贡献，因为每个人都在讨价还价，争取制定最低指标。”

这是怎么一回事呢？

杰克·韦尔奇说错了吗？

9.1 以市场为导向的全面预算基本框架

全面预算（master budget）是以货币为计量单位，将企业组织决策目标所涉及的经济资源的配置，以计划的形式具体、系统地反映出来。简而言之，企业组织的全面预算就是企业组织决策目标的具体化。基于市场经济环境，企业组织的一切活动都要以市场为导向，企业组织的全面预算也不能例外。企业组织的全面预算一头连着市场，一头连着企业组织内部。企业组织根据其内外部环境及所面临的市场制定发展战略，全面预算从资源配置方面配合、支持企业组织发展战略的实施。企业组织通过全面预算将权责发生制转化为收付实现制，从而使财务会计观念过渡到管理会计理念。全面预算使企业组织的日常管理程序化和制度化，是企业组织管理控制系统的核心内容，也是被企业组织实践证明行之有效的管理工具。

全面预算的编制方法随着企业组织的性质和规模的不同而有所不同，但是，一个完整的全面预算应该包括经营预算（operating budget）、财务预算（financial budget）和资本预算（capital budget）三大部分。

经营预算包括销售预算（sale budget）、生产预算（production budget）、直接材料预算（direct material budget）、直接人工预算（direct labor budget）、制造费用预算（manufacturing overhead budget）、产成品预算（finished goods budget）和销售与管理费用预算（selling and administrative expense budget）。严格地说，销售预算、生产预算、直接材料预算和直接人工预算不完全属于会计学的范畴，但是，这些预算最终都涉及财务资源的配置问题。只有理解过程（根源）才能理解结果。在全面预算编制过程中，经理人不仅要“知其然”，更要“知其所以然”。因此，本章将这些预算视为全面预算的重要组成部分。

财务预算包括现金预算（cash budget）、预计利润表（budgeted income statement）、预计资产负债表（budgeted balance sheet）和预计现金流量表（budgeted statement of cash flow）。

资本预算属于长期（一年以上）预算。其实，本书第5章“生产性资产投资决策”讨论的问题就是资本预算问题。对此，本章不再赘述。

5分钟回顾：

生产性资产投资决策如何转化为资本预算？

全面预算各个部分之间是相互联系的。基于市场经济环境，企业组织的经济活动都必须以市场为导向。因此，销售预算是全面预算的基础和起点。全面预算体系各个组成部分之间的联系如图9-1所示。

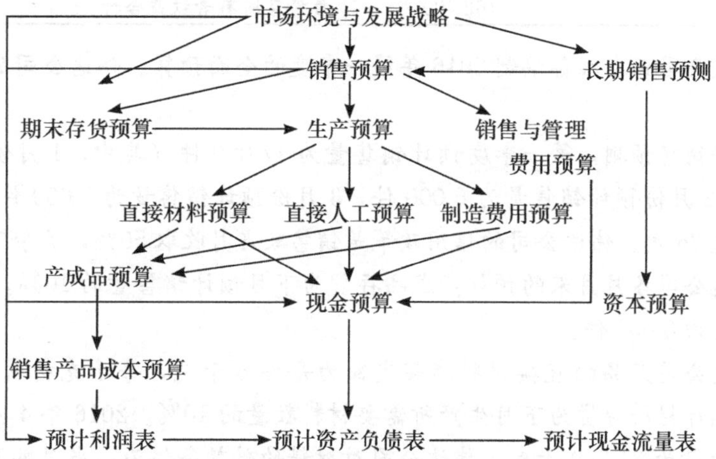

图9-1　以市场为导向的全面预算基本框架

由图9-1可见，企业组织的全面预算是一个以市场为导向，以销售预算为基础，以现金预算为核心的完整预算体系。

5分钟回顾：

全面预算与人们常说的"计划"有何不同？

9.2　全面预算编制原理

根据图9-1所描述的各项预算之间的关系，下面以一个完整案例讨论全面预算的编制原理。

案例9-1

伟达公司只生产和销售一种产品，所有的材料也都是为该产品服务且只有一种材料。伟达公司2015年12月31日简明资产负债表如表9-1所示。

表 9-1　　伟达公司 2015 年 12 月 31 日简明资产负债表　　单位：元

资产	金额	负债及所有者权益	金额
现金	10 000	应付账款（购料款）	16 000
应收账款	75 000	银行借款	10 000
材料存货（3 600 千克）	3 600	实收资本	80 000
产成品存货（600 件）	13 800	未分配利润	56 400
固定资产	80 000		
累计折旧	(20 000)		
资产合计	162 400	负债及所有者权益合计	162 400

假设伟达公司正在准备编制 2016 年第一季度的全面预算。伟达公司的其他相关资料如下：

(1) 根据销售预测，第一季度预计销售量为 17 000 件（其中，1 月份预计销售量为 6 000 件，2 月份预计销售量为 6 000 件，3 月份预计销售量为 5 000 件），单位产品销售价格都是 26 元。伟达公司的信用政策是销售款当月收取 50%，其余下月收讫。

(2) 伟达公司各月月末的预计产成品存货为下月预计销售量的 10%。2016 年 4 月份预计销售量为 5 600 件。

(3) 伟达公司产品的直接材料消耗定额为每件 6 千克，每千克材料价格为 1 元。各月月末的预计材料存货为下月生产所需要材料数量的 10%。2016 年 4 月份预计生产所需要材料数量为 31 200 千克。伟达公司对材料的付款条件为：当月购买材料款当月支付 50%，其余下月支付。

(4) 伟达公司所生产的产品的工时定额为每件 5 工时，每工时的工资为 2 元。

(5) 伟达公司 2016 年第 1 季度预计发生的制造费用为：

变动性制造费用：	间接材料	分配率	0.4 元/工时
	间接人工	分配率	1 元/工时
固定性制造费用：	折旧费用		1 000 元/月
	财产税		1 000 元/月
	维修费用		1 500 元/月

(6) 伟达公司第一季度预计发生的销售费用与管理费用为：

销售佣金	销售收入的 1%
管理人员工资	5 000 元/月
广告费用	1 000 元/月

(7) 伟达公司通过研究确定 2016 年第一季度每月支付所得税 3 000 元，支付股利 3 000元。同时决定在 2016 年 3 月份购买一台价款为 20 000 元的生产设备。

(8) 根据财务部的意见，预算期间现金库存最低限额为 10 000 元。如果不够，可以向银行借款（为了简化起见，不考虑投资问题）。

以下将根据案例 9-1 的资料，为伟达公司编制 2016 年第一季度的全面预算方案。

9.2.1　销售预算

如前所述，全面预算以销售预算为出发点，其他预算也都以销售预算为基础，而销售预算以销售预测为基础。根据销售预测的结果，可以得到预计销售量和销售价格，由此可以得到预计销售收入：

预计销售收入＝预计销售量×预计销售价格

根据伟达公司的现销和赊销比例以及赊销的信用政策便可得到预计的现金流入量。伟达公司编制的销售预算如表9-2所示。

表9-2　　伟达公司销售预算

摘要	1月	2月	3月	合计
预计销售量（件）	6 000	6 000	5 000	17 000
单位销售价格（元/件）	26	26	26	26
预计销售额（元）	156 000	156 000	130 000	442 000
期初应收账款收回（元）	75 000			75 000
1月份销售现金收入（元）	78 000	78 000		156 000
2月份销售现金收入（元）		78 000	78 000	156 000
3月份销售现金收入（元）			65 000	65 000
现金收入合计（元）	153 000	156 000	143 000	452 000

5分钟回顾：

在编制销售预算时，为什么要将销售收入转化为现金收入？

9.2.2　生产预算

如果企业组织实行适时生产系统，那么，预计销售量就是预计生产量，销售预算就是生产预算，即销售预算与生产预算可以合二为一。但是，在实践中，适时生产系统所需要的前提条件难以满足。因此，就绝大多数企业组织而言，还必须单独编制生产预算。

如果企业组织无法实施适时生产系统，那么，企业组织就需要以预计销售量和预计存货为基础编制生产预算。其基本表达式为：

预计销售量(来自销售预算)
加:预计期末产成品存货
需要量合计
减:预计期初产成品存货
预计生产量

根据案例9-1的资料，伟达公司编制的生产预算如表9-3所示。

表 9-3　　伟达公司的生产预算　　单位：件

摘要	1月	2月	3月	合计
预计销售量	6 000	6 000	5 000	17 000
加：预计期末存货量	600	500	560	560
减：期初存货量	600	600	500	600
预计生产量	6 000	5 900	5 060	16 960

9.2.3 直接材料预算

直接材料预算是生产预算的具体化。其基本表达式为：

预计生产量(来自生产预算)
乘:单位产品的材料需要量
预计直接材料需要量
加:预计期末材料存货
直接材料需要量
减:预计期初材料存货
直接材料预计采购量
乘:预计材料单位价格
预计直接材料费用金额
减:不需要在本期支付的部分
预计本期支付的直接材料费用

根据案例 9-1 的资料，伟达公司编制的直接材料预算如表 9-4 所示。

表 9-4　　伟达公司直接材料采购预算

摘要	1月	2月	3月	合计
预计产量（件）	6 000	5 900	5 060	16 960
单位产品材料定额（千克/件）	6	6	6	6
预计生产需要材料数量（千克）	36 000	35 400	30 360	101 760
加：期末存料量（千克）	3 540	3 036	3 120	3 120
减：期初存料量（千克）	3 600	3 540	3 036	3 600
预计购料量（千克）	35 940	34 896	30 444	101 280
单位材料价格（元/千克）	1.00	1.00	1.00	1.00
预计采购金额（元）	35 940	34 896	30 444	101 280
期初应付购料款（元）	16 000			16 000
1月份购料现金支出（元）	17 970	17 970		35 940
2月份购料现金支出（元）		17 448	17 448	34 896
3月份购料现金支出（元）			15 222	15 222
现金支出合计（元）	33 970	35 418	32 670	102 058

9.2.4 直接人工预算

直接人工预算也是生产预算的具体化。其基本表达式为：

预计生产量(来自生产预算)
乘:单位产品直接人工需要量
预计直接人工的工时需要量
乘:小时工资率
直接人工费用金额

通常，直接人工工资都需要使用现金支付。因此，不需要另外预计本期现金支付的数额。

根据案例9-1的资料，伟达公司编制的直接人工预算如表9-5所示。

表9-5 伟达公司直接人工预算

摘要	1月	2月	3月	合计
预计产量（件）	6 000	5 900	5 060	16 960
单位产品工时定额（小时/件）	5	5	5	5
直接人工工时总额（小时）	30 000	29 500	25 300	84 800
工资率（元/小时）	2	2	2	2
预计直接人工成本总额（元）	60 000	59 000	50 600	169 600

9.2.5 制造费用预算

如前所述，根据成本性态，制造费用可以分为变动性制造费用和固定性制造费用。在编制制造费用预算时，经理人必须注意这个问题。同时，制造费用包括属于转账摊销而非现金支出的折旧费用，应该予以扣除。

制造费用预算也是生产预算的具体化。其基本表达式为：

预计直接人工小时
乘:变动性费用预计分配率
预计变动性制造费用
加:预计固定性制造费用
预计制造费用合计
减:折旧费用
预计需用现金支付的制造费用

5分钟回顾:

制造费用预算为什么要扣除折旧费用?

根据案例 9-1 的资料，伟达公司编制的制造费用预算如表 9-6 所示。

表 9-6 伟达公司制造费用预算 单位：元

摘要	1月	2月	3月	合计
变动性制造费用：				
间接材料	12 000	11 800	10 120	33 920
间接人工	30 000	29 500	25 300	84 800
小计	42 000	41 300	35 420	118 720
固定性制造费用：				
折旧费用	1 000	1 000	1 000	3 000
财产税	1 000	1 000	1 000	3 000
维修费用	1 500	1 500	1 500	4 500
小计	3 500	3 500	3 500	10 500
制造费用总计	45 500	44 800	38 920	129 220
减：折旧费用	1 000	1 000	1 000	3 000
现金支出合计	44 500	43 800	37 920	126 220

9.2.6 产成品预算

产成品预算主要为编制预计利润表和预计资产负债表提供销售成本和存货信息。根据直接材料预算、直接人工预算和制造费用预算就可以编制产成品预算和销售成本预算。

根据案例 9-1 的资料，伟达公司编制的产成品预算如表 9-7 所示。

表 9-7 伟达公司产成品预算（变动性标准成本）

成本项目	价格标准	用量标准	合计（元）
直接材料	1 元/千克	6 千克	6
直接人工	2 元/小时	5 小时	10
变动性制造费用	1.4 元/小时	5 小时	7
变动性标准成本合计	—	—	23

9.2.7 销售费用与管理费用预算

首先将销售费用与管理费用按照成本性态分为固定性费用和变动性费用，然后，再根据预计销售量编制销售费用与管理费用预算。

根据案例 9-1 的资料，伟达公司编制的销售费用与管理费用预算如表 9-8 所示。

表9-8　　伟达公司销售费用与管理费用预算　　单位：元

项目	1月	2月	3月	合计
变动性费用：				
销售佣金	1 560	1 560	1 300	4 420
固定性费用：				
管理人员工资	5 000	5 000	5 000	15 000
广告费用	1 000	1 000	1 000	3 000
小计	6 000	6 000	6 000	18 000
合计	7 560	7 560	7 300	22 420

9.2.8 现金预算

现金预算通常包括现金收入、现金支出、现金余缺以及资金的筹集与运用等四个部分。其基本关系为：

期初现金余额(来自上期资产负债表)
加:现金收入
当期筹资前现金合计
减:现金支出
现金多余或短缺
加或减:资金的运用或筹集(根据现金余缺情况和期末现金余额倒推)
期末现金余额(根据现金持有量确定,通常为已知数,列入本期资产负债表)

根据案例9-1的资料，伟达公司编制的现金预算如表9-9所示。

表9-9　　伟达公司现金预算　　单位：元

摘要	1月	2月	3月	合计
期初现金余额	10 000	10 970	15 192	10 000
加：本期现金收入	153 000	156 000	143 000	452 000
减：直接材料现金支出	33 970	35 418	32 670	102 058
直接人工现金支出	60 000	59 000	50 600	169 600
制造费用现金支出	44 500	43 800	37 920	126 220
销售费用与管理费用现金支出	7 560	7 560	7 300	22 420
所得税现金支出	3 000	3 000	3 000	9 000
购置设备现金支出			20 000	20 000
现金股利支出	3 000	3 000	3 000	9 000
现金支出合计	152 030	151 778	154 490	458 298
现金余缺	10 970	15 192	3 702	3 702
加：银行借款			6 298	6 298
期末现金余额	10 970	15 192	10 000	10 000

现金预算是企业组织现金管理的重要工具，有助于企业组织事先安排其日常的现金需要量。如果没有现金预算，企业组织无法事先对现金进行合理的平

衡、调度，就有可能陷入财务困境。

当然，这里的现金预算如果再考虑企业组织的长期投融资活动产生的现金流量便得到预计现金流量表。

9.2.9 预计利润表

在上述各项预算的基础上，根据会计准则便可编制预计利润表。预计利润表实际上是企业组织的盈利预测或利润预算。

根据案例 9－1 的资料，伟达公司编制的预计利润表如表 9－10 所示。

表 9－10　　伟达公司预计利润表　　单位：元

摘要	金额
销售收入	442 000
变动成本：	
变动性产品销售成本	391 000
变动性销售费用与管理费用	4 420
变动成本合计	395 420
贡献毛益	46 580
固定成本：	
固定性制造费用	10 500
固定性销售费用与管理费用	18 000
固定性费用合计	28 500
税前利润	18 080
减：所得税	9 000
税后利润	9 080

9.2.10 预计资产负债表

同理，在上述各项预算的基础上，以企业组织的上期资产负债表为基础，根据会计准则便可编制预计资产负债表。预计资产负债表实际上是企业组织的财务状况预测。

根据案例 9－1 的资料，伟达公司编制的预计资产负债表如表 9－11 所示。

表 9－11　　伟达公司预计资产负债表　　单位：元

资产	金额	负债及所有者权益	金额
现金	10 000	应付账款（购料款）	15 222
应收账款	65 000	银行借款	16 298
材料存货	3 120	实收资本	80 000
产成品存货	12 880	未分配利润	56 480*
固定资产	100 000		
累计折旧	(23 000)		
资产合计	168 000	负债及所有者权益合计	168 000

*56 400（期初数，来自表 9－1）＋9 080（本期税后利润，来自表 9－10）－9 000（支付股利，来自表 9－9）＝56 480（元）。

5分钟回顾：

在预算编制过程中，为什么所得税项目是一个固定的预算数字，而不是与利润挂钩呢？

9.3　全面预算管理

全面预算的本质是企业组织内部管理控制的一种工具，全面预算本身并不是最终目标，而只是实现最终目标的管理与控制手段。企业组织如何将全面预算落实到实处，“化全面预算为行动”，从而确保实现企业组织的发展战略目标呢？这就需要借助全面预算管理（master budget management）。通俗地说，全面预算管理就是借助全面预算的管理模式。

9.3.1　全面预算的实现形式

上述全面预算编制原理只是根据企业组织的基本经营活动（销售、生产和供应各个环节）对现金流量的影响以及全面预算各个部分之间的联系，较为系统地讨论企业组织的全面预算编制。在实践中，全面预算的实现形式主要包括弹性预算（flexible budget）、概率预算（probability budget）、零基预算（zero-based budget）、滚动预算（rolling budget）和作业预算（activity-based budget）等形式。

1. 弹性预算

上述全面预算编制原理以预算期间某一特定业务量水平确定相应的数据并据以编制全面预算，这种预算称为固定或静态预算。然而，企业组织所面临的经济环境具有不确定性，这就需要编制弹性预算。与静态预算相比，弹性预算的主要特点在于它是为一定的业务量水平范围而不是为某一特定业务量水平编制的预算。其数据能够适应业务量水平的变化而自行调整。因此，弹性预算更便于区分和落实责任。表9－12列示了弹性预算的一个范例。

表9－12　　**利润弹性预算**　　单位：元

销售量（件）	15 000	20 000	25 000	30 000
销售收入	750 000	1 000 000	1 250 000	1 500 000
变动成本	360 000	480 000	600 000	720 000
贡献毛益	390 000	520 000	650 000	780 000
固定成本	450 000	450 000	450 000	450 000
税前利润	(60 000)	70 000	200 000	330 000
所得税（25%）	—	17 500	50 000	82 500
税后利润	(60 000)	52 500	150 000	247 500

由表 9-12 可见，弹性预算是若干个静态预算的组合。

2. 概率预算

企业组织在编制全面预算时涉及许多经济变量。在实践中，经理人难以精确地确定各个变量的数值。在众多情况下，经理人只能预测其数值及其发生的可能性即概率。为适应这种管理情境，全面预算的编制就不能单纯对有关变量以确定的数值进行加工计算，还要借助于概率论基本原理对有关变量进行概率分析。只有这样，才能使得全面预算的编制结果更接近于实际管理情境。表 9-13 列示了概率预算的一个范例。

表 9-13 利润概率预算 单位：元

销售量（件）	概率	变动成本（元/件）	概率	固定成本	利润	联合概率	利润预算
8 000	0.30	8	0.20	40 000	56 000	0.06	3 360
8 000	0.30	9	0.30	40 000	48 000	0.09	4 320
8 000	0.30	10	0.50	40 000	40 000	0.15	6 000
10 000	0.60	8	0.20	40 000	80 000	0.12	9 600
10 000	0.60	9	0.30	40 000	70 000	0.18	12 600
10 000	0.60	10	0.50	40 000	60 000	0.30	18 000
12 000	0.10	8	0.20	40 000	104 000	0.02	2 080
12 000	0.10	9	0.30	40 000	92 000	0.03	2 760
12 000	0.10	10	0.50	40 000	80 000	0.05	4 000
利润预算值							62 720

3. 零基预算

传统的全面预算编制方法从上年度的预算数开始，根据预算期间预期的业务量变动情况加上或减去一定数额。在确定预算数时，只对新的经济活动进行成本效益分析，而对以往已经发生的经济活动则视为理所当然，不再加以分析。这种全面预算编制方法称为增（减）量预算法。它以承认现状的合理性为出发点，过分受到基期预算数值的束缚。

零基预算是 20 世纪 60 年代提出的一种全新的全面预算编制思想。近年来，经理人日益关注和重视零基预算。所谓零基预算，就是以“零”为基础（一切从头来）的全面预算编制方法。在编制全面预算时，就像整个企业组织是刚创立一样，对一切经济活动都要从企业组织的发展战略和整体利益出发，考虑其重要程度并进行成本效益分析，然后，按其重要性排序，分配预算资源。

零基预算的编制工作量较大，要从企业组织的年度总目标出发，对各基层单位的经济活动逐一确定方案，进行成本效益分析，剔除各自预算的“水分”，再经过自下而上权衡轻重，评分、划分等级，审查和分配预算资源，最后经过汇总评估而确定。零基预算通常适用于规模较大的企业组织和政府机构。

4. 滚动预算

上述全面预算编制原理所讨论的全面预算按照确定的预算期间（通常是一

个会计年度）编制，这种预算称为定期预算。由于定期预算通常与预算的会计年度相配合，因此，便于实际数与预算数之间的比较，有利于对预算执行结果的考核、分析和评价。但是，如果以一年为预算期，时间过长，全面预算编制的结果难以完全适应企业组织未来经济活动情况的变化，在全面预算执行后期，经理人往往只考虑剩余的较短预算期间的经济活动而忽视长远打算，不利于企业组织长期稳定有序的发展。为了弥补定期预算的缺陷，可以采用滚动预算。

滚动预算是指在编制一定期间全面预算的基础上，待执行一段时间之后，再立即补充一个相应期间的全面预算，如此向后滚动，从而形成一个不断往后延伸而又保持固定预算期间的全面预算。这样，在全面预算执行过程中，随着执行时间的推移而连续不断地滚动编制全面预算，在任何一个期间都存在相应的全面预算。这种预算的主要特点在于预算期连续不断，始终保持一定期间。以一年的预算期间为例，全面预算每执行一个月，就要根据已经执行这个月的经济状况结合执行过程发生的变化等相关信息，对剩余 11 个月加以修订和调整，并在原来的预算期末随即补充一个月的预算，使得预算期间保持 12 个月。

编制滚动预算时，前几个月的预算要尽量详细完整，后几个月可以粗略一些。随着时间的推移，将原先较粗略的预算调整修正为详细的预算，并随之补充新的预算。

与定期预算相比，滚动预算的主要特点包括：(1) 可以保持预算的完整性、连续性，动态地把握企业组织的未来发展趋势；(2) 有利于经理人以长远的眼光去统筹企业组织的各项经济活动，将近期预算与远期预算较好地联系和衔接起来，保证企业组织的经营管理工作稳定有序地进行；(3) 根据滚动预算的基本原理，企业组织要经常根据实际管理情境的变化，修订全面预算，使全面预算比较切合实际，充分发挥全面预算的指导和控制作用，有利于全面预算的顺利实施。

当然，如果企业组织没有实行计算机化管理，编制滚动预算的工作量比较大。

5. 作业预算

传统意义上的全面预算都基于业务量（产品）。近年来，随着以作业（activity）为核心的作业成本法（activity-based costing，ABC）与作业管理（activity-based management，ABM）理念的兴起，美国、日本等国家的某些企业组织开始编制以作业为核心的作业预算（activity-based budget，ABB）。作业预算基于作业，以作业为核心编制全面预算。

作业预算的四个关键步骤是：(1) 确定在每个作业域内完成每件作业的预算成本；(2) 根据生产预算确定每个作业的需要量；(3) 计算每个作业的成本；(4) 根据不同作业成本编制作业预算。表 9-14 列示了一个作业预算的范例。

表 9-14　产品研究与设计的作业预算

作业域	成本动因使用量	每个成本动因的比率	预算成本（元）
计算机辅助设计	200 小时	85 元/小时	17 000
人工设计	70 小时	50 元/小时	3 500
原型制造	80 小时	60 元/小时	4 800
检验	280 小时	40 元/小时	11 200
采购	120 份采购订单	25 元/份	3 000
合计	—	—	39 500

企业组织的发展战略驱动企业组织的作业发生。因此，作业预算更能体现企业组织的发展战略。但是，实施作业预算要求企业组织实现数据处理的网络化。作业预算将是全面预算发展的方向。

综上所述，尽管全面预算可以采用不同形式，但是，就其编制原理而言，与前述全面预算编制原理的讨论并没有本质的区别。

9.3.2　全面预算管理的基本原理

全面预算管理是为数不多的能够把企业组织的所有关键问题融合于一个体系之中的管理控制方法之一。上述全面预算编制原理所讨论的编制全面预算只是企业组织实施全面预算管理的起点。

1. 全面预算管理的组织框架

如何防止全面预算管理流于形式，使全面预算管理成为一种名副其实的全面的管理模式？这是企业组织实施全面预算管理面临的一个现实问题。为此，企业组织必须建立和健全全面预算管理的组织体系，明确全面预算管理体制和各个预算执行单位的职责权限。通常，企业组织全面预算管理的组织框架如图 9-2所示。

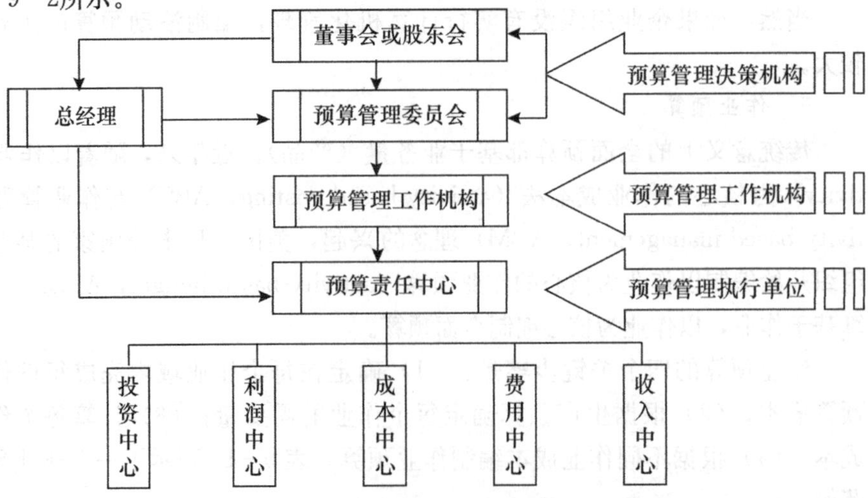

图 9-2　企业组织全面预算管理的组织框架

根据图9－2，企业组织全面预算管理的组织体系通常包括全面预算管理决策机构、工作机构和执行单位三个层次。

（1）预算管理委员会。这是企业组织全面预算管理的决策机构，同时，也为企业组织实施全面预算管理提供组织保障。全面预算综合反映了企业组织的不同层级、不同单位在预算期间应该实现的目标和完成的任务，而企业组织的不同层级、不同单位的工作必须协调一致。从这个角度看，全面预算是连接企业组织内部不同层级和单位之间沟通与协调的桥梁。全面预算各项指标的确定就是企业组织内部不同层级和单位之间相互沟通与协调的结果。全面预算的编制涉及企业组织的各个部门，单靠会计部门难以完成。因此，企业组织应该设立超越具体职能部门的预算管理委员会（budget committee），以便从组织上保障全面预算的顺利实施。预算管理委员会具体负责全面预算的协调、编制和执行，通常由企业组织的总经理，分管销售、生产、财务等部门的副总经理和董事会成员组成。

（2）预算管理工作机构。预算管理委员会通常并不是一个常设机构，企业组织应该在预算管理委员会下设预算管理工作机构，履行预算管理委员会的日常管理职责。预算管理工作机构通常设在财务部或财会部，其主任通常由总会计师（或财务总监、分管财务与会计工作的副总经理）兼任，其日常工作人员除了财务部人员之外，还应该包括战略与规划、人力资源、投资、生产、销售、研发等业务部门人员。

（3）预算管理执行单位。预算管理执行单位是根据企业组织全面预算确定的目标，应该承担一定经济责任并享有相应权力和利益的内部单位，包括内部各个职能部门、所属分（子）公司等。根据权责范围，内部预算责任单位通常可以分为投资中心、利润中心、成本中心、费用中心和收入中心。预算管理执行单位在预算管理委员会和预算管理工作机构的指导下，具体组织开展各自的预算编制工作并严格执行批准下达的预算。各个预算管理执行单位负责人应当对本单位的预算执行结果负责。

2. 全面预算管理的基本流程

通常，全面预算管理的基本流程如图9－3所示。

根据图9－3，企业组织全面预算管理的基本流程通常包括编制预算、执行预算和预算考核等三个阶段。

（1）编制预算。如前所述，编制预算是全面预算管理的起点。良好的开端是成功的一半。编制全面预算是全面预算管理的重要阶段。不过，企业组织编制的全面预算必须经过预算管理委员会的审批，才能以文件形式正式下达并实施。因此，编制预算阶段包括编制预算、审批预算和下达预算等三个具体环节。

（2）执行预算。如果企业组织编制的全面预算不能得到有效的执行，那么，全面预算编制得再好也没有用。因此，执行预算是全面预算管理的关键。执行

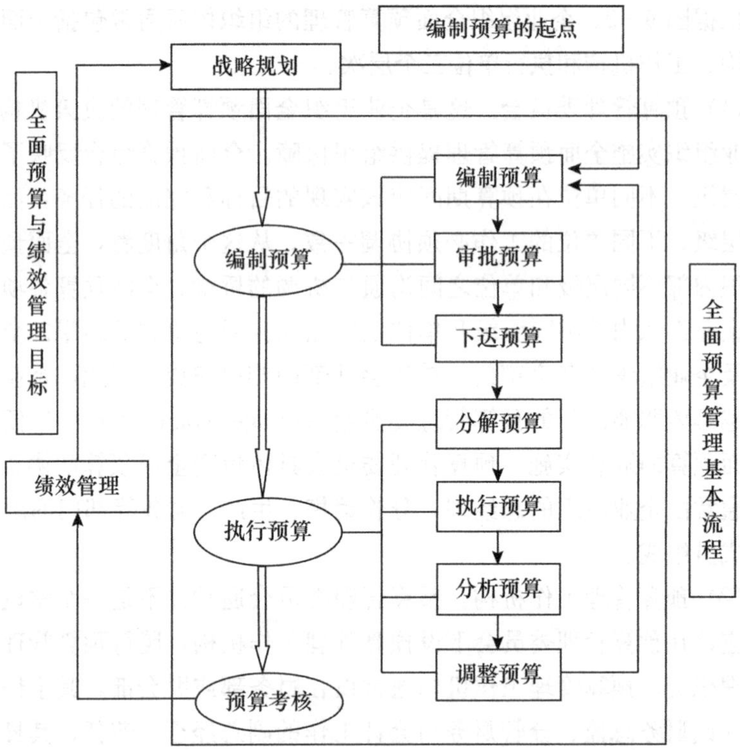

图 9-3　全面预算管理的基本流程

预算阶段包括分解预算、执行预算、分析预算和调整预算等四个具体环节。企业组织的全面预算一经审批下达，各个预算执行单位应当认真组织实施，将预算指标层层分解，落实到具体责任单位和责任人，形成各个预算执行单位的责任预算。根据全面预算执行的进度和阶段成果，定期召开全面预算执行分析会议，发现、分析和解决全面预算执行过程出现的问题，探究其原因和责任，提出改善措施。当然，在执行预算期间，企业组织所面临的内外部环境可能发生重大变化，从而使得原先编制的全面预算脱离现实环境。这时，就需要根据全面预算调整的程序调整全面预算。调整全面预算通常由预算执行单位逐级向预算管理委员会提出申请，详细说明预算调整理由、调整建议方案、调整前后预算指标的差异、调整后的预算指标如何影响企业组织全面预算目标的实现等问题。预算管理工作机构应当审核分析预算执行单位提交的预算调整报告，集中编制年度预算调整方案，提交给预算管理委员会。年度预算调整方案经预算管理委员会审议、批准之后，再次下达给各个预算执行单位。

(3) 预算考核。如果企业组织没有编制全面预算，绩效考核失去应有的基础，而没有绩效考核，全面预算就形同虚设。如此一来，如果企业组织以全面预算为基础的预算考核不严格、不合理、不到位，那么，企业组织的全面预算目标就难以实现，全面预算管理流于形式。因此，企业组织还需要根据全面预算与绩效管理目标，建立严格的预算执行考核制度，定期考核各个预算执行单位和个人，将预算执行情况纳入考核和奖惩范围，切实做到有奖有惩、奖惩分明。

最后值得注意的是，上述全面预算管理各环节中，编制预算与审批预算、审批预算与执行预算、执行预算与预算考核属于职责或岗位不相容的环节。这是企业组织设置全面预算管理基本流程必须注意的重要问题。

3. 全面预算管理的基本特点

综上所述，全面预算管理具有如下基本特点：

(1) 全方位。全面预算管理的全方位体现在企业组织的所有经济活动（经营活动、投资活动和筹资活动）、所有方面（人、财、物，乃至信息流）和所有环节（供、产、销，乃至投融资）都必须纳入全面预算管理的范畴。

(2) 全过程。全面预算管理的全过程体现在企业组织各项经济活动的事前（编制预算）、事中（执行预算）和事后（预算考核）都必须纳入全面预算管理的视野。

(3) 全员参与。全面预算管理的全员参与体现在企业组织内部各个部门、各个单位、各个岗位，上至最高负责人，下至各个部门负责人、各个岗位员工都必须参与全面预算的编制、实施与考核。

总之，全面预算管理是一种全方位、全过程和全员参与的企业管理模式。

9.4 全面预算管理与战略一体化

美国通用电气公司的前总裁杰克·韦尔奇认为："预算是美国公司的祸根。它根本不应该存在。制定预算就等于追求最低绩效。你永远只能得到员工最低水平的贡献，因为每个人都在讨价还价，争取制定最低指标。"这就是企业组织全面预算编制、执行和考核过程的预算松弛（budget slack）和"上有政策，下有对策"问题。这也是公司政治（corporate politics）的表现。

经理人一直在努力寻找尽量消除预算松弛的办法，但是，难以如愿。其实，全面预算目标体现为一系列考核指标。只要存在考核指标，被考核者就会围绕这些指标想方设法找出满足全面预算目标要求的对策。于是，经理人时常感叹"上有政策，下有对策"。经理人通常把"上有政策，下有对策"当作贬义词加以使用。

在一个非常现实的世界里，绝大多数人都有其追求的目标，这是企业组织建立全面预算管理制度的基本立足点。对于一个没有任何追求，甚至连自己的生命都无所谓的人，无法对其进行管理，任何激励机制都终将失灵。只能祈祷"上帝"保佑，一切靠其良心和觉悟了。

在一个分权与授权的企业组织里，处于不同层级的人，其现实追求是不同的。政策的制定者与对策的实施者分别属于不同层级。基层单位基于自身利益，在政策指导下采用适当的对策也在情理之中。在一个变化的世界，政策（战略）的制定与政策的实施（战术）毕竟是两回事。同一个政策面对企业组织各部门的具体环境存在多种不同的实施途径（对策）。如果只有政策而没有因地制宜的对策，那么，企业组织有总经理，还要部门经理干吗？如果企业组织只有政策，没有或不允许存在对策，那么，这种政策必定僵化。

一个有效率的全面预算管理制度不是要否定或遏制基层单位对自身利益的追求，而是要承认、适应并针对其自身利益的追求设立激励机制。当然，企业组织的全面预算管理承认“上有政策，下有对策”，丝毫没有否定其目标一致性和战略一体化。这就要求政策制定者在制定政策时，必须充分把握基于所制定的某种政策，基层单位预期会有哪些对策，这些对策是否会影响企业组织实现其发展战略目标。如果基层单位的可能对策偏离了企业组织的发展战略目标，就应该修改政策。如果基层单位的可能对策有助于企业组织实现其发展战略目标，为何要限制这种对策呢？政策就应该针对可能对策而制定，通过合理的政策引导对策，把对策引导到有助于实现政策目标的轨道上来。

因此，制定一个好的政策还真不容易。政策制定者不比对策实施者略胜一筹怎么行呢？高层领导制定的政策体现企业组织的发展战略方向，基层单位的对策则体现了企业组织面对变化的市场的灵活多变、快速反应层面，从而避免企业组织发展战略目标的僵化。在政策与对策的博弈过程中，全面预算管理的协调功能得到充分的发挥。这么说，杰克·韦尔奇说错了？没有错，但也不全对！

综上所述，全面预算管理具有沟通与协调的功能。全面预算管理以企业组织的战略为导向，诠释了企业组织的经营理念与财务理念的关系，使企业组织不同领域的经理人不仅具有经营理念，而且具有财务理念，也使不同领域的经理人都“讲同一种语言”（持续创造价值），从而使企业组织的战略与会计相融合，会计与业务连为一体，内外部视角和谐地统一起来，从而达到“整合四流（资金流、物资流、信息流和人力资源流），创造一流（一流绩效）”之理想境地。

思考题

1. 企业组织的全面预算包括哪些内容？
2. 如何编制全面预算？
3. 全面预算有哪些实现方式？
4. 简述全面预算管理的基本流程。
5. 全面预算管理有哪些特点？
6. 企业组织为什么要设置预算管理委员会？

7. 如何理解全面预算管理的沟通与协调功能？
8. 如何理解全面预算管理与战略一体化的关系？

业务题

1. 成本性态与制造费用预算

西部公司正常生产能力在 1 600～2 400 工作小时之间。有关制造费用的资料如下表所示。

制造费用相关资料　　单位：元

项目	1 600 工作小时	2 400 工作小时
间接人工成本	18 000	22 000
工厂物料费用	1 600	2 400
机器维修费用	1 300	1 700
热能与照明费用	1 000	1 000
机器折旧费用	6 500	6 500
小工具费用	1 600	2 400
动力费用	8 000	12 000
房屋租用费	2 000	2 000
合计	40 000	50 000

根据上述资料，要求：

为西部公司编制生产能力分别为 1 800 工作小时和 2 000 工作小时的制造费用预算。

2. 现金预算

北方公司 2016 年 10—12 月份实际销售额分别为 50 000 万元、51 000 万元和 52 000万元，预计 2017 年 1 月份的销售额为 55 000 万元。根据惯例，每月销售收入中 50%于销售当月收取现金，30%于销售后次月收取现金，20%于销售后第三个月收取现金，不存在坏账。假设北方公司销售的产品和购买的材料适用的增值税税率为 17%，并于当月以现金缴纳税款。2016 年 12 月 31 日，北方公司的现金余额为 100 万元，没有应收应付款项。

2017 年 1 月份，北方公司相关项目预计资料如下：采购材料 20 000 万元（当月支付 80%），工资薪金支出 8 800 万元（用现金支付），制造费用 9 000 万元（其中，非付现费用 4 000 万元），销售费用和管理费用都是 500 万元（用现金支付），预缴所得税 3 200万元，购买设备 15 000 万元（用现金支付）。北方公司如果出现现金不足，可以向商业银行借款（借款数额是 100 万元的倍数）解决。根据北方公司的业务性质，2017 年 1 月 31 日的现金余额不低于 160 万元。

根据上述资料，要求：

编制北方公司如下表所示的 2017 年 1 月份现金预算。

北方公司 2017 年 1 月份现金预算　　单位：元

项目	金额
（1）月初现金余额	
（2）经营现金收入	
（3）可运用的现金合计	
（4）材料采购支出	
（5）直接工资支出	
（6）应交税费	
（7）制造费用支出	
（8）销售费用支出	
（9）管理费用支出	
（10）预缴所得税支出	
（11）购置固定资产支出	
（12）现金支出合计	
（13）现金余缺	
（14）向银行借款	
（15）归还银行借款	
（16）支付借款利息	
（17）月末现金余额	

3. 全面预算的编制

假设南浦公司 2016 年 12 月 31 日的资产负债表如下表所示。

南浦公司资产负债表　　单位：元

资产	金额	负债及所有者权益	金额
现金	10 000	应付账款	24 000
应收账款	50 000		
存货	20 000		
固定资产	85 000		
累计折旧	（8 400）	所有者权益	132 600
合计	156 600	合计	156 600

假设南浦公司计划年度（2017 年）相关资料如下：

（1）2017 年 1 月份公司预计销售甲商品 10 000 件，销售单价为 9 元，其中现销 40%，其余为赊销，下个月收款。

（2）甲商品的进价与存货成本都是每件 4 元。购入商品时，30%当月支付现金，其余下个月付款。

（3）2017 年 1 月份的期末存货预计为 4 000 件。

（4）2017 年 1 月份预计将发生以下营业费用：

职工工资　　15 000 元

办公费用　　4 300 元

水电费用 5 000元
保险费用 2 000元
折旧费用 700元
广告费用 3 000元

(5) 2017年1月份预计将购买一台微型电脑,价格为35 000元。

(6) 2017年1月份现金的最低库存限额为10 000元。如果不足,可以全额向银行借款。

根据上述资料,要求:

(1) 为南浦公司编制2017年1月份的销售预算、商品采购预算、营业费用预算、现金预算、预计利润表和预计资产负债表。

(2) 为什么实施全面预算通常需要设置预算管理委员会?

(3) 如何理解全面预算在一定程度上实现了现金流、物资流、信息流和人力资源流的有机整合?

(4) 如何理解财务预算在一定程度上实现了权责发生制与现金流量制的协调?

案例讨论题

20世纪20年代,通用汽车引进了营运和资金预算,直到今天它仍是一个重大的管理创新。当时,通用汽车的首席执行官(CEO)艾尔弗雷德·斯隆(Alfred Sloan)和首席财务官(CFO)唐纳德森·布朗(Donaldson Brown)一直都在倡导和实践"集中控制、分散经营"的管理理念。他们通过预算来协调和控制通用汽车的各地区业务单元。此后,预算管理成为大多数企业组织的核心管理体系。预算管理的主要功能包括:(1)预测未来的收入和支出,并用于财务计划和协调管理;(2)促使管理人员对预算结果负责;(3)授权管理人员在预算范围内使用费用;(4)对管理人员和部门的绩效进行评估。

但在很多企业组织,预算管理逐渐成为费时费钱、用于奖惩管理人员的僵化的控制系统。国际电报电话公司(ITT)的前首席执行官哈罗德·杰宁(Harold Geneen)是指挥和控制型高管的典型。他高度集权的管理风格给管理人员施加了巨大的压力,迫使他们全力以赴实现预算所定的目标。杰宁的管理风格被艾尔·邓拉普(Al Dunlap)进一步发扬光大,他用预算要求各级经理人实现挑战性很高的销售目标,或者大幅度降低主要的开支项目。这一高压政策最终导致公司出现了重大的财务报告问题。另一位众所周知的预算推崇者是伯尼·埃伯斯(Bernie Ebbers)。有人对埃伯斯的评论是:"如果你有预算,他只要求你的实际支出必须低于预算2%,其他什么都可以接受。"

北欧的几家企业组织,比如瑞典商业银行(Svenska Handelsbanken)、北欧化工(Borealis)、挪威国家石油公司(Statoil)和北欧联合银行(Nordea Bank),早就放弃了传统的预算管理。这些企业组织是“超越预算”（beyond budgeting）运动的实践者。这些企业组织采用了一套新的预测和控制流程来代替预算。挪威国家石油公司的高级经理比亚特·波格尼斯（Bjarte Bogsnes）是该运动的倡导者。他说：“面对今天动态的、难以预测的、要求更高的环境，经理们需要更多的自由，并承担更大的责任。企业组织的流程必须更有持续性，响应速度更快。经理们应该更清楚如何完成目标，而不只是满足预算的要求。”

“超越预算”的提倡者认为预算存在的重大不足包括：（1）制定预算要花费过多的时间和金钱。（2）预算会促使经理们低估收入和利润。他们害怕如果达不到预算的目标，会受到杰宁、邓拉普、埃伯斯一类管理者的惩罚。（3）预算扼杀了创新。（4）预算跟不上迅速变化的全球化的竞争环境。

挪威国家石油公司的高级经理比亚特·波格尼斯调到了北欧化工公司。他希望借新公司成立的契机引入新的管理方法来代替预算管理。他认为：“传统的预算管理服务目的太多。比如，既要用于预测又要用于设定目标值。而预测要求切合实际，目标设定则应有挑战性，所以它们不应该是相同的数字。”

北欧化工的首席财务官托马斯·波森（Tomas Boesen）很支持波格尼斯的预算管理创新。他回忆经理们在预算管理中遇到的问题：“人们努力地做出详尽的文件，再把它装订好。然而不幸的是，以后再也不看它了。我们的产品和供应商市场变化非常快，因此，原来的预算在几星期后就过时了。”（本案例基本素材来自：[美] 罗伯特·卡普兰、戴维·诺顿：《平衡计分卡战略实践》，162～163 页，北京，中国人民大学出版社，2009。这里略有改动。）

阅读了上述素材之后，请讨论：

（1）美国通用电气公司前总裁杰克·韦尔奇认为：“预算是美国公司的祸根。它根本不应该存在。制定预算就等于追求最低绩效。你永远只能得到员工最低水平的贡献，因为每个人都在讨价还价，争取制定最低指标。”这就是全面预算编制过程的预算松弛，也是全面预算编制过程中的道德问题。你认为全面预算究竟“有用”还是“有害”？

（2）在中国，全面预算编制过程的预算松弛主要表现为“上有政策，下有对策”。那么，“上有政策，下有对策”是否与企业组织的目标一致性矛盾？为什么？

网络习题

登录巨潮资讯网（www.cninfo.com.cn），选择一家中国上市公司为样本，详细分析其预算目标。

第 10 章 供产销业务

本章要点

10.1　购销业务

10.2　生产业务

10.3　存货

10.4　经营活动费用与非常收支

10.5　经营成果及其分配

学习目标

1. 掌握企业组织购销业务的会计处理
2. 掌握企业组织生产业务的会计处理
3. 掌握企业组织存货的计价方法
4. 掌握企业组织经营活动费用的会计处理
5. 掌握企业组织经营成果及其分配的会计处理

引例

会计学素来也以精确而闻名。会计从业人员可以将企业组织的利润计算到分，其结论似乎“闪耀着精确的光芒”。然而，美国的一位记者亚历克斯·贝伦森在《数字的谎言：华尔街的会计欺诈》（中信出版社，2006）一书中却明确地指出：“除非企业组织关门，否则，企业组织不可能精确地计算出其利润。”这句话流行于华尔街。其实，只要留意会计学利润的整个计算过程，这个“精确的光芒”就会黯然失色，甚至顿时消失。由此，一些有识之士对体现企业组织盈利（赚钱）能力的利润数字感到惊讶。

无独有偶，在中国大学EDP，MBA和EMBA的会计学课堂上，有些原本没有多少会计学知识但却具有丰富实践经验的经理人学完了会计学之后，也纷纷对利润提出了质疑：

“在会计学上，是否存在真实的收入和真实的成本？”

“何谓赚钱？”

“我们所看到的会计学计算出来的利润代表赚钱吗？”

“企业组织的财务报表明明显示出巨额的利润，可是，为什么老觉得钱不够用啊？”

对这些问题，如何解释呢？

10.1 购销业务

企业组织的购销业务是企业组织最基本的业务。其背后不仅隐含着企业组织的收入、成本、费用和利润，而且隐含着企业组织的营运资本（working capital）问题。所谓营运资本，是指企业组织的流动资产总额与流动负债总额之间的差额。

10.1.1 企业组织的基本经营活动

如前所述，企业组织的经济活动可以分为筹资活动、投资活动和经营活动。以制造业为例，企业组织的经营活动主要由购货、生产和销售等三个环节组成。这就是制造业的经营周期（operating cycle）。制造业的经营周期及其对资产负债表的影响如图 10-1 所示。

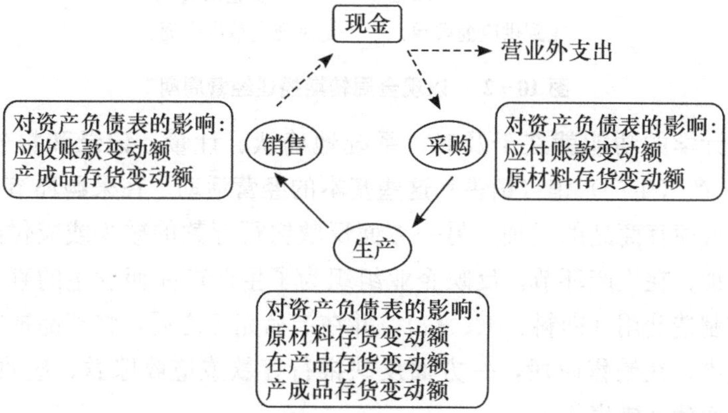

图 10-1　制造业的经营周期及其对资产负债表的影响

根据图 10-1，企业组织的经营周期始于右边的购买原材料行为即采购（purchase），接下来便是原材料转化为产品的过程即生产（production），随后是出售这些产品的过程即销售（sale）。如果企业组织从顾客那里收回现金，那么，企业组织的经营周期便结束了。只要企业组织的经营活动持续下去，经营周期就会周而复始。

> **5分钟回顾：**
> 从事商品流通的企业组织的经营周期如何呢？它与制造业有何差别呢？

企业组织的经营周期的各个环节都会影响企业组织的资产负债表。图 10-1 还描述了企业组织的经营周期各个环节资产负债表项目的变动。例如，企业组织购买原材料（采购），存货和应付账款便增加相应的数额。前者反映购买原材料，后者确认了对供应商的债务。

企业组织的经营周期也可以用图 10-2 描述。

值得注意的是，根据图 10-2，企业组织在收到顾客的现金之前就向供应商付款，这是因为企业组织保有存货（原材料、在产品和产成品）和应收账款的时间比其付款期限长。而付款日与收款日之间的时间差就是现金周转期（cash-to-cash period or cycle）或现金转换期（cash conversion period or cycle）。企业组织的经营周期产生了营运资本的需求。

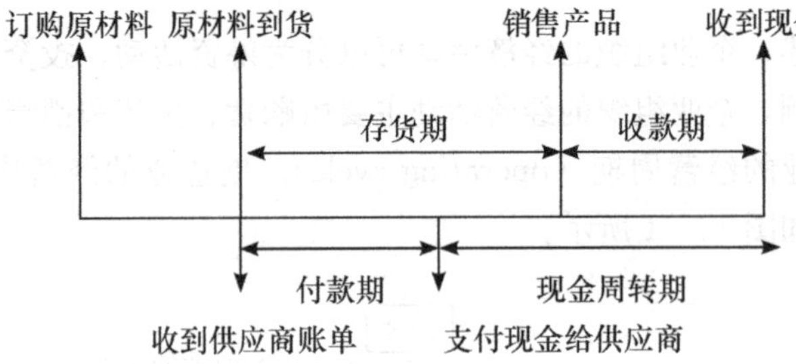

图 10－2　以现金周转期描述经营周期

会计学的功能就在于及时、系统地确认、计量、记录和报告企业组织供（采购）产（生产）销（销售）这些基本的经营活动。在采购环节，一方面反映原材料或库存商品的增加，另一方面反映银行存款的减少或应付账款、应付票据的增加；在生产环节，反映企业组织为了生产产品而发生的直接材料、直接人工和制造费用（即料、工、费），并在产品完工之后，将产品成本转为库存商品的成本；在销售阶段，一方面反映银行存款或应收账款、应收票据的增加，另一方面确认销售收入。

当然，除了供产销等基本经营活动之外，与企业组织经营活动相关的一个重要主题就是税收问题。企业组织的税收问题主要包括两个方面：（1）与企业组织购销过程相关的流转税如增值税等；（2）与企业组织经营成果相关的所得税。

10.1.2　购销业务

企业组织的购销业务同样是一个问题的两个方面：只要有企业组织购买，就有企业组织销售；只要有企业组织是债权人（体现为应收账款或应收票据），就有企业组织是债务人（体现为应付账款或应付票据）；只要有企业组织收款，就有企业组织付款。

1. 收入确认的基本原则

会计学所说的收入与通常人们所说的收入不完全相同。那么，何谓会计学上的收入呢？这就涉及会计学上收入确认的基本原则问题。在会计学上，确认（recognition）是将一个交易或事项作为某项会计要素正式加以记录并列入财务报表的过程。它主要解决应否确认、何时确认和如何确认等三个基本问题。

（1）收入确认的基本条件与确认时间。收入确认的基本条件就是回答应否确认为收入的问题。通常，收入的确认必须同时满足两个条件：1）商品或服务已经提供给顾客即收入已赚取；2）现金或实质上可转化为现金的某项资产确保能够收到即取得货款或收取货款的权利，收入可实现。[1]

满足收入确认条件之后，接下来的问题是何时确认收入。从理论上说，整个经营周期就是收入的形成与实现的过程。经营周期的各个环节对企业组织取得收入都做出了不同程度的贡献，但是，在会计学上，收入只能在经营周期的某个时点确认。这是因为：1）经营周期不同环节对收入的贡献程度难以衡量，目前还没有一种较为客观的方法可以合理地计量各个环节所获得的收入，因此，在各个经营周期的环节完成之时确认收入尚不具备客观性；2）企业组织向顾客提供商品之前，该商品能否销售出去，其生产成本能否得到补偿都具有不确定性，因此，在销售之前确认收入不符合谨慎性原则。

如此一来，到底在企业组织经营周期的哪个环节确认收入呢？只要符合收入确认的基本条件就可以确认收入。问题在于商业信用（trading on credit）的广泛运用，尽管交易或事项已经发生，但企业组织却没有收到相应的款项，产生了应收款项（receivable）。这些应收款项通常在不同期间结算。于是，就出现了这样的问题：收入是在取得收取货款权利时确认还是等到实际收到货款时才确认呢？权责发生制回答了这个问题，那就是在取得收取货款权利时确认收入。[2] 当然，根据权责发生制，解决了收入确认时间问题也就解决了商业信用所涉及的资产与负债的确认时间问题。因为根据复式记账法，确认收入的同时必然确认资产（如银行存款、库存现金、应收账款或应收票据等项目）的增加或负债（如预收账款或应付账款等项目）的减少。

（2）收入金额的确认。明确收入确认的基本条件和确认时间之后，接下来的问题是如何确认收入的金额。这就是收入计量（measurement）问题。企业组织的购销业务通常存在折扣（discount）问题。这里的折扣包括商业折扣（trade discount）和现金折扣（cash discount）。

1）商业折扣。商业折扣是指企业组织为了促进商品销售，鼓励顾客成批购买，在顾客成批购买时，对零售价格所给予的一个折扣。通常，这个折扣以百分数表示。例如，某商品的零售价格为每件10元，如果购货方成批购买40件以上，可以享受20%的商业折扣。某企业组织订购50件，其发票价格为400元（10×50－10×50×20%或10×80%×50）。这个金额既是销货方记录收入的金额，也是购货方支付款项的金额。商业折扣是确定销货发票价格的一种手段，

---

① 其实，已赚取（earned）和可实现（realizable）只是收入确认条件的简要表述。我国《企业会计准则第14号——收入》第四条规定，销售商品收入必须同时满足5个条件才能予以确认。这些条件的讨论已经超出本书的范畴。有兴趣的读者可以进一步参阅中级财务会计方面的相关论著。

② 然而，有些行业（如建筑行业）的收入确认并不完全遵循权责发生制。这种偏离称为“行业惯例”（industry practice）。这些问题的讨论已经超出本书的范畴。有兴趣的读者可以进一步参阅中级财务会计方面的相关论著。

商品交易以发票价格为基础。

2）现金折扣。现金折扣是指销货方（债权人）为了鼓励购货方（债务人）在一定期限内早日偿还货款而给予的一种折扣优惠。基于市场经济环境，商品交易盛行商业信用，赊销（sale on credit）是一种主要方式。实行赊销的商品交易，通常会规定一个还款的期限。这个还款期限称为信用期限（credit period），通常是30天。销货方（债权人）为了鼓励购货方（债务人）尽早归还货款，通常会规定一个比信用期限更短的折扣期限（discount period）。购货方（债务人）在折扣期限内偿还货款，可以享受到一定的折扣。这种折扣就是现金折扣。

现金折扣通常表示为“2/10，1/20，n/30”，即购货方（债务人）在10天之内付款可以折扣2%；10天之后20天之内付款可以折扣1%；20天之后30天之内必须如数付款，不能享受到现金折扣。信用期限和折扣期限都从发票日期的后一天算起，并以购货方（债务人）汇出款项的日期为准。例如，某企业组织赊销商品2 000元，现金折扣条件为“2/10，n/30”。如果购货方（债务人）在10天之内付款，可以得到现金折扣40元（2 000×2%），只需要支付1 960元（2 000－40）；如果购货方（债务人）在10天之后30天之内付款，便不能得到现金折扣，必须全额支付2 000元。

对于销货方（债权人）而言，现金折扣称为销货折扣（sale discount），作为财务费用处理。它有利于加速货款的回收，提高资金的周转速度。对于购货方（债务人）而言，现金折扣称为购货折扣（purchase discount）。如果购货方（债务人）得到现金折扣，可以视为一种财务效益，冲减其财务费用。以“2/10，n/30”的现金折扣为例，如果购货方（债务人）在10天之内支付货款，就可以获得一项相当于年收益率为36.5%（2%÷20×365）的收益。这样的收益率远远高于购货方（债务人）为了提前付款而融资的利率。因此，正常情况下，购货方（债务人）都会尽量早日付款，以获得现金折扣。

5分钟回顾：

1. 企业组织的会计记录是否要专门反映商业折扣？
2. 商业折扣与现金折扣有何不同？

由此可见，现金折扣使得销货方（债权人）应收的款项金额依存于购货方（债务人）的付款时间。当然，购货方（债务人）的付款时间也就决定了其付款的数额。

（3）总价法与净价法。如前所述，现金折扣影响了应收（付）账款的金额。由此就产生了应收（付）账款以什么金额入账的问题。[1] 在会计学上，存在两种

① 因此，基于购货方的立场，应付账款的入账价值也就是存货的入账价值。

可供选择的方法：

1）总价法。总价法（gross method）以尚未扣除现金折扣的价款作为应收（付）账款的入账金额。如果购货方（债务人）提前付款得到现金折扣，那么，销货方（债权人）作为财务费用处理，购货方（债务人）作为一种财务效益，冲减财务费用。

总价法可以较好地反映企业组织购销业务的全过程，但是，如果购货方（债务人）提前付款，获得了现金折扣，总价法可能高估应收（付）账款和销售收入（购货成本），从而虚增应收（付）账款数额。

2）净价法。净价法（net price method）以扣除现金折扣之后的价款作为应收（付）账款的入账金额。这种方法认为购货方（债务人）通常会提前付款，因而，将购货方（债务人）获得现金折扣视为一种正常现象。如果购货方（债务人）不能获得现金折扣，则作为财务费用处理。

值得注意的是，企业组织的购销业务对现金折扣的会计处理方法应该一致，如果采用总价法（或净价法），其购销业务都应该采用总价法（或净价法）。

2. 应收（付）账款

企业组织的购销业务主要包括现购（销）和赊购（销）两种方式。所谓现购（销），通俗地说，就是“一手交钱，一手交货”。现购（销）自然不涉及应收（付）账款问题。而赊购（销）就是前述的商业信用。商业信用对销货方自然产生应收账款（account receivable），而对购货方则自然产生应付账款（account payable）。因此，应收（付）账款的会计处理其实就是赊销（购）的会计处理。

(1) 应收（付）账款的基本账务处理。在正常情况下，销货方（债权人）实现销售收入时，一方面要反映应收账款的产生，按应收金额（包括应收销货款和增值税）记入“应收账款”账户的借方，按确认的销售收入记入“主营业务收入”账户的贷方，同时根据增值税专用发票注明的增值税额记入“应交税费——应交增值税（销项税额）”账户的贷方。另一方面，结转销售成本，记入“主营业务成本”账户的借方，同时记入“库存商品”账户的贷方。销货方（债权人）收回账款时，根据收到的金额记入“银行存款”账户的借方，同时记入“应收账款”账户的贷方。

与销货方（债权人）相对应的购货方（债务人）在购货时，根据应计入采购成本的金额，记入“在途物资”“原材料”或“库存商品”等账户的借方，根据可抵扣的增值税额，记入“应交税费——应交增值税（进项税额）”账户的借方，根据应付金额，记入“应付账款”账户的贷方。购货方（债务人）支付账款时，根据支付金额记入“应付账款”账户的借方，同时记入“银行存款”账户的贷方。

企业组织销售的商品可能因质量或其他问题，购货方（债务人）要求部分或全部退货，或者要求减让部分价款。如果销货方（债权人）同意退回商品或减让部分价款，就产生了销货退回与折让（sale return and allowance）。这时，销货方（债权人）一方面要根据退货或折让价款注销原先确认的销售收入，记入“主营业务收入”账户的借方，根据退货或折让部分的增值税额，记入“应交税费——应交增值税（销项税额）”账户的借方，同时冲减相应的应收金额，记入“应收账款”账户的贷方。另一方面，要注销原先结转的退货部分的销售成本，记入“库存商品”账户的借方，同时记入“主营业务成本”账户的贷方。

如果购货方（债务人）要求退回商品或减让部分价款并得到销货方（债权人）同意，就产生了购货退回与折让（purchase return and allowance）。这时，购货方（债务人）应该根据退回商品或折让的价款及其相应的增值税额，记入“应付账款”账户的借方，根据退回商品或折让的价款，记入“原材料”或“库存商品”账户的贷方，根据退回商品或折让价款相应的增值税额，记入“应交税费——应交增值税（进项税额）”账户的贷方。

案例 10-1

华南公司与江南公司存在密切的购销业务关系。华南公司商品的销售成本为其销售价款的 80%。假设适用的增值税税率为 17%。

2016 年 3 月 1 日，华南公司以“2/10，n/30”的信用条件赊销一批价款为 100 000 元的商品给江南公司。

2016 年 3 月 8 日，该商品运达江南公司，江南公司经过验收发现部分商品存在瑕疵，但还不至于严重影响其质量。经过双方友好协商，华南公司同意折让 10%的价款。

2016 年 3 月 11 日，华南公司收到江南公司汇来的购货款。

2016 年 4 月 2 日，华南公司以“2/10，n/30”的信用条件又赊销一批价款为 1 000 000元的商品给江南公司。该批商品当天送达江南公司，江南公司验收无误，已经入库。

2016 年 4 月 30 日，华南公司收到江南公司汇来的购货款。

根据案例 10-1 的资料，华南公司（销货方）与江南公司（购货方）两个不同会计主体（双方地位相对应）的会计处理如表 10-1 所示。

5 分钟回顾：

案例 10-1，如果华南公司与江南公司之间的购销业务都是现销的话，其会计处理该如何呢？

表 10-1　　华南公司（销货方）与江南公司（购货方）会计处理一览表

交易日期	交易事项	华南公司（销货方）		江南公司（购货方）	
		总价法	净价法	总价法	净价法
2016.3.1	购（销）货	确认销售收入： 借：应收账款　117 000 　贷：主营业务收入　100 000 　　应交税费——应交增值税（销项税额）　17 000 同时，结转销售成本： 借：主营业务成本　80 000 　贷：库存商品　80 000	确认销售收入： 借：应收账款　115 000 　贷：主营业务收入　98 000 　　应交税费——应交增值税（销项税额）　17 000 同时，结转销售成本： 借：主营业务成本　80 000 　贷：库存商品　80 000	借：在途物资　100 000 　应交税费——应交增值税（进项税额） 　17 000 　贷：应付账款　117 000	借：在途物资　98 000 　应交税费——应交增值税（进项税额）　17 000 　贷：应付账款　115 000
2016.3.8	销（购）货折让	借：主营业务收入　10 000 　应交税费——应交增值税（销项税额）　1 700 　贷：应收账款　11 700	借：主营业务收入　9 800 　应交税费——应交增值税（销项税额）　1 700 　贷：应收账款　11 500	借：库存商品　90 000 　应付账款　11 700 　贷：在途物资　100 000 　　应交税费——应交增值税（进项税额）　1 700	借：库存商品　88 200 　应付账款　11 500 　贷：在途物资　98 000 　　应交税费——应交增值税（进项税额）　1 700
2016.3.11	收（付）款	借：银行存款　103 500 　财务费用　1 800 　贷：应收账款　105 300	借：银行存款　103 500 　贷：应收账款　103 500	借：应付账款　105 300 　贷：银行存款　103 500 　　财务费用　1 800	借：应付账款　103 500 　贷：银行存款　103 500
2016.4.2	购（销）货	确认销售收入： 借：应收账款　1 170 000 　贷：主营业务收入　1 000 000 　　应交税费——应交增值税（销项税额）　170 000 同时，结转销售成本： 借：主营业务成本　800 000 　贷：库存商品　800 000	确认销售收入： 借：应收账款　1 150 000 　贷：主营业务收入　980 000 　　应交税费——应交增值税（销项税额）　170 000 同时，结转销售成本： 借：主营业务成本　800 000 　贷：库存商品　800 000	借：库存商品　1 000 000 　应交税费——应交增值税（进项税额） 　170 000 　贷：应付账款　1 170 000	借：库存商品　980 000 　应交税费——应交增值税（进项税额） 　170 000 　贷：应付账款　1 150 000
2016.4.30	收（付）款	借：银行存款　1 170 000 　贷：应收账款　1 170 000	借：银行存款　1 170 000 　贷：应收账款　1 150 000 　　财务费用　20 000	借：应付账款　1 170 00 　贷：银行存款　1 170 000	借：应付账款　1 150 00 　财务费用　20 000 　贷：银行存款　1 170 000

（2）应收账款的坏账损失问题。市场经济的商业信用固然有助于扩大企业组织的销售，提升其产品的市场份额，但是，商业信用自然也会产生应收账款。而有些应收账款难免收不回来或收回来的可能性较小。这些无法收回或收回可能性较小的应收账款就称为坏账（bad debt）。坏账的发生通常是由于信用政策过宽、信用调查不实或债务人财务状况恶化引起的，其结果总会给债权人带来损失。由于这种损失难以避免，通常称为坏账损失（loss on bad debt）。

通常，应收账款只要符合下列条件之一，就可以确认为坏账：债务人破产，以其破产资产清偿之后仍然无法收回；债务人死亡，以其遗产清偿之后仍然无法收回；债务人较长时间内未履行其偿债义务，并有足够的证据证明无法收回或收回的可能性极小。当然，根据上述条件确认为坏账的应收账款并不意味着债权人就可以或已经放弃追索权，一旦重新收回应收账款，企业组织应该及时入账。

应收账款的坏账损失的会计处理方法包括直接销账法（direct write-off method）和备抵法（allowance method）。①

1）直接销账法。直接销账法是指在坏账实际发生时直接确认坏账损失的方法，即将实际坏账损失直接从应收账款注销并转为该会计分期的损失。根据这种方法，确认坏账与确认坏账损失处于同一个会计分期。企业组织确认坏账损失时，根据实际的坏账损失，记入“资产减值损失——坏账损失”账户的借方和“应收账款”账户的贷方。如果企业组织已经转销的应收账款重新收回，根据实际收回数额，记入“应收账款”账户的借方和“资产减值损失——坏账损失”账户的贷方。与此同时，记入“银行存款”账户的借方和“应收账款”账户的贷方。

直接销账法简单、实用，但这种方法不符合配比原则和权责发生制，因为收入可能已经在坏账实际发生以前的会计分期确认。这样，坏账损失跟与坏账相关的应收账款分属于不同会计分期。同时，直接销账法在一定程度上夸大或虚报了应收账款的价值，从而夸大或虚报了资产项目的价值。

2）备抵法。备抵法是指设置“坏账准备”（allowance for bad debt）账户，在各个会计分期内先估计坏账损失并记入当期费用，一旦坏账实际发生，再根据其金额冲减坏账准备并注销应收账款的方法。根据这种方法，确认坏账与估计坏账损失处于不同会计分期。在资产负债表日，根据估计的坏账损失数额计提坏账准备，记入“资产减值损失——坏账损失”账户的借方和“坏账准备”账户的贷方。企业组织实际发生坏账损失时，根据实际坏账损失的数额，记入“坏账准备”账户的借方和“应收账款”账户的贷方。如果企业组织已经转销的应收账款重新收回，根据实际收回数额记入“应收账款”账户的借方和“坏账准备”账户的贷方。与此同时，记入“银行存款”账户的借方和“应收账款”账户的贷方。②

---

① 我国的企业组织通常采用备抵法。

② 已经转销的应收账款重新收回，企业组织也可以根据实际收回数额记入“银行存款”账户的借方和“坏账准备”账户的贷方。

根据备抵法，坏账损失跟与坏账相关的应收账款属于同一个会计分期，符合配比原则和权责发生制。“坏账准备”账户是“应收账款”账户的备抵账户。因此，采用备抵法，在注销不能收回的应收账款时，只是使得应收账款的账面价值及其备抵账户“坏账准备”的账面价值同时减少，不会影响该会计分期的利润和资产总额。

5 分钟回顾：

期末，“坏账准备”账户的余额在资产负债表上如何列示呢？

那么，基于备抵法，如何估计坏账损失呢？通常，企业组织以历史经验为基础，参照当前的市场经济情境、销售业务和赊销政策变动情况等因素估计坏账损失的数额。具体地说，估计坏账损失的方法主要包括赊销净额百分比法（percentage of sale method）、应收账款余额百分比法（percentage of account receivable method）和应收账款账龄分析法（aging of account receivable method）。

赊销净额百分比法是按照赊销净额的一定百分比（坏账损失率）估计坏账损失数额的方法。之所以采用赊销净额，是因为现销不可能产生应收账款，而且赊销总额中，已经退回或折让的部分，也不可能再有坏账。当然，如果企业组织的销售退回或折让占赊销总额的比重很小或相对固定，也可以按赊销总额确定坏账损失，甚至如果企业组织的现销占销售总额的比重不大或相对固定，也可以按销售总额确定坏账损失。例如，假设华南公司 2015 年度的赊销净额为 10 000 000 元，根据该公司过去的经验，坏账损失率估计为赊销净额的 0.15%，那么，估计的坏账损失数额为 15 000 元（10 000 000×0.15%）。如果此时华南公司的“坏账准备”账户的贷方余额为 16 800 元，这就意味着华南公司上年度估计的坏账损失数额大于实际发生的数额。因此，需冲减“资产减值损失——坏账损失”账户 1 800 元（16 800－15 000）。过账之后，“坏账准备”账户的贷方余额为 15 000 元。“坏账准备”账户余额 15 000 元就是华南公司 2015 年度应收账款可能导致的坏账损失数额。

5 分钟回顾：

如果华南公司的“坏账准备”账户不是贷方余额 16 800 元而是借方余额16 800 元，那么，记入“资产减值损失——坏账损失”账户的数额应该为多少呢？

相对而言，赊销净额百分比法比较简单，但是，从理论上说，这种方法将全部赊销净额都作为估计坏账损失的基础，存在逻辑问题。因为赊销净额中已经收回的部分与坏账损失无关。况且，赊销净额中，有的拖欠时间较长，有的拖欠时间较短，其坏账损失率存在较大差别。

应收账款余额百分比法是按照应收账款余额的一定百分比（坏账损失率）

估计坏账损失数额的方法。尽管应收账款余额法在一定程度上克服了赊销净额百分比法的缺陷，但是，对拖欠时间长短依然不加区分，一律用一个统一的坏账损失率估计坏账损失数额。此外，这种方法对当年（期）赊销当年（期）就注销掉的坏账损失不加考虑。

应收账款账龄分析法是按照应收账款的账龄长短，采用不同的百分比（坏账损失率）估计坏账损失数额的方法。这里的“账龄”是指债务人所欠账款的时间长短。通常，账款拖欠的时间越长，发生坏账的可能性就越大；反之，账款拖欠的时间越短，发生坏账的可能性就越小。例如，假设华南公司 2015 年 12 月 31 日“应收账款”账户的借方余额为 2 000 000 元，其账龄分布、估计的坏账损失率和估计的坏账损失数额分别如表 10－2 所示。

表 10－2　　华南公司应收账款账龄及其坏账损失估计表　　单位：元

账龄	应收账款余额	估计的坏账损失率（%）	估计的坏账损失数额
未到期	600 000	1	6 000
过期 1～30 天	500 000	3	15 000
过期 31～60 天	400 000	10	40 000
过期 61～90 天	300 000	20	60 000
过期 90 天以上	200 000	50	100 000
合计	2 000 000	—	221 000

根据表 10－2，华南公司 2015 年度估计的坏账损失数额为 221 000 元。

应收账款账龄分析法只是应收账款余额百分比法的改进，它克服了应收账款余额百分比法的缺陷，对不同账龄的应收账款区别对待，采用不同的坏账损失率。因此，其计算结果相对合理一些。但是，这种方法对当年（期）赊销当年（期）就注销掉的坏账损失依然不加考虑。

无论企业组织采用赊销净额百分比法，还是应收账款余额百分比法或应收账款账龄分析法估计坏账损失，都只影响到坏账损失的估计数额，并不影响坏账损失的会计处理。

案例 10－2

华南公司应收账款坏账损失的会计处理从 2012 年开始采用备抵法。根据该公司的历史经验，估计的坏账损失率为应收账款余额的 0.3%。

2012 年 12 月 31 日，华南公司的“应收账款”账户的借方余额为 2 500 000 元。

2013 年 10 月 28 日，华南公司确认江南公司所欠的 9 000 元购货款无法收回。

2013 年 12 月 31 日，华南公司的“应收账款”账户的借方余额为 3 000 000 元。

2014 年 11 月 18 日，华南公司确认南方公司所欠的 8 500 元购货款无法收回。

2014 年 12 月 31 日，华南公司的“应收账款”账户的借方余额为 2 600 000 元。

2015年10月18日，华南公司重新收回2012年10月28日注销的江南公司购货款9 000元。

2015年12月31日，华南公司的"应收账款"账户的借方余额为2 000 000元。

根据案例10-2的资料，华南公司采用直接销账法和备抵法的会计处理如表10-3所示。

表10-3　华南公司账务处理一览表

交易日期	交易事项	直接销账法	备抵法
2012.12.31	计提坏账准备	无须做出会计处理	借：资产减值损失 7 500 贷：坏账准备 7 500
2013.10.28	确认坏账损失	借：资产减值损失 9 000 贷：应收账款 9 000	借：坏账准备 9 000 贷：应收账款 9 000
2013.12.31	计提坏账准备	无须做出会计处理	借：资产减值损失 10 500① 贷：坏账准备 10 500
2014.11.18	确认坏账损失	借：资产减值损失 8 500 贷：应收账款 8 500	借：坏账准备 8 500 贷：应收账款 8 500
2014.12.31	计提坏账准备	无须做出会计处理	借：资产减值损失 7 300② 贷：坏账准备 7 300
2015.10.18	重新收回应收账款	借：应收账款 9 000 贷：资产减值损失 9 000 借：银行存款 9 000 贷：应收账款 9 000	借：应收账款 9 000 贷：坏账准备 9 000 借：银行存款 9 000 贷：应收账款 9 000
2015.12.31	计提坏账准备	无须做出会计处理	借：坏账准备 10 800③ 贷：资产减值损失 10 800

3. 应收（付）票据

基于市场经济环境和商业信用制度，企业组织之间的交易逐步票据化。票据（note）是指由出票人签发、无条件承诺以一定金额于指定日期支付给收款人的一种书面凭证。票据经过债权人背书（endorsement）之后，在到期日之前可以自由转让或向商业银行申请贴现（discount），具有流通性质。因此，票据是一种流通证券。

除了支票（check）之外，票据主要包括本票（promissory note）和汇票

① 计提"坏账准备"之前，"坏账准备"账户的借方余额为1 500元，按2013年12月31日的"应收账款"余额的0.3%估计的坏账损失为9 000元（3 000 000×0.3%）。这样，2013年度应计提的"坏账准备"数额为10 500元（9 000+1 500）。计提"坏账准备"之后，"坏账准备"账户的贷方余额为9 000元。

② 计提"坏账准备"之前，"坏账准备"账户的贷方余额为500元，按2014年12月31日的"应收账款"余额的0.3%估计的坏账损失为7 800元（2 600 000×0.3%）。这样，2014年度应计提的"坏账准备"数额为7 300元（7 800−500）。计提"坏账准备"之后，"坏账准备"账户的贷方余额为7 800元。

③ 计提"坏账准备"之前，"坏账准备"账户的贷方余额为16 800元，按2015年12月31日的"应收账款"余额的0.3%估计的坏账损失为6 000元（2 000 000×0.3%）。这样，2015年度应按其差额10 800元（16 800−6 000）冲减"坏账准备"。冲减"坏账准备"之后，"坏账准备"账户的贷方余额为6 000元。

(bill of exchange)。本票是指由出票人签发、无条件地承诺在规定的日期向收款人支付一定金额的票据，即由出票人本人付款的票据；汇票则是指由出票人签发、书面委托付款人见票或于指定日期以一定金额支付给收款人的票据。

票据可以计算利息，也可以不计算利息。根据其是否计算利息，票据可以分为不带息票据（non-interest bearing note）和带息票据（interest bearing note)。不带息票据是指票据到期时，付款人只按票面金额（面值）向收款人或被背书人支付款项的票据，不带息票据的到期价值等于其面值。带息票据是指付款人按票面金额加上票据规定利率计算的到期利息向收款人或被背书人支付款项的票据，带息票据的到期价值等于其面值加上到期利息。

通常，人们认为票据比一般的结算方式如应收（付）账款结算方式更具有法律效力，因为其偿付条件已经明确地用书面形式予以规定。况且，票据可以贴现，将票据转化为货币资金也比较容易。因此，企业组织之间的交易广泛运用票据结算。

(1) 应收（付）票据的基本账务处理。如果企业组织之间的交易运用票据结算，便产生应收（付）票据的会计处理问题。从债务人那里取得票据，对持票人（债权人）而言，成为应收票据（note receivable)，而对债务人而言，就是应付票据（note payable)。

在正常情况下，销货方（债权人）实现销售收入时，一方面要反映应收票据的产生，按应收票据的票面金额（包括应收销货款和增值税）计入“应收票据”账户的借方，按确认的销售收入记入“主营业务收入”账户的贷方，同时根据增值税专用发票注明的增值税额记入“应交税费——应交增值税（销项税额)”账户的贷方。另一方面，结转销售成本，记入“主营业务成本”账户的借方，同时记入“库存商品”账户的贷方。票据到期时，销货方（债权人）收回票据款时，根据实际收到的金额记入“银行存款”账户的借方，同时记入“应收票据”账户的贷方。

在正常情况下，与销货方（债权人）相对应的购货方（债务人）在购货时，根据应计入采购成本的金额签发或承兑票据，记入“在途物资”“原材料”或“库存商品”等账户的借方，根据可抵扣的增值税额，记入“应交税费——应交增值税（进项税额)”账户的借方，根据应付票据的票面金额，记入“应付票据”账户的贷方。票据到期时，购货方（债务人）支付票据款，根据支付金额记入“应付票据”账户的借方，同时记入“银行存款”账户的贷方。

5 分钟回顾：

期末，“应收（付）票据”账户的余额在资产负债表上如何列示呢？

那么，票据的到期日如何确定呢？

票据到期日除了票据上明确规定付款日期（例如，票据上明确规定 2016 年

2 月 20 日到期）之外，通常只是写明于一定的期间到期，如 1 个月或 30 天到期。根据国际商业惯例，以月或天表示到期日，其到期日的确定方法有所不同。

1）以“月”表示（若干月之后到期）。这种表述方式指的是若干个月之后与票据签发日同一天为到期日（不论所涉及的月份大小）。例如，2015 年 11 月 21 日签发的 3 个月到期的票据，其到期日就是 2016 年 2 月 21 日。但存在两种特殊的情况：第一，票据签发日为某月份的 31 日，而到期月份只有 30 天。这时，只能以该月的 30 日为到期日。第二，票据签发日为某月份的 29 日、30 日或 31 日，而到期月份为 2 月。这时，只能以 2 月份的最后一天（28 日或 29 日）为到期日。

2）以“天”表示（若干天之后到期）。这时，应该根据实际天数计算到期日。计算时，“算头不算尾”或“算尾不算头”（即头尾只算一天）。例如，2015 年 11 月 21 日签发的 90 天到期的票据，其到期日为 2016 年 2 月 19 日。①

案例 10-3

华南公司与江南公司存在密切的购销业务关系。华南公司商品的销售成本为其销售价款的 80%。假设适用的增值税税率为 17%。

2015 年 11 月 21 日，华南公司赊销一批价款为 100 000 元的商品给江南公司。江南公司于当天收到商品并签发了一张 3 个月、票面价值为 117 000 元的票据给华南公司。

2016 年 2 月 21 日，票据到期，华南公司收到票据款 117 000 元并存入银行账户。

根据案例 10-3 的资料，华南公司（销货方）与江南公司（购货方）两个不同会计主体（双方地位相对应）的会计处理如表 10-4 所示。②

表 10-4　华南公司（销货方）与江南公司（购货方）会计处理一览表

交易日期	交易事项	华南公司（销货方）	江南公司（购货方）
2015.11.21	赊销（购）	确认销售收入： 借：应收票据 117 000 贷：主营业务收入 100 000 应交税费——应交增值税（销项税额） 17 000 结算销售成本： 借：主营业务成本 80 000 贷：库存商品 80 000	借：库存商品 100 000 应交税费——应交增值税（进项税额） 17 000 贷：应付票据 117 000
2016.2.21	结算货款	借：银行存款 117 000 贷：应收票据 117 000	借：应付票据 117 000 贷：银行存款 117 000

① 其计算过程为：2015 年 11 月份还有 9 天（30－21），2015 年 12 月份 31 天，2016 年 1 月份 31 天，2016 年 2 月份 19 天，总共 90 天。

② 严格地说，应收（付）票据的会计处理也存在总价法和净价法问题，但是，其基本原理与应收（付）账款相同。为了节约篇幅，对这个问题这里不作讨论。希望读者举一反三，触类旁通。

（2）带息票据的会计处理。① 带息票据的会计处理与前述的不带息票据的会计处理有所不同。其不同之处主要体现在到期价值的计算与期末利息调整的会计处理上。

1）带息票据的到期价值计算及其账务处理。带息票据通常在票据到期时支付利息，其利息采用单利，其计算公式为：

利息＝票据面值×利率×期限

这里的“期限”是指从票据签发日到票据到期日为止的时间间隔。

如前所述，带息票据的到期价值是票据面值加上票据到期利息，因此，其计算公式为：

票据到期价值＝票据面值＋利息＝票据面值×(1＋利率×期限)

通常，利率为年利率，因此，如果期限是月份或天数，都要换算为按年表示的分数。按照商业惯例，一年为360天。

如果企业组织之间的交易采用带息票据结算，那么，销货方（债权人）在票据到期时收到票据款（票据面值加上利息），记入“银行存款”账户的借方，同时分别记入“应收票据”账户（票据面值）和“财务费用”账户（利息）的贷方。而购货方（债务人）在票据到期时支付票据款（票据面值加上利息），分别记入“应付票据”账户（票据面值）和“财务费用”账户（利息）的借方，同时记入“银行存款”账户的贷方。

案例 10-4

续案例10-3，假设2015年11月21日，江南公司签发的是一张3个月、票面利率为8%、票面价值为117 000元的票据。那么，该票据的到期价值为：117 000×（1＋8%×90/360）＝119 340（元）。其中，票据到期利息为2 340元（119 340－117 000）。

这样，2016年2月21日票据到期时，华南公司（销货方）与江南公司（购货方）两个不同会计主体（双方地位相对应）的会计处理如表10-5所示。

表10-5　　华南公司（销货方）与江南公司（购货方）会计处理一览表

交易日期	交易事项	华南公司（销货方）	江南公司（购货方）
2016.2.21	票据到期	借：银行存款　119 340 　贷：应收票据　117 000 　　　财务费用　2 340	借：应付票据　117 000 　　财务费用　2 340 　贷：银行存款　119 340

① 在我国，企业组织之间签发的票据通常为不带息票据。但是，基于国际经济交易，企业组织按国际惯例也可能签发或收受带息票据。有鉴于此，基于本书编写的指导思想，本章也讨论带息票据会计处理问题。

2）带息票据的期末利息调整及其账务处理。如果带息票据的到期日在下一个会计分期，那么，在期末，为了体现配比原则和权责发生制，就必须确认本会计分期已经赚取或发生的利息。这时，销货方（债权人）根据本会计分期已经赚取的利息金额记入“应收利息”账户的借方，同时记入“财务费用”账户的贷方；票据到期时，根据收到的票据款，记入“银行存款”账户的借方，同时分别记入“应收票据”账户、“应收利息”账户和“财务费用”账户的贷方。而购货方（债务人）则根据本会计分期已经发生的利息金额，记入“财务费用”账户的借方，同时记入“应付利息”账户的贷方；票据到期时，根据支付的票据款，分别记入“应付票据”账户、“应付利息”账户和“财务费用”账户的借方，同时记入“银行存款”账户的贷方。

案例 10-5

续案例 10-3 和案例 10-4，2015 年 12 月 31 日，应该计提归属于 2015 年度的利息 1 040 元（117 000×8%×40/360）。

这样，2015 年 12 月 31 日（资产负债表日）和 2016 年 2 月 21 日，华南公司（销货方）与江南公司（购货方）两个不同会计主体（双方地位相对应）的会计处理如表 10-6 所示。

表 10-6　　华南公司（销货方）与江南公司（购货方）会计处理一览表

交易日期	交易事项	华南公司（销货方）	江南公司（购货方）
2015.12.31	计提利息	借：应收利息　1 040 　贷：财务费用　1 040	借：财务费用　1 040 　贷：应付利息　1 040
2016.2.21	票据到期	借：银行存款　119 340 　贷：应收票据　117 000 　　　应收利息　1 040 　　　财务费用　1 300	借：应付票据　117 000 　　财务费用　1 300 　　应付利息　1 040 　贷：银行存款　119 340

为了避免会计从业人员的疏忽而造成会计处理的差错，西方财务会计通常运用应计项目的转回程序，即在下一个会计分期开始之时为应计项目做出转回分录（reversing entry）。所谓转回分录，是指在新的会计分期开始之时，做出与上一个会计期的期末为了配比原则和权责发生制而对应计项目所做出的调整分录相反的分录。

案例 10-6

续案例 10-5，假设华南公司和江南公司都运用了转回程序，那么，2015 年 12 月 31 日（资产负债表日）和 2016 年 2 月 21 日，华南公司（销货方）与江南公司（购货方）两个不同会计主体（双方地位相对应）的会计处理如表 10-7 所示。

表 10-7　　华南公司（销货方）与江南公司（购货方）会计处理一览表

交易日期	交易事项	华南公司（销货方）	江南公司（购货方）
2015.12.31	计提利息	借：应收利息　1 040 贷：财务费用　1 040	借：财务费用　1 040 贷：应付利息　1 040
2016.1.1	转回程序	借：财务费用　1 040 贷：应收利息　1 040	借：应付利息　1 040 贷：财务费用　1 040
2016.2.21	票据到期	借：银行存款　119 340 贷：应收票据　117 000 财务费用　2 340	借：应付票据　117 000 财务费用　2 340 贷：银行存款　119 340

5分钟回顾：

运用转回程序是否会改变当期确认的利息费用或利息收益？为什么？

（3）应收票据贴现的会计处理。如果企业组织在票据到期之前需要资金周转，可以经过背书手续，向商业银行借款。如果商业银行同意借款给企业组织，就会按一定的利率从票据到期价值扣除从借款日到票据到期日的利息，然后将余额支付给企业组织。这种运用票据向商业银行借入资金的融资行为就称为应收票据贴现。商业银行所扣除的利息称为商业银行贴现利息，所用的利率称为贴现利率（discount rate）。企业组织所得款项称为贴现实得款（proceed）。相关计算公式为：

贴现利息＝票据到期价值×贴现利率×贴现期

贴现实得款＝票据到期价值－贴现利息

＝票据到期价值×(1－贴现利率×贴现期)

这里的"贴现期"是指从票据贴现日到票据到期日的贴现天数。在计算贴现期时，通常也是"算头不算尾"或"算尾不算头"，即贴现日与到期日只算一天。

对于不带息票据而言，其贴现实得款肯定低于票据面值；对于带息票据而言，其贴现实得款可能高于票据面值，也可能低于票据面值。无论贴现实得款高于票据面值还是低于票据面值，其差额都作为财务费用处理。

5分钟回顾：

贴现实得款高于还是低于票据面值取决于何种因素呢？

企业组织持未到期票据向商业银行贴现时，根据贴现实得款，记入"银行存款"账户的借方；根据贴现利息，记入"财务费用"账户的借方，同时根据票据的面值，记入"应收票据"账户的贷方。如果企业组织贴现的票据是带息票据，那么，贴现实得款高于票据面值部分，记入"财务费用"账户的贷方；贴现实得款低于票据面值部分，则记入"财务费用"账户的借方。

案例 10－7

续案例 10－3，假设 2015 年 11 月 21 日，江南公司签发给华南公司的是一张 3 个月、票面利率为 8%、票面价值为 117 000 元的票据。那么，该票据的到期价值为：117 000×（1＋8%×90/360）＝119 340（元）。假设华南公司因资金周转问题，于 2015 年 12 月 1 日将持有的江南公司签发的票据向华夏商业银行贴现，华夏商业银行的贴现利率为 9%。那么，华南公司票据实得款为：

贴现实得款＝119 340×(1－9%×80/360)＝116 953.20(元)

根据上述计算结果，2015 年 12 月 1 日，华南公司收到贴现实得款时，做如下会计分录：

借：银行存款	116 953.20	
财务费用	46.80	
贷：应收票据		117 000

5 分钟回顾：

如果华南公司不是 2015 年 12 月 1 日贴现，而是在 2015 年 11 月 21 日贴现，其会计处理如何呢？

为了反映应收票据贴现背后的追索权问题，西方财务会计在应收票据贴现时，通常并不冲销“应收票据”账户，而是运用“贴现应收票据”（note receivable discounted）账户进行会计处理。这是因为应收票据的贴现不等于兑现。如果票据的付款人到期不能偿还款项，背书贴现人依然负有连带清偿责任。在会计学上，这种责任称为或有负债（contingent liability）。

所谓或有负债，是指具有不确定性的债务，只有在发生某种事件时才发生的负债。在应收票据贴现时，票据的到期日尚未到来，贴现人所负的连带清偿责任并不确定。如果票据到期时付款人能够承兑付款，贴现人的连带清偿责任便不存在；相反，如果票据到期时付款人违约而不能承兑付款，那么，贴现人就必须代付款人支付这项债务。这时，或有负责成为实际负债。这样，由于贴现人在票据承兑之前负有或有负债，因此，不能直接冲销“应收票据”账户，而是通过“贴现应收票据”账户来冲减“应收票据”账户。“贴现应收票据”账户是“应收票据”账户的备抵账户。只有等到付款人实际付款时，才冲销“贴现应收票据”账户。

案例 10－8

续案例 10－7，2015 年 12 月 1 日，华南公司收到贴现实得款时，做如下会计分录：

借：银行存款	116 953.20
财务费用	46.80

贷：贴现应收票据　　117 000

2016 年 2 月 21 日票据到期时，如果江南公司能够承兑付款，那么，华南公司做如下会计分录：

借：贴现应收票据　　117 000

贷：应收票据　　117 000

2016 年 2 月 21 日票据到期时，如果江南公司违约不能承兑付款，那么，贴现银行就会通知华南公司并将该拒付票据（dishonored note）的到期价值全部从华南公司的银行存款账户扣除，同时收取小额的拒付手续费（protest fee）。这时，华南公司做如下会计分录：

（1）代付款人（江南公司）偿付票据到期价值和拒付手续费（假设为 10 元）并转为对江南公司的应收账款，做如下会计分录：

借：应收账款　　117 010

贷：银行存款　　117 010

（2）注销或有负债，做如下会计分录：

借：贴现应收票据　　117 000

贷：应收票据　　117 000

由此可见，应收票据到期时，不论付款人能否付款，都必须注销或有负债——贴现应收票据。因为应收票据到期时，如果付款人能够付款，那么，贴现人的连带清偿责任就消失；如果付款人到期违约不能付款，那么，贴现人的或有负债转化为真正的负债而必须履行。因此，应收票据到期时，不论付款人能否付款，都必须注销“贴现应收票据”账户。

5 分钟回顾：

期末，“贴现应收票据”账户的余额在资产负债表上如何列示？

10.2 生产业务

生产业务是制造业的重要经营活动之一。企业组织的生产过程，既是价值的创造过程，也是生产费用的发生与产品成本的形成过程。一方面，企业组织借助于劳动资料对劳动对象进行加工，生产出社会需求的各种产品；另一方面，企业组织又必然发生各种材料费用、人工费用和其他费用。

10.2.1 企业组织的经营资金运动过程

在企业组织的生产过程中，随着各种材料的投入使用和人工费用的消耗，企业组织的资金形态由储备资金或货币资金转化为生产资金；同时，在生产过程中使用的固定资产和低值易耗品，也以折旧或摊销的形式将其价值转化为成本费用（产品成本或期间费用）。随着完工产品的验收入库，生产资金又转化为成品资金。最后，通过产品销售，成品资金又转化为货币资金。如此周而复始，构成一幅企业组织生产业务的和谐景象。

企业组织的经营资金运动过程如图 10－3 所示。

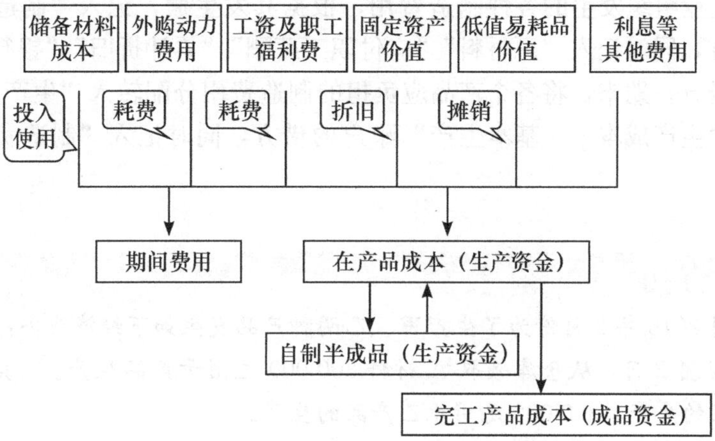

图 10－3 企业组织的经营资金运动过程

10.2.2 生产成本[①]

如前所述，生产成本是指企业组织在生产制造产品过程中所发生的成本。生产成本包括直接材料、直接人工和制造费用，即通常所说的“料、工、费”。

1. 直接材料

如前所述，直接材料是指企业组织在生产制造产品过程中所耗用的、构成产品主要成分，并易于追溯到特定产品的材料成本。

企业组织发生的各项直接材料成本，根据其发生数额，记入“生产成本——基本生产”账户的借方，同时记入“原材料”账户的贷方。产品完工之后，根据完工产品的成本，结转产品成本，记入“库存商品”账户的借方，同时记入“生产成本——基本生产”账户的贷方。

2. 直接人工

如前所述，直接人工是指企业组织在生产产品过程中，直接参与产品的生产过程所耗用并能追溯到特定产品的人工成本。

企业组织发生的各项直接人工成本，根据其发生额，记入“生产成本——

① 制造业生产成本的计算过程较为复杂。基于本书的定位，这里只是根据生产成本的形成原理简要讨论生产成本的会计处理与产品成本计算。有兴趣的读者可以进一步参阅成本会计方面的相关论著。

基本生产”账户的借方，同时记入“应付职工薪酬”[①]、“银行存款”、“库存现金”账户的贷方。产品完工之后，根据完工产品的成本，结转产品成本，记入“库存商品”账户的借方，同时记入“生产成本——基本生产”账户的贷方。

3. 制造费用

如前所述，制造费用是指企业组织在生产产品过程中所发生的不能归入直接材料、直接人工成本的所有其他费用。

企业组织发生的各种制造费用，根据其发生额，记入“制造费用”账户的借方，同时记入“原材料”“应付职工薪酬”“累计折旧”“银行存款”等账户的贷方。期末，将各个产品应负担的制造费用分配转入“生产成本”账户，记入“生产成本——基本生产”账户的借方，同时记入“制造费用”账户的贷方。

案例 10－9

华南公司 2016 年 2 月份为了生产甲、乙两种产品发生如下经济业务：

2016 年 2 月 2 日，从仓库领取 A 材料 800 000 元用于产品生产。[②] 其中，500 000 元用于甲产品的生产，300 000 元用于乙产品的生产。

2016 年 2 月 4 日，从仓库领取 B 材料 40 000 元，供生产车间作为辅助材料使用。

2016 年 2 月 28 日，结算本月份的职工工资 480 000 元。其中，甲产品生产工人的工资为 250 000 元，乙产品生产工人的工资为 150 000 元，生产车间管理人员的工资为 60 000 元，行政管理部门职工的工资为 20 000 元。

2016 年 2 月 28 日，从银行提取现金并支付职工工资。[③]

2016 年 2 月 28 日，分别按职工工资总额的 10%，12%，2%，10%，2%和 1%，计提职工医疗保险费、养老保险费、失业保险费、住房公积金、工会经费和职工教育经费。[④]

2016 年 2 月 28 日，计提固定资产折旧 63 200 元。其中，生产车间使用固定资产计

① 根据我国《企业会计准则第 9 号——职工薪酬》第二条，职工薪酬是指企业组织为了获得职工提供的服务或解除劳动关系而给予的各种形式的报酬或补偿。职工薪酬包括短期薪酬、离职后福利、辞退福利和其他长期职工福利。企业组织提供给职工配偶、子女、受赡养人、已故员工遗属及其他受益人等的福利，也属于职工薪酬。职工薪酬（尤其是非货币性福利和以现金结算的股份支付形成的职工薪酬）的会计处理较为复杂，基于本书的定位，这里只是从生产成本的视角讨论职工薪酬的会计处理问题。至于职工薪酬的其他会计处理，有兴趣的读者可以进一步参阅中级财务会计方面的相关论著。

② 这里的原材料采用实际成本核算。至于领用原材料的实际成本如何确定，本章第 3 节将进一步讨论。原材料也可以采用计划成本核算。基于本书的定位和本章的目的，这里不讨论原材料的计划成本核算问题。有兴趣的读者可以进一步参阅中级财务会计方面的相关论著。

③ 如果企业组织委托商业银行发放职工的工资薪酬，可以不通过“库存现金”账户，直接通过“银行存款”账户，即直接支付职工的工资薪酬，根据支付额，记入“应付职工薪酬”账户的借方，同时记入“银行存款”账户的贷方。

④ 计提的比例为 37%（10%＋12%＋2%＋10%＋2%＋1%）。其中，社会保险费的计提比例为 24%（10%＋12%＋2%）。

提折旧 47 600 元，行政管理部门使用固定资产计提折旧 15 600 元。

2016 年 2 月 28 日，将制造费用按生产工人工资比例分配到甲、乙两种产品。

2016 年 2 月 28 日，甲、乙两种产品全部完工，甲产品 2 000 件和乙产品 1 000 件经验收全部合格并入库。

根据案例 10－9 的资料，华南公司 2016 年 2 月份生产业务的会计处理如表 10－8 所示。

表 10－8　　　　华南公司 2016 年 2 月份生产业务的会计处理一览表

交易日期	交易事项	会计处理	
2016.2.2	领取原材料，直接用于产品生产	借：生产成本——基本生产——甲产品 　　　　　　　　　　　——乙产品 　贷：原材料——A 材料	500 000 300 000 800 000
2016.2.4	领取生产用的辅料	借：制造费用 　贷：原材料——B 材料	40 000 40 000
2016.2.28	结算职工的工资薪酬	借：生产成本——基本生产——甲产品 　　　　　　　　　　　——乙产品 　　制造费用 　　管理费用 　贷：应付职工薪酬——工资	250 000 150 000 60 000 20 000 480 000
2016.2.28	提取现金并支付职工工资	提取现金： 借：库存现金 　贷：银行存款 支付职工的工资薪酬： 借：应付职工薪酬——工资 　贷：库存现金	 480 000 480 000 480 000 480 000
2016.2.28	计提各种保险费、住房公积金、工会经费和职工教育经费	借：生产成本——基本生产——甲产品 　　　　　　　　　　　——乙产品 　　制造费用 　　管理费用 　贷：应付职工薪酬——社会保险费 　　　　　　　　——住房公积金 　　　　　　　　——工会经费 　　　　　　　　——职工教育经费	92 500 55 500 22 200 7 400 115 200 48 000 9 600 4 800
2016.2.28	计提固定资产折旧	借：制造费用 　　管理费用 　贷：累计折旧	47 600 15 600 63 200
2016.2.28	结转、分配制造费用①	借：生产成本——基本生产——甲产品 　　　　　　　　　　　——乙产品 　贷：制造费用	106 125 63 675 169 800

① 这时，“制造费用”账户的借方余额为 169 800 元（40 000＋60 000＋22 200＋47 600）。生产工人的工资为 400 000 元（250 000＋150 000）。制造费用分配率为 0.424 5（169 800/400 000）。甲产品分配制造费用 106 125 元（0.424 5×250 000），乙产品分配制造费用 63 675 元（0.424 5×150 000 或 169 800－106 125）。

续前表

交易日期	交易事项	会计处理
2016.2.28	结转完工产品成本①	借：库存商品——甲产品 948 625 ——乙产品 569 175 贷：生产成本——基本生产——甲产品 948 625 ——乙产品 569 175

5 分钟回顾：

1. 期末，如果“生产成本”账户存在余额意味着什么？该余额在资产负债表上如何列示？

2. 表 10－8 的产品成本为何不包括管理费用？

上述生产成本的计算过程及其结果体现了“不同目的，不同成本”的存货计价与收益确定目的，即财务会计的成本观念。

10.3 存货

存货（inventory）是企业组织重要的流动资产之一。因此，存货的会计处理是一个重要的会计学问题。

10.3.1 存货的种类与范围

要理解存货的会计处理，首先要理解存货会计处理的关键问题，分清存货的类别，认定存货的范围。

1. 存货会计处理的关键问题

无论是制造业还是商品流通业，存货都是重要的流动资产项目。由于存货成本与销售成本之间存在密切的关系，如何确定存货的数量及其价值直接影响到企业组织的财务状况与经营成果。因此，存货的会计处理既涉及企业组织的资产负债表，又涉及企业组织的利润表。它直接关系到企业组织财务报表的质量。存货的会计处理也体现了“不同目的，不同成本”的存货计价与收益确定目的。

存货成本与销售成本之间的关系可用如下公式表示：

① 甲产品的生产成本为 948 625 元（500 000＋250 000＋92 500＋106 125），乙产品的生产成本为 569 175 元（300 000＋150 000＋55 500＋63 675）。这样，甲产品的单位生产成本为 474.31 元（948 625/2 000），乙产品的单位生产成本为 569.18 元（569 175/1 000）。

本期销售成本＝期初存货成本＋本期入库存货成本－期末存货成本

图 10－4 描述了存货成本与销售成本之间的关系。

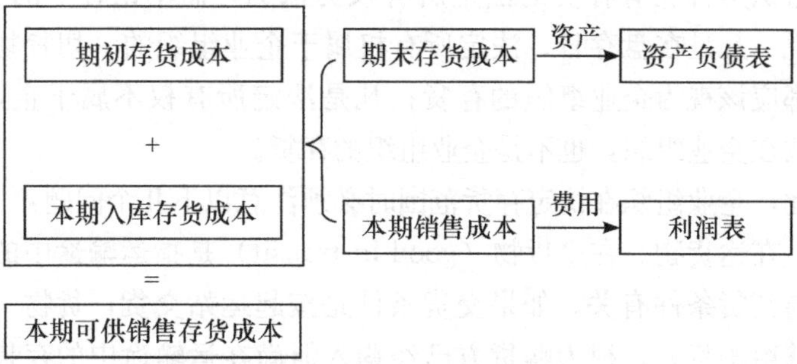

图 10－4　存货成本与销售成本的关系

根据图 10－4，存货会计处理的关键问题在于：(1) 合理地确定期末存货成本，提供资产负债表的存货价值；(2) 合理地确定本期销售成本，以便与销售收入相配比，为恰当地确定利润奠定基础。存货的会计处理正是围绕这两个主题而展开的。

2. *存货的种类*

如前所述，存货是指企业组织在日常经营活动中持有的以备出售的产成品或商品、处于生产过程中的在产品、在生产过程或提供劳务过程中耗用的材料和物料等。因此，存货主要包括：

(1) 在正常经营过程中储存待售的资产项目。这主要指商品流通业的库存商品（commodity inventory）和制造业的产成品（finished goods inventory）。

1) 库存商品。这是商品流通业为了销售而购进的商品。这些商品在销售之前，其实物形态保持不变。

2) 产成品。这是制造业自行生产并完工入库、可对外销售的商品。

(2) 生产过程耗用的资产项目。这主要指制造业的原材料（raw material inventory）、零部件（part inventory）、在产品（work in process inventory）和辅助材料（manufacturing supply inventory）。

1) 原材料。是指制造业外购并准备直接用于产品的生产，构成产品实体的库存材料。

2) 零部件。是指制造业自制或外购并准备用于产品生产的零件或部件。

3) 在产品。是指制造业自行生产但尚未完工，有待进一步加工的产品。

4) 辅助材料。是指制造业外购并准备用于产品生产但不构成产品实体的库存材料。

(3) 杂项存货（miscellaneous inventory），指供企业组织日常耗用的事务性用品、运输用品等库存项目。

3. *存货的范围*

由于存货收发频繁，流动性大，存放地点经常变化，因此，要合理地确定其数量及其价值，首先必须明确存货的范围。

企业组织只对其拥有的存货进行会计处理。通常，存货范围的认定标准为：以企业组织是否拥有存货的法定所有权为依据，而不论存货的存放地点如何。也就是说，凡是在盘存日，法定所有权属于企业组织的一切货物，不论存放在何处，都应该视为企业组织的存货；凡是法定所有权不属于企业组织的货物，即使存放在企业组织，也不是企业组织的存货。

为此，企业组织在认定存货范围时必须注意以下几个问题：

（1）在途货物。在途货物（good in transit）是指运输途中的货物，其所有权通常与交货条件有关。如果交货条件是按起运站交货，货物一经交运，所有权就转移给购货方，视为购货方已经购入但尚在运输途中的存货；如果交货条件是按到达站交货，那么，货物在到达目的地之前的运输途中，其所有权仍然属于销货方，应该视为销货方已远离企业组织销往对方但仍然拥有所有权的存货。

（2）寄销品和存销品。一企业组织寄放在其他企业组织委托其代销的货物称为寄销品（consignment-out）。一企业组织受托代其他企业组织销售而存放于企业组织内部的货物称为存销品（consignment-in）。寄销品尽管实物已经离开企业组织而存放在承销人（consignee）那里，但其所有权仍然没有转移。相反，存销品在没有销售出去之前，其实物尽管在企业组织内，但所有权却属于寄销人（consignor），不能列为企业组织的存货。

同理，委托加工材料，属于企业组织的存货；受托加工材料，则不属于企业组织的存货。此外，有些货物已经成交出售，但尚未起运而暂存于企业组织内，由于其所有权已经转移给对方，成为已销品，不属于企业组织的存货。

5分钟回顾：

只要存放在企业组织的货物就是该企业组织的存货吗？

10.3.2 确定存货数量与入账价值

如前所述，存货是具有实物形态的流动资产。由于存货经常处于不断销售或耗用、重置之中，因此，如何确定存货数量及其入账价值就成为存货的会计处理的一个重要问题。

1. 确定存货数量

确定存货数量是指对库存的商品或货物等存货项目进行盘存，以便得出其结存数量。确定存货数量的方法包括定期盘存制（periodic inventory method）和永续盘存制（perpetual inventory method）。

（1）定期盘存制，又称实物盘存制（physical inventory method），是一种平时对存货的增减变化不做记录，而在期末通过实物（地）盘点来确定存货结存数量的方法。如果采用定期盘存制，企业组织在每个会计分期所购入的货物都按购进价格先记入“材料采购”账户。期末盘点之后，确定了结存的存货价值再记入“库存商品”或“原材料”账户。本期的销售成本就从本期可供销售或耗用的存货总额中减去通过盘点得出的期末存货价值而求出，本期“材料采购”账户的成本则作为可供销售的存货总额的一部分直接转入销售成本。因此，对于实际库存的存货价值，平时“库存商品”或“原材料”账户并不做任何反映，只有等到期末盘点后才在账面上予以调整。

案例 10-10

假设江南公司采用定期盘存制确定存货的数量。2016 年 3 月 1 日，江南公司的“库存商品”账户借方余额为 2 000 元。2016 年 3 月 31 日，经过实地盘点，江南公司的库存商品价值为 3 870 元。

根据案例 10-10 的资料，2016 年 3 月 31 日，江南公司应该做如下会计分录：

1）注销“库存商品”账户的期初余额：

借：本年利润	2 000	
贷：库存商品		2 000

2）登记“库存商品”账户的期末余额：

借：库存商品	3 870	
贷：本年利润		3 870

这样，“库存商品”账户的期初余额被注销，按实存数额计入期末余额，并保留到下一个会计分期。“库存商品”账户的期初余额与期末余额之间的差额作为已经销售的存货成本结转到“本年利润”账户。① 由此可见，“库存商品”账户实际上只用来反映期初和期末的存货余额，在平时通常没有任何记录。不过，根据定期盘存制，凡是未计入期末存货的货物都视为已经销售出去。那么，任何由于浪费、偷窃和错发等原因所发生的损失都隐含于销售成本之中，不利于存货的管理。而且缺乏经常的存货记录，难以随时反映各个存货项目的收入、发出与结存情况，不利于存货的计划与控制。有鉴于此，定期盘存制通常适用于存货种类较多、周转快、单位价格较低且收入与发出较为频繁的商品流通业。

（2）永续盘存制，又称账面盘存制（book inventory method），是一种平时对各种存货的收入与发出进行经常性的连续记录，以便随时从账面反映出各种存货结存数额的方法。如果采用永续盘存制，企业组织就应该为各种存货开设明细账户并按各种存货分类进行经常性的明细记录。当然，永续盘存制弥补了

① 西方财务会计采用“收益汇总”（income summary）账户。

定期盘存制的缺陷，但其工作量较大。有鉴于此，永续盘存制适用于制造业。

但是，这并不意味着永续盘存制就不需要进行实物盘点。为了保证账实相符，期末，企业组织同样必须进行实物盘点。对某些价值较高或发生差错可能性较大的存货，还要经常进行实物盘点。经过盘点，如果发现账实不符，就要通过调整分录进行调整，使账实相符。

案例 10-11

2016 年 3 月 31 日，南方公司的 A，B 两种商品的账面价值分别为 9 500 元和 9 000 元。经过实物盘点，发现 A，B 两种商品的实际价值分别为 9 000 元和 9 300 元。

根据案例 10-11 的资料，2016 年 3 月 31 日，南方公司应该做如下会计分录：

1）反映 A 商品的盘亏，做如下调整分录：

借：待处理财产损溢　　500

　贷：库存商品　　500

2）反映 B 商品的盘盈，做如下调整分录：

借：库存商品　　300

　贷：待处理财产损溢　　300

通过上述调整分录，A 商品的账面价值调整为 9 000 元，而 B 商品的账面价值调整为 9 300 元，从而使得库存商品账实相符。

2. *存货的入账价值*

从某种意义上说，应付账款的入账价值也就是存货的入账价值。因此，现金折扣的处理方式（总价法和净价法）影响存货的入账价值。除此之外，附带成本（incidental cost）和制造费用也影响存货的入账价值。

（1）附带成本。企业组织外购商品货源材料，其采购成本除了购入价格之外，还包括使商品或原材料处于可供销售或使用状态的一些直接或间接支出，如运输费用。

附带成本中属于直接费用的，可直接计入相应存货的成本；属于间接费用的，应该根据一定的标准分配计入相关存货的成本。不过，根据重要性原则，如果附带成本相对于购入价格微不足道，那么，是否将附带成本包括在存货价值之中可以灵活处理，但应该注意遵循可比性原则。

（2）制造费用。制造费用是制造业特有的。对于制造业而言，直接材料和直接人工的成本属于直接费用，可以直接计入相应存货的成本。但是，制造费用则不然。制造费用是否应该计入存货成本以及如何计入存在不同认识。目前主要有三种：

1）主要成本法。根据主要成本法（prime costing），存货价值只包括直接材料和直接人工的成本，而不包括制造费用。这种方法相对较为简单，但产品成本不完整，通常只适用于制造费用较小的企业组织。

2）完全成本法。根据完全成本法（full costing），存货价值不仅包括直接材料、直接人工的成本，而且包括制造费用。这是一种传统的存货计价方法。

3）变动成本法。根据变动成本法（variable costing），存货价值包括直接材料成本、直接人工成本和变动性制造费用。固定性制造费用作为期间费用处理，不计入存货价值。这种方法有利于成本控制。①

3. 基于定期盘存制与永续盘存制的存货会计处理的比较

如前所述，确定存货数量的方法包括定期盘存制和永续盘存制，确定存货入账价值的方法包括总价法和净价法。这样，存货的会计处理实际上就存在四种方法，如图 10－5 所示。

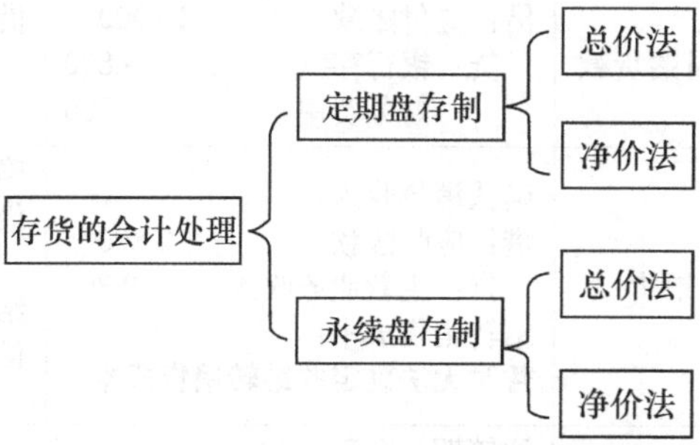

图 10－5　存货会计处理方法之间的关系

如果企业组织采用定期盘存制，那么，应该设置“材料采购”和“库存商品”或“原材料”账户。其中，“库存商品”或“原材料”账户平时通常没有任何记录，只是反映企业组织的期初、期末存货的数额（调整之前，“库存商品”或“原材料”账户的余额一直是期初余额）。期末，将“材料采购”账户余额结转到“本年利润”账户，从而计算出本期销售成本。如果企业组织采用永续盘存制，只需要设置“库存商品”或“原材料”账户。

案例 10－12

假设江南公司存货的会计处理采用总价法。2016 年 3 月份，江南公司有关商品购销业务如下②：

2016 年 3 月 1 日，江南公司的“库存商品”账户借方余额为 2 000 元。

2016 年 3 月 10 日，江南公司以信用方式购入 A 商品，价款为 10 000 元。信用条件为“2/10，n/30”。

① 有关完全成本法与变动成本法的问题，本书第 11 章将进一步讨论。

② 为了更简明扼要地说明问题，本案例不考虑增值税问题，因为增值税对这个问题的讨论没有影响。

2016 年 3 月 18 日，江南公司以银行存款支付购货款。

2016 年 3 月 20 日，江南公司赊销 A 商品，价款为 9 800 元，销售成本 8 130 元。信用条件为“2/10，n/30”。

2016 年 3 月 31 日，经过实地盘点，江南公司的库存商品价值为 3 870 元。

根据案例 10－12 的资料，基于定期盘存制和永续盘存制，江南公司的会计处理如表 10－9 所示。

表 10－9　　江南公司购销业务会计处理一览表

交易日期	交易事项	定期盘存制	永续盘存制
2016.3.10	购货	借：材料采购　10 000 　贷：应付账款　10 000	借：库存商品　10 000 　贷：应付账款　10 000
2016.3.18	支付购货款	借：应付账款　10 000 　贷：银行存款　9 800 　　　财务费用　200	借：应付账款　10 000 　贷：银行存款　9 800 　　　财务费用　200
2016.3.20	销货	确认销售收入： 借：应收账款　9 800 　贷：主营业务收入　9 800 结转销售成本： 暂时无法确定并结转销售成本	确认销售收入： 借：应收账款　9 800 　贷：主营业务收入　9 800 结转销售成本： 借：主营业务成本　8 130 　贷：库存商品　8 130
2016.3.31	调整存货余额	注销期初余额： 借：本年利润　2 000 　贷：库存商品　2 000 登记期末余额： 借：库存商品　3 870 　贷：本年利润　3 870	此时，“库存商品”账户的余额为 3 870 元（2 000＋10 000－8 130），账实相符，不必做调整分录。

5 分钟回顾：

如果江南公司存货的会计处理采用净价法，那么，案例 10－12 的会计处理如何？

根据表 10－9，可以看到：

（1）如果企业组织采用定期盘存制，在调整之前，“库存商品”的期末余额一直是 2 000 元，需要做出调整分录，注销其期初余额 2 000 元，登记其期末余额 3 870 元。如果企业组织采用永续盘存制，“库存商品”账户的记录是连续的，“库存商品”账户会自动显示出其期末余额为 3 870 元。这个期末余额与实地盘点得出的数字一致，不必做出调整分录。只有出现账实不符时，才需要做出调整分录。

（2）如果企业组织采用定期盘存制，根据“库存商品”账户的期初期末余额和“材料采购”账户就可以计算出本期销售成本。其计算程序如图 10－6 所示。

“库存商品”期初余额	2 000
加：本期购货	10 000
可供销售商品成本	12 000
减：“库存商品”期末余额	3 870
本期销售成本	8 130

图 10-6 本期销售成本的计算过程

当然，期末将“材料采购”结转到“本年利润”账户，也可以得到本期销售成本（8 130元）。2016年3月31日，江南公司做如下会计分录：

借：本年利润　　10 000

　贷：材料采购　　10 000

将这个会计分录以及期末调整存货余额的会计分录过账之后，“本年利润”账户如图10-7所示。

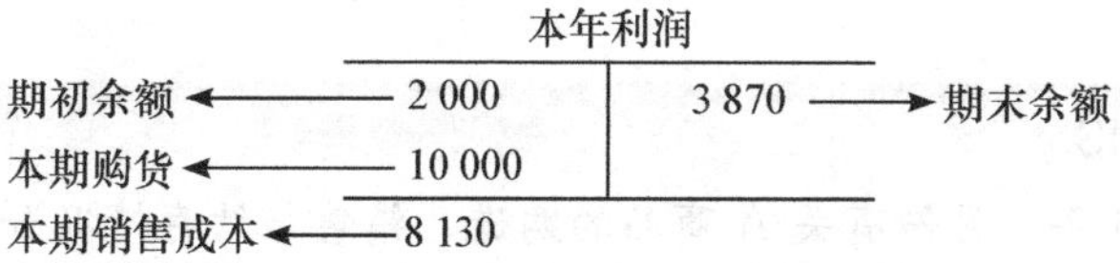

图 10-7 运用“本年利润”账户计算销售成本

“本期销售成本＝期初存货成本＋本期入库存货成本－期末存货成本”。图10-7的“本年利润”账户正好体现了这个计算公式：

本期销售成本(8 130)＝期初存货成本(2 000)＋本期入库存货成本(10 000)
－期末存货成本(3 870)

如果企业组织采用永续盘存制，销售成本已经累积在“主营业务成本”账户。“主营业务成本”账户的余额8 130元就是本期销售成本。

10.3.3 存货的计价

上述存货会计处理假设期初和本期入库的存货单位成本都相同，没有考虑存货单位成本变动问题，因而较为简单。事实上，即使相同项目的存货也经常按不同的单位成本入库，那么，如果企业组织陆续领用或出售这些入库成本不同的存货，如何确定其发出部分和结存部分的成本呢？这就是存货计价（inventory valuation）问题。

存货计价的方法很多，但归纳起来大致可以分为原始成本法（original cost method）、成本与可变现净值孰低法（cost or net realizable value whichever is lower）和估计法（inventory estimating method）三大类。

1. *原始成本法*

原始成本法以实际成本为基础对存货进行计价。但是，各批次入库的存货，其成本未必相同。因此，在讨论原始成本法之前，应先明确货物流动（flow of goods）与成本流动（flow of cost）。货物流动是指企业组织的商品流通和产品生产过程中存货的实际移动。这种移动是存货实物本身的移动。而成本流动则是指已经销售或领用的存货与其真实的或假设的单位成本之间的联系。也就是说，各个批次购进或生产的存货入库之后，由于其入库成本不同，销售或领用的存货以什么成本结转，结存的存货又以什么成本反映。

如果企业组织能够辨认实际的货物流动，那么，就能按其入库成本分别计价。成本流动就建立在实际的货物流动基础上。但是，这种情况十分罕见。因此，大多数情况下，只能将存货的成本流动建立在一定的假设基础上。这种假设往往与实际的货物流动不一致。

原始成本法主要包括个别计价法（specific identification method）、加权平均法（weighted average method）、先进先出法（first-in，first-out，FIFO）和后进先出法（last-in，first-out，LIFO）。①

案例 10－13

华南公司 2016 年 3 月份有关 A 商品的购进、销售与结存情况如表 10－10 所示。

表 10－10　　华南公司 2016 年 3 月份 A 商品的购销存情况表

交易日期	交易事项	数量（件）	单位成本（元）
2016.3.1	期初存货	200	1.00
2016.3.2	购货	200	1.20
2016.3.6	销货	200	
2016.3.10	购货	400	1.25
2016.3.20	销货	300	
2016.3.30	购货	100	1.40
2016.3.31	期末存货	400	

根据案例 10－13 的资料，基于定期盘存制和永续盘存制，分别运用不同的存货计价方法计算发出存货的成本和期末存货价值。

（1）个别计价法，又称具体辨认法，它是按某些存货项目的个别成本计价的方法。这种方法需要对各批次存货逐一加以辨认，而后按其各自的入库成本分别计价。为此，要求按品种或批次分别设置详细的存货记录，并在存货上附加标签或编号，以便正确辨认和确定相应的成本。

以案例 10－13 的资料为例，假设经过具体辨认：1）2016 年 3 月 6 日销售的 200 件 A 商品中，有 150 件属于期初库存商品，有 50 件属于 2016 年 3 月 2 日入库的商品。2）2016 年 3 月 20 日销售的 300 件 A 商品中，有 50 件属于

① 尽管我国《企业会计准则第 1 号——存货》取消了后进先出法，但是，基于国际视野，后进先出法还是一种通行的存货流动计价方法，其运用也比较普遍。有鉴于此，本书依然讨论后进先出法。

2016 年 3 月 2 日入库的商品，有 250 件属于 2016 年 3 月 10 日入库的商品。

基于定期盘存制，华南公司 2016 年 3 月份的销售成本和期末库存商品价值计算如下：

$$\begin{aligned}\text{期末库存商品价值} &= 50\times1.00+100\times1.20+150\times1.25+100\times1.40\\ &= 497.50(\text{元})\end{aligned}$$

$$\begin{aligned}\text{本期销售成本} &= 200\times1.00+200\times1.20+400\times1.25+100\times1.40-497.50\\ &= 582.50(\text{元})\end{aligned}$$

基于永续盘存制，华南公司 2016 年 3 月份的销售成本和期末库存商品价值计算如下：

$$\begin{aligned}\text{本期销售成本} &= 150\times1.00+50\times1.20+50\times1.20+250\times1.25\\ &= 582.50(\text{元})\end{aligned}$$

$$\begin{aligned}\text{期末库存商品价值} &= 200\times1.00+200\times1.20+400\times1.25+100\times1.40-582.50\\ &= 497.50(\text{元})\end{aligned}$$

个别计价法可以使成本流动建立在货物流动的基础上，使成本流动与货物流动完全一致。个别计价法对存货的计价相对比较合理，便于确定各批次存货的升溢和损耗数额，但其工作量较大，存货的保管也很麻烦，而且可能成为企业组织经理人有意调节利润的手段。因此，只有那些具有可识别特征且数量不多而单位价值相当高的商品如珠宝及其他贵重物品才适合运用个别计价法。

5 分钟回顾：

你觉得经理人会如何运用个别计价法有意调节利润呢？

（2）加权平均法是一种以期初存货数量和本期入库存货数量为权重，计算出存货的平均单位成本，从而对存货进行计价的方法。加权平均成本在一定程度上代表了存货在积聚过程中所经历的各种不同成本。对于储存在同一地点、性能形态相同的大批量存货而言，加权平均法是比较适合的计价方法。不过，基于定期盘存制和永续盘存制，加权平均法略有不同。

1）基于定期盘存制的全月一次加权平均法。基于定期盘存制，运用加权平均法对实地盘存的期末存货计价时，计算的是本期可供销售或领用存货的加权平均成本。其计算公式为：

$$\text{加权平均成本}=\frac{\text{期初存货金额}+\text{本期存货增加额}}{\text{期初存货数量}+\text{本期存货增加数}}$$

以案例 10－13 的资料为例，华南公司 2016 年 3 月份 A 商品的加权平均成本、期末库存商品价值和本期销售成本分别计算如下：

$$加权平均成本=\frac{200\times1.00+200\times1.20+400\times1.25+100\times1.40}{200+200+400+100}=1.20(元)$$

期末库存商品价值＝400×1.20＝480（元）

本期销售成本＝ 500×1.20＝600（元）

采用加权平均数，使得成本流动与货物流动大致相符。同时，存货成本与销售成本主要取决于数量因素，较少受到价格因素的影响。但是，加权平均数毕竟是一个平均数，而不是真正的入库成本。

2）基于永续盘存制的移动加权平均法。基于永续盘存制，每次存货入库之后，都要确定新的加权平均成本，因而，这时的加权平均法也称为移动加权平均法（moving weighted average method）。

以案例 10－13 的资料为例，华南公司 2016 年 3 月份 A 商品的加权平均成本、本期销售成本和期末库存商品价值的计算如表 10－11 所示。

表 10－11　　加权平均成本、本期销售成本和期末库存商品价值计算表①

日期	入库			发出			结存		
	数量（件）	单位成本（元）	总成本（元）	数量（件）	单位成本（元）	总成本（元）	数量（件）	单位成本（元）	总成本（元）
2016.3.1							200	1.00	200
2016.3.2	200	1.20	240				400	1.10*	440
2016.3.6				200	1.10	220	200	1.10	220
2016.3.10	400	1.25	500				600	1.20*	720
2016.3.20				300	1.20	360	300	1.20	360
2016.3.30	100	1.40	140				400	1.25*	500
2016.3.31	700	—	880	500	—	580	400	1.25	500

* 新的加权平均成本计算如下：

（200×1.00＋200×1.20）/（200＋200）＝1.10（元）

（200×1.10＋400×1.25）/（200＋400）＝1.20（元）

（300×1.20＋100×1.40）/（300＋100）＝1.25（元）

本期销售成本＝200×1.10＋300×1.20＝580②（元）

期末库存商品价值＝400×1.25＝500（元）

由于入库成本逐次上升，期末，移动加权平均成本也逐步上升。因此，采用移动加权平均法，存货价值与最近入库成本相比，其差距大大缩小。

（3）先进先出法。先进先出法假定先入库的存货先领用或销售，并根据这样的货物流动假设，对领用或销售的存货和期末存货进行计价。也就是说，先领用或销售的存货按先入库的存货成本计价，后领用或销售的存货按后入库的

① 基于电子计算机环境，表 10－11 可以自动生成。

② 其实，不用单独计算本期销售成本和期末库存商品价值，表 10－11 可以自动显示。这就是永续盘存制的基本特征。

存货成本计价。

1）基于定期盘存制的先进先出法。基于定期盘存制，由于领用或销售的存货按最先入库的单位成本依次计价，那么，期末存货则倒过来由最后入库的单位成本开始计价。从本期可供销售存货成本扣除期末存货就得到本期销售成本。

以案例 10－13 的资料为例，华南公司 2016 年 3 月份 A 商品的期末库存商品价值和本期销售成本计算如下：

期末库存商品价值＝100×1.40＋300×1.25＝515(元)

本期销售成本＝200＋880－515＝565(元)

2）基于永续盘存制的先进先出法。以案例 10－13 的资料为例，华南公司 2016 年 3 月份 A 商品的销售成本和期末库存商品价值的计算如表 10－12 所示。

表 10－12　　本期销售成本和期末库存商品价值计算表

日期	入库			发出			结存		
	数量（件）	单位成本（元）	总成本（元）	数量（件）	单位成本（元）	总成本（元）	数量（件）	单位成本（元）	总成本（元）
2016.3.1							200	1.00	200
2016.3.2	200	1.20	240				200 200	1.00 1.20	440
2016.3.6				200	1.00	200	200	1.20	240
2016.3.10	400	1.25	500				200 400	1.20 1.25	740
2016.3.20				200 100	1.20 1.25	365	300	1.25	375
2016.3.30	100	1.40	140				300 100	1.25 1.40	515
2016.3.31	700	—	880	500	—	565	400	—	515

根据表 10－12，本期销售成本为 565 元，期末库存商品价值为 515 元。

如果物价上涨，采用先进先出法，存货价值接近于物价上涨的趋势，那么，资产负债表所反映的期末存货价值具有现实意义。因此，先进先出法特别适合那些经营活动受款式影响或容易毁损的存货。但是，如果物价上涨，先进先出法可能虚增销售毛利，增加所得税。因为根据先进先出法，较早较低的成本与现行收入相配比，造成收入与费用配比不当。

5 分钟回顾：

如果物价下跌，采用先进先出法会有什么影响呢？

（4）后进先出法。与先进先出法相反，后进先出法假定后入库的存货先领用或销售，并根据这种货物流动顺序，对领用或销售存货和期末存货进行计价。

也就是说，期末存货按较早的入库成本计价，而领用或销售的存货则按最近入库成本计价。

1）基于定期盘存制的后进先出法。基于定期盘存制，由于领用或销售的存货按最近入库的单位成本依次计价，那么，期末存货则倒过来由最早入库的单位成本开始计价。从本期可供销售存货成本扣除期末存货就得到本期销售成本。

以案例10－13的资料为例，华南公司2016年3月份A商品的期末库存商品价值和本期销售成本计算如下：

期末库存商品价值＝200×1.00＋200×1.20＝440(元)

本期销售成本＝200＋880－440＝640(元)

2）基于永续盘存制的后进先出法。以案例10－13的资料为例，华南公司2016年3月份A商品的销售成本和期末库存商品价值的计算如表10－13所示。

表10－13　本期销售成本和期末库存商品价值计算表

日期	入库			发出			结存		
	数量（件）	单位成本（元）	总成本（元）	数量（件）	单位成本（元）	总成本（元）	数量（件）	单位成本（元）	总成本（元）
2016.3.1							200	1.00	200
2016.3.2	200	1.20	240				200 200	1.00 1.20	440
2016.3.6				200	1.20	240	200	1.00	200
2016.3.10	400	1.25	500				200 400	1.00 1.25	700
2016.3.20				300	1.25	375	200 100	1.00 1.25	325
2016.3.30	100	1.40	140				200 100 100	1.00 1.25 1.40	465
2016.3.31	700	—	880	500	—	615	400	—	465

根据表10－13，本期销售成本为615元，期末库存商品价值为465元。

如果物价上涨，采用后进先出法，较高的销售成本与现行收入配比，符合收入与费用配比原则，并可减少所得税。如果物价持续上涨，后进先出法可能导致较低的报告利润，在缴纳所得税方面有一定的财务效益。因此，后进先出法比较适合大堆商品和物价持续上涨的存货。但是，如果物价持续上涨，采用后进先出法，期末存货按最早较低的成本计价，资产负债表所反映的期末存货价值除了起平衡作用，没有任何实际意义。

5分钟回顾：

如果物价下跌，采用后进先出法会有什么影响呢？

实际上，很难找到例证来说明后进先出法的存货成本流动近似于实际的货物流动（也许，矿石和煤堆是少数的例证）。我国企业会计准则不允许企业组织采用后进先出法。

案例 10-14

以案例 10-13 为基础，进一步假设华南公司以单位销售价格 3.00 元销售 A 商品 500 件。华南公司 2016 年 3 月份所有的期间费用为 200 元，所得税税率为 25%。那么，加权平均法、先进先出法和后进先出法对华南公司 2016 年 3 月份利润的影响如表 10-14 所示。

表 10-14 加权平均法、先进先出法和后进先出法对利润的影响 单位：元

	定期盘存制			永续盘存制		
	加权平均法	先进先出法	后进先出法	加权平均法	先进先出法	后进先出法
销售收入	1 500	1 500	1 500	1 500	1 500	1 500
期初库存商品	200	200	200	200	200	200
本期入库商品	880	880	880	880	880	880
可供销售商品	1 080	1 080	1 080	1 080	1 080	1 080
期末库存商品	480	515	440	500	515	465
本期销售成本	600	565	640	580	565	615
销售毛利	900	935	860	920	935	885
期间费用	200	200	200	200	200	200
税前利润	700	735	660	720	735	685
所得税费用	175	183.75	165	180	183.75	171.25
税后利润	525	551.25	495	540	551.25	513.75

根据表 10-14，先进先出法的期末存货价值较高，利润也较高；后进先出法的期末存货价值较低，利润也较低；加权平均法处于先进先出法与后进先出法之间。

当然，如果物价下跌，上述结论刚好相反。

2. 成本与可变现净值孰低法

成本与可变现净值孰低法是指对期末存货按照成本与可变现净值两者之中较低者计价的方法。也就是说，如果成本低于可变现净值，期末存货按成本计价；如果可变现净值低于成本，期末存货按可变现净值计价。这种方法的理论基础主要是使存货符合资产的定义。如果存货的可变现净值跌到成本之下，由此所形成的损失已经不符合资产的定义，因而应该将这部分损失从资产价值中抵消，计入当期损益。否则，就会出现虚增资产的现象。因此，成本与可变现净值孰低法是谨慎性原则在存货会计处理上的具体运用，也是对历史成本原则的修正。

这里的“成本”指期末存货的实际成本即历史成本；“可变现净值”指企业组织日常经营活动中，以存货的估计销售价格减去至完工时估计将要发生的成本、估计的销售费用以及相关税费之后的余额。

在实际运用成本与可变现净值孰低法时，成本与可变现净值可以在存货的不同范围内比较。由此形成三种不同的比较方法：逐项比较法（item-by-item method）、分类比较法（category method）和总额比较法（total amount method）。

(1) 逐项比较法是按各个具体存货项目逐一比较成本与可变现净值，并分别按其较低者对该存货项目进行计价，把各个存货项目汇总便是存货的价值。

(2) 分类比较法是将各类存货的成本总额与可变现净值总额进行比较。每类存货取其较低者作为该类存货的金额，把各类存货的价值汇总就是存货的价值。

(3) 总额比较法是将全部存货的成本总额与可变现净值总额进行比较，取其较低者作为全部存货的价值。

案例 10-15

2016 年 3 月 31 日，华南公司甲、乙两大类（包括 A，B，C，D 四种）存货的成本与可变现净值如表 10-15 所示。

表 10-15　期末存货成本与可变现净值比较表　单位：元

存货项目	成本	可变现净值	逐项比较法	分类比较法	总额比较法
A 存货	4 000	3 200	3 200		
B 存货	6 000	6 400	6 000		
甲类存货	10 000	9 600		9 600	
C 存货	8 000	9 200	8 000		
D 存货	12 000	11 600	11 600		
乙类存货	20 000	20 800		20 000	
合计	30 000	30 400	28 800	29 600	30 000

根据表 10-15，逐项比较法确定的期末存货价值最低（28 800 元），分类比较法次之（29 600 元），总额比较法最高（30 000 元）。

那么，确定了期末存货价值之后，如何进行会计处理呢？

期末，存货发生减值（存货的可变现净值低于成本），根据减值数额计提存货跌价准备，记入“资产减值损失”账户的借方，同时记入“存货跌价准备”账户的贷方。如已计提跌价准备的存货价值以后又得以恢复，应该在原已计提的存货跌价准备金额内按恢复增加的金额记入“存货跌价准备”账户的借方，同时记入“资产减值损失”账户的贷方。领用或销售存货，结转相应的存货跌价准备，记入“存货跌价准备”账户的借方，同时记入“生产成本”账户或

"主营业务成本"账户的贷方。

案例 10 - 16

江南公司从 2012 年开始采用成本与可变现净值孰低法对期末某类存货进行计价，并运用分类比较法计提存货跌价准备。假设江南公司从 2012 年至 2015 年年末该类存货的账面价值都是 200 000 元。

2012 年 12 月 31 日，江南公司该类存货预计可变现净值为 180 000 元。

2013 年 12 月 31 日，江南公司该类存货预计可变现净值为 170 000 元。

2014 年 11 月 30 日，江南公司因对外销售存货而转出相应的存货跌价准备 5 000 元。

2014 年 12 月 31 日，江南公司该类存货预计可变现净值为 194 000 元。

2015 年 12 月 31 日，江南公司该类存货预计可变现净值为 205 000 元。

根据案例 10 - 16 的资料，江南公司的会计处理如表 10 - 16 所示。

表 10 - 16　　江南公司会计处理一览表

交易日期	交易事项	会计处理
2012.12.31	计提存货跌价准备	借：资产减值损失　20 000 　贷：存货跌价准备　20 000
2013.12.31	计提存货跌价准备	借：资产减值损失　10 000 　贷：存货跌价准备　10 000
2014.11.30	转销存货跌价准备	借：存货跌价准备　5 000 　贷：主营业务成本　5 000
2014.12.31	冲减存货跌价准备	借：存货跌价准备　19 000* 　贷：资产减值损失　19 000
2015.12.31	冲减存货跌价准备	借：存货跌价准备　6 000 　贷：资产减值损失　6 000

* 此时，应该计提存货跌价准备 6 000 元（200 000－194 000）。但调整之前，"存货跌价准备"账户贷方余额为 25 000 元（20 000＋10 000－5 000）。与应收账款坏账损失的"备抵法"道理一样，应该冲减已计提的存货跌价准备 19 000 元（25 000－6 000）。

5 分钟回顾：

2015 年 12 月 31 日，江南公司的存货预计可变现净值（205 000 元）明显高于成本（200 000 元）。此时，为什么要冲减"存货跌价准备"和"资产减值损失"账户 6 000 元呢？

3. 估计法

前述的成本法和成本与可变现净值孰低法是通用的存货计价方法，都是在各个存货项目的数量已经确定的情况下，以各个项目的原始成本或可变现净值为计价基础来确定存货的价值。但是，基于定期盘存制，由于实地盘点工作费时费力，成本也很高，企业组织往往只有到了会计分期的期末（年末）才实地盘点，平时缺乏存货的盘存数量。与此同时，如果企业组织发生存货被盗、被毁，也就缺乏完整的存货数量数据。这样，企业组织在编制月度、季度财务报表或向保险公司索赔投保财产的损失时，就只能采用一些估计的方法来确定存货的价值。

存货价值的估计方法通常包括毛利法（gross profit method）和零售价盘存法（retail inventory method）。

（1）毛利法。毛利法是一种根据毛利率估计期末存货价值的方法。也就是说，根据销售净额和毛利率估计本期销售成本，然后从可供销售商品成本扣除估计的本期销售成本，从而得出期末存货价值。

毛利法基于企业组织前后各期毛利率大致相同这样的假设。根据“本期销售成本＝期初存货成本＋本期入库存货成本－期末存货成本”，得出“期末存货成本＝期初存货成本＋本期入库存货成本－本期销售成本”，从而估计期末存货价值。而“本期销售成本＝销售净额×（1－毛利率）”。这样，只要根据毛利率就可以估计期末存货价值。

这里的毛利率可以根据企业组织历史数据或计划数据确定，也可以根据行业毛利率调整确定。

案例 10－17

南方公司是一家商品流通企业，其存货的会计处理采用定期盘存制。2016 年 3 月，为了编制财务报表需要确定期末存货价值。南方公司过去 3 年的平均毛利率为 40%；2016 年 3 月 1 日，南方公司的 A 商品余额为 20 000 元，2016 年 3 月份 A 商品的购货净额和销售净额分别为 50 000 元和 90 000 元。

根据案例 10－17 的资料，2016 年 3 月 31 日，南方公司的 A 商品价值估算过程如表 10－17 所示。

表 10－17　　A 商品期末价值估算表　　单位：元

项目	金额
期初库存商品价值	20 000
本期购货净额	50 000
可供销售商品成本（20 000＋50 000）	70 000
本期销售净额	90 000
估计的毛利（90 000×40%）	36 000
估计的销售成本（90 000－36 000）	54 000
估计的期末库存商品价值（70 000－54 000）	16 000

运用毛利法估计期末存货价值的合理性取决于毛利率的可靠性。毛利法通常运用于以下几种情形：

1）审计师或注册会计师检验存货价值。例如，案例 10－17 中，如果南方公司向审计师或注册会计师提供的财务报表显示 A 商品期末价值为 18 000 元，而根据毛利法估计却只有 16 000 元，那么，除非 2016 年 3 月份南方公司 A 商品的毛利率显著提高（即估计的毛利率 40％太低了），否则，南方公司就有可能虚报了 A 商品的期末价值。

2）估计火灾毁损存货价值损失或遭受盗窃的损失。就火灾而言，估计存货价值不仅是估计损失的需要，更是企业组织向保险公司索赔的依据。

3）提供月度或季度财务报表所需要列示的期末存货数据。这比每月或季末为了编制财务报表而进行实地盘点要实用得多，因为每月或季末进行一次实地盘点花费太大，也不现实。

4）估计一定期间的销售成本、销售毛利和期末存货价值，以便编制全面预算（如销售预算和利润预算）。

（2）零售价盘存法。经营零售业务的企业组织（如百货公司）对各种商品都标注了零售价格。因此只要同时按进货成本和零售价格记录本期购货业务，那么，从按零售价格计算的可供销售商品总额扣除销售净额，就可以得到按零售价格计算的期末库存商品价值。然后，根据可供销售商品的成本和零售价值计算成本与零售价格比率，再根据成本与零售价格比率将期末按零售价格计算的库存商品价值调整为按成本计算的库存商品价值即期末库存商品成本，这就是零售价盘存法。简单地说，零售价盘存法就是根据成本与零售价格比率估计期末存货成本的一种方法。

案例 10－18

2016 年 3 月 1 日，粤百货公司 A 商品的期初库存商品成本为 40 000 元，按其零售价格计算的价值为 50 000 元。2016 年 3 月份粤百货公司的 A 商品购货成本为 50 000 元，按其零售价格计算的价值为 70 000 元，2016 年 3 月份粤百货公司销售净额为 100 000元。

根据案例 10－18 的资料，2016 年 3 月 31 日，粤百货公司 A 商品的期末价值估算过程如表 10－18 所示。

表 10－18　　**A 商品期末价值估算表**　　单位：元

项目	按成本计算	按零售价格计算
期初库存商品价值	40 000	50 000
本期购货净额	50 000	70 000
可供销售商品价值	90 000	120 000

续前表

项目	按成本计算	按零售价格计算
本期销售净额		100 000
期末库存商品价值（按零售价格计算）		20 000
成本与零售价格比率（90 000/120 000×100%）	75%	
期末库存商品价值（按成本计算）(20 000×75%)	15 000	

运用零售价盘存法估计期末存货成本的可靠性取决于成本与零售价格比率的可靠性。而成本与零售价格比率的可靠性又取决于这样的假设：期末存货所包括的成本与零售价格比率不同的存货（商品）类别和可供销售商品的相应类别的比重（例）相同。如果这个比重（例）变动较大，势必影响期末存货（库存商品）成本估计的合理性。

5 分钟回顾：

运用定期盘存制的企业组织平时如何加强其存货的内部控制呢？

在我国的会计实务中，从事商品零售业务的企业组织（如百货公司）广泛运用售价金额这种会计处理方法。基于这种会计处理方法，企业组织必须设置“商品进销差价”账户，平时，商品的购进、销售和结存都根据销售价格（零售价格）入账，商品销售价格与商品进价（购货成本）之间的差额记入“商品进销差价”账户的贷方。期末，通过计算商品进销差价率[1]的办法计算本期已经销售的商品应该分摊的商品进销差价，记入“商品进销差价”账户的借方，从而调整本期销售成本。

以案例 10－18 的资料为例，粤百货公司对其 2015 年 3 月份 A 商品的购销业务做如下会计分录：

1）商品入库时。

借：库存商品	70 000	
贷：银行存款		50 000
商品进销差价——A 商品		20 000

2）销售商品时。

借：银行存款	100 000	
贷：主营业务收入		100 000
借：主营业务成本	100 000	
贷：库存商品		100 000

① 商品进销差价率＝［(期初库存商品进销差价＋本期购入商品进销差价)/(期初库存商品售价总额＋本期购入商品售价总额)］×100%

3）计算已经销售的商品应该分摊的商品进销差价①，调整本期销售成本。

借：商品进销差价——A 商品　　25 000

　贷：主营业务成本　　25 000

经过调整，本期商品销售成本为 75 000 元（100 000－25 000）。

5 分钟回顾：

2016 年 3 月 31 日，粤百货公司的“商品进销差价”账户的贷方余额在资产负债表上如何列示？

10.4 经营活动费用与非常收支②

企业组织在生产经营过程中，除上述生产成本外，还会发生直接生产过程之外的经营活动费用以及与生产经营过程没有直接关系的营业外收支。

10.4.1 经营活动费用

企业组织的经营活动费用主要包括管理费用、销售费用和财务费用等三项期间费用。

1. 管理费用

管理费用是指企业组织为组织和管理其生产经营活动所发生的各项费用，包括企业组织在筹建期间发生的开办费、行政管理部门在企业组织的经营管理中发生的应由企业组织统一负担的经费（包括行政管理部门职工工资及福利、物料消耗、低值易耗品摊销、办公费和差旅费等）、工会经费、董事会费（包括董事会成员津贴、会议费和差旅费等）、聘请中介机构费、咨询费（含顾问费）、诉讼费、业务招待费、技术转让费、矿产资源补偿费、研究费用、排污费、各种摊销等项目。

其会计处理主要包括：

（1）企业组织在筹建期间发生的开办费，包括人员工资、办公费、培训费、差旅费、印刷费、注册登记费以及不计入固定资产成本的借款利息费用等，在其实际发生时，根据其发生额，记入“管理费用”账户的借方和“银行存款”账户的贷方。

（2）行政管理部门人员的职工薪酬，记入“管理费用”账户的借方和“应

① 粤百货公司 A 商品的商品进销差价率＝［(10 000＋20 000)/(50 000＋70 000)］×100%＝25%。本期已经销售的商品应该分摊的商品进销差价＝100 000×25%＝25 000（元）。

② 本节涉及的有些项目如汇兑损益、非货币性资产交换损益、债务重组损益和政府补助等项目的会计处理较为复杂。这些内容超出了本书的范畴。有兴趣的读者可以进一步参阅中级财务会计方面的相关论著。

付职工薪酬”账户的贷方。

（3）行政管理部门计提的固定资产折旧，记入“管理费用”账户的借方和“累计折旧”账户的贷方。

（4）无形资产的摊销，记入“管理费用”账户的借方和“累计摊销”账户的贷方。

（5）发生的办公费用、水电费、业务招待费、聘请中介机构费、咨询费、诉讼费、技术转让费、研究费用，记入“管理费用”账户的借方和“银行存款”“研发支出”等账户的贷方。

（6）按规定缴纳的矿产资源补偿费记入“管理费用”账户的借方和“应交税费”账户的贷方。

（7）期末，结转“管理费用”账户余额到“本年利润”账户，记入“本年利润”账户的借方和“管理费用”账户的贷方。结转之后，“管理费用”账户没有余额。

上述管理费用的会计处理，前面各章大多已经涉及，这里不再赘述。下面只讨论会计实务普遍运用的定额备用金制度。

定额备用金，也称固定备用金，是企业组织拨付给内部用款部门或职工个人在一定限额内周转使用的款项。备用金的数额通常由用款人或部门根据业务需要提出申请，经审核批准并确定备用金的存放定额，一次拨付给用款人或部门。在会计处理时，根据定额备用金数额记入“其他应收款”账户的借方和“库存现金”账户的贷方。用款人或部门报销相关费用时，为了简化会计处理手续，根据审核的报销数额补足备用金的存放定额，报销数额记入“管理费用”账户的借方和“库存现金”账户的贷方。备用金定额一经确定，不得随意更改。备用金的数额始终保持在定额水平上。因特殊情况经批准撤销定额备用金制度时，根据收回定额备用金数额，记入“库存现金”账户的借方和“其他应收款”账户的贷方。

案例 10－19

华南公司的材料采购部门根据业务需要，申请设立定额备用金 5 000 元。

2016 年 1 月 1 日，华南公司经审核同意其材料采购部门设立定额备用金制度，定额备用金数额为 5 000 元。

2016 年 2 月 18 日，材料采购部门报销差旅费 1 250 元，经审核予以报销并以现金支付。

2016 年 4 月 18 日，华南公司因业务流程重组，决定撤销材料采购部门的定额备用金制度，收回材料采购部门的定额备用金 5 000 元。

根据案例 10－19 的资料，华南公司的会计处理如表 10－19 所示。

表 10－19　　华南公司会计处理一览表

交易日期	交易事项	会计处理
2016.1.1	设立定额备用金	借：其他应收款——备用金　5 000 　贷：库存现金　5 000
2016.2.18	报销差旅费	借：管理费用　1 250 　贷：库存现金　1 250
2016.4.18	撤销定额备用金	借：库存现金　5 000 　贷：其他应收款　5 000

5 分钟回顾：

如果华南公司不设立定额备用金制度，那么，2016 年 2 月 18 日，材料采购部门报销差旅费的会计处理又如何呢？

2. 销售费用

销售费用是指企业组织在销售商品和材料、提供劳务的过程中发生的各种费用，包括保险费、包装费、展览费和广告费、商品维修费、预计产品质量保证损失、运输费、装卸费等，以及为销售本企业组织商品而专设的销售机构（含销售网点、售后服务网点等）的职工薪酬、业务费、折旧费等经营费用。

销售费用的会计处理主要包括：

（1）企业组织在销售商品过程中发生的包装费、保险费、展览费和广告费、运输费、装卸费等，根据其发生额，记入“销售费用”账户的借方和“库存现金”或“银行存款”等账户的贷方。

（2）企业组织为销售本企业组织商品而专设的销售机构的职工薪酬、业务费等经营费用，根据其发生额，记入“销售费用”账户的借方和“应付职工薪酬”“银行存款”或“累计折旧”等账户的贷方。

（3）期末，结转“销售费用”账户余额到“本年利润”账户，记入“本年利润”账户的借方和“销售费用”账户的贷方。结转之后，“销售费用”账户没有余额。

3. 财务费用

财务费用是指企业组织为筹集生产经营所需资金等而发生的筹资费用，包括利息支出（扣减利息收入）、汇兑损益以及相关的手续费、企业组织发生或获得的现金折扣等。

财务费用的会计处理主要包括：

（1）企业组织发生的财务费用，根据其发生额，记入“财务费用”账户的借方和“银行存款”账户的贷方。

（2）企业组织发生的应该冲减财务费用的利息收入、汇兑损益、现金折扣，根据其发生额，记入“银行存款”或“应付账款”等账户的借方和“财务费用”

账户的贷方。

(3) 期末，结转“财务费用”账户余额到“本年利润”账户，记入“本年利润”账户的借方和“财务费用”账户的贷方。结转之后，“财务费用”账户没有余额。

10.4.2 非常收支

非常收支主要是指企业组织发生的营业外收入与营业外支出。

1. 营业外收入

营业外收入是指企业组织发生的与其经营活动没有直接关系的各项净收入，主要包括处置非流动资产收益、非货币性资产交换收益、债务重组收益、罚没收入、政府补助收入、收到的因享受税收优惠而返还的消费税、确实无法支付的应付账款和资产盘盈收益等。

企业组织发生的营业外收入，根据其发生额，记入“库存现金”“银行存款”“待处理财产损溢”“固定资产清理”“应付账款”等账户的借方和“营业外收入”账户的贷方。期末，结转“营业外收入”账户余额到“本年利润”账户，记入“营业外收入”账户的借方和“本年利润”账户的贷方。结转之后，“营业外收入”账户没有余额。

2. 营业外支出

营业外支出是指企业组织发生的与其经营活动没有直接关系的各项净支出，主要包括处置非流动资产损失、非货币性资产交换损失、债务重组损失、罚款支出、公益性捐赠支出、非常损失和盘亏损失等。

企业组织发生的营业外支出，根据其发生额，记入“营业外支出”账户的借方和“待处理财产损溢”“库存现金”“银行存款”“固定资产清理”等账户的贷方。期末，结转“营业外支出”账户余额到“本年利润”账户，记入“本年利润”账户的借方和“营业外支出”账户的贷方。结转之后，“营业外支出”账户没有余额。

10.5 经营成果及其分配

基于会计学的理念，企业组织的经营活动成果就是利润，而企业组织获得了利润就要缴纳所得税。只有在缴纳所得税之后，企业组织才能分配其利润。这就是所谓的利润分配。

10.5.1 利润的形成

利润是指企业组织在一定会计分期内的经营成果，包括营业利润、利润总额和净利润。其计算公式为：

$$\text{营业利润}=\text{营业收入}-\text{营业支出}-\text{税金及附加}-\text{管理费用}-\text{销售费用}-\text{财务费用}-\text{资产减值损失}\pm\text{公允价值变动收益}\pm\text{投资收益}$$

$$\text{利润总额}=\text{营业利润}+\text{营业外收入}-\text{营业外支出}$$

$$\text{净利润}=\text{利润总额}-\text{所得税费用}$$

根据财务会计循环，期末有一个结账程序。其结清所有虚账户余额的过程，就是会计学上利润的形成过程。企业组织完成所有结账程序之后，如果“本年利润”账户出现借方余额，意味着本年度（会计分期）出现亏损；如果“本年利润”账户出现贷方余额，则意味着本年度（会计分期）出现盈利。

案例 10－20

假设华南公司 2015 年 3 月 31 日结账之前所有损益类账户的余额如表 10－20 所示。

表 10－20　　2015 年 3 月 31 日华南公司损益类账户余额　　单位：元

收益类账户	期末贷方余额	费用（支出）类账户	期末借方余额
主营业务收入	30 000	主营业务成本	22 000
其他业务收入	3 000	其他业务成本	2 000
投资收益	3 000	资产减值损失	2 000
营业外收入	2 000	管理费用	3 800
财务费用	800	销售费用	1 000
		公允价值变动损益	1 200
		营业外支出	600

根据案例 10－20 的资料，华南公司 2015 年 3 月份的结账分录如下：

（1）结转主营业务收入与成本。

借：主营业务收入　　30 000

　贷：本年利润　　8 000

　　　主营业务成本　　22 000

此时，“本年利润”账户的贷方余额 8 000 元就是华南公司 2015 年 3 月份的销售毛利。

（2）结转其他业务收入与成本。

借：其他业务收入　　3 000

　贷：本年利润　　1 000

　　　其他业务成本　　2 000

此时，“本年利润”账户的贷方余额 9 000 元包括华南公司 2015 年 3 月份的销售毛利 8 000 元和其他业务利润 1 000 元。

（3）结清其他损益账户余额。

借：投资收益　　3 000
　　营业外收入　　2 000
　　财务费用　　800
　　本年利润　　2 800
　贷：资产减值损失　　2 000
　　　管理费用　　3 800
　　　销售费用　　1 000
　　　公允价值变动损益　　1 200
　　　营业外支出　　600

此时，“本年利润”账户的贷方余额 6 200 元就是华南公司 2015 年 3 月份的利润总额。

10.5.2 所得税费用

企业组织一旦取得利润，就必须依法缴纳所得税。除非享受某种税收优惠，目前中国企业组织的所得税税率为 25%。

期末，企业组织按照税法规定计算确定当期应交所得税时，根据其应交所得税数额，记入“所得税费用”账户的借方和“应交税费——应交所得税”账户的贷方。然后，结转“所得税费用”账户余额到“本年利润”账户，记入“本年利润”账户的借方和“所得税费用”账户的贷方。结转之后，“所得税费用”账户没有余额。

案例 10-21

华南公司 2015 年度的应税利润为 300 000 元[①]，所得税税率为 25%。

根据案例 10-21 的资料，华南公司 2015 年度应缴纳所得税 75 000 元（300 000×25%），做如下会计分录：

借：所得税费用　　75 000
　贷：应交税费——应交所得税　　75 000

同时，结转“所得税费用”账户余额，做如下会计分录：

借：本年利润　　75 000

① 实际上，企业组织的所得税会计问题相当复杂。会计学根据会计准则确定利润，称为会计利润；税务管理机构根据税法规定确定利润，称为应税利润。由于会计准则与税法对应税项目的界定不同，会计利润与应税利润通常不一致。这就导致递延所得税资产和递延所得税负债问题。对这个问题的讨论超出了本书的范畴。有兴趣的读者可以进一步参阅中级财务会计方面的相关论著。

贷：所得税费用　　75 000

此时，“本年利润”账户的贷方余额 225 000 元就是华南公司 2015 年度的净利润。

5 分钟回顾：

企业组织缴纳的所得税为何作为所得税费用处理，而不是作为利润分配处理呢？

10.5.3　利润的分配

企业组织实现的年度净利润通常按一定的顺序分配：(1) 提取法定盈余公积。根据我国《公司法》，企业组织首先要根据其净利润的 10%提取法定盈余公积。不过，如果企业组织提取的法定盈余公积累计超过注册资本 50%的，可以不再提取。(2) 提取任意盈余公积。企业组织经过股东大会或类似机构批准可以按净利润的一定比例提取任意盈余公积。法定盈余公积与任意盈余公积统称为盈余公积。盈余公积主要用于弥补亏损、转增资本①和分配现金股利或利润。(3) 支付投资者或股东利润或现金股利。

5 分钟回顾：

企业组织为何要提取盈余公积？

企业组织利润分配的会计处理主要包括：

(1) 企业组织按规定提取法定盈余公积，根据提取的数额，记入“利润分配——提取法定盈余公积”账户的借方和“盈余公积——法定盈余公积”账户的贷方。

(2) 企业组织按规定提取任意盈余公积，根据提取的数额，记入“利润分配——提取任意盈余公积”账户的借方和“盈余公积——任意盈余公积”账户的贷方。

(3) 企业组织经股东大会或类似机构的决议，分配给投资者或股东的利润或现金股利，根据分配额，记入“利润分配——应付利润或现金股利”账户的借方和“应付利润”或“应付股利”账户的贷方。

(4) 企业组织将其实现的年度净利润，从“本年利润”账户转入“利润分配——未分配利润”账户，记入“本年利润”账户的借方和“利润分配——未分配利润”账户的贷方。如果企业组织发生亏损，则做相反的会计分录，即记入“利润分配——未分配利润”账户的借方和“本年利润”账户的贷方。与此

① 盈余公积转增资本之后，其数额不得少于注册资本的 25%。

同时，将“利润分配”账户所属的其他明细账户“提取法定盈余公积”“提取任意盈余公积”和“应付利润或现金股利”的余额转入“利润分配——未分配利润”账户，记入“利润分配——未分配利润”账户的借方和“利润分配——提取法定盈余公积”“利润分配——提取任意盈余公积”“利润分配——应付利润或现金股利”账户的贷方。结转之后，除了“利润分配——未分配利润”账户之外，“利润分配”账户的其他明细账户应该没有余额。此时，“利润分配——未分配利润”账户的余额就是企业组织年度实现但尚未分配的利润。

案例 10－22

续案例 10－21，华南公司 2015 年度的净利润为 225 000 元。经过股东大会的批准，华南公司决定：

(1) 按净利润的 10%提取法定盈余公积。

(2) 按净利润的 1%提取任意盈余公积。

(3) 向投资者分配利润 100 000 元。

根据案例 10－22 的资料，华南公司做如下会计分录：

(1) 提取法定盈余公积。

借：利润分配——提取法定盈余公积	22 500	
贷：盈余公积——法定盈余公积		22 500

(2) 提取任意盈余公积。

借：利润分配——提取任意盈余公积	2 250	
贷：盈余公积——任意盈余公积		2 250

(3) 向投资者分配利润。

借：利润分配——应付利润	100 000	
贷：应付股利		100 000

(4) 将“本年利润”账户余额 225 000 元转入“利润分配——未分配利润”账户。

借：本年利润	225 000	
贷：利润分配——未分配利润		225 000

(5) 结转“利润分配——未分配利润”账户之外其他明细账户的余额。

借：利润分配——未分配利润	124 750	
贷：利润分配——提取法定盈余公积		22 500
——提取任意盈余公积		2 250
——应付利润		100 000

此时，“利润分配——未分配利润”账户的贷方余额 100 250 元就是华南公司尚未分配的利润。

思考题

1. 简述收入确认的基本原则。
2. 应收（付）账款的计价与哪些因素有关？
3. 总价法与净价法有何不同？
4. 简述应收（付）账款的会计处理。
5. 如何处理应收账款的坏账损失？如何估计坏账损失？
6. 简述应收（付）票据的会计处理。
7. 简述生产业务的会计处理。
8. 何谓定期盘存制？何谓永续盘存制？
9. 存货的计价方法包括哪些？其基本原理是什么？
10. 何谓成本与可变现净值孰低法？具体如何运用？
11. 简述管理费用的会计处理。
12. 简述销售费用的会计处理。
13. 简述财务费用的会计处理。
14. 简述营业外收支的会计处理。
15. 简述利润及利润分配的会计处理。

业务题

1. *总价法与净价法*

南方公司与北方公司存在密切的购销业务关系。南方公司商品的销售成本为其销售价格的75%。假设适用的增值税税率为17%。

2016年2月1日，南方公司以“2/10，n/30”的信用条件赊销一批价款为2 000 000元的A商品给北方公司。

2016年2月8日，A商品顺利运达北方公司，北方公司经过验收发现A商品存在瑕疵，不过并不严重影响质量。经过双方友好协商，南方公司同意折让10%的价款。

2016年2月11日，南方公司收到北方公司汇来的A商品购货款。

2016年3月2日，南方公司以“2/10，n/30”的信用条件又赊销一批价款为5 000 000元的A商品给北方公司。A商品当天送达北方公司，北方公司验收无误，已经入库。

2016年3月28日，南方公司收到北方公司汇来的A商品购货款。

根据上述资料，要求：

（1）采用总价法分别为南方公司和北方公司做出必要的会计分录。

（2）采用净价法分别为南方公司和北方公司做出必要的会计分录。

（3）上述会计处理涉及“应交税费——应交增值税（销项税额）”和“应交税费——应交增值税（进项税额）”。期末，企业组织如何计算应纳增值税数额呢？

2. 直接销账法与备抵法

2013 年 12 月 31 日，淮北公司的“应收账款”账户借方余额为 960 000 元。2014 年度确认存在 30 000 元的坏账损失，2014 年 12 月 31 日，淮北公司的“应收账款”账户借方余额为 1 000 000 元。2015 年度发现，2014 年度已经确认为坏账损失的应收账款 30 000 元中有 20 000 元又重新收回。2015 年 12 月 31 日，淮北公司的“应收账款”账户借方余额为 800 000 元。

根据上述资料，要求：

（1）如果淮北公司采用直接销账法处理应收账款的坏账损失，为淮北公司做出必要的会计分录。

（2）如果淮北公司采用备抵法处理应收账款的坏账损失并根据应收账款余额的 3% 计提坏账准备。2013 年 1 月 1 日，淮北公司“坏账准备”账户贷方余额为 27 000 元。请为淮北公司做出必要的会计分录。

3. 基于备抵法的坏账损失的估计方法

2016 年 12 月 31 日，华光公司分析其应收账款得到如下表所示的账龄余额表，并根据过去的经验列示了预计坏账损失率。

账龄	预计坏账损失率	应收账款余额（元）
未过信用期限	1%	84 000
过期 60 天以下	2%	20 000
过期 60～120 天	5%	6 000
过期 121～180 天	10%	2 000
过期 180 天以上	20%	1 000
合计	—	113 000

根据上述资料，要求：

（1）采用应收账款账龄分析法，计算华光公司 2015 年度需要计提的坏账准备。

（2）采用应收账款余额百分比法（预计坏账损失率为应收账款余额的 3.00%），计算华光公司 2016 年度需要计提的坏账准备。

（3）假设华光公司 2016 年度的赊销净额为 200 000 元，预计坏账损失率为赊销净额的 2.50%，计算华光公司 2016 年度需要计提的坏账准备。

4. 票据及其贴现

东方公司与西方公司存在密切的购销业务关系。东方公司商品的销售成本为其销售价格的 75%。假设适用的增值税税率为 17%。2015 年 11 月 21 日，东方公司赊销一批价款为 200 000 元的商品给西方公司。西方公司于当天收到商品并签发了一张 3 个月、票面价值为相应价款的票据给东方公司。2016 年 2 月 21 日，票据到期，东方公司收到票据款并存入银行账户。

根据上述资料，要求：

(1) 采用总价法，分别为东方公司和西方公司做出从票据签发到票据到期承兑的必要会计分录。

(2) 假设2015年11月21日西方公司签发的那张票据是带息票据（其票面利率为8%），采用总价法，分别为东方公司和西方公司做出从票据签发到票据到期承兑的必要会计分录（分别假设采用转回程序和不采用转回程序）。

(3) 假设西方公司签发的那张票据是不带息票据，2015年12月1日，东方公司将该票据向浦发银行贴现（贴现率为9%），采用总价法，为东方公司做出必要的会计分录（通过“应收票据”账户直接处理）。

(4) 假设西方公司签发的那张票据是带息票据（其票面利率为8%），2015年12月1日，东方公司将该票据向浦发银行贴现（贴现率为9%），采用总价法，为东方公司做出必要的会计分录（通过“贴现应收票据”账户处理）。

5. 生产业务（产品成本）核算

东华公司2016年4月份为了生产A，B两种产品发生如下经济业务：

2016年4月2日，从仓库零用甲材料400 000元用于产品生产。其中，250 000元用于A产品的生产，150 000元用于B产品的生产。

2016年4月4日，从仓库领用乙材料20 000元，供生产车间作为辅助材料使用。

2016年4月30日，结算本月份的职工工资240 000元。其中，A产品生产工人的工资为125 000元，B产品生产工人的工资为75 000元，生产车间管理人员的工资为30 000元，行政管理部门职工的工资为10 000元。

2016年4月30日，从银行提取现金并支付职工工资。

2016年4月30日，分别按职工工资总额的10%，12%，2%，10%，2%和1%，计提职工医疗保险费、养老保险费、失业保险费（前三项属于社会保险费）、住房公积金、工会经费和职工教育经费。

2016年4月30日，计提固定资产折旧31 600元。其中，生产车间使用固定资产计提折旧23 800元，行政管理部门使用固定资产计提折旧7 800元。

2016年4月30日，将制造费用按生产工人工资比例分配到A，B两种产品。

2016年4月30日，A产品2 000件全部完工，经验收全部合格并入库，而B产品1 000件尚未完工。

根据上述资料，要求：

(1) 为东华公司做出必要的会计分录。

(2) 计算A产品的单位成本。

(3) “生产成本”账户的余额是多少？它表示什么？

6. 存货的会计处理

闽朗公司为商业企业，2016年4月1日的“库存商品——B商品”账户借方余额为70 000元。假设闽朗公司2016年4月份有关商品购销业务如下：

2016 年 4 月 10 日，闽朗公司以信用方式购入 B 商品，总价款为 30 000 元。信用条件为“2/10，n/30”。

2016 年 4 月 18 日，闽朗公司以银行存款支付购货款。

2016 年 4 月 19 日，闽朗公司赊销 A 商品，总价款为 91 000 元。基于永续盘存制，销售成本为 61 420 元。信用条件为“2/10，n/30”。

2016 年 4 月 30 日，闽朗公司收到 4 月 19 日的销货款并已存入银行账户。

2016 年 4 月 30 日，经过实地盘点，闽朗公司库存商品（A 商品）的价值为 38 580元。

根据上述资料，假设不考虑增值税问题，要求：

（1）采用总价法，为闽朗公司上述经济业务分别做出基于定期盘存制和永续盘存制的会计分录。

（2）采用净价法，为闽朗公司上述经济业务分别做出基于定期盘存制和永续盘存制的会计分录。

（3）基于定期盘存制，如何确定销售成本？其会计分录如何？

7. *存货计价的原始成本法*

沃特公司 2016 年 4 月份的期初存货（B 存货）为 2 000 件，单位成本为 3.00 元。2016 年 4 月份，沃特公司有关 B 存货的购销情况如下表所示。

日期	购货		销货数量
	数量	单位成本	
4 月 3 日			500
4 月 9 日	1 000	3.50	
4 月 15 日			2 000
4 月 18 日	3 500	3.60	
4 月 27 日			1 500

根据上述资料，要求：

（1）分别运用先进先出法、后进先出法和加权平均法，计算基于定期盘存制和永续盘存制的本期商品销售成本和期末存货（B 存货）价值。

（2）就先进先出法、后进先出法和加权平均法这三种方法而言，为了大致反映商品的实物流动，你将选择哪一种存货计价方法？为什么？

（3）就先进先出法、后进先出法和加权平均法这三种方法而言，为了把本期应交所得税额降到最低限度，你将选择哪一种存货计价方法？为什么？

（4）就先进先出法、后进先出法和加权平均法这三种方法而言，为了使本期利润最大化，你将选择哪一种存货计价方法？为什么？

8. *成本与可变现净值孰低法*

2012 年 12 月 31 日，凯文公司甲、乙两大类（包括 A，B，C，D 四种）存货的成本与可变现净值如下表所示。

单位：元

存货项目	成本	可变现净值
A存货	8 200	6 000
B存货	11 800	12 000
甲类存货	20 000	18 000
C存货	8 000	9 200
D存货	12 000	11 600
乙类存货	20 000	20 800
合计	40 000	38 800

根据上述资料，要求：

（1）分别采用逐项比较法、分类比较法和总额比较法，运用成本与可变现净值孰低法为凯文公司确定其 2012 年 12 月 31 日的存货价值。

（2）假设凯文公司从 2012 年开始采用成本与可变现净值孰低法按存货类别对期末存货进行计价并计提存货跌价准备。为凯文公司的甲类存货做出 2012 年度计提存货跌价准备的必要会计分录。

（3）假设凯文公司从 2013 年至 2015 年年末甲类存货的账面价值都是 20 000 元。2013 年 12 月 31 日，凯文公司甲类存货预计可变现净值为 17 000 元；2014 年 11 月 30 日，凯文公司因对外销售存货而转出相应的存货跌价准备 500 元；2014 年 12 月 31 日，凯文公司甲类存货预计可变现净值为 19 400 元；2015 年 12 月 31 日，凯文公司甲类存货预计可变现净值为 20 500 元。为凯文公司做出从 2013 年至 2015 年与存货跌价准备相关的会计分录。

（4）上述会计处理出现的“存货跌价准备”账户贷方余额在编制资产负债表时如何处理？

（5）“存货跌价准备”账户是否会出现借方余额？为什么？

9. 毛利法

华文公司在 2015 年 12 月 31 日盘点之前不幸发生一场火灾。这场火灾不仅烧毁了华文公司的大部分存货，而且烧毁了华文公司的大部分账簿资料。根据抢救出来的部分账簿资料，并经过与华文公司的供应商和经销商联系，取得了如下数据资料：

期初存货	76 500 元
本期购货	235 275 元
本期销货	306 000 元

假设华文公司 2015 年度的平均毛利率为 24%。火灾时，抢救出来的未损坏商品标明的销售价格为 9 000 元，取得受损商品标明的销售价格为 6 000 元，估计可变现净值为 1 350 元。

根据上述资料，要求：

计算华文公司火灾的存货损失。

10. 零售价盘存法

冠百公司是一家商品零售商店。冠百公司在 2015 年年末按零售价格进行实物盘存，确定期末存货按零售价格计算的总额为 50 000 元。其他相关资料如下表所示。

单位：元

项目	按成本计价	按零售价格计价
期初存货	46 600	65 000
本期购货净额	163 400	215 000
本期销售净额	—	227 000

根据上述资料，要求：

（1）用零售价盘存法计算期末存货实物盘存的估计成本。

（2）计算 2015 年度由于某些原因造成的存货损失估计数。

（3）2015 年 12 月 31 日，冠百公司资产负债表应列示的存货金额为多少？

（4）假设冠百公司的商品购销业务都是现销。运用售价金额法，为冠百公司上述经济业务做出必要的会计分录。

11. 经营活动费用与非常收支的会计处理

南湖公司 2016 年 4 月份发生如下部分经济业务：

（1）4 月 1 日，建立定额备用金制度，定额备用金数额为 5 000 元。

（2）4 月 2 日，通过银行存款支付销售产品的运杂费 15 000 元。

（3）4 月 3 日，通过银行存款支付产品的电视广告费 100 000 元。

（4）4 月 10 日，公司行政管理部门报销差旅费 2 560 元。

（5）4 月 20 日，以现金缴纳车辆违规停车罚款 200 元。

（6）4 月 26 日，收到地方政府的补贴收入 25 000 元。

（7）4 月 30 日，按合同规定用银行存款支付咨询费 100 000 元。

（8）4 月 30 日，计提专设销售机构办公楼折旧费 20 000 元，行政办公楼折旧费 25 000元，专利权摊销费 5 000 元。

（9）4 月 30 日，预提银行短期借款利息 1 370 元。

（10）4 月 30 日，因机构调整，决定撤销定额备用金制度。

根据上述资料，要求：

（1）为南湖公司 2016 年 4 月份的上述部分经济业务做出必要的会计分录。

（2）结转经营活动费用与非常收支账户的余额。

12. 经营成果及其分配的会计处理

博闻公司 2016 年 12 月 31 日结账之前所有损益类账户的余额如下表所示。

单位：元

收益类账户	期末贷方余额	费用（支出）类账户	期末借方余额
主营业务收入	360 000	主营业务成本	264 000
其他业务收入	36 000	其他业务成本	24 000
投资收益	36 000	资产减值损失	20 000
营业外收入	20 000	管理费用	38 000
财务费用	10 000	销售费用	10 000
		公允价值变动损益	12 000
		营业外支出	600

根据上述资料，要求：

(1) 为博闻公司做出 2016 年 12 月 31 日的结账分录并指出其 2016 年度税前利润数额。

(2) 假设博闻公司适用的所得税税率为 25%且不存在纳税调整项目。请为博闻公司做出必要的会计分录并指出其 2016 年度税后利润数额。

(3) 假设博闻公司的税后利润，在分别计提 10%和 1%的法定盈余公积和任意盈余公积之后，再向投资者分配利润 20 000 元。请为博闻公司做出必要的会计分录并指出其 2016 年度实现但尚未分配的利润。

案例讨论题

在 1998 年中期财务报告中，厦新电子公司中期净利润 7 870 万元，比上年同期增长 258%，比 1997 年全年的利润还多 95%，实现了令人瞩目的高成长。但是，如果投资者仔细阅读其财务报表就会发现，厦新电子公司的“长期待摊费用”项目包含高达 8 807万元的“广告待摊费用”，而 1997 年的财务报表并没有这种广告费用的长期待摊项目。厦新电子公司 1998 年中期报告指出“集中发生的大额广告费用按 3 年摊销”。净利润的高速增长与巨额广告费用的待摊形成鲜明的对比，再加上厦新电子公司在其中期报告推出了“10 配 3，每股配股价格为 18～20 元”的配股议案，由此引起广大投资者、中介机构和媒体的广泛关注和争论。

当时，《中国证券报》的记者施如海就厦新电子公司的广告费摊销问题采访了该公司的董事会秘书吕东先生。下面是吕东先生就广告费摊销问题与记者的谈话。

吕东先生说，审视公司对这一会计事项的处理，公司管理层及负责审计的注册会计师都认为判断是正确的，处理是妥当的，符合客观事实和国家相关规定。

吕东介绍说，厦新电子公司设立之前的主体曾经是中国最大的录像机、放像机生产企业。尽管早在 1994 年就注册了“Amoisonic”“厦新”的商标，但截至 1997 年改制上市前基本上没有生产过以自己的注册商标冠名的产品。以前基本上不打广告，公司自有品牌的知名度无从谈起。1997 年，厦新电子公司成立之后，股份公司迅速开发出自己的拳头产品并用已经注册的“Amoisonic”“厦新”商标，推出厦新 VCD、厦新录像机。从 1998 年初开始，公司开始在中央电视台新闻联播前后黄金时段和其他媒体上大力进行广告宣传。这一策略效果非常明显，具体表现在三个方面：(1) 大力提高了产品和企业的知名度；(2) 使公众对“Amoisonic”“厦新”品牌产品所具品质逐渐认同；(3) 大力拓展了厦新电子公司产品的市场。以厦新 VCD 为例，销量在短短几个月的时间内迅速上升到国内第三。

吕东认为，厦新电子公司广告宣传的总体目标是立足于实施国际品牌战略，创立驰名商标，参与国际竞争，提升公司的品牌价值，为持续发展创造无形资产。公司 1998 年 1—6 月份增加了广告投入。这些广告既当年见效又利在长远。这些投资不仅着眼于推销公司目前主要产品 VCD，更重要的是要为树立一个品牌企业长期发挥作用，它的部分价值也将自然而然地转化为厦新电子公司的商誉。这既是 1998 年上半年广告费用应该分期摊销的原因之所在，也是厦新电子公司为实施国际品牌战略而不懈努力的一项重要内容。（本案例基本素材来自：王化成主编：《中国人民大学工商管理案例——公司财务与会计卷》，129～130 页，北京，中国人民大学出版社，1998。）

根据上述资料，讨论：

（1）广告费是否就一定要在当期费用化？为什么？

（2）厦新电子公司广告费的分期摊销是否与“10 配 3，每股配股价格为 18～20 元”的配股议案有关？

（3）厦新电子公司广告费分期摊销是否合理？为什么？

网络习题

登录巨潮资讯网（www. cninfo. com. cn），选择一家中国上市公司为样本，了解其供产销基本情况，并分析其经营业务、上下游顾客的基本构成。

第 11 章

变动成本法

本章要点

学习目标

1. 掌握变动成本法的基本原理及其运用
2. 理解变动成本法与完全成本法的结合运用

引例

金都公司只生产和销售一种产品，年生产能力为1 000件，但该公司只利用了50%的生产能力，2014年度出现了亏损。公司总经理欲设法在2015年度实现扭亏为盈。于是，召集有关人员参加会议，广泛征求意见，分析现状，寻求解决的办法。

下面是与会人员谈话的要点：

总经理：2014年度公司亏损30万元，请大家发表意见，分析原因，想办法扭亏。否则，银行对公司不再贷款，公司将被迫停产。

生产副总经理：我们公司的生产能力是1 000件，可是，现在只生产500件，固定成本总额都分摊到500件产品上，因此，单位成本上升。只要我们充分利用生产能力，生产1 000件，就能使成本降低。关键是销售部门设法推销1 000件产品。

销售副总经理：我们公司每年销售500件产品，目前每件产品价格为2 500元。由于市场竞争激烈，我们已经无法提高销售价格，也没有财力去开展推销活动。问题在于我们的产品每件制造成本高达2 600元。因此，目前的出路只有降低成本。

总经理：我们的产品各项成本情况如何？

总会计师：每件产品的单位变动成本为1 000元，全年的固定性制造费用总额为800 000元，固定性推销及管理费用总额为250 000元。

财务副总经理：我有一个办法可以扭亏为盈。我们公司只要利用全部生产能力来生产，就能够扭亏为盈。如此一来，利润表就可以显示出利润，银行贷款也就不成问题。然后，我们再努力推销，就可以摆脱困境。

讨论还在继续……

你认为：

（1）2014年度金都公司亏损30万元是如何计算出来的？

（2）财务副总经理的意见能够使金都公司扭亏为盈吗？为什么？

11.1 变动成本法的基本原理

基于“存货计价与收益确定”目的的成本计算方法称为完全成本法（full

costing)，主要满足财务会计对外编制财务报表的需要。变动成本法（variable costing）是与完全成本法相对应的一个新概念。

完全成本法也称吸收成本法（absorption costing）。通常人们所说的成本计算方法就是完全成本法。其主要特点是：产品成本包括直接材料、直接人工和制造费用，而制造费用根据其成本性态又可以进一步分为变动性制造费用与固定性制造费用。也就是说，根据完全成本法，每生产一个单位的产品，其成本不仅包括产品生产过程直接消耗的直接材料、直接人工和变动性制造费用，还包括一定份额的固定性制造费用。因此，固定性制造费用与直接材料、直接人工和变动性制造费用一样，汇集于产品，随着产品流动而流动，从而使本期已经销售产品与存货具有完全相同的成本构成。

变动成本法又称直接成本法（direct costing）。它与完全成本法的区别在于：根据变动成本法，产品成本只包括直接材料、直接人工和变动性制造费用，而不包括固定性制造费用。其理论依据是：固定性制造费用主要是为企业组织提供一定的生产经营条件而发生的。这些生产经营条件一旦形成，不管其实际利用程度如何，相关费用照样发生，与产品的实际生产没有直接的联系，并不随产销量的增减而增减，因而，不应该把它计入产品成本，而应该作为期间费用处理。也就是说，这部分费用是按期间发生的，它是一种与企业组织的生产经营活动持续期间的长短相联系的费用，随着时间的推移而发生，随着时间的消逝而消失，其效益不应该递延到下一个会计分期，而应该在其发生的当期，全额列入利润表，作为该期间销售收入的一个抵减项目。期末资产负债表上的存货（在产品、产成品）的计价，自然也应该排除这部分费用。

由于变动成本法与完全成本法对于产品成本构成的认识和处理方法不同，因而产生了存货计价、分期损益计算等一系列差异。这些差异构成变动成本法的主要特点。理解了这些特点，也就理解了变动成本法的基本原理。

11.1.1　产品成本构成

变动成本法与完全成本法的成本构成如图 11－1 所示。

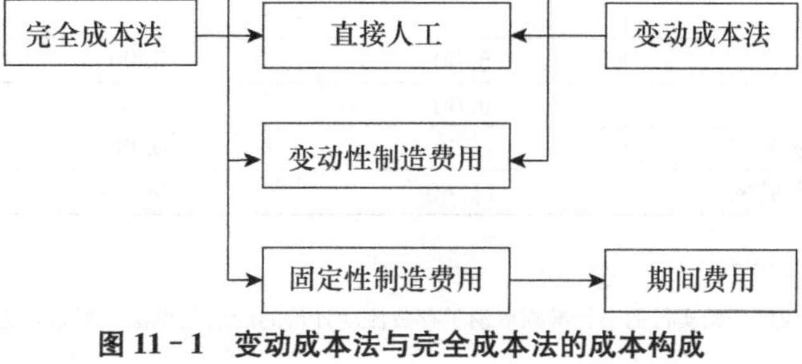

图 11－1　变动成本法与完全成本法的成本构成

案例 11－1

光明公司 2013 年、2014 年和 2015 年相关资料如下：

（1）收入及成本数据如表 11－1 所示。

表 11－1　光明公司收入及成本数据　单位：元

项目	金额
单位产品销售价格	35.00
单位产品直接材料	5.00
单位产品直接人工	9.00
单位变动性制造费用	0.60
年固定性制造费用	92 000
年固定性销售及行政管理费用	58 000
单位产品销售及行政管理费用	1.20

（2）产销情况如表 11－2 所示。

表 11－2　光明公司产销情况表　单位：件

项目	2013 年	2014 年	2015 年
期初存货	0	2 000	2 000
本期产量	10 000	10 000	8 000
本期销量	8 000	10 000	10 000
期末存货	2 000	2 000	0

（3）假设存货发出的计价方法采用后进先出法①。

根据案例 11－1 的资料，光明公司各年度单位产品成本计算如表 11－3 所示。

表 11－3　光明公司单位产品成本计算表　单位：元/件

项目	2013 年	2014 年	2015 年
变动成本法			
直接材料	5.00	5.00	5.00
直接人工	9.00	9.00	9.00
变动性制造费用	0.60	0.60	0.60
合计	14.60	14.60	14.60
完全成本法			
直接材料	5.00	5.00	5.00
直接人工	9.00	9.00	9.00
变动性制造费用	0.60	0.60	0.60
变动性生产成本	14.60	14.60	14.60

① 尽管 2007 年我国开始实行的会计准则取消了存货流动计价的后进先出法，但是，为了说明问题，这里还是以后进先出法为例。

续前表

项目	2013 年	2014 年	2015 年
固定性制造费用	9.20*	9.20*	11.50**
合计	23.80	23.80	26.10

* 92 000/10 000= 9.20（元/件）。
** 92 000/8 000=11.50（元/件）。

由此可见，基于变动成本法，产品成本只包括直接材料、直接人工和变动性制造费用。如此一来，基于变动成本法，2013—2015 年，光明公司每年的单位产品成本都是 14.60 元。而基于完全成本法，产品成本不仅包括直接材料、直接人工和变动性制造费用，而且包括固定性制造费用，因此，2013—2015 年，光明公司每年的单位产品成本与当年的生产量成反比，即生产量增加，单位成本下降，生产量减少，单位成本增加。因此，基于完全成本法，除非说明生产量是多少，否则，单位产品成本信息没有意义。

11.1.2 存货计价

由于产品成本构成项目不同，基于完全成本法与变动成本法，期末存货的计价也不同。

以案例 11-1 的资料为例，基于变动成本法，2013—2015 年，光明公司每年的单位存货成本都是 14.60 元。而基于完全成本法，2013—2015 年，因每年生产量不尽相同，光明公司每年的单位存货成本分别为 23.80 元、23.80 元和 26.10 元。

11.1.3 分期损益计算

由于变动成本法与完全成本法在产品成本构成和存货计价方面存在差异，变动成本法与完全成本法的分期损益计算也有所不同。

1. 计算方式

基于完全成本法，利润表的成本并不区分变动成本与固定成本，所有生产成本都计入产品销售成本，产品销售收入扣除产品销售成本，就得到产品销售毛利，再从产品销售毛利中扣除销售及行政管理费用就得到营业利润。① 其计算过程如图 11-2 所示。

产品销售收入
减：产品销售成本
产品销售毛利
减：销售及行政管理费用
营业利润

图 11-2 完全成本法的损益计算方式

① 之所以用营业利润而不是利润总额或净利润，是因为完全成本法与变动成本法只影响企业组织的产品销售成本和期间费用。当然，为了说明问题，这里的“营业利润”与第 10 章的“营业利润”并不完全一致。

与此相反，基于变动成本法，利润表的成本区分为变动成本与固定成本。产品销售收入扣除生产过程的变动成本得到生产过程的贡献毛益，再从生产过程的贡献毛益中扣除变动性销售及行政管理费用便得到最终贡献毛益，最后从最终贡献毛益扣除固定成本及费用，就得到营业利润。其计算过程如图 11－3 所示。

产品销售收入
减：变动性产品销售成本
生产贡献毛益
减：变动性销售及行政管理费用
最终贡献毛益
减：固定性制造费用
固定性销售及行政管理费用
营业利润

图 11－3　变动成本法的损益计算方式

2. 计算结果

由于产品销售成本＝期初存货成本＋本期入库存货成本－期末存货成本，而变动成本法与完全成本法的产品成本构成及其存货计价不同，因此，其产品销售成本也自然不同，从而分期损益计算结果也可能不同。

以案例 11－1 的资料为例，基于变动成本法与完全成本法，分别比较光明公司 2013 年、2014 年和 2015 年的营业利润。

（1）生产量大于销售量。光明公司 2013 年度的生产量（10 000 件）大于销售量（8 000 件）。基于完全成本法与变动成本法，其营业利润的计算结果分别如表 11－4 和表 11－5 所示。

表 11－4　基于完全成本法的营业利润

项目	金额（元）
产品销售收入	280 000
产品销售成本	190 400*
产品销售毛利	89 600
销售及行政管理费用	67 600
固定性销售及行政管理费用	58 000
变动性销售及行政管理费用	9 600
营业利润	22 000

* 0＋238 000－47 600＝190 400（元）或 8 000×23.80＝190 400（元）。

表 11－5　基于变动成本法的营业利润

项目	金额（元）
产品销售收入	280 000
变动性产品销售成本	116 800*
变动性销售及行政管理费用	9 600

续前表

项目	金额（元）
贡献毛益	153 600
固定成本	150 000
固定性制造费用	92 000
固定性销售及行政管理费用	58 000
营业利润	3 600

* 0＋146 000－29 200＝116 800（元）或 8 000×14.60＝116 800（元）。

由此可见，如果生产量大于销售量，基于完全成本法的营业利润（22 000 元）大于基于变动成本法的营业利润（3 600 元），两者相差 18 400 元。这是因为：基于完全成本法，固定性制造费用 92 000 元在已经销售的产品与期末存货之间分配，期末存货（2 000 件）吸收了固定性制造费用 18 400 元（2 000 件×9.20 元/件），而基于变动成本法，固定性制造费用 92 000 元作为期间费用，如数在当期扣除。

（2）生产量等于销售量。光明公司 2014 年度的生产量等于销售量即产销平衡（都是 10 000 件）。基于完全成本法与变动成本法，其营业利润的计算结果分别如表 11－6 和表 11－7 所示。

表 11－6　　基于完全成本法的营业利润

项目	金额（元）
产品销售收入	350 000
产品销售成本	238 000
产品销售毛利	112 000
销售及行政管理费用	70 000
固定性销售及行政管理费用	58 000
变动性销售及行政管理费用	12 000
营业利润	42 000

表 11－7　　基于变动成本法的营业利润

项目	金额（元）
产品销售收入	350 000
变动性产品销售成本	146 000
变动性销售及行政管理费用	12 000
贡献毛益	192 000
固定成本	150 000
固定性制造费用	92 000
固定性销售及行政管理费用	58 000
营业利润	42 000

由此可见，如果生产量等于销售量即产销平衡，基于完全成本法的营业利润与基于变动成本法的营业利润相等（都是 42 000 元）。这是因为：基于完全成本法，固定性制造费用 92 000 元虽然计入产品成本，但又全部转化为产品销售成本，从产品销售收入扣除，即如数在当期扣除，而基于变动成本法，固定性制造费用 92 000 元本来就应该如数在当期扣除。

5 分钟回顾：

如果变动成本法与完全成本法计算出来的营业利润相等，是否意味着这两种成本计算方法没有差异？

（3）生产量小于销售量。光明公司 2015 年度的生产量（8 000 件）小于销售量（10 000 件）。基于完全成本法与变动成本法，其营业利润的计算结果分别如表 11－8 和表 11－9 所示。

表 11－8　　基于完全成本法的营业利润

项目	金额（元）
产品销售收入	350 000
产品销售成本	256 400
产品销售毛利	93 600
销售及行政管理费用	70 000
固定性销售及行政管理费用	58 000
变动性销售及行政管理费用	12 000
营业利润	23 600

表 11－9　　基于变动成本法的营业利润

项目	金额（元）
产品销售收入	350 000
变动性产品销售成本	146 000
变动性销售及行政管理费用	12 000
贡献毛益	192 000
固定成本	150 000
固定性制造费用	92 000
固定性销售及行政管理费用	58 000
营业利润	42 000

由此可见，如果生产量小于销售量，基于完全成本法的营业利润（23 600 元）小于基于变动成本法的营业利润（42 000 元），两者相差 18 400 元。这是因为：基于完全成本法，产品销售收入不仅要扣除本期（2015 年度）的固定性制造费用 92 000 元，而且要扣除上期（2014 年度）存货结转、吸收而来的固定性

制造费用 18 400 元（2 000×9.20）；而基于变动成本法，产品销售收入却只扣除本期（2015 年度）固定性制造费用 92 000 元。

5 分钟回顾：

上述分析为何要建立在后进先出法的基础上？如果不建立在后进先出法的基础上，上述结论是否成立？

11.2　变动成本法与完全成本法的结合运用

尽管变动成本法与完全成本法存在显著差异，但是，企业组织完全没有必要同时存在两套独立的成本计算系统。

11.2.1　变动成本法与完全成本法的评价

从理论上说，变动成本法与完全成本法都可以为企业组织的经理人提供有用信息，但是，基于特定管理情境，变动成本法与完全成本法又各有其适应性。

1. 分期损益

如果产品销售价格、销售结构和成本不变，企业组织的经营利润应该与销售量的增减保持一致。变动成本法能够明确地揭示产品的销售量、成本和营业利润之间的依存关系，其所计算出来的营业利润与销售量的增减保持一致，易于为企业组织的经理人所理解和接受，便于经营决策、控制与分析；而完全成本法由于掺杂了一些人为的计算因素，使营业利润与销售量增减不能保持相应的依存关系，甚至生产量增加而销售量减少，营业利润却增加。这就难以为企业组织的经理人所理解和接受。

案例 11－2

华光公司 2014 年和 2015 年的基本数据如表 11－10 和表 11－11 所示。

表 11－10　　华光公司基本数据　　单位：元

项目	金额
单位产品销售价格	75.00
单位变动成本	35.00
固定性制造费用	400 000
销售及行政管理费用	
变动性销售及行政管理费用	100 000
固定性销售及行政管理费用	100 000

表 11-11　　华光公司产销及单位成本数据

项目	2014 年	2015 年
生产量（件）	20 000	25 000
销售量（件）	20 000	20 000
单位产品成本（元/件）		
变动成本法	35.00	35.00
完全成本法		
单位变动成本	35.00	35.00
单位固定性制造费用	20.00	16.00
合计	55.00	51.00

根据上述数据，基于完全成本法，其分期损益计算结果如表 11-12 所示。

表 11-12　　基于完全成本法的营业利润　　单位：元

项目	2014 年	2015 年
产品销售收入	1 500 000	1 500 000
产品销售成本	1 100 000	1 020 000
产品销售毛利	400 000	480 000
销售及行政管理费用		
固定性销售及行政管理费用	100 000	100 000
变动性销售及行政管理费用	100 000	100 000
营业利润	200 000	280 000

由此可见，2014 年与 2015 年，华光公司的销售量都是 20 000 件，但是，2015 年的营业利润却比 2014 年多了 80 000 元。原因就在于 2015 年华光公司期末存货增加了 5 000 件，吸收了固定性制造费用 80 000 元（5 000×16.00）。生产量增加，使营业利润增加，有利于促进企业组织提高劳动生产率，从而继续提高产品的生产量。由此，企业组织只要多生产，就可以创造“利润”。完全成本法适用于早期供不应求的卖方市场经营环境或垄断性行业。但是，在当今的买方市场经营环境或竞争性行业，完全成本法就显得极为被动。

而变动成本法则不然。基于变动成本法，其分期损益的计算结果如表 11-13 所示。

表 11-13　　基于变动成本法的营业利润　　单位：元

项目	2014 年	2015 年
产品销售收入	1 500 000	1 500 000
变动性产品销售成本	700 000	700 000
变动性销售及行政管理费用	100 000	100 000
贡献毛益	700 000	700 000
固定成本		
固定性制造费用	400 000	400 000
固定性销售及行政管理费用	100 000	100 000
营业利润	200 000	200 000

由此可见，基于变动成本法，2014 年与 2015 年华光公司的销售量一样，营业利润也一样。这就明显地显示出营业利润与销售量的依存关系，说明企业组织扩大销售量（而不是增加生产量）是增加营业利润的途径。变动成本法有利于以销定产，适用于当今的买方市场经营环境或竞争性行业。

2. 决策分析

企业组织的决策分析可以分为短期决策分析与长期决策分析。变动成本法比较适合短期决策分析。就短期决策分析而言，企业组织现有生产能力一旦形成，在短期内难以发生变动，与此相关的固定成本是不可避免的，而变动成本却会受短期决策的影响。贡献毛益揭示了产品本身的盈利能力，因此，企业组织的短期决策分析通常借助于贡献毛益。只有变动成本法才便于提供贡献毛益的相关信息，完全成本法难以满足这个特殊要求。但是，完全成本法比较适合长期决策分析。就长期决策分析而言，企业组织的生产能力会发生增减变动，一切成本都是变动成本。企业组织的长期决策分析必须建立在补偿所有成本的基础上。从这种意义上说，完全成本法所提供的信息比较充分，而变动成本法就显得不适应了。

3. 成本控制与绩效评价

成本控制与绩效评价的准则是可控性原则。变动成本法将成本分为固定成本与变动成本，可以为各责任单位提供成本控制与绩效评价的信息，有利于成本控制与绩效评价。完全成本法不区分固定成本与变动成本，一视同仁，都在各种产品之间进行分配，不利于成本控制与绩效评价。

4. 对外报告与纳税申报

传统的成本观念是完全成本观念。变动成本法的成本观念不符合传统成本观念，因而基于变动成本法的存货计价与收益确定，不符合对外报告的要求，也不符合应纳所得税额的计算申报。因而，目前变动成本法还不可能取代完全成本法。

5 分钟回顾：

如果企业组织的生产量与销售量相同，是否意味着变动成本法与完全成本法可以相互取代呢？

11.2.2　变动成本法与完全成本法的结合运用

上述分析表明，变动成本法与完全成本法各有其适应性。一般而言，变动成本法比较适合企业组织的内部经营管理需求，但不符合对外报告与纳税申报要求；而完全成本法比较适合对外报告与纳税申报要求，但不符合企业组织的内部经营管理需求。

鉴于企业组织的经理人具有投资者与经营者的双重身份，成本信息存在对外（存货计价与收益确定）与对内（经营决策与管理控制）两个方面的功能。

这就产生了如何使变动成本法与完全成本法相互补充、结合运用的问题。

当然，这里所说的相互补充、结合运用，并不是指同时搞两套独立、平行的成本计算系统，而是指以一种成本计算系统为基础，同时对其进行适当的调整和变通，使之能同时兼顾企业组织的内外部两方面的信息需求。

那么，应该以哪一种成本计算系统为基础呢？显然，企业组织的内部信息需求是经常性的、大量的，而对外编制财务报告却只在期末进行（定期性的），因而，比较合理的做法是以变动成本法为基础，同时，对其进行适当调整和变通，以适应对外编制财务报告的需求。具体地说，企业组织有关成本的日常会计处理都基于变动成本法，“生产成本”“库存商品”账户按变动成本入账，同时另设置“存货中的固定性制造费用”账户①，把所发生的固定性制造费用先记入这个账户，期末再将其在已经销售产品与期末存货（包括在产品和产成品）之间进行分配。对“存货中的固定性制造费用”账户中，应该由已经销售产品负担的部分转入本期产品销售成本（“主营业务成本”账户），由当期损益负担，而应该由期末存货（包括在产品和产成品）负担的部分转入期末存货（“生产成本”和“库存商品”账户），使期末存货和本期产品销售成本都按完全成本列示。这就符合了对外编制财务报告与纳税申报的要求。如此一来，既可以避免独立、平行地重复搞两套成本计算系统，又可以兼顾企业组织内外部两个方面的信息需求。

案例 11－3

花城公司 2016 年 3 月份相关资料如表 11－14 所示。

表 11－14　　花城公司 2016 年 3 月份相关资料

项目	数据
期初存货	0
生产量	1 000 件
销售量	900 件
变动性单位生产成本	
直接材料	10.00 元/件
直接人工	5.00 元/件
单位产品变动性制造费用	3.00 元/件
全月固定性制造费用	8 000 元
单位销售及行政管理费用	2.00 元/件
全月固定性销售及行政管理费用	12 000 元
单位产品销售价格	45.00 元/件

① 基于内部管理需要，企业组织可以自行设置某些账户。当然，对外编制的财务报告必须以会计准则为准绳。

根据上述资料，花城公司 2016 年 3 月份的会计处理用 T 形账户说明，如图 11－4所示。

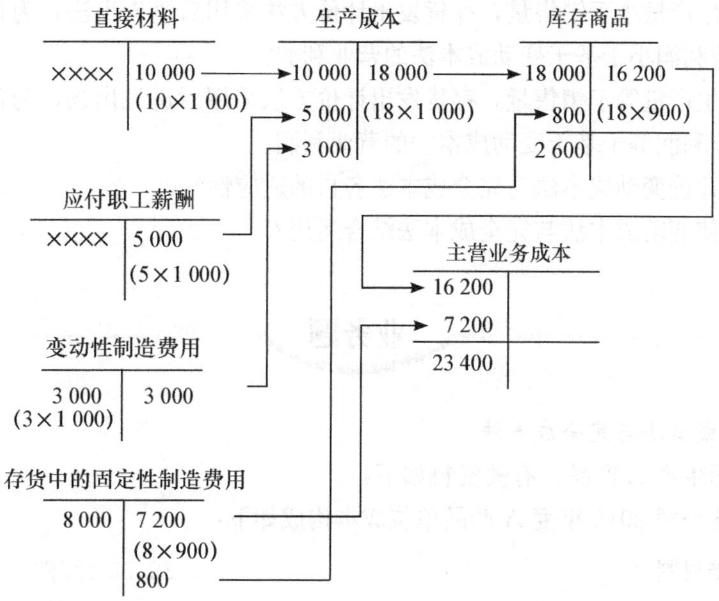

图 11－4　　变动成本法与完全成本法结合运用的会计处理流程图

5 分钟回顾：

根据图 11－4，如何做出相应的会计分录？

根据图 11－4，可以验证如下：

基于完全成本法，有

主营业务成本＝900×(18.00＋8.00)＝23 400(元)

库存商品＝100×(18.00＋8.00)＝2 600(元)

与上述图 11－4 的会计处理结果一致。

由此可见，变动成本法与完全成本法的结合运用，既同时满足了管理会计与财务会计的信息需求，又体现了管理会计与财务会计的“同源分流”和“不同目的，不同成本”的多维成本观念。更重要的是，变动成本法与完全成本法的结合运用使得企业组织经理人的投资者角色与经营者角色和谐地统一起来。

思考题

1. 何谓完全成本法？何谓变动成本法？两者有何差异？
2. 变动成本法将固定性制造费用作为期间费用处理的理论依据何在？

3. 如果生产量大于销售量，存货发出计价方法采用后进先出法，为什么基于完全成本法的营业利润大于基于变动成本法的营业利润？

4. 如果生产量小于销售量，存货发出计价方法采用后进先出法，为什么基于完全成本法的营业利润小于基于变动成本法的营业利润？

5. 如果生产量等于销售量，存货发出计价方法采用后进先出法，为什么基于完全成本法的营业利润等于基于变动成本法的营业利润？

6. 如何评价变动成本法与完全成本法各自的适应性？

7. 如何使变动成本法与完全成本法结合运用？

业务题

1. 变动成本法与完全成本法

威达公司生产A产品，有关资料如下：

（1）威达公司2015年度A产品单位成本构成如下：

直接材料	30.00元/件
直接人工	19.00元/件
变动性制造费用	6.00元/件
变动性销售及管理费用	4.00元/件

（2）威达公司2015年度10月份A产品产销量及期初期末资料如下：

期初存货	2 000件
本月生产量	10 000件
可供销售的A产品	12 000件
本月销售量	7 500件
期末存货	4 500件

（3）威达公司只生产和销售一种A产品，2015年度10月份发生的固定性制造费用为50 000元，固定性销售及管理费用为28 000元；A产品单位销售价格为80元，期末存货采用先进先出法，假设威达公司2015年度9月份的生产量为8 000件。

根据上述资料，要求：

（1）运用完全成本法编制威达公司2015年10月份的利润表。

（2）运用变动成本法编制威达公司2015年10月份的利润表。

2. 变动成本法与完全成本法

黄桥公司过去一直根据完全成本法编制其利润表。其最近三年简明利润表如下表所示。

单位：元

项目	第一年	第二年	第三年
销售收入	80 000	48 000	96 000
销售成本	50 000	30 000	60 000
销售毛利	30 000	18 000	36 000
销售与管理费用（固定性）	15 000	15 000	15 000
经营利润	15 000	3 000	21 000

最近三年，黄桥公司只生产和销售一种产品。其生产和销售情况如下表所示。

单位：件

项目	第一年	第二年	第三年
生产量	10 000	10 000	10 000
销售量	10 000	6 000	12 000

假设黄桥公司产品的单位变动成本为 3 元，固定成本按每件 2 元分摊到产品。

根据上述资料，要求：

（1）运用变动成本法编制黄桥公司最近三年的利润表。

（2）为什么采用不同成本计算方法所得出的营业利润，有的年份相同，有的年份不同？

3. 变动成本法与完全成本法的结合运用

西北公司 2015 年 9 月份的产销量资料如下表所示。

单位：件

月份	期初存货	本期生产量	本期销售量	期末存货
9 月	0	2 000	1 000	1 000

西北公司 2015 年 9 月份投产的 2 000 件产品全部在本月完工。其生产成本情况如下表所示。

单位：元

成本项目	单位成本
直接材料	10.00
直接人工	10.00
变动性制造费用	10.00
单位变动成本合计	30.00

西北公司生产车间每月固定性制造费用 10 000 元，这些成本在每个月产量为 1～2 000 件间保持不变。西北公司 2015 年 9 月份的非制造成本情况如下表所示。

单位：元

项目	固定费用	单位变动性费用
销售费用	2 000	20.00
管理费用	2 000	10.00
财务费用	1 000	0

单位变动性费用是每销售1件产品的费用。单位产品销售价格为100.00元。

根据上述资料，要求：

(1) 运用变动成本法，为西北公司上述经济业务做出必要的会计分录、编制其利润表并指出其期末库存商品的价值。

(2) 运用完全成本法，为西北公司上述经济业务做出必要的会计分录、编制其利润表并指出其期末库存商品的价值。

(3) 期末，为西北公司做出必要的会计分录将基于变动成本法的数据转化为基于完全成本法的数据。

案例讨论题

塔能公司生产和销售一种产品，年生产能力为40 000 000件，但在2014年度只生产和销售10 000 000件。2014年度既没有期初存货，也没有期末存货。2014年度的利润表如下表所示。

单位：元

项目	金额
销售收入	30 000 000
减：销售成本 　　变动成本 　　固定性制造费用 　　合计	 10 000 000 24 000 000 34 000 000
销售毛利	−4 000 000
减：销售及行政管理费用（假设全部为固定性费用）	5 000 000
营业利润	−9 000 000

塔能公司董事会十分重视这笔亏损，专门召开会议研究如何扭亏为盈。会上，塔能公司的顾问张三表示愿意出任该公司总经理并扭转困境。但他提出：不领固定工资，而领取营业利润的10%的报酬。董事会经过研究讨论同意了张三的要求，并签订了聘任合同。

2015年度，张三上任之后立即抓生产，提高劳动生产率，使塔能公司的年生产量上升为30 000 000件，而销售量依然保持在2014年度的水平上。这样，在其他条件不变的情况下，公司2015年度利润表的营业利润为7 000 000元。塔能公司董事会在核实之后，按合同规定支付 700 000 元给张三。张三领取了 700 000 元之后，声称塔能公司已经盈利了，他已经完成了历史使命，因为喜欢接受新的挑战，他辞去总经理的职务。

根据上述资料，要求：

（1）分别采用完全成本法与变动成本法编制塔能公司 2015 年度的利润表。

（2）张三获得报酬的依据是什么？这样的聘任合同是否存在瑕疵？

第12章 标准成本法

本章要点

12.1 标准成本的制定

12.2 差异分析

12.3 成本差异的会计处理

学习目标

1. 掌握标准成本的制定
2. 掌握差异分析
3. 理解成本差异的会计处理

引例

标准成本法源于 1911 年泰罗提出的科学管理学说。它被广泛证明是一种行之有效的成本控制工具。从企业组织的经营活动看，成本的有效控制比单纯的成本计算更重要。在企业组织的日常经营过程中，如何控制成本历来都是经理人非常重视的问题。

然而，近年来，标准成本法备受质疑。首先，标准成本的制定基于规模化、大批量生产的管理情境，而 21 世纪强调顾客化、小批量生产。由此，标准成本的制定缺乏应有的基础，即便制定出了标准成本，也可能缺乏代表性和标准性。其次，21 世纪强调创新，强调突破原有的各种框框。而有标准就有规矩，标准成本可能墨守成规，抑制创新。最后，标准成本法强调生产过程，而 21 世纪的企业组织对成本的关注已经超越生产过程，延伸到整个产品的价值链，不仅关注成本如何发生，更关注成本为何发生。企业组织只有关注成本为何发生，才能发现降低成本的关键点；企业组织只有关注成本如何发生，才能发现控制成本的关键点。唯有如此，企业组织才能将昨天的成本转化为明天的利润。

尽管如此，许多企业组织还是将标准成本法视为生产过程成本控制的重要工具。

如果某公司正准备引入标准成本法，面对上述这些疑虑，向你请教，你将如何解释呢？

12.1 标准成本的制定

标准成本的制定是实施标准成本法（standard costing）的起点，直接关系到日后成本控制的成效。为了确保标准成本的制定质量，相关部门和个人，如行政管理部门、采购部门、技术部门、人事部门、生产部门和财务部门，都应该共同参与标准成本的制定。首先要对企业组织的生产经营条件进行全面的测评，以历史成本资料为基础，结合经济环境、技术水平、市场供求关系的变化进行必要的调整和修订。

从管理控制的角度看，控制成本的有利时机是在成本发生之前，而不是成本发生之时。因此，企业组织应该对生产经营过程的直接材料、直接人工和制造费用等成本项目分别制定标准成本，以便确定单位产品的标准成本。其基本的模式为“标准成本＝用量标准×价格标准”。

12.1.1　直接材料标准成本

设定直接材料用量标准要求对企业组织的每一项作业的必要投入量进行全面的研究，同时综合考虑产品设计要求、质量标准、生产过程不可避免的正常损耗以及次品废品耗用的原材料等因素，从而确定基于当前生产条件和技术水平的单位产品材料用量。不同产品的直接材料用量标准应该分别记录，同一种产品不同生产步骤的材料用量也应该分别记录。将各生产步骤的标准材料用量汇总，就可以得到单位产品的标准材料用量。

直接材料的价格标准包括购入材料的发票价格、附带成本、相关税金。制定材料价格标准需要采购部门做必要的市场调查，在保证原材料质量的前提下，选择价格条件最为优惠的供应商，同时应该考虑经济订货批量、相关折扣、运输方式、信用条件以及供应商是否能按时按量送交原材料等因素。

确定单位产品的直接材料用量标准和价格标准之后，就可以得到单位产品的直接材料标准成本。其计算公式为：

$$\begin{matrix}\text{单位产品直接}\\ \text{材料标准成本}\end{matrix}=\sum(\text{各种材料标准用量}\times\text{各种材料标准价格})$$

案例 12－1

华南公司生产的产品需要耗用 A，B 两种原材料。其直接材料标准成本制定过程如表 12－1 所示。

表 12－1　　**直接材料标准成本的制定过程**

	A 材料	B 材料
用量标准（千克）		
单位产品耗用量	5.00	4.00
材料正常损耗	0.50	0.30
预计废（次）品耗用材料量	0.30	
标准用量	5.80	4.30
价格标准（元）		
发票价格	3.00	4.00
运杂费及其他相关费用	0.60	0.90
减：现金折扣	(0.09)	(0.06)
标准价格	3.51	4.84
直接材料标准成本（元）	20.358（3.51×5.80）	20.812（4.84×4.30）
单位产品直接材料标准成本（元）	41.17	

5 分钟回顾：

标准成本的制定过程需要进行会计处理吗？

12.1.2　直接人工标准成本

直接人工标准成本同样从用量和价格两个方面制定。

直接人工的“价格”标准是指标准工资率。采用计件工资制的企业组织，其标准工资率是指单位产品的应付工资；采用计时制的企业组织，其标准工资率则指单位工时的应付工资；采用工资制的企业组织，则需要用工资总额按标准人工小时分配之后确定。

直接人工的“用量”标准是指在现有正常的生产经营条件下，生产单位产品所需耗用的工时数，其中包括生产过程直接耗用工时、设备故障及日常维修停工时间、员工必要的休息时间。直接人工的数量标准是最难确定的标准成本项目。企业组织的经理人需要对生产过程的每项作业进行全面分析，剔除不必要的因素，确定最具有效率的生产方式。实际上，员工的工作效率、技术水平、工作状态参差不齐，企业组织的经理人应该在平均水平基础上确定直接人工的标准工时，从而使得直接人工用量标准成为合理、先进的标准，保证成本控制的效果。

确定单位产品的直接人工用量标准和工资率标准之后，就可以得到单位产品的直接人工标准成本。其计算公式为：

单位产品直接人工标准成本＝标准工资率×标准工时数

案例 12－2

华南公司单位产品的直接人工标准成本的制定过程如表 12－2 所示。

表 12－2　　直接人工标准成本的制定过程

单位产品直接耗用工时（小时）	2.00
预计员工所需休息时间（小时）	0.10
预计设备故障维修停工时间（小时）	0.40
单位产品标准工时（小时）	2.50
标准工资率（元/小时）	6.00
单位产品直接人工标准成本（元）	15.00（6.00×2.50）

12.1.3　制造费用标准成本

制造费用具有两个特点：（1）与直接材料和直接人工不同，制造费用无法追溯到具体产品；（2）严格地说，直接材料和直接人工都是变动成本，制造费用则包含固定性制造费用和变动性制造费用两部分。

制造费用标准成本是指在企业组织正常的生产经营条件下，生产单位产品所发生的制造费用成本。与直接材料、直接人工的标准成本数据一样，制造费用标准成本一方面用于确定产品成本，另一方面用于与实际制造费用比较，以便企业组织的经理人规划和控制成本。制造费用由固定性制造费用和变动性制造费用两部分组成，制造费用标准成本自然也由固定性制造费用标准成本和变动性制造费用标准成本两部分组成。

制定制造费用标准成本，首先要编制制造费用预算，即确定相关期间的制造费用总额。标准成本与预算成本之间的区别在于前者是单位产品成本，后者则是成本总额。企业组织在分别编制变动性制造费用和固定性制造费用预算之后，再按制造费用分配基础进行分配。制造费用分配基础为制造费用的数量标准，通常是指直接人工工时。制造费用分配率就是制造费用的“价格”标准。以制造费用分配率乘以生产单位产品的标准工时，就可以得到单位产品的制造费用标准成本。其计算公式为：

$$\text{制造费用分配率}=\text{(变动性/固定性)制造费用预算成本}\div\text{制造费用分配基础}$$

$$\begin{matrix}\text{单位产品(变动性/固定性)}\\\text{制造费用标准成本}\end{matrix}=\begin{matrix}\text{(变动性/固定性)}\\\text{制造费用分配率}\end{matrix}\times\begin{matrix}\text{标准}\\\text{工时}\end{matrix}$$

1. 变动性制造费用标准成本

变动性制造费用与直接材料、直接人工一样，随着企业组织生产量水平的变动而变动。企业组织在编制变动性制造费用预算时，通常采用弹性预算的形式，按不同的生产量水平确定相应的成本水平。

案例 12-3

华南公司编制的变动性制造费用预算如表 12-3 所示。

表 12-3　　变动性制造费用弹性预算

生产量水平（直接人工小时）	10 000	12 000	14 000
变动性制造费用（元）			
间接人工	10 000	12 000	14 000
物料用品	2 800	2 690	3 190
设备维修	920	1 060	1 270
其他费用	300	450	520
合计	14 020	16 200	18 980

假设华南公司的制造费用分配基础为直接人工小时。基于 12 000 小时的生产量水平：

变动性制造费用分配率＝16 200÷12 000＝1.35(元/小时)

如果生产单位产品耗用的标准工时数为 2 小时，那么

变动性制造费用标准成本＝2×1.35＝2.70(元)

2. 固定性制造费用标准成本

固定性制造费用在相关生产量水平范围内，不会随着生产量水平的变动而变动。因此，不需要单独编制弹性预算。其他程序与制定变动性制造费用标准成本的程序完全相同。

案例 12－4

华南公司制定的固定性制造费用预算成本如表 12－4 所示。

表 12－4　　固定性制造费用预算　　单位：元

固定性制造费用	金额
管理人员工资	6 350
保险费	1 500
设备折旧	940
税金	260
厂房折旧	790
合计	9 840

结合案例 12－3 的数据，基于 12 000 小时的生产量水平：

固定性制造费用分配率＝9 840÷12 000＝0.82(元/小时)

固定性制造费用标准成本＝单位产品标准工时×固定性制造费用分配率
＝2×0.82＝1.64(元)

因此，基于直接人工为 12 000 小时的生产量，华南公司的单位产品制造费用标准成本为 4.34 元（2.70＋1.64）。

综上所述，华南公司生产的产品的单位标准成本如表 12－5 所示。华南公司生产的产品的单位标准成本为 60.51 元。

表 12－5　　华南公司的产品单位标准成本汇总表　　单位：元

成本项目	金额
直接材料	41.17
直接人工	15
制造费用：	
变动性制造费用	2.70
固定性制造费用	1.64
合计	60.51

5分钟回顾：

企业组织的标准成本制定过程是一个技术问题还是会计问题？

12.2 差异分析

标准成本法的第二个步骤是差异分析。标准成本是经理人制定的预期成本水平，在实践中，由于各种各样的原因，实际成本发生额可能高于或低于标准成本。实际成本与标准成本之间的差额就是成本差异（cost variance）。如果实际成本低于标准成本，说明成本的实际发生额低于预期水平，形成有利差异（favorable variance），通常用F表示；反之，如果实际成本高于标准成本，说明成本的实际发生额高于预期水平，形成不利差异（unfavorable variance），通常用U表示。成本差异的出现，可能是由于成本标准过高或过低造成的。在这种情况下，经理人应该考虑调整或重新制定成本标准。如果成本标准合理可行，经理人就应该进行差异分析，针对其性质找出差异发生的原因（尤其是不利差异的原因），明确差异是否可以控制、由谁控制、如何控制，尽可能消除或减少不利差异，同时扩大有利差异，以便有效地控制成本。

不利差异与有利差异的管理方针取决于企业组织的经营战略及其制约因素：（1）处于激烈竞争行业的企业组织，强调质量的零缺陷和持续改进。对于这些企业组织而言，并不意味着一定要降低不利差异，提高有利差异。（2）约束理论认为企业组织的生产效率往往受到某些瓶颈因素的限制。因此，对于瓶颈因素引起的不利差异，企业组织应该给予高度重视。相反，对于非瓶颈因素引起的不利差异可能相对就没有那么重要。

12.2.1 差异分析的通用公式

如前所述，标准成本包括直接材料标准成本、直接人工标准成本、变动性制造费用标准成本和固定性制造费用标准成本等四部分。成本差异同样由直接材料成本差异、直接人工成本差异、变动性制造费用差异、固定性制造费用差异等四部分组成。各个标准成本项目都可以分解为用量标准和价格标准，成本差异也相应地分为用量差异和价格差异。其通用计算公式为：

成本差异＝实际成本－标准成本

＝实际用量×实际价格－标准用量×标准价格

上述公式表明，影响成本差异的因素是价格和用量。为了区分价格和用量对成本差异的具体影响，在上述通用公式的右边分别加减“实际用量×标准价格”，再合并分析得到

$$
\begin{aligned}
成本差异 &= 实际用量 \times 实际价格 - 实际用量 \times 标准价格 \\
&\quad + 实际用量 \times 标准价格 - 标准用量 \times 标准价格 \\
&= 实际用量 \times (实际价格 - 标准价格) \\
&\quad + (实际用量 - 标准用量) \times 标准价格 \\
&= 价格差异 + 用量差异
\end{aligned}
$$

式中

$$价格差异 = 实际用量 \times (实际价格 - 标准价格)$$

$$用量差异 = (实际用量 - 标准用量) \times 标准价格$$

值得注意的是，上述成本差异通用计算公式中，价格差异的共同因子为实际用量，而用量差异的共同因子为标准价格。

成本差异通用计算公式的基本原理如图 12－1 所示。

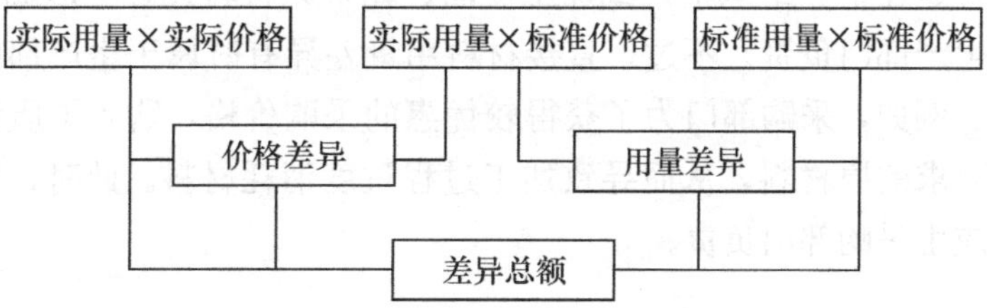

图 12－1　成本差异计算的通用模式

将成本差异分解成价格差异和用量差异，其目的在于从价格和用量两方面寻找差异形成的原因。价格差异和用量差异通常发生在不同的时点，由不同部门负责。例如，直接材料的价格差异通常发生在采购材料时，一般由采购部门负责；用量差异则发生在生产加工时，一般由生产部门负责。

12.2.2　直接材料成本差异分析

如前所述，直接材料成本差异是指直接材料实际成本偏离其标准成本所形成的差异，可以分解为直接材料价格差异和直接材料用量差异。

1. 直接材料价格差异分析

直接材料价格差异（direct material price variance）是指企业组织在材料采购过程所形成的标准价格与实际价格之间的差异。其计算公式为：

$$
\begin{aligned}
直接材料价格差异 &= 实际用量 \times 实际价格 - 实际用量 \times 标准价格 \\
&= 实际用量 \times (实际价格 - 标准价格)
\end{aligned}
$$

导致直接材料价格差异的因素比较多，如采购批量、送货方式、供应商根据购货量提供的商业折扣、购入材料的等级、采购时间是否充裕等。其中任何一个因素与预期存在偏差，都可能导致直接材料价格差异。直接材料价格差异通常由材料采购部门负责，但其他相关部门的决策或行为也可能导致直接材料价格差异。例如，生产部门临时更改或制定新的生产计划，要求材料采购部门以最快的速度提供所需的原材料，材料采购部门则难以选择价格较低廉的运输方式，也难以按最优惠条件采购原材料。此时，直接材料价格差异就应该由生产部门负责。

2. 直接材料用量差异分析

直接材料用量差异（direct material usage variance）是指企业组织在生产过程中形成的标准用量与实际用量之间的差异。其计算公式为：

直接材料用量差异＝实际用量×标准价格－标准用量×标准价格

＝标准价格×(实际用量－标准用量)

导致直接材料用量差异的因素也比较多，如设备故障、原材料质量不佳、员工技术不熟练、经理人监管不力、产品质量标准提高等。由于直接材料用量差异通常是在企业组织生产或加工产品、耗费原材料过程中形成的，因此，通常应由生产部门负责。不过，直接材料用量差异有时属于生产部门不可控因素引起的。例如，采购部门为了获得较优惠的采购价格，购入了质量等级或规格不符合要求的原材料，从而导致加工过程过度消耗材料。此时，直接材料用量差异就应由采购部门负责。

案例 12-5

光华公司只生产和销售 A 产品一种产品。其 2016 年 3 月份直接材料成本差异分析如表 12-6 所示。

表 12-6　光华公司直接材料成本差异分析表

	用量（千克）	单价（元）	金额（元）
标准成本	15 000	4.00	60 000
实际成本	14 740	4.05	59 697
直接材料成本差异	59 697－60 000＝303(F)		
直接材料价格差异	(14 740×4.05)－(14 740×4.0)＝737(U)		
直接材料用量差异	(14 740×4.0)－(15 000×4.0)＝1 040(F)		
直接材料成本差异	1 040(F)＋737(U)＝303(F)		

根据表 12-6，光华公司 A 产品的直接材料实际价格（4.05 元）高于其标准价格（4.00 元），直接材料价格差异为不利差异 737 元；而 A 产品的直接材料实际用量（14 740 千克）低于其标准用量（15 000 千克），直接材料用量差异为有利差异 1 040 元。综合直接材料的价格差异与用量差异，直接材料成本差异总额为有利差异 303 元（737－1 040）。

上述分析过程可用图 12-2 表示。

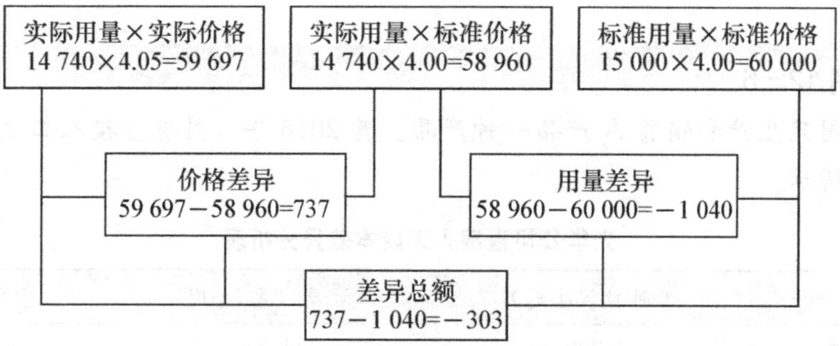

图 12－2 直接材料成本差异分析

5 分钟回顾：

如果光华公司的原材料没有期初余额，那么，根据图 12－2，光华公司如何编制相应的会计分录呢？

12.2.3 直接人工成本差异分析

直接人工成本差异的确定方式与直接材料相似，其区别在于"价格"差异为直接人工工资率差异，"用量"差异则为直接人工效率差异。

1. 直接人工工资率差异分析

如果企业组织实际支付的工资率偏离了预定的标准工资率，就会产生直接人工工资率差异（direct labor rate variance）。其计算公式为：

$$\begin{aligned}\text{直接人工工资率差异} &= \text{实际工时}\times\text{实际工资率}-\text{实际工时}\times\text{标准工资率}\\ &= \text{实际工时}\times(\text{实际工资率}-\text{标准工资率})\end{aligned}$$

通常，直接人工工资率是聘用合同载明的条款之一，实际支付额与预算额不会出现差异。但是，依然存在许多因素可能导致直接人工工资率差异。例如，企业组织的人力资源配置不当，在生产经营过程降级或升级使用员工，从而引起平均工资率的变动、员工人数的增加或薪酬的增加、总体工资水平变动等。

2. 直接人工效率差异分析

直接人工效率差异（direct labor efficiency variance）是指企业组织在生产过程中耗用的实际工时数偏离标准工时数形成的差异。其计算公式为：

$$\begin{aligned}\text{直接人工效率差异} &= \text{实际工时}\times\text{标准工资率}-\text{标准工时}\times\text{标准工资率}\\ &= \text{标准工资率}\times(\text{实际工时}-\text{标准工时})\end{aligned}$$

企业组织的员工生产经验不足、原材料质量不符合要求、设备运转不正常、一线经理人监管不力、工作环境条件不佳、引进新设备或生产方法等诸多因素都可能导致直接人工效率差异。直接人工效率差异通常由生产部门负责，但由于生产部门不可控因素（如材料质量问题）导致的效率低下，则应该由相关部门负责。

案例 12－6

光华公司只生产和销售 A 产品一种产品。其 2016 年 3 月份直接人工成本差异分析如表 12－7 所示。

表 12－7　　　　光华公司直接人工成本差异分析表

	工时数（小时）	工资率（元/小时）	金额（元）
标准成本	5 200	11.80	61 360
实际成本	5 000	12.60	63 000
直接人工成本差异	63 000－61 360＝1 640(U)		
直接人工工资率差异	(5 000×12.60)－(5 000×11.80)＝4 000(U)		
直接人工效率差异	(5 000×11.80)－(5 200×11.80)＝2 360(F)		
直接人工成本差异	4 000(U)＋2 360(F)＝1 640(U)		

根据表 12－7，光华公司 A 产品的直接人工实际工资率（12.60 元/小时）高于其标准工资率（11.80 元/小时），直接人工工资率差异为不利差异 4 000 元；而 A 产品的直接人工实际耗用工时（5 000 小时）低于其标准耗用工时（5 200小时），直接人工效率差异为有利差异 2 360 元。综合直接人工的工资率差异与效率差异，直接人工成本差异总额为不利差异 1 640 元（4 000－2 360）。

上述分析过程可用图 12－3 表示。

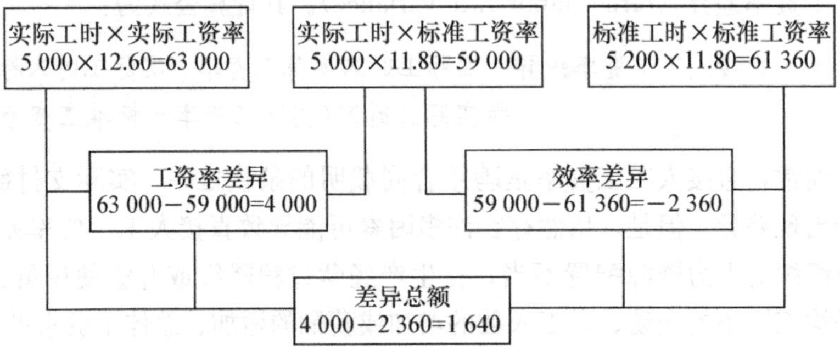

图 12－3　直接人工成本差异分析

5 分钟回顾：

如果光华公司的库存商品没有期初余额且当期生产当期全部完工入库并全部销售出去，那么，根据图 12－3，光华公司如何做出相应的会计分录呢？

12.2.4　变动性制造费用差异分析

从成本性态的角度看，变动性制造费用与直接材料成本、直接人工成本相同，主要由工时（数量）与分配率（价格）决定。因此，变动性制造费用差异同样可以分解为价格差异与数量差异两部分。

1. 变动性制造费用耗费差异分析

变动性制造费用的价格差异是指变动性制造费用分配率偏离了标准分配率而形成的差异，也称为变动性制造费用耗费差异（variable overhead spending variance）。其计算公式为：

$$\begin{aligned}\begin{matrix}\text{变动性制造}\\\text{费用耗费差异}\end{matrix} &= \begin{matrix}\text{实际}\\\text{工时}\end{matrix}\times\begin{matrix}\text{变动性制造费用}\\\text{实际分配率}\end{matrix}-\begin{matrix}\text{实际}\\\text{工时}\end{matrix}\times\begin{matrix}\text{变动性制造费用}\\\text{标准分配率}\end{matrix}\\ &= \begin{matrix}\text{实际}\\\text{工时}\end{matrix}\times\left(\begin{matrix}\text{变动性制造费用}\\\text{实际分配率}\end{matrix}-\begin{matrix}\text{变动性制造费用}\\\text{标准分配率}\end{matrix}\right)\end{aligned}$$

变动性制造费用耗费差异可能是由于实际价格水平高于变动性制造费用预算，造成各项变动性制造费用的实际成本高于标准成本，形成不利差异；也可能是由于制造费用项目的过度使用或浪费引起的。

2. 变动性制造费用效率差异分析

变动性制造费用的数量差异是指实际耗用工时偏离标准工时而形成的差异，也称为变动性制造费用效率差异（variable overhead efficiency variance）。其计算公式为：

$$\begin{aligned}\begin{matrix}\text{变动性制造}\\\text{费用效率差异}\end{matrix} &= \begin{matrix}\text{实际}\\\text{工时}\end{matrix}\times\begin{matrix}\text{变动性制造费用}\\\text{标准分配率}\end{matrix}-\begin{matrix}\text{标准}\\\text{工时}\end{matrix}\times\begin{matrix}\text{变动性制造费用}\\\text{标准分配率}\end{matrix}\\ &= \begin{matrix}\text{变动性制造费用}\\\text{标准分配率}\end{matrix}\times\left(\begin{matrix}\text{实际}\\\text{工时}\end{matrix}-\begin{matrix}\text{标准}\\\text{工时}\end{matrix}\right)\end{aligned}$$

变动性制造费用效率差异产生的原因与直接人工效率差异基本相同。

案例 12－7

光华公司只生产和销售 A 产品一种产品。其 2016 年 3 月份变动性制造费用差异分析如表 12－8 所示。

表 12－8　　光华公司变动性制造费用差异分析表

	工时数（小时）	分配率（元/小时）	金额（元）
标准成本	1 200	6.00	7 200
实际成本	1 300	5.80	7 540
变动性制造费用差异	7 540－7 200＝340（U）		
变动性制造费用耗费差异	(1 300×5.80)－(1 300×6.00)＝260(F)		
变动性制造费用效率差异	(1 300×6.00)－(1 200×6.00)＝600(U)		
变动性制造费用差异	260（F）＋600(U)＝340(U)		

根据表 12－8，光华公司 A 产品的变动性制造费用实际分配率（5.80 元/小时）低于其标准分配率（6.00 元/小时），变动性制造费用耗费差异为有利差异 260 元；而 A 产品的变动性制造费用实际耗用工时（1 300 小时）超过其标准耗用工时（1 200 小时），变动性制造费用效率差异为不利差异 600 元。综合变动性制造费用耗费差异与效率差异，变动性制造费用差异总额为不利差异 340 元（－260＋600）。

上述分析过程可用图 12－4 表示。

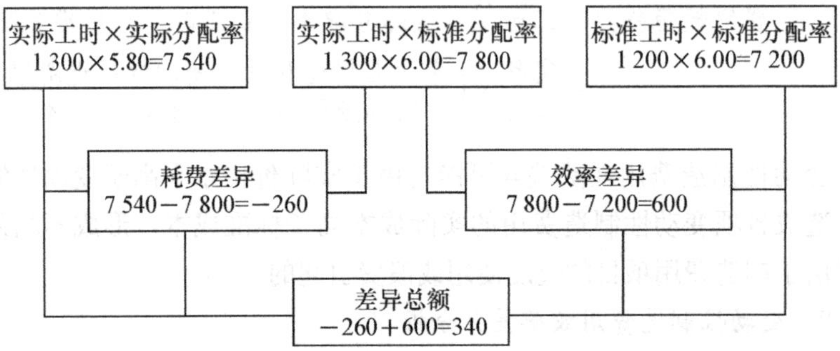

图 12－4　变动性制造费用差异分析

5 分钟回顾：

如果光华公司的库存商品没有期初余额，且当期生产当期全部完工入库并全部销售出去，根据图 12－4，光华公司如何编制相应的会计分录呢？

12.2.5　固定性制造费用差异分析

与前述直接材料成本、直接人工成本和变动性制造费用不同，固定性制造费用在相关范围内，不随销售（业务）量的变动而变动。对固定性制造费用的控制主要采用总额预算控制，即主要考察实际发生的固定性制造费用与事先预计的固定性制造费用之间是否存在差异，从而评价企业组织的固定性制造费用是否超过预算水平，企业组织的设备规模是否适当，设备和生产能力是否得到有效运用。因此，固定性制造费用差异分析，不再从价格和数量方面着手，而是以固定性制造费用预算为参照，将其分解为耗费差异和能量差异。①

1. 固定性制造费用耗费差异分析

固定性制造费用耗费差异（fixed overhead spending variance）是指实际发生的固定性制造费用与固定性制造费用预算之间的差额。其计算公式为：

① 固定性制造费用差异还可以进一步细分。基于本书的定位，这里旨在说明其基本原理，因此，不再细分。有兴趣的读者可以进一步参阅管理会计方面的相关论著。

$$\text{固定性制造费用耗费差异}=\text{固定性制造费用实际发生额}-\text{固定性制造费用预算额}$$

2. 固定性制造费用能量差异分析

固定性制造费用能量差异（fixed overhead capacity variance）是指基于预算产量标准的固定性制造费用与基于实际产量标准的固定性制造费用之间的差额。其计算公式为：

$$\begin{aligned}\text{固定性制造费用能量差异}&=\text{基于预算产量标准的固定性制造费用}-\text{基于实际产量标准的固定性制造费用}\\&=\text{固定性制造费用分配率}\times(\text{基于预算产量的标准工时}-\text{基于实际产量的标准工时})\end{aligned}$$

如果企业组织出现固定性制造费用能量差异，说明企业组织的生产能力利用程度与预算不一致。如果企业组织的生产能力超额利用，实际标准工时会大于生产能量，形成有利差异；反之，如果企业组织的生产能力没有得到充分利用，将形成不利差异。

案例 12-8

光华公司只生产和销售 A 产品一种产品。其 2016 年 3 月份固定性制造费用相关数据如下：

固定性制造费用预算成本	30 000 元
固定性制造费用实际发生额	28 700 元
预算直接人工小时	1 000 小时
单位产品标准工时	0.01 小时
固定性制造费用标准分配率	30.00 元/小时
预算产量	100 000 件
实际产量	90 000 件

根据上述资料，固定性制造费用差异分析如图 12-5 所示。

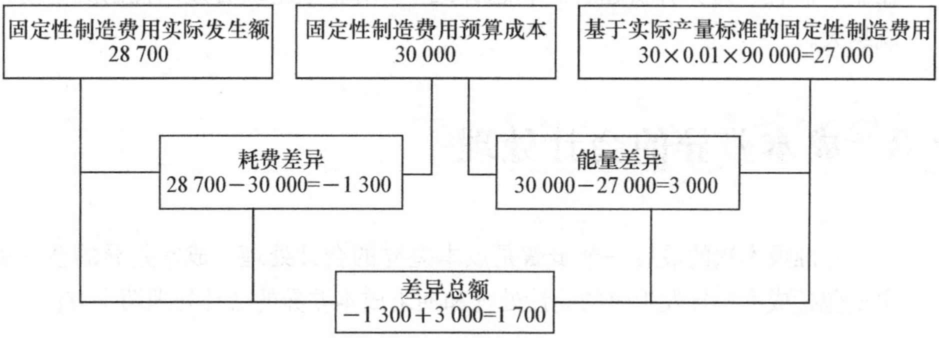

图 12-5　固定性制造费用差异分析

5 分钟回顾：

如果光华公司的库存商品没有期初余额且当期生产当期全部完工入库并全部销售出去，根据图 12-5，光华公司如何编制相应的会计分录呢？

根据图 12-5，光华公司 A 产品的固定性制造费用实际发生额（28 700 元）低于预算成本（30 000 元），形成有利差异（1 300 元）；而另一方面，光华公司 A 产品的实际产量水平（90 000 件）也低于预算水平（100 000 件），形成10 000件的产能差异，相应地就存在 3 000 元（10 000×0.01×30）的固定性制造费用无法分配①，从而产生不利的能量差异 3 000 元。综合固定性制造费用耗费差异与能量差异，固定性制造费用差异总额为不利差异 1 700 元（−1 300+3 000）。

导致企业组织的实际产量水平与预算产量不符的原因主要包括产品市场供求关系的变化、原材料短缺、生产计划安排不当、设备故障、劳资纠纷以及员工工作效率不能达到预期要求等。

最后值得注意的是，经理人运用标准成本法对各个成本项目进行差异分析的出发点是积极的而不是消极的，其目的并不是给各个层次经理人戴上“紧箍咒”，而是帮助和支持各个层次经理人按照标准成本从事生产经营活动，尽量降低和控制生产经营成本，提高生产经营效率。如果企业组织的实际成本与标准成本不一致，就产生一个重要的信号，提醒经理人注意并加以必要的分析。这就是所谓的“例外管理”（management by exception）。但无论企业组织的标准成本制定得多么周密，都只是一种预算指标。企业组织在制定标准成本时不可能完全预测到导致各个成本项目变动的因素。只有在极个别情况下，标准成本才可能与实际成本完全吻合。如果经理人对所有偏离标准成本的项目都详细分析，必将耗费大量的时间和精力。因此，经理人需要借助统计分析等手段筛选偏离标准成本的项目，确定重要的差异，从而有针对性地加以控制。而且，差异分析越及时、越详细②，对企业组织有效地控制成本的帮助就越大。

12.3 成本差异的会计处理

标准成本法的最后一个步骤是成本差异的会计处理。成本差异的会计处理主要包括成本差异发生时的会计处理和期末成本差异的会计处理两个方面。

---

① 如果实际产量水平超过预算产量，固定性制造费用将出现超额分配现象，从而出现有利的能量差异。

② 当然，这绝不意味着越细越好。企业组织差异分析的详略程度取决于其管理需求和成本效益原则。

12.3.1　成本差异发生时的会计处理

基于标准成本法，企业组织除了设置“原材料”“生产成本”“库存商品”和“主营业务成本”等账户并按标准成本入账之外，还要分别设置“直接材料价格差异”“直接材料用量差异”“直接人工效率差异”“直接人工工资率差异”“变动性制造费用耗费差异”“变动性制造费用效率差异”“固定性制造费用耗费差异”和“固定性制造费用能量差异”等账户，以反映各个成本项目的实际成本与标准成本之间的差异。① 这些成本差异账户的记账方向一致：借方记录不利差异，贷方记录有利差异。

1. 直接材料差异的会计处理

如前所述，直接材料差异分为直接材料价格差异与直接材料用量差异。基于标准成本法，直接材料成本差异应该及时确认、及时分析。直接材料价格差异应该在原材料购入时入账，而直接材料用量差异则应该在原材料耗用时入账。

续案例 12－5，根据表 12－6 或图 12－2，光华公司应该做如下会计分录：

(1) 购买原材料（15 000 千克）

借：原材料（15 000×4.00）	60 000
直接材料价格差异［(4.05－4.00)×15 000］	750
贷：银行存款（15 000×4.05）	60 750

5 分钟回顾：

这时的“直接材料价格差异”为何是 750 元，而不是表 12－6 或图 12－2 中的 737 元呢？

(2) 领用原材料（14 740 千克）

借：生产成本——基本生产——A 产品（15 000×4.00）	60 000
贷：原材料（14 740×4.00）	58 960
直接材料用量差异［(15 000－14 740)×4］	1 040

此时，“原材料”“生产成本”账户都按标准成本入账，其实际成本包括直接材料标准成本和直接材料成本差异两部分。

5 分钟回顾：

此时，“原材料”账户的实际成本为多少呢？

① 基于内部管理需要，企业组织可以自行设置某些账户。当然，对外编制的财务报告必须以会计准则为准绳。

2. 直接人工差异的会计处理

如前所述，直接人工差异分为直接人工工资率差异与直接人工效率差异。与直接材料差异不同，直接人工成本的支付与耗用几乎同时发生，不存在先购入、再储存、再耗用、再转移储存形式的情况。因此，直接人工差异应该同时入账。

续案例 12－6，根据表 12－7 或图 12－3，光华公司应该做如下会计分录：

借：生产成本——基本生产——A 产品（5 200×11.80）	61 360	
直接人工工资率差异［5 000×(12.60－11.80)］	4 000	
贷：应付职工薪酬（5 000×12.60）		63 000
直接人工效率差异［(5 000－5 200)×11.80］		2 360

3. 变动性制造费用差异的会计处理

如前所述，变动性制造费用差异分为变动性制造费用耗费差异与变动性制造费用效率差异。

续案例 12－7，根据表 12－8 或图 12－4，光华公司应该做如下会计分录：

（1）发生变动性制造费用。

借：变动性制造费用	7 540	
贷：银行存款		7 540

（2）结转变动性制造费用。

借：生产成本——基本生产——A 产品（1 200×6.00）	7 200	
变动性制造费用效率差异［(1 300－1 200)×6.00］	600	
贷：变动性制造费用		7 540
变动性制造费用耗费差异［1 300×(5.80－6.00)］		260

4. 固定性制造费用差异的会计处理

如前所述，固定性制造费用差异分为固定性制造费用耗费差异与固定性制造费用能量差异。固定性制造费用差异的会计处理与变动性制造费用差异的会计处理相似。

续案例 12－8，根据图 12－5，光华公司应该做如下会计分录：

（1）发生固定性制造费用。

借：固定性制造费用	28 700	
贷：银行存款		28 700

（2）结转固定性制造费用。

借：生产成本——基本生产——A 产品（30×0.01×90 000）	27 000	
固定性制造费用能量差异（30 000－30×0.01×90 000）	3 000	
贷：固定性制造费用		28 700
固定性制造费用耗费差异（28 700－30 000）		1 300

12.3.2　期末成本差异的会计处理

经过上述会计处理，各个成本差异账户根据其所记录的成本差异性质，出现了借方或贷方余额。期末，这些成本差异账户的余额需要结转到相应的账户，以便相关账户的记录从标准成本转化为实际成本，从而根据会计准则对外编制财务报告。

那么，如何处理上述成本差异账户的余额呢？主要有两种方法：直接作为销售成本处理和在存货与销售成本之间分配。

1. 直接作为销售成本处理

如果经理人认为其所制定的标准成本比较合理，可以代表现有产能的生产成本水平，而成本差异的数额又不大，就可以将各个成本差异账户的余额直接转入产品销售成本，并将成本差异作为评价经理人绩效的指标之一。

案例 12－9

光华公司 2016 年 3 月份生产的 A 产品全部完工并以其标准成本的 120％全部销售出去，而且成本差异直接作为销售成本处理，那么，2016 年 3 月 31 日，光华公司应做如下会计分录：

（1）商品入库。

借：库存商品——A 产品	155 560	
贷：生产成本——基本生产——A 产品		155 560

（2）商品销售并结转成本。

借：银行存款	186 672	
贷：主营业务收入		186 672
借：主营业务成本	155 560	
贷：库存商品——A 产品		155 560

（3）结转各个成本差异账户的余额。

借：直接材料用量差异	1 040	
直接人工效率差异	2 360	
变动性制造费用耗费差异	260	
固定性制造费用耗费差异	1 300	
主营业务成本	3 390	
贷：直接材料价格差异		750
直接人工工资率差异		4 000
变动性制造费用效率差异		600
固定性制造费用能量差异		3 000

2. 在存货与销售成本之间分配

如果成本差异的数额较大，就应该将其在存货（在产品、库存商品）与销售成本之间分配。同时，经理人应分析其所制定的成本标准是否合理、可行，并做必要的调整。

续案例 12-9，如果光华公司的各个成本差异在存货与销售成本之间分配，那么，2016 年 3 月 31 日，光华公司应做如下会计分录：

（1）商品入库。

	借方	贷方
借：库存商品——A 产品	155 560	
贷：生产成本——基本生产——A 产品		155 560

（2）商品销售并结转成本。

	借方	贷方
借：银行存款	186 672	
贷：主营业务收入		186 672
借：主营业务成本	155 560	
贷：库存商品——A 产品		155 560

（3）结转各个成本差异账户的余额。

	借方	贷方
借：直接材料用量差异	1 040	
直接人工效率差异	2 360	
变动性制造费用耗费差异	260	
固定性制造费用耗费差异	1 300	
主营业务成本	3 377	
原材料	13	
贷：直接材料价格差异		750
直接人工工资率差异		4 000
变动性制造费用效率差异		600
固定性制造费用能量差异		3 000

5 分钟回顾：

上述会计分录的“原材料”账户借方记入了 13 元。这 13 元是如何计算出来的？

通过上述各个成本差异账户余额的结转过程，与此相关的账户如“原材料”“库存商品”“生产成本”和“主营业务成本”等的余额就从标准成本转化为实际成本。这样，就可以根据会计准则编制财务报告了。由此，再次体现了管理会计与财务会计的“同源分流”和“不同目的，不同成本”的多维成本观念。

思考题

1. 如何制定标准成本？

2. 在制定制造费用的标准成本时，为何要区分变动性制造费用与固定性制造费用？

3. 如何分析直接材料差异？

4. 如何分析直接人工差异？

5. 如何分析制造费用差异？制造费用差异与直接材料、直接人工差异分析有何不同？

6. 简述成本差异的会计处理方法。

业务题

1. 直接材料标准成本

华美公司2015年11月份生产A产品2 000件，实际耗用材料1 800千克，实际成本为3 510元，而A产品的直接材料用量标准为1.00千克/件，标准价格为2.00元/千克。

根据上述资料，要求：

(1) 确定直接材料标准成本。

(2) 计算直接材料成本差异。

(3) 假设华美公司根据标准成本法的要求购料和用料，期初原材料没有余额，所有成本差异都由生产成本负担，做出必要的会计分录。

2. 直接人工标准成本

华美公司2015年11月份生产A产品2 000件，实际耗用直接人工3 600小时，支付直接人工成本15 120元，A产品直接人工的标准工时为2.00小时/件，标准小时工资率为4.00元/小时。

根据上述资料，要求：

(1) 确定直接人工标准成本。

(2) 计算直接人工成本差异。

(3) 假设华美公司期初没有存货，所有成本差异都由生产成本负担，做出必要的会计分录。

3. 变动性制造费用标准成本

华美公司2015年11月份生产A产品2 000件，实际耗用工时为3 600小时，实际发生变动性制造费用7 560元，生产A产品的变动性制造费用标准工时为2.00小时/件，变动性制造费用标准分配率为2.00元/小时。

根据上述资料，要求：

（1）确定变动性制造费用标准成本。

（2）计算变动性制造费用成本差异。

（3）假设华美公司期初没有存货，所有成本差异都由生产成本负担，做出必要的会计分录。

4. *固定性制造费用标准成本*

华美公司2015年11月份生产A产品2 000件，有关固定性制造费用的资料如下：固定性制造费用实际支付数额为4 900元；固定性制造费用预算数为4 800元；预计产能标准总工时为2 400小时；实际产能应耗标准工时为2 000小时。

根据上述资料，要求：

（1）确定固定性制造费用标准成本。

（2）计算固定性制造费用成本差异。

（3）假设华美公司期初没有存货，所有成本差异都由生产成本负担，做出必要的会计分录。

5. *差异分析*

华朗公司生产A，B两种产品，其单位产品标准成本的资料如下表所示。

单位：元

项目	A产品	B产品
直接材料	24.00（6.00千克×4.00元/千克）	25.00（5.00千克×5.00元/千克）
直接人工	32.00（4.00小时×8.00元/小时）	24.00（3.00小时×8.00元/小时）
变动性制造费用	12.00（4.00小时×3.00元/小时）	6.00（3.00小时×2.00元/小时）
固定性制造费用	8.00（4.00小时×2.00元/小时）	3.00（3.00小时×1.00元/小时）
单位产品标准成本	76.00	58.00

华朗公司产品的正常生产量为A产品800件，B产品1 000件。实际生产量为A产品600件，B产品800件。其单位产品实际成本资料如下表所示。

单位：元

项目	A产品	B产品
直接材料	24.00（8.00千克×3.00元/千克）	27.00（6.00千克×4.50元/千克）
直接人工	27.00（3.00小时×9.00元/小时）	28.00（3.50小时×8.00元/小时）
变动性制造费用	10.50（3.00小时×3.50元/小时）	8.75（3.50小时×2.50元/小时）
固定性制造费用	4.50（3.00小时×1.50元/小时）	5.25（3.50小时×1.50元/小时）
单位产品实际成本	66.00	69.00

根据上述资料，进行各项成本差异分析。

案例讨论题

奥运公司是我国台湾商人在广东省东莞市投资生产吉他的公司。该公司总经理陈斌是台湾人。在他接任这家公司总经理之前，该公司的总经理由广州的一位职业经理人担任。之前，奥运公司的产品都采用实际成本法核算。因为原来的总经理认为实际成本法能帮助他及时了解每把吉他的成本，控制成本。然而，经历两年的运营过程之后，该公司台湾总部发现，该公司成本状况不能令总部满意，成本水平一直不能降下来。于是，台湾总部就派了多年从事成本管理工作的陈斌接替原来的总经理。

陈斌提出在奥运公司实施标准成本法。于是，他要求下属准确地描述该公司的生产流程。随后，下属向陈斌报告如下情况：

奥运公司设有两个部门，一个是吉他身构造部门，另一个是吉他成品部门。在吉他身构造部门，高度熟练的技术人员制成木质吉他，并贴上几层木板。然后，这些构造部门的完工产品送到了成品部门，并在那里包上边、装上琴弦。成品部门的工人还把这些吉他调好声音，并进行检测。

听了上述报告之后，陈斌聘请了几位信息专业人士调查了竞争对手的成本情况。一个多月之后，这几位信息专业人士分别提交了报告。在几份报告中，成本状况最好的公司是这样的：

(1) 直接人工。

构造部门：3.00 小时，单位工资率为 20.00 元/小时；

成品部门：1.50 小时，单位工资率为 25.00 元/小时。

(2) 直接材料。

每把吉他耗费的镶面板为 4.00 千克，其价格是 10.00 元/千克；

琴弦每条的标准价格为 5.00 元，需要 5 条琴弦；

吉他成品部门发生的其他各种辅助材料成本是 5.00 元/件。

(3) 变动性制造费用。

构造部门工时：3.00 小时/件，动力费成本是 1.50 元/小时，镶面板的冲洗费是 2.00 元/工时；

成品部门工时：1.50 小时/件，动力费成本是 1.50 元/小时，检测费用是 2.00 元/小时。

(4) 固定性制造费用。

构造部门每月的生产工时：1 500 小时。

构造部门每月的固定性制造费用为：

厂房折旧	100 000 元
设备折旧	85 000 元
保险	20 000 元
车间管理人员工资	15 000 元
合计	220 000 元

成品部门每月的生产工时：1 500 小时。

成品部门的固定性制造费用为：

厂房折旧	80 000 元
设备折旧	65 000 元
保险	15 000 元
车间管理人员工资	10 000 元
合计	170 000 元

（本案例基本素材来自：胡玉明、丁友刚、卢馨：《管理会计》（第二版），70～72页，广州，暨南大学出版社，2010。这里略有修改。）

根据上述资料，要求：

（1）如果奥运公司以该竞争对手的成本数据为基础确定标准成本，请制定奥运公司的标准成本。

（2）奥运公司以该竞争对手的成本数据为基础制定标准成本可能产生什么问题？

（3）如果陈斌只是通过个人的决策制定了标准成本，进而在奥运公司推行标准成本法，可能产生什么问题？

（4）陈斌还需要做什么工作，以确保标准成本法能够在奥运公司顺利实施并取得预期成效？

（5）分小组讨论总经理、会计师、设计师、工程师和各个部门经理在制定标准成本过程中各自扮演的角色与承担的责任。

part
4

理解财务报表

会计是一种商业语言。“管理的重心在经营，经营的重心在决策。”在当今的信息社会，任何决策都离不开信息。财务报表是会计信息的主要载体，其所提供的信息是经理人决策所必不可少的。因此，经理人必须理解财务报表，并善于运用财务报表所提供的信息辅助战略制定、经营决策和管理控制。

但是，经理人毕竟不是会计从业人员。经理人需要掌握的是“如何运用财务报表”（how to use financial statement）的技能，而不是“如何编制财务报表”（how to prepare financial statement）的技能。因此，针对经理人职业特征的财务报表分析就是经理人通往“如何运用财务报表”的桥梁。

有鉴于此，本篇包括：

第 13 章　财务报表分析

第 14 章　经理人如何由表及里

第13章

财务报表分析

本章要点

13.1　财务报表分析的基本方法

13.2　流动性与偿债能力分析

13.3　盈利能力与股东利益分析

13.4　现金流量分析

学习目标

1. 掌握财务报表分析的基本方法
2. 掌握流动性与偿债能力分析
3. 掌握盈利能力与股东利益分析
4. 掌握现金流量分析

引例

你有一个邻居热衷于炒股票，听说你正在学习会计学课程，就拿着一家上市公司的财务报表请教你如何阅读该财务报表并请你提出股票投资建议。“一传十，十传百”，消息传出去之后，你的左邻右舍纷纷请教你：商业银行如何关注贷款单位的财务报表？经理人如何阅读财务报表？于是，你决定本着学以致用的精神，撰写一份财务报表分析报告，汇总回答左邻右舍提出的各种问题。

那么，你如何着手撰写这份财务报表分析报告呢？

13.1 财务报表分析的基本方法

古人云，“工欲善其事，必先利其器”。经理人要分析财务报表，首先必须理解和掌握财务报表分析的基本方法。

案例 13-1

四川长虹电器股份有限公司（上市股票代码 600839）2015 年 12 月 31 日的资产负债表、2015 年度的利润表和现金流量表分别如表 13-1、表 13-2 和表 13-3 所示。

表 13-1　　资产负债表

编制单位：四川长虹电器股份有限公司　　2015 年 12 月 31 日　　单位：元　币种：人民币

资产	期末余额	年初余额	负债和所有者权益	期末余额	年初余额
流动资产：			**流动负债：**		
货币资金	10 254 494 369.54	13 999 811 942.03	短期借款	9 760 087 003.12	13 388 072 362.19
以公允价值计量且其变动计入当期损益的金融资产	51 666 244.34	86 304 077.30	以公允价值计量且其变动计入当期损益的金融负债	53 396 561.88	8 652 670.00

续前表

资产	期末余额	年初余额	负债和所有者权益	期末余额	年初余额
应收票据	6 317 909 535.99	8 872 161 928.39	应付票据	6 916 704 396.14	4 357 441 531.16
应收账款	8 032 777 170.63	8 474 051 341.98	应付账款	8 133 207 300.96	8 817 745 769.58
预付款项	1 701 902 420.16	1 645 895 852.83	预收款项	1 369 859 256.74	1 566 951 873.01
应收利息	71 482 450.52	127 185 202.98	应付职工薪酬	460 110 409.17	510 272 802.20
应收股利			应交税费	−20 959 028.97	−311 923 693.56
其他应收款	515 186 085.63	3 094 792 603.74	应付利息	112 073 669.33	145 637 085.41
存货	11 745 602 201.62	11 917 256 315.87	应付股利	5 645 923.21	5 683 064.21
一年内到期的非流动资产			其他应付款	2 859 829 036.37	2 725 703 888.31
其他流动资产	1 839 218 227.16	277 751 637.99	一年内到期的非流动负债	1 546 061 223.80	3 361 918 825.11
流动资产合计	40 530 238 705.59	48 495 210 903.11	其他流动负债	3 000 000 000.00	3 000 000 000.00
非流动资产：			流动负债合计	34 196 015 751.75	37 576 156 177.62
可供出售金融资产	261 991 095.55	262 790 103.23	**非流动负债：**		
持有至到期投资			长期借款	826 695 003.19	2 024 151 635.90
长期应收款	3 448 307 631.53	57 302 091.62	应付债券	1 623 400 000.0	
长期股权投资	1 113 696 772.98	946 531 513.64	长期应付职工薪酬	281 101 265.28	251 729 541.61
投资性房地产	455 058 626.28	481 782 181.67	专项应付款	31 520 000.00	31 520 000.00
固定资产	5 848 244 605.11	5 785 652 513.24	预计负债	447 992 199.32	445 286 332.32
在建工程	179 436 462.07	367 578 954.09	递延收益	397 604 122.12	410 954 309.14
工程物资			递延所得税负债	9 314 122.51	32 390 984.45
固定资产清理	95 328 830.04	95 391 177.29	其他非流动负债		
生产性生物资产			非流动负债合计	3 617 626 712.42	3 196 032 803.42
油气资产			负债合计	37 813 642 464.17	40 772 188 981.04
无形资产	3 039 003 145.57	3 181 829 157.41	**所有者权益：**		
开发支出	215 011 489.46	189 871 078.92	实收资本	4 616 244 222.00	4 616 244 222.00
商誉	157 526 426.68	162 840 340.18	资本公积	3 907 538 642.46	3 870 330 230.62
长期待摊费用	7 770 809.34	7 213 027.31	减：库存股		
			其他综合收益	20 579 625.95	28 881 088.63
			专项储备	427 355.92	
递延所得税资产	178 751 486.80	188 148 765.27	盈余公积	2 184 773 404.07	3 455 121 978.12
其他非流动资产	84 975 340.70	2 465 107.00	未分配利润	1 377 263 296.67	2 081 537 704.28
非流动资产合计	15 085 102 722.11	11 729 396 010.87	归属于母公司所有者权益合计	12 106 826 547.07	14 052 115 223.65
			少数股东权益	5 694 872 416.46	5 400 302 709.29
			所有者权益合计	17 801 698 963.53	19 452 417 932.94
资产总计	55 615 341 427.70	60 224 606 913.98	负债和所有者权益总计	55 615 341 427.70	60 224 606 913.98

法定代表人：赵勇　　　　主管会计工作负责人：胡嘉　　　　会计机构负责人：谭丽清

表 13-2　　利润表

编制单位：四川长虹电器股份有限公司　　2015 年度　　单位：元　币种：人民币

项目	本期金额	上期金额
一、营业收入	64 847 813 147.02	59 619 884 745.33
减：营业成本	56 253 356 899.09	50 925 117 999.91
营业税金及附加	436 117 121.83	440 662 619.33
销售费用	5 010 512 142.29	4 704 514 363.86
管理费用	2 845 720 097.42	3 013 868 855.36
财务费用	1 038 699 288.50	201 029 052.39
资产减值损失	545 235 198.94	612 470 216.02
加：公允价值变动收益	−42 583 441.78	100 924 432.37
投资收益	135 860 276.29	303 859 006.94
其中：对联营企业和合营企业的投资收益	32 290 347.55	41 188 823.51
二、营业利润	−1 188 550 766.54	127 005 077.77
加：营业外收入	446 621 464.74	458 471 124.67
其中：非流动资产处置利得	13 730 671.73	56 336 265.56
减：营业外支出	698 525 742.22	51 948 586.49
其中：非流动资产处置损失	13 630 816.95	18 657 444.94
三、利润总额	−1 440 455 044.02	533 527 615.95
减：所得税费用	284 076 089.44	266 025 396.79
四、净利润	−1 724 531 133.46	267 502 219.16
归属于母公司所有者的净利润	−1 975 865 687.11	58 857 812.40
少数股东损益	251 334 553.65	208 644 406.76
五、其他综合收益的税后净额	−450 692.18	27 411 993.57
归属母公司所有者的其他综合收益的税后净额	−8 301 462.68	30 866 952.63
（一）以后不能重分类进损益的其他综合收益	−187 749.67	1 176 274.42
1. 重新计量设定受益计划净负债或净资产的变动		
2. 权益法下在被投资单位在不能重分类进损益的其他综合收益中享有的份额		
3. 其他	−187 749.67	1 176 274.42
（二）以后将重分类进损益的其他综合收益	−8 113 713.01	29 690 678.21
1. 权益法下在被投资单位以后将重分类进损益的其他综合收益中享有的份额		
2. 可供出售金融资产公允价值变动损益		
3. 持有至到期投资重分类为可供出售金融资产损益		
4. 现金流量套期损益的有效部分		
5. 外币财务报表折算差额	−8 113 713.01	29 690 678.21
归属于少数股东的其他综合收益的税后金额	7 850 770.50	−3 454 959.06
六、综合收益总额	−1 724 981 825.64	294 914 212.73

续前表

项目	本期金额	上期金额
归属于母公司所有者的综合收益总额	−1 984 167 149.79	89 724 765.03
归属于少数股东的综合收益总额	259 185 324.15	205 189 447.70
七、每股收益		
（一）基本每股收益	−0.428 0	0.012 8
（二）稀释每股收益	−0.428 0	0.012 8

公司法定代表人：赵勇　　主管会计工作负责人：胡嘉　　会计机构负责人：谭丽清

表 13－3　现金流量表

编制单位：四川长虹电器股份有限公司　　2015 年度　　单位：元　币种：人民币

项目	本期金额	上期金额
一、经营活动产生的现金流量：		
销售商品、提供劳务收到的现金	68 029 084 537.78	61 309 370 897.49
收到的税费返还	924 231 551.65	859 395 529.68
收到其他与经营活动有关的现金	809 378 276.80	262 868 731.92
经营活动现金流入小计	69 762 694 366.23	62 431 635 159.09
购买商品、接受劳务支付的现金	57 311 558 990.75	51 781 690 765.74
支付给职工以及为职工支付的现金	4 367 854 208.35	3 809 371 733.06
支付的各项税费	1 789 544 856.17	2 009 110 128.59
支付其他与经营活动有关的现金	3 057 505 296.36	2 910 718 045.89
经营活动现金流出小计	66 526 463 351.63	60 510 890 673.8
经营活动产生的现金流量净额	3 236 231 014.60	1 920 744 485.81
二、投资活动产生的现金流量：		
收回投资收到的现金	2 195 494 639.52	1 432 342 462.72
取得投资收益收到的现金	46 083 173.94	29 454 868.23
处置固定资产、无形资产和其他长期资产收回的现金净额	26 592 271.26	211 160 229.30
处置子公司及其他营业单位收到的现金净额	19 403 393.63	51 812 140.91
收到其他与投资活动有关的现金	730 099 953.30	797 365 564.66
投资活动现金流入小计	3 017 673 431.65	2 522 135 265.82
购建固定资产、无形资产和其他长期资产支付的现金	704 382 238.11	1 657 283 381.65
投资支付的现金	3 781 713 449.31	1 729 678 291.05
取得子公司及其他营业单位支付的现金净额		
支付其他与投资活动有关的现金	1 443 844 722.33	65 706 484.13
投资活动现金流出小计	5 929 940 409.75	3 452 668 156.83
投资活动产生的现金流量净额	−2 912 266 978.10	−930 532 891.01
三、筹资活动产生的现金流量：		
吸收投资收到的现金	125 237 430.26	10 105 696.40

续前表

项目	本期金额	上期金额
其中：子公司吸收少数股东投资收到的现金	125 237 430.26	2 825 690.80
取得借款收到的现金	16 878 923 596.28	21 228 979 761.62
发行债券收到的现金	1 623 400 000.00	
收到其他与筹资活动有关的现金	1 301 283 783.72	1 714 451 309.05
筹资活动现金流入小计	19 928 844 810.26	22 953 536 767.07
偿还债务支付的现金	22 337 606 804.40	17 931 004 689.18
分配股利、利润或偿付利息支付的现金	442 187 467.24	772 144 671.76
其中：子公司支付给少数股东的股利、利润	28 532 000.00	70 438 339.77
支付其他与筹资活动有关的现金	11 895 297.31	3 068 611 285.41
筹资活动现金流出小计	22 791 689 568.95	21 771 760 646.35
筹资活动产生的现金流量净额	−2 862 844 758.69	1 181 776 120.72
四、汇率变动对现金及现金等价物的影响	78 566 555.92	107 475 706.82
五、现金及现金等价物净增加额	−2 460 314 166.27	2 279 463 422.34
加：期初现金及现金等价物余额	12 069 950 999.52	9 790 487 577.18
六、期末现金及现金等价物余额	9 609 636 833.25	12 069 950 999.52

法定代表人：赵勇　　　主管会计工作负责人：胡嘉　　　会计机构负责人：谭丽清

根据上述资料，如何分析四川长虹电器股份有限公司的2015年度财务报表呢？

13.1.1 财务报表分析的核心问题

尽管财务报表是企业组织的财务状况、经营成果和现金流量状况的重要信息载体，但是，如果孤立地看，财务报表所列示的各类项目的金额并没有多大的意义。例如，根据表13-2，四川长虹电器股份有限公司2015年度的利润表显示营业成本为56 253 356 899.09元，孤立地看，并不能说明其成本管理水平的高低。财务报表的各项数据必须与其他数据相比较，才能转化为有意义的信息。然而，财务报表的数据很多，是否都要分析、比较呢？

显然，没有这种必要，也不可能这么去做。财务报表分析的核心问题是分析和评价企业组织的偿债能力（solvency）和盈利能力（profitability）这两个密切相关的问题。如果企业组织的盈利能力不佳，势必影响其未来现金流量和营运资本，从而影响企业组织的偿债能力；如果企业组织的偿债能力较差，不能及时清偿到期债务，又势必影响其筹资活动，使资金短缺，以致陷于亏损而处境困难，从而影响其未来的盈利能力。相反，如果企业组织盈利能力不断增强，就拥有充裕的资金和值得信赖的偿债能力，从而又促进其进一步扩大生产经营规模，创造出更好的财务环境，取得更多的利润。不过，基于权责发生制，企业组织获得利润，未必就有现金流量。因此，衡量和评价企业组织的偿债能力、盈利能力、创造现金流量能力是财务报表分析的核心问题。

13.1.2 财务报表分析的评价标准

如前所述，孤立地看，财务报表的数据没有什么意义。那么，如何判断财务报表数据所体现的企业组织的财务状况、经营成果和现金流量状况的好坏呢？这就需要借助一些评价标准。选择不同的评价标准，即便是分析同一个问题，也会得出不同的结论。

在实践中，财务报表分析的评价标准主要包括：经验标准、历史标准、行业标准和预算（计划）标准。

1. 经验标准

所谓经验标准，是指依据大量长期的实践检验而形成的标准。例如，在西方国家，20 世纪 70 年代以来的财务管理实践就形成了流动比率的经验标准为 2∶1，速动比率的经验标准为 1∶1。经验标准有助于经理人观察企业组织的经济活动是否合乎常规。

其实，经验标准来源于特定的经营环境。如果企业组织的经营环境发生了变化，经验标准可能失去其原有的意义。同时，经验标准并非人们常说的平均水平。换句话说，平均水平未必能够成为经验标准。

2. 历史标准

历史标准是指企业组织过去某个时期（例如上年或上年同期）的实践形成的标准。历史标准是企业组织曾经达到的标准，因此，历史标准比较可靠，也比较现实。历史标准有助于经理人揭示差异，开展差异分析，从而查明产生差异的原因，为改进企业组织的经营管理方法提供依据，同时也便于趋势分析，了解和掌握企业组织的经营活动变化趋势及其规律性。

在实践中，历史标准可以是企业组织历史最好水平的标准，也可以是企业组织基于正常经营条件的标准，还可以是企业组织连续多年平均水平的标准。不过，常用的历史标准是上年的水平。

当然，“企业组织的未来未必是其历史的必然延伸”。如果企业组织的经验环境发生重大变化，历史标准就可能使经理人“刻舟求剑”。

3. 行业标准

事实上，每一个行业都有以行业活动为基础并反映行业特征的一些标准，这些标准就是所谓的行业标准。经理人在财务报表分析中，采用行业标准体现了“知己知彼”的战略思想。行业标准有助于经理人判断企业组织在同行业所处的竞争地位或优势，明确企业组织今后的战略目标。

然而，运用行业标准却要慎重。虽然两个企业组织处于同一行业，但可能不可比。因为两个企业组织可能居于产业价值链的不同环节，而且所采用的会计政策也可能不同。更重要的是，许多大型企业组织都从事多元化经营，难以明确界定其所属的行业。

有鉴于此，作为行业标准的“变异”，目前流行“标杆”（benchmarking）标准。“标杆”就是同行业具有可比性的先进企业组织。“标杆”标准就是具有可比性的同行业先进水平的标准。采用“标杆”标准有助于企业组织与同行业先进水平比，“比、学、赶、超”，从而成为世界领先。不过，“这个世界不存在两家完全相同的企业组织”，“一千家企业组织，一千个样”，因此，“标杆”的确定也是一件困难的事情。

案例 13-2

根据行业特征、经营规模和业务特点，康佳集团、TCL 集团和格力电器等企业大体上可以作为四川长虹电器股份有限公司的“标杆”。表 13-4 列示了 2015 年度四川长虹电器股有限公司与其他三家“标杆”企业的存货比率（期末存货余额/资产总额）。

表 13-4　　2015 年度四川长虹、康佳集团、TCL 集团和格力电器等公司存货比率

项目	四川长虹	康佳集团	TCL 集团	格力电器
存货比率	21.12%	14.96%	8.08%	5.86%

通过表 13-4，经理人可以初步看出四川长虹电器股份有限公司 2015 年度存货管理方面的行业竞争地位。

4. 预算（计划）标准

如果企业组织实行全面预算（计划）管理，预算（计划）标准是现成的指标。预算（计划）标准有助于经理人判断企业组织实际的财务状况和经营成果与预算（计划）目标之间的差异，并寻找产生差异的原因。

不过，应该注意的是，预算（计划）标准是企业组织的内部标准，通常不公开披露，因此，预算（计划）标准只适合企业组织内部的财务报表分析。

5 分钟回顾：

财务报表分析的评价标准选择与财务报表分析目标之间是何种关系呢？

13.1.3　财务报表分析的基本方法

财务报表分析主要包括金额的比较、百分比的比较和比率分析等三种基本方法。对两期或数期财务报表中相同项目的金额比较，可以了解该项目金额的增减变动情况。例如，根据表 13-2，四川长虹电器股份有限公司 2015 年度营业成本为 56 253 356 899.09 元，2014 年度营业成本为 50 925 117 999.91 元，表明 2015 年度营业成本比 2014 年度增加了 5 328 238 899.18 元。但是，这并没有表明变动的程度，因而，还需要进行百分比的比较。例如，四川长虹电器股份有限公司 2015 年度营业成本比 2014 年度增加了 10.46%。

此外，财务报表有些项目之间存在一定的关系，可将其组合成一个比率，以说明企业组织某一方面的情况。例如，企业组织要用流动资产来偿还流动负债，因而流动资产与流动负债之间存在一定的关系，可以把它们联系在一起组成流动比率，用于说明企业组织的短期偿债能力。因此，金额比较、百分比比较和比率分析必须结合运用，才能说明企业组织的财务状况和经营成果。

采用适当的方式进行财务报表分析时，又有两种基本方法，即趋势分析法（trend analysis）和比率分析法（ratio analysis）。

1. *趋势分析法*

趋势分析法又称比较分析法（comparative analysis），是将连续数期财务报表相关项目按金额或选用某一年为基期进行比较，计算趋势百分比，从而揭示财务状况和经营成果的变化和发展趋势。

（1）按金额编制的比较财务报表。按金额编制的比较财务报表是将两期或数期财务报表的相同项目按金额分别列示，计算出增减变动额。

案例 13-3

以存货为例，表 13-5 列示了四川长虹电器股份有限公司 2006—2015 年连续 10 年的存货金额。

表 13-5　　四川长虹电器股份有限公司连续 10 年存货项目情况表　　单位：万元

项目	2006 年	2007 年	2008 年	2009 年	2010 年	2011 年	2012 年	2013 年	2014 年	2015 年
存货	530 154	664 510	600 782	829 635	885 190	100 409	1 255 601	1 254 179	1 191 726	1 174 560

通过表 13-5 经理人可以看出，四川长虹电器股份有限公司 2006—2015 年连续 10 年的存货项目变动趋势。

尽管通过按金额编制的比较财务报表可以看出财务报表某个项目的变动趋势，但仍不能更合理地确定其逐年变动的程度。因此，为了更为合理地确定各年变动程度，还要进一步编制以百分比表现的比较财务报表，反映其趋势百分比。

（2）按百分比编制的比较财务报表。较大规模的企业组织不仅要按金额编制比较财务报表，反映有关项目的增减变动额，还要按百分比编制比较财务报表，反映有关项目的增减变动百分比。按百分比编制的比较财务报表，按其编制的方法不同，又分为横向分析（horizontal analysis）和纵向分析（vertical analysis）。

1）横向分析。横向分析是指将两期或数期的财务报表相同项目进行比较分析。横向分析主要借助于比较财务报表（comparative financial statement）。比较财务报表研究同一个项目在不同期间的变动情况，列示出财务报表各项目前后两期或数期的金额对比，并计算其增减变动金额和百分比。

案例 13-4

四川长虹电器股份有限公司 2015 年度与 2014 年度的比较资产负债表和比较利润表如表 13-6 和表 13-7 所示。

表 13-6　　四川长虹电器股份有限公司 2015 年度与 2014 年度比较资产负债表　　单位：元

项目	2015/12/31	2014/12/31	变动额	变动百分比
流动资产：				
货币资金	10 254 494 369.54	13 999 811 942.03	−3 745 317 572.49	−26.75%
以公允价值计量且其变动计入当期损益的金融资产	51 666 244.34	86 304 077.30	−34 637 832.96	−40.13%
应收票据	6 317 909 535.99	8 872 161 928.39	−2 554 252 392.40	−28.79%
应收账款	8 032 777 170.63	8 474 051 341.98	−441 274 171.35	−5.21%
预付款项	1 701 902 420.16	1 645 895 852.83	56 006 567.33	3.40%
应收利息	71 482 450.52	127 185 202.98	−55 702 752.46	−43.80%
其他应收款	515 186 085.63	3 094 792 603.74	−2 579 606 518.11	−83.35%
存货	11 745 602 201.62	11 917 256 315.87	−171 654 114.25	−1.44%
其他流动资产	1 839 218 227.16	277 751 637.99	1 561 466 589.17	562.18%
流动资产合计	40 530 238 705.59	48 495 210 903.11	−7 964 972 197.52	−16.42%
非流动资产：				
可供出售金融资产	261 991 095.55	262 790 103.23	−799 007.68	−0.30%
长期应收款	3 448 307 631.53	57 302 091.62	3 391 005 539.91	5 917.77%
长期股权投资	1 113 696 772.98	946 531 513.64	167 165 259.34	17.66%
投资性房地产	455 058 626.28	481 782 181.67	−26 723 555.39	−5.55%
固定资产	5 848 244 605.11	5 785 652 513.24	62 592 091.87	1.09%
在建工程	179 436 462.07	367 578 954.09	−188 142 492.02	−51.18%
固定资产清理	95 328 830.04	95 391 177.29	−62 347.25	−0.07%
无形资产	3 039 003 145.57	3 181 829 157.41	−142 826 011.84	−4.49%
开发支出	215 011 489.46	189 871 078.92	25 140 410.54	13.24%
商誉	157 526 426.68	162 840 340.18	−5 313 913.50	−3.26%
长期待摊费用	7 770 809.34	7 213 027.31	557 782.03	7.73%
递延所得税资产	178 751 486.80	188 148 765.27	−9 397 278.47	−4.99%
其他非流动资产	84 975 340.70	2 465 107.00	82 510 233.70	3 347.13%
非流动资产合计	15 085 102 722.11	11 729 396 010.87	3 355 706 711.24	28.61%
资产总计	55 615 341 427.70	60 224 606 913.98	−4 609 265 486.28	−7.65%
流动负债：				
短期借款	9 760 087 003.12	13 388 072 362.19	−3 627 985 359.07	−27.10%

续前表

项目	2015/12/31	2014/12/31	变动额	变动百分比
以公允价值计量且其变动计入当期损益的金融负债	53 396 561.88	8 652 670.00	44 743 891.88	517.11%
应付票据	6 916 704 396.14	4 357 441 531.16	2 559 262 864.98	58.73%
应付账款	8 133 207 300.96	8 817 745 769.58	−684 538 468.62	−7.76%
预收款项	1 369 859 256.74	1 566 951 873.01	−197 092 616.27	−12.58%
应付职工薪酬	460 110 409.17	510 272 802.20	50 162 393.03	−9.83%
应交税费	−20 959 028.97	−311 923 693.56	290 964 664.59	−93.28%
应付利息	112 073 669.33	145 637 085.41	−33 563 416.08	−23.05%
应付股利	5 645 923.21	5 683 064.21	−37 141.00	−0.65%
其他应付款	2 859 829 036.37	2 725 703 888.31	134 125 148.06	4.92%
一年内到期的非流动负债	1 546 061 223.80	3 361 918 825.11	−1 815 857 601.31	−54.01%
其他流动负债	3 000 000 000.00	3 000 000 000.00	0.00	0.00%
流动负债合计	34 196 015 751.75	37 576 156 177.62	−3 380 140 425.87	−9.00%
非流动负债：				
长期借款	826 695 003.19	2 024 151 635.90	−1 197 456 632.71	−59.16%
应付债券	1 623 400 000.0		1 623 400 000.0	∞
长期应付职工薪酬	281 101 265.28	251 729 541.61	29 371 723.67	11.67%
专项应付款	31 520 000.00	31 520 000.00	0.00	0.00%
预计负债	447 992 199.32	445 286 332.32	2 705 867.00	0.61%
递延收益	397 604 122.12	410 954 309.14	−13 350 187.02	−3.25%
递延所得税负债	9 314 122.51	32 390 984.45	−23 076 861.94	−71.24%
非流动负债合计	3 617 626 712.42	3 196 032 803.42	421 593 909.00	13.19%
负债合计	37 813 642 464.17	40 772 188 981.04	−2 958 546 516.87	−7.26%
所有者权益：				
实收资本	4 616 244 222.00	4 616 244 222.00	0.00	0.00%
资本公积	3 907 538 642.46	3 870 330 230.62	37 208 411.84	0.96%
其他综合收益	20 579 625.95	28 881 088.63	−8 301 462.68	−28.74%
专项储备	427 355.92		427 355.92	∞
盈余公积	2 184 773 404.07	3 455 121 978.12	−1 270 348 574.05	−36.77%
未分配利润	1 377 263 296.67	2 081 537 704.28	−704 274 407.61	−33.83%
归属于母公司所有者权益合计	12 106 826 547.07	14 052 115 223.65	−1 945 288 676.58	−13.84%
少数股东权益	5 694 872 416.46	5 400 302 709.29	294 569 707.17	5.45%
所有者权益合计	17 801 698 963.53	19 452 417 932.94	−1 650 718 969.41	−8.49%
负债和所有者权益总计	5 561 534 1427.70	60 224 606 913.98	−4 609 265 486.28	−7.65%

表 13-7　　四川长虹电器股份有限公司 2015 年度与 2014 年度比较利润表　　单位：元

项目	2015 年度	2014 年度	变动额	变动百分比
一、营业收入	64 847 813 147.02	59 619 884 745.33	5 227 928 401.69	8.77%
减：营业成本	56 253 356 899.09	50 925 117 999.91	5 328 238 899.18	10.46%
营业税金及附加	436 117 121.83	440 662 619.33	−4 545 497.50	−1.03%
销售费用	5 010 512 142.29	4 704 514 363.86	305 997 778.43	6.50%
管理费用	2 845 720 097.42	3 013 868 855.36	−168 148 757.94	−5.58%
财务费用	1 038 699 288.50	201 029 052.39	837 670 236.11	416.69%
资产减值损失	545 235 198.94	612 470 216.02	−67 235 017.08	−10.98%
加：公允价值变动收益	−42 583 441.78	100 924 432.37	143 507 874.15	−142.19%
投资收益	135 860 276.29	303 859 006.94	−167 998 730.65	−55.29%
其中：对联营企业和合营企业的投资收益	32 290 347.55	41 188 823.51	−8 898 475.96	−21.60%
二、营业利润	−1 188 550 766.54	127 005 077.77	−1 315 555 844.31	−1 035.83%
加：营业外收入	446 621 464.74	458 471 124.67	−11 849 659.93	−2.58%
其中：非流动资产处置利得	13 730 671.73	56 336 265.56	−42 605 593.83	−75.63%
减：营业外支出	698 525 742.22	51 948 586.49	646 577 155.73	1 244.65%
其中：非流动资产处置损失	13 630 816.95	18 657 444.94	−5 026 627.99	−26.94%
三、利润总额	−1 440 455 044.02	533 527 615.95	−1 973 982 659.97	−369.99%
减：所得税费用	284 076 089.44	266 025 396.79	18 050 692.65	6.79%
四、净利润	−1 724 531 133.46	267 502 219.16	−1 992 033 352.62	−744.68%

对于财务报表的某些金额不大的项目（如表 13-6 中的专项储备和递延所得税负债等项目），即使其变动的百分比较大，经理人也可以不将其作为重点，而把重点放在金额和变动百分比均较大的重要项目上（如表 13-6 中的其他流动资产、长期应收款和其他非流动资产等项目）。在分析资产负债表项目时，还要联系利润表项目的变动情况，以判断其变动是否适当。

2）纵向分析。纵向分析是指对同一期间财务报表不同项目之间关系的对比分析。纵向分析主要借助于共同比报表（commonsize statement）。共同比报表将财务报表的某个关键项目的金额当作 100%，而将其余项目换算为对关键项目的百分比，以显示各项目的相对地位。这种仅有百分比而没有金额的财务报表，就是共同比财务报表。

第一，比较共同比资产负债表。共同比资产负债表分别以资产总额和负债及所有者权益总额为 100%，计算各组成项目所占的百分比。经理人分析比较共同比资产负债表，主要通过企业组织的资产组成比例观察企业组织的资产流动性，通过负债和股东权益的组成比例观察企业组织的资本结构情况。

案例 13-5

根据表 13-1，四川长虹电器股份有限公司 2015 年度与 2014 年度的比较共同比资产负债表如表 13-8 所示。

表 13-8　四川长虹电器股份有限公司 2015 年度与 2014 年度的比较共同比资产负债表

项目	2015/12/31	2014/12/31	增减变动情况
流动资产：			
货币资金	18.44%	23.25%	−4.81%
以公允价值计量且其变动计入当期损益的金融资产	0.09%	0.14%	−0.05%
应收票据	11.36%	14.73%	−3.37%
应收账款	14.44%	14.07%	0.37%
预付款项	3.06%	2.73%	0.33%
应收利息	0.13%	0.21%	−0.08%
其他应收款	0.93%	5.14%	−4.21%
存货	21.12%	19.79%	1.33%
其他流动资产	3.31%	0.46%	2.85%
流动资产合计	72.88%	80.52%	−7.64%
非流动资产：			
可供出售金融资产	0.47%	0.44%	0.03%
长期应收款	6.20%	0.10%	6.10%
长期股权投资	2.00%	1.57%	0.43%
投资性房地产	0.82%	0.80%	0.02%
固定资产	10.52%	9.61%	0.91%
在建工程	0.33%	0.61%	−0.28%
固定资产清理	0.17%	0.16%	0.01%
无形资产	5.46%	5.28%	0.18%
开发支出	0.39%	0.32%	0.07%
商誉	0.28%	0.27%	0.01%
长期待摊费用	0.01%	0.01%	0.00%
递延所得税资产	0.32%	0.31%	0.01%
其他非流动资产	0.15%	0.00%	0.15%
非流动资产合计	27.12%	19.48%	7.64%
资产总计	100.00%	100.00%	—
流动负债：			
短期借款	17.55%	22.23%	−4.68%
以公允价值计量且其变动计入当期损益的金融负债	0.10%	0.01%	0.09%
应付票据	12.44%	7.24%	5.20%
应付账款	14.62%	14.64%	−0.02%

续前表

项目	2015/12/31	2014/12/31	增减变动情况
预收款项	2.46%	2.60%	−0.14%
应付职工薪酬	0.83%	0.85%	−0.02%
应交税费	−0.03%	−0.52%	0.49%
应付利息	0.20%	0.24%	−0.04%
应付股利	0.01%	0.01%	0.00%
其他应付款	5.14%	4.53%	0.61%
一年内到期的非流动负债	2.78%	5.58%	−2.80%
其他流动负债	5.39%	4.98%	0.41%
流动负债合计	61.49%	62.39%	−0.90%
非流动负债：			
长期借款	1.48%	3.36%	−1.88%
应付债券	2.92%		2.92%
长期应付职工薪酬	0.50%	0.43%	0.07%
专项应付款	0.06%	0.05%	0.01%
预计负债	0.81%	0.74%	0.07%
递延收益	0.71%	0.68%	0.03%
递延所得税负债	0.02%	0.05%	−0.03%
非流动负债合计	6.50%	5.31%	1.19%
负债合计	67.99%	67.70%	0.29%
所有者权益：			
实收资本	8.30%	7.66%	0.64%
资本公积	7.02%	6.43%	0.59%
其他综合收益	0.04%	0.05%	−0.01%
专项储备	0.00%		0.00%
盈余公积	3.93%	5.73%	−1.80%
未分配利润	2.48%	3.46%	−0.98%
归属于母公司所有者权益合计	21.77%	23.33%	−1.56%
少数股东权益	10.24%	8.97%	1.27%
所有者权益合计	32.01%	32.30%	−0.29%
负债和所有者权益总计	100.00%	100.00%	—

根据表13-8，2015年度，四川长虹电器股份有限公司流动资产总额占资产总额的比重从2014年的80.52%下降为72.88%，流动性相对减弱。在负债和股东权益方面，负债所占比重从2014年的67.70%稍微上升为67.99%，而股东权益所占比重则从2014年的32.30%稍微下降为32.01%。

第二，比较共同比利润表。利润表也可以按照共同比的方式编制。共同比利润表以营业收入总额作为关键项目，将其当作100%，其余项目的金额都与之比较，计算出百分比。

比较共同比利润表显示了单位营业收入所负担的成本和费用的成数，以及所产生的净利润的成数。

案例 13－6

根据表 13－2，四川长虹电器股份有限公司 2015 年度与 2014 年度的比较共同比利润表如表 13－9 所示。

表 13－9　四川长虹电器股份有限公司 2015 年度与 2014 年度的比较共同比利润表

项目	2015 年度	2014 年度	增减变动情况
一、营业收入	100.00%	100.00%	—
减：营业成本	86.75%	85.42%	1.33%
营业税金及附加	0.67%	0.73%	－0.06%
销售费用	7.72%	7.89%	－0.17%
管理费用	4.39%	5.06%	－0.67%
财务费用	1.60%	0.34%	1.26%
资产减值损失	0.84%	1.03%	－0.19%
加：公允价值变动收益	－0.07%	0.17%	－0.24%
投资收益	0.21%	0.51%	－0.30%
其中：对联营企业和合营企业的投资收益	0.05%	0.07%	－0.02%
二、营业利润	－1.83%	0.21%	－2.04%
加：营业外收入	0.69%	0.77%	－0.08%
其中：非流动资产处置利得	0.02%	0.09%	－0.07%
减：营业外支出	1.08%	0.09%	0.99%
其中：非流动资产处置损失	0.02%	0.03%	－0.01%
三、利润总额	－2.22%	0.89%	－3.11%
减：所得税费用	0.44%	0.44%	0.00%
四、净利润	－2.66%	0.45%	－3.11%

根据表 13－9，四川长虹电器股份有限公司 2015 年度单位营业收入中，营业成本比 2014 年度高，导致净利润比 2014 年低。

综上所述，共同比财务报表可以显示出财务报表各项目的相对重要性，便于不同时期财务报表相同项目的比较。①

无论是金额的比较、变动百分比的比较，还是共同比财务报表的分析，经理人都要进一步分析，才能判断其变动对企业组织是否有利。

① 不过，趋势分析要注意以下几个问题：(1) 在趋势分析之前，应该先剔除偶发性的特殊项目。这样分析的数据，才能反映正常的经营情况，不受特殊事件的影响。(2) 趋势分析的项目应该有针对性，切合分析目的。(3) 比较分析可以运用例外原则，突出经营管理过程存在的重大变动的特殊问题。(4) 比较分析可以不限于连续数期的财务报表数据，也可以用本期的实际数与预算数进行比较，或与目标进行比较。

5分钟回顾：

横向分析与纵向分析如何结合运用？

2. 比率分析法

如前所述，比较财务报表可以用于研究同一项目不同期间的变动情况，共同比财务报表则可以用于分析同一个期间财务报表相关项目的相对重要性。除此之外，在同一个期间的财务报表，还有一些项目彼此之间存在着一定的关系，可以组成某种比率，以表明企业组织某个方面的情况。这种分析就是比率分析。

鉴于本章第2节至第4节将专门讨论比率分析，这里先暂不作讨论。

13.2 流动性与偿债能力分析

对于经理人而言，企业组织短期资产的流动性及其短期偿债能力非常重要。如果企业组织不能保持一定的短期偿债能力，就会面临生存危机。当然，如果企业组织只有短期偿债能力，而缺乏长期偿债能力，企业组织可能只有短期生存的空间，而没有长期发展的空间。因此，企业组织短期资产流动性与偿债能力对于企业组织未来的生存与发展至关重要。

13.2.1 短期资产流动性

流动资产俗称短期资产①，是指在一年或者一个经营周期（视何者为长）之内：(1) 以现金的形式存在；(2) 将要转变为现金；(3) 视同现金使用的资产。流动资产通常包括：货币资金（主要包括库存现金、银行存款和其他货币资金）、应收及预付款项（主要包括应收票据、应收账款、预付账款等项目）、交易性金融资产和存货。此外，出于平衡需要的“待摊费用”等项目也属于流动资产。

1. 应收账款的流动性

企业组织通常会有一些能够获取未来现金流入量的债权。这种债权在财务报表上通常归入应收账款和应收票据。大多数企业组织的这种债权主要来自于向顾客赊销商品或劳务，顾客承诺在限定的时期（如30天）内付款。因此，这种债权又称应收销货款。有时，顾客在应收账款到期无力支付或在赊购商品或劳务的当时，会签发一张应收票据代替应收账款。

企业组织应收账款的流动性可以通过应收账款周转率（account receivable

① 短期资产中，以现金或现金等价物形式存在的项目几乎没有流动性问题。因此，下面着重讨论应收账款和存货等项目的流动性问题。

turnover ratio）指标来衡量。应收账款周转率指标又可以表示为应收账款的周转次数，或者平均每一次收回应收账款的天数。

应收账款周转率表明应收账款的流动性。在计算该指标时，应收账款包括应收票据，至于不涉及赊销的其他应收账款就不应该包括在此指标之中。应收账款周转率的计算公式为：

应收账款周转率＝营业收入÷应收账款平均余额

如果在企业组织内部分析应收账款周转率，采用赊销总额代替营业收入比较合适。因为只有赊销才会引起应收账款，现销不会引起应收账款。但是，在与其他企业组织进行比较时，公式的分子采用营业收入比较合适，因为其他企业组织对外公布的财务报表很少标明赊销的数据。

案例 13－7

根据表 13－1 和表 13－2，四川长虹电器股份有限公司 2015 年度应收账款周转率指标如表 13－10 所示。

表 13－10　四川长虹电器股份有限公司 2015 年度应收账款周转率计算表　单位：万元

项目	2015 年度	2014 年度
营业收入（1）	6 484 781	5 961 988
应收账款（2）	803 278	847 405
应收票据（3）	631 791	887 216
应收账款余额（4）＝(2)＋(3)	1 435 069	1 734 621
应收账款平均余额（5）＝(1 435 069＋1 734 621)÷2	1 584 845	
应收账款周转率（6）＝6 484 781÷(5)	4.09 次	

应收账款周转率用于估计应收账款变现速度和管理效率，反映了资产和利润的质量。一般认为应收账款周转率越高越好。因为它表明收款速度迅速，后续坏账损失会减少，资产流动性强，收账费用较少。更为重要的是，应收账款周转率越高，企业组织的资金周转越快。这样，就可以“少花钱，多赚钱”，从而达到“流动性与盈利性并增”的双赢局面。评价该比率的标准是企业组织赊销条件规定的信用期限及其催收账款的方针。如果实际周转率低于企业组织计划周转率，说明顾客拖欠较久，信用不佳，坏账损失的可能性较大，同时，也说明企业组织对应收账款催收不力，使过多的营运资本呆滞在应收账款上。

应收账款周转率可以用天数代替次数。应收账款周转天数可以直接与企业组织信用条件比较。应收账款周转天数的计算公式为：

应收账款周转天数＝应收账款平均余额÷(营业收入÷365)

案例 13－8

根据表 13－1 和表 13－2，四川长虹电器股份有限公司 2015 年度的应收账款周转天数指标如表 13－11 所示。

表 13－11　　四川长虹电器股份有限公司 2015 年度应收账款周转天数计算表　　单位：万元

项目	2015 年度	2014 年度
应收账款（1）	803 278	847 405
应收票据（2）	631 791	887 216
应收账款余额（3）＝(1)＋(2)	1 435 069	1 734 621
应收账款平均余额（4）＝(1 435 069＋1 734 621)÷2	1 584 845	
营业收入（5）	6 484 781	5 961 988
每日营业收入（6）＝(5)÷365	17 767	16 334
应收账款周转天数（7）＝(4)÷17 767	89.20 天	

应收账款周转天数与应收账款周转次数之间的关系可以表示为：

应收账款周转天数＝365÷应收账款周转次数

或

应收账款周转次数＝365÷应收账款周转天数

经理人在分析应收账款周转率时，还可以结合应收账款的账龄，以便更好地分析应收账款的流动性。

2. 存货的流动性

在确定企业组织短期资产流动性及其偿债能力时，存货通常是最为重要的资产项目，一般占所有流动资产总额的一半以上。有鉴于此，必须特别重视存货，以便对其做出合理分析。

与应收账款流动性的分析方法相似，存货流动性的分析方法主要是计算存货周转率（inventory turnover ratio）。

存货周转率反映存货的流动性，其计算公式与应收账款周转率相似。存货周转率计算公式为：

存货周转率＝营业成本÷存货平均余额

案例 13－9

根据表 13－1 和表 13－2，四川长虹电器股份有限公司 2015 年度存货周转率指标如表 13－12 所示。

表 13-12　**四川长虹电器股份有限公司 2015 年度存货周转率计算表**　单位：万元

项目	2015 年度	2014 年度
营业成本 (1)	5 625 336	5 029 512
存货余额 (2)	1 174 560	1 191 726
存货平均余额 (3)=(1 174 560+1 191 726)÷2	1 183 143	
存货周转率 (4)=5 625 336÷(3)	4.75 次	

存货周转率是衡量企业组织销售能力强弱和存货是否适量的指标，反映了资产和利润的质量。通常，如果企业组织的经营活动有利可图，存货周转越快，利润率越大，营运资本用于存货的资金越少，因而，存货周转率与企业组织的盈利能力直接相关。企业组织同样可以“少花钱，多赚钱”，从而达到“流动性与盈利性并增”的双赢局面。如果存货周转得慢，则可能表明存货中冷背残次货品增加，不适销对路；或者表明存货积压，冷背的风险增加；又或者表明过多的营运资本在存货上呆滞起来，不能更好地加以运用。总之，存货周转率低是企业组织经营情况欠佳的一种迹象。

存货周转率可以用每次周转所需天数代替每年周转次数，这与应收账款周转率相似。存货周转天数计算公式为：

存货周转天数=存货平均余额÷(营业成本÷365)

案例 13-10

根据表 13-1 和表 13-2，四川长虹电器股份有限公司 2015 年度存货周转天数指标如表 13-13 所示。

表 13-13　**四川长虹电器股份有限公司 2015 年度存货周转天数计算表**　单位：万元

项目	2015 年度	2014 年度
存货余额 (1)	1 174 560	1 191 726
存货平均余额 (2)=(1 174 560+1 191 726)÷2	1 183 143	
营业成本 (3)	5 625 336	5 029 512
每日营业成本 (4)=(3)÷365	15 412	13 779
存货周转天数 (5)=(2)÷15 412	76.77 天	

存货周转天数与存货周转次数之间的关系可以用公式表示如下：

存货周转天数=365÷存货周转次数

或

存货周转次数=365÷存货周转天数

经理人如果能够结合存货经济订货批量进一步分析存货周转率，其效果更好，因为企业组织可能通过调节存货订货批量粉饰存货周转率指标。此外，经理人还可以结合存货的构成分析存货周转率。

3. 经营周期

在前述的流动资产界定过程中，涉及一个重要的概念：经营周期。经营周期是指企业组织从取得商品到销售商品最终收回现金的整个期间。例如，某家食品店购买商品，然后将其销售取得现金就是一个经营周期。食品店存货资产的持有时间较短表示其经营周期也较短。又如某家汽车制造商购入原材料，耗费了人工和费用之后，将这些材料制造成汽车，批发商先赊购汽车，然后才向制造商付款。与食品店相比，汽车制造商的经营周期要长得多，但一般不超过一年。只有少数企业组织的经营周期会超过一年。例如，某个经营旅游景区的企业组织，其将产品销售之前的平均持有时间加上平均收款期，通常超过一年。经营周期的长短从侧面反映了企业组织短期资产的流动性。

从应收账款的流动性指标和存货的流动性指标可以大致确定经营周期。其计算公式为：

经营周期＝应收账款周转天数＋存货周转天数

案例 13-11

根据表 13-11 和表 13-13，四川长虹电器股份有限公司 2015 年度经营周期为：

应收账款周转天数(89.20 天)＋存货周转天数(76.77 天)＝165.97(天)

5 分钟回顾：

会计政策选择（比如应收账款计价和坏账处理方法、存货计价方法）对财务报表分析有何影响？

13.2.2 短期偿债能力分析

流动资产与流动负债之间的比较与分析可以反映企业组织的短期偿债能力。因此，反映企业组织短期偿债能力的指标主要包括：(1) 营运资本（working capital）；(2) 营运资本周转率（working capital turnover ratio）；(3) 流动比率（current ratio）；(4) 速动比率（quick ratio）；(5) 现金比率（cash ratio）。

1. 营运资本

营运资本是反映企业组织短期偿债能力的一个指标。其计算公式为：

营运资本＝流动资产总额－流动负债总额

案例 13-12

根据表 13-1，四川长虹电器股份有限公司 2015 年度和 2014 年度的营运资本指标如表 13-14 所示。

表 13-14　　四川长虹电器股份有限公司 2015 年度和 2014 年度营运资本计算表　　单位：万元

项目	2015 年度	2014 年度
流动资产总额（1）	4 053 024	4 849 521
流动负债总额（2）	3 419 602	3 757 616
营运资本（3）=（1）－（2）	633 422	1 091 905

一般而言，营运资本为正数，表明企业组织的流动负债有足够的流动资产作为偿付的保证；反之，则意味着偿债能力不足。本期营运资本数额应该与以前期间的数额进行比较，以确定营运资本是否合理。由于企业组织的规模可以扩大或者缩小，不同企业组织之间营运资本的比较，则会由于其规模的不同而失去意义。如果营运资本出现异常，就必须逐项分析流动资产与流动负债。

2. 营运资本周转率

营业收入与营运资本之间的比率表示企业组织营运资本的周转率。经理人应该将该比率与以前年度相比、与竞争对手相比、与行业平均数相比，以便对企业组织营运资本周转率是否恰当得出一个结论。与其他比率一样，该指标应该保持什么样的水平才合理，也没有一个绝对的标准。由于这个比率的计算是以资产负债表数据（营运资本）与利润表数据（营业收入）相比，因此，如果资产负债表数据不能代表全年情况，就可能出现问题。为了避免出现这个问题，应该使用月营运资本平均数。因此，营运资本周转率计算公式为：

营运资本周转率=营业收入÷营运资本平均余额

案例 13-13

根据表 13-2 和表 13-14，四川长虹电器股份有限公司 2015 年度的营运资本周转率指标如表 13-15 所示。

表 13-15　　四川长虹电器股份有限公司 2015 年度营运资本周转率计算表　　单位：万元

项目	2015 年度	2014 年度
营业收入（1）	6 484 781	5 961 988
营运资本（2）	633 422	1 091 905
营运资本平均余额（3）=（633 422+1 091 905）÷2	862 664	
营运资本周转率（4）=6 484 781÷（3）	7.52 次	

如果营运资本周转率较低，则意味着企业组织营运资本的盈利能力较低。换句话说，相对于可用的营运资本，销售额不足。但如果营运资本周转率过高，则意味着企业组织的资本不足。资本不足的企业组织，在经营条件发生较大的不利变化时，对流动性问题尤其敏感。

3. 流动比率

流动比率是指企业组织的流动资产总额与流动负债总额之比。其计算公式为：

流动比率＝流动资产总额÷流动负债总额

案例 13-14

根据表 13-1，四川长虹电器股份有限公司 2015 年度与 2014 年度的流动比率指标如表 13-16 所示。

表 13-16　四川长虹电器股份有限公司 2015 年度与 2014 年度流动比率计算表　单位：万元

项目	2015 年度	2014 年度
流动资产总额（1）	4 053 024	4 849 521
流动负债总额（2）	3 419 602	3 757 616
流动比率（3）＝（1）÷（2）	1.19	1.29

流动比率是衡量企业组织短期偿债能力最通用的财务比率。它表明企业组织的短期债务可由预期在该债务到期之前转变为现金的资产来偿还的能力。一般认为流动比率为 2∶1 才足以表明企业组织的财务状况稳妥可靠。但近年来，经理人正逐渐放弃这种单凭经验的标准。

当然，流动比率过高并不是一个好的现象。因为流动比率过高，可能是存货积压或滞销的结果，也可能是因为拥有过多的现金未能很好地运用于经营活动。一般而言，经营周期短的行业，流动比率较低；经营周期越长，流动比率越高。

4. 速动比率

流动比率只能表明企业组织的流动资产总额与流动负债总额之间的关系，没有揭示流动资产的构成与质量。如果流动比率较高，而流动资产的流动性却很低，那么，企业组织的短期偿债能力依然较差。速动比率也称为酸性测验比率（acid-test ratio），就是要弥补流动比率的这些缺陷，它是速动资产总额与流动负债总额的比率。其计算公式为：

速动比率＝速动资产总额÷流动负债总额

式中，速动资产（quick assets）是指那些几乎立即可以用来偿还流动负债的流动资产，通常包括现金、交易性金融资产（短期投资）、应收账款和应收票据等项目。速动资产通常不包括存货。存货虽然属于流动资产，但其变现能力较差，一般需要较长时间，而且还可能发生冷背残次损失。至于待摊费用，它只能节约现金的支付而不能变现。

案例 13 - 15

根据表 13 - 1，四川长虹电器股份有限公司 2015 年度与 2014 年度的速动比率指标如表 13 - 17 所示。

表 13 - 17　四川长虹电器股份有限公司 2015 年度与 2014 年度速动比率计算表　单位：万元

项目	2015 年度	2014 年度
流动资产总额（1）	4 053 024	4 849 521
存货（2）	1 174 560	1 191 726
其他流动资产（3）	183 922	27 775
速动资产（4）=(1)－(2)－(3)	2 694 542	3 630 020
流动负债总额（5）	3 419 602	3 757 616
速动比率（6）=(4)÷(5)	0.79	0.97

一般认为，速动比率比流动比率更能说明问题。传统经验认为速动比率以 1∶1最佳。但是，实际上，经理人必须根据企业组织的性质分析，不能一概而论。

5. 现金比率

有时，经理人需要以最保守的观点分析企业组织的流动性。例如，企业组织将应收账款和存货进行了抵押，或者经理人怀疑应收账款和存货存在流动性问题。评价企业组织短期偿债能力的最保守指标是现金比率。现金比率的计算公式为：

现金比率=(现金等价物+有价证券)÷流动负债总额

案例 13 - 16

根据表 13 - 1，四川长虹电器股份有限公司 2015 年度与 2014 年度的现金比率指标如表 13 - 18 所示。

表 13 - 18　四川长虹电器股份有限公司 2015 年度与 2014 年度现金比率计算表

项目	2015 年度	2014 年度
货币资金（1）	1 025 449	1 399 981
以公允价值计量且其变动计入当期损益的金融资产（2）	5 167	8 630
应收票据（3）	631 791	887 216
现金等价物及有价证券（4）=(1)+(2)+(3)	1 662 407	2 295 827
流动负债总额（5）	3 419 602	3 757 616
现金比率（6）=(4)÷(5)	0.49	0.61

在评价企业组织流动性时，经理人较少重视现金比率。因为期望企业组织有足够的现金等价物和有价证券以偿还流动负债并不现实。如果企业组织不得不以现金等价物和有价证券来确定企业组织的流动性，其偿债能力就可能被低估。

但对于某些存货和应收账款的流动速度很慢或具有高度投机性的企业组织，经理人就应该考虑其现金比率。例如，如果房地产开发公司以分期收款方式出售其房地产，相应的账款要在多年后才能收回；或对于能否成功还不能肯定的企业组织，经理人也可能运用现金比率。

现金比率表示企业组织即时的流动性。过高的现金比率表明企业组织没有充分发挥现金的效用，现金应该用于企业组织的经营周转。但在下结论之前，经理人需要对企业组织有一个更详细的了解。企业组织可能对现金使用已经有了周全的计划（如房屋扩建计划）。当然，现金比率如果太低，则表明企业组织的即时支付能力存在问题。

5 分钟回顾：

你觉得四川长虹股份有限公司 2015 年度的短期偿债能力如何？

13.2.3 长期偿债能力分析

企业组织的长期偿债能力分析主要包括两种方法：（1）通过利润表考察企业组织的长期偿债能力；（2）通过资产负债表考察企业组织的长期偿债能力。

从长期来看，基于权责发生制的利润与企业组织的长期偿债能力关系密切。尽管从短期来看，利润与可提供的现金流量并不一致，但正常情况下，收入与费用最终都可能表现为现金流量。因而，企业组织的盈利能力就成为决定其长期偿债能力的一个重要因素。

除了企业组织的盈利能力，其债务数额与企业组织规模之间的关系也应该加以分析。这种分析揭示了由外部提供的资金数额与由所有者提供的资金数额之间的关系。如果由外部利益相关者提供的资金所占比例较大，那么，企业组织的经营风险实质上已经转移给了外部利益相关者。而如果负债在资本结构所占的比例很大，就会增加企业组织不能偿还本息的风险，因为企业组织有可能不能赚到足够的资金偿还这些债务。因此，企业组织长期偿债能力涉及资本结构（capital structure）问题。

1. 通过利润表评价长期偿债能力

利用利润表考察企业组织的长期偿债能力，可以借助于利息保障倍数（interest coverage）这个指标。企业组织的息税前利润（earning before interest and tax，EBIT）越大，债权人的利息收入就越有保障。因此，长期债权人通常关心利息保障倍数，以考察其长期债权投资的安全程度。其计算公式为：

利息保障倍数＝(净利润＋利息费用＋所得税)÷利息费用
＝(利润总额＋利息费用)÷利息费用

从理论上说，上述公式的利息费用除包括利润表财务费用项目的利息费用外，还应该包括计入固定资产成本的资本化利息。由于我国现行利润表没有把利息费用单列，而是混在财务费用之中，因此，经理人基于外部视角分析财务报表时只能用财务费用替代利息费用。

案例 13－17

根据表 13－2，四川长虹电器股份有限公司 2015 年度与 2014 年度的利息保障倍数指标如表 13－19 所示。

表 13－19　四川长虹电器股份有限公司 2015 年度与 2014 年度利息保障倍数计算表　单位：万元

项目	2015 年度	2014 年度
利润总额 (1)	－144 046	53 353
财务费用 (2)	103 870	20 103
息税前利润 (3)＝(1)＋(2)	－40 176	73 456
利息保障倍数 (4)＝(3)÷(2)	－0.39	3.65

从长期看，基于正常情况的利息保障倍数应该大于 1，否则，企业组织便不能举债经营。但是，也不能绝对化。有时企业组织的利息保障倍数小于 1，却同样可以支付债务利息。这是因为这些企业组织的费用总额中有一些数额较大但不需要用现金支付的非付现成本项目，如折旧费用等转账摊销费用。这就进一步说明了现金流量与利润的差异。

其实，利息保障倍数对利息的支付未必有保障，因为企业组织的利润并不能用于支付利息，只有现金才能用于支付利息。如果企业组织拥有利润而没有足够的现金流量，即使利息保障倍数较大，也未必能够支付利息。因此，经理人还要关注现金流量指标。

5 分钟回顾：

利息保障倍数这个指标的数值可能出现负数吗？为什么？

2. 通过资产负债表评价长期偿债能力

通过资产负债表评价企业组织的长期偿债能力，可以借助负债比率（liability to asset ratio）和负债对权益比率（liability to equity ratio）这两类指标。

(1) 负债比率。负债比率是指企业组织的负债总额与资产总额的比率。其计算公式为：

负债比率＝(负债总额÷资产总额)×100%

案例 13－18

根据表 13－1，四川长虹电器股份有限公司 2015 年度与 2014 年度的负债比率指标如表 13－20 所示。

表 13－20　四川长虹电器股份有限公司 2015 年度与 2014 年度负债比率计算表　单位：万元

项目	2015 年度	2014 年度
负债总额（1）	3 781 364	4 077 219
资产总额（2）	5 561 534	6 022 461
负债比率（3）＝(1)÷(2)	67.99%	67.70%

负债比率衡量企业组织的资产总额中由债权人所提供的百分比。由于财务杠杆效应，负债比率过高时，企业组织的财务风险比较高。因此，经理人在分析负债比率时，要注意财务杠杆效应。

值得指出的是，负债比率的高低没有一个通用的评判标准。相反，负债比率的高低具有鲜明的行业特征。例如，公用事业单位由于其现金流量相对比较稳定，且与债务契约要求的现金流量结构相吻合，因此，负债比率相对较高。相反，制药行业属于高风险、高收益行业，高风险特征使其现金流量相对不稳定，从而难以较多举债，而高收益特征使其内源融资成为可能。负债比率高低还涉及企业组织的资本结构选择问题。

5 分钟回顾：

1. 我国的国有企业究竟是负债比率过高还是收益率过低呢？
2. 企业组织是否存在一个最佳负债比率呢？

（2）权益比率。权益比率（equity ratio）是指企业组织的所有者权益总额与资产总额的比率。其计算公式为：

权益比率＝(所有者权益总额÷资产总额)×100%

案例 13－19

根据表 13－1，四川长虹电器股份有限公司 2015 年度与 2014 年度的权益比率指标如表 13－21 所示。

表 13-21　　四川长虹电器股份有限公司 2015 年度与 2014 年度权益比率计算表　　单位：万元

项目	2015 年度	2014 年度
所有者权益总额（1）	1 780 170	1 945 242
资产总额（2）	5 561 534	6 022 461
权益比率（3）=（1）÷（2）	32.01%	32.30%

权益比率越大，财务风险越小，但是，权益比率过高，也未必就是好现象。因为在举债经营（trading on the equity）过程中，财务杠杆在微妙地起作用。

权益比率与负债比率之和为 100%。因此，经理人在财务报表分析过程中，只要运用其中之一即可。权益乘数是权益比率的倒数。

（3）负债对权益比率。负债对权益比率（liability to equity ratio）是将负债比率与权益比率结合起来，用来考察企业组织的负债总额占所有者权益总额的比率。其计算公式为：

负债对权益比率=负债总额÷所有者权益总额

案例 13-20

根据表 13-1，四川长虹电器股份有限公司 2015 年度与 2014 年度的负债对权益比率指标如表 13-22 所示。

表 13-22　　四川长虹电器股份有限公司 2015 年度与 2014 年度负债对权益比率计算表　　单位：万元

项目	2015 年度	2014 年度
负债总额（1）	3 781 364	4 077 219
所有者权益总额（2）	1 780 170	1 945 242
负债对权益比率（3）=（1）÷（2）	2.12	2.10

这个比率表明由债权人提供与由所有者提供的资金来源的相对关系以及企业组织基本财务结构的强弱。

5 分钟回顾：

你觉得四川长虹股份有限公司 2015 年度的长期偿债能力如何？

13.2.4 影响偿债能力的其他因素

上述偿债能力指标都是从财务报表数据取得的，还有一些财务报表没有反映出来的因素也影响企业组织的偿债能力，甚至影响力更大。

1. 影响短期偿债能力的其他因素

基于“会计特有语言”，有些没有进入财务报表的项目可能影响企业组织的短期偿债能力。

(1) 可随时动用的银行贷款指标。企业组织已取得银行同意，尚未办理贷款手续的贷款，可以随时增加企业组织的货币资金，提高其支付能力。它通常列示在财务报表附注中，或在财务状况说明书中注明。

(2) 准备很快变现的长期资产。由于各种原因，企业组织可能会有一部分长期债权投资即将到期，或者有一部分闲置不用的固定资产准备出售，或者有一项已经开发出来将要转让的无形资产等，这些业务可能导致资产结构的变化，从而可以有效地增强企业组织的短期偿债能力。

(3) 偿债能力的声誉。企业组织的良好商业信誉是在多年经营过程中形成的，对于银行决定向企业组织贷款以及降低筹资成本也具有明显的促进作用。具有良好的偿债能力声誉的企业组织，一旦出现短期偿债困难，通常有能力比较容易地得到新的贷款或者通过发行债券、股票等筹集到所需的资金，从而解决暂时的资金短缺。

(4) 未作记录的或有负债。如前所述，或有负债是指由于可能发生的事项而导致的企业组织的债务。根据我国企业会计准则的规定，或有负债不作为企业组织的负债登记入账，因此，不会反映在资产负债表上。企业组织的某些大额或有负债，如经济纠纷可能败诉引起的经济赔偿、产品出售后可能发生的质量事故赔偿等，都没有体现在财务报表上，这些或有负债一旦成为事实，则会加重企业组织的债务负担，影响企业组织的短期偿债能力。因此，经理人应该从财务报表附注或财务状况说明书中搜集相关信息，以做出合理的判断。

(5) 担保责任引起的负债。企业组织可能以自己的部分流动资产为其他企业组织提供经济担保，一旦被担保的企业组织未能按约履行所负义务，也可能转化为本企业组织的负债，从而影响其偿债能力。这些情况通常也列示于财务报表附注中。

2. 影响长期偿债能力的其他因素

分析企业组织的长期偿债能力，除了上述直接体现长期偿债能力的指标，还要注意没有在财务报表中充分披露的特别项目。

(1) 长期租赁。如果企业组织急需某项设备而又缺乏足够的资金，可以通过租赁方式解决。租赁按性质可分为融资租赁与经营租赁。融资租赁按承租人获得资产的方式进行处理，租入的固定资产可视同企业组织的自有资产入账，相应的租赁费用作为长期负债处理。这种资本化的租赁，在分析长期偿债能力时，已经包括在债务比率指标的计算中。而经营租赁的设备则不包括在固定资产总额中，如果该设备被长期占用，就形成了一项长期固定的租赁费用。这实际上就是一种长期筹资行为。虽然这种长期性筹资不包括在长期负债之中（经营租赁不在资产负债表中反映，它作为租赁费用体现在财务报表附注和利润表中），但到期时必须支付租金，这会对企业组织的偿债能力产生影响。因此，如果企业组织经常发生经营租赁业务，应考虑租赁费用对企业组织的长期偿债能力的负面影响。

（2）合资经营。企业组织参与合资经营的方式多种多样，可以采取股份公司的形式或者其他形式。企业组织参与合资，通常要做出承诺，这就产生了承诺事项。承诺事项是指企业组织由具有法律效力的合同或协议的要求而引起义务的事项。例如，与为合资单位的银行贷款提供担保有关的承诺、信用证承诺、售后回购协议下的承诺，或者与合资单位签订长期的原材料购货合同等。这类活动可能使企业组织存在一些潜在负债，而这些潜在的负债并不出现在资产负债表上。这对企业组织的长期偿债能力也将产生一定的影响。

（3）担保责任。企业组织与其他单位的经济业务交往过程中，会发生很多担保责任。这些担保项目时间长短不一，有些涉及企业组织的长期负债，有些涉及企业组织的短期负债。在分析企业组织长期偿债能力时，应根据有关资料判断担保责任带来的潜在长期负债问题。

（4）或有事项。如前所述，或有事项是指企业组织现在无法肯定，但在将来可能会带来损失或收益的项目。这种项目具有不确定性，它一旦发生，便会对企业组织的财务状况产生很大的影响。按照会计的谨慎性原则，企业组织应尽量预计可能发生的损失和负债。因此，企业组织应对或有事项予以足够的重视，在评价企业组织长期偿债能力时也要考虑它们的潜在影响。

13.3　盈利能力与股东利益分析

盈利能力是企业组织赖以生存和发展的基本条件。近年来，经理人日益重视企业组织的盈利能力，并认为它比财务状况更为重要。盈利能力是指企业组织赚取利润的能力。盈利能力分析对股东而言至关重要，因为股东以股利的形式获取收益。此外，利润的增长可能促使股票市场价格上升，从而使股东得到资本利得。利润对债权人也十分重要。因为利润是偿还债务的一项资金来源。企业组织则用利润作为绩效评价的标准。

13.3.1　企业组织的盈利能力分析

通常，用以某些项目的数据为基础计算的百分比来评价盈利能力比单纯的绝对数更有意义。作为计算百分比基础的数据可以是营业收入，也可以是生产性资产、所有者和债权人投入资本。

1. 以营业收入为基础的盈利能力分析

以营业收入为基础的盈利能力分析主要借助销售毛利率（gross profit margin on sale）和销售利润率（profit margin on sale）这两个指标。

（1）销售毛利率。销售毛利率是指销售毛利占营业收入的百分比。其计算公式为：

销售毛利率=[(营业收入−营业成本)/营业收入]×100%

案例 13-21

根据表 13-2，四川长虹电器股份有限公司 2015 年度与 2014 年度销售毛利率指标如表 13-23 所示。

表 13-23　四川长虹电器股份有限公司 2015 年度与 2014 年度销售毛利率计算表　单位：万元

项目	2015 年度	2014 年度
营业收入（1）	6 484 781	5 961 988
营业成本（2）	5 625 336	5 092 512
销售毛利（3）=(1)−(2)	859 445	867 476
销售毛利率（4）=(3)÷(1)	13.25%	14.58%

销售毛利率这个指标之所以具有重要的分析价值，是因为它表明单位营业收入可以创造的毛利，既是企业组织产品竞争优势的表现，也是企业组织最终实现利润的基础。影响销售毛利率的因素有：1）销售价格；2）购货或生产成本；3）销售结构。就单一商品而言，影响销售毛利率的重要因素是销售价格和销售成本，但是，就整个企业组织而言，销售毛利率还受到销售结构的影响。

5 分钟回顾：

销售毛利率与第 8 章的贡献毛益率有何区别？哪个指标能更好地体现企业组织的产品竞争优势和产品盈利能力呢？

（2）销售利润率。销售利润率是指净利润与营业收入的比率。其计算公式为：

销售利润率=(净利润÷营业收入)×100%

案例 13-22

根据表 13-2，四川长虹电器股份有限公司 2015 年度与 2014 年度销售利润率指标如表 13-24 所示。

表 13-24　四川长虹电器股份有限公司 2015 年度与 2014 年度销售利润率计算表　单位：万元

项目	2015 年度	2014 年度
净利润（1）	−172 453	26 750
营业收入（2）	6 484 781	5 961 988
销售利润率（3）=(1)÷(2)	−2.66%	0.45%

销售利润率反映单位营业收入可以带来多少净利润，揭示营业收入的收益水平。

由于净利润还包含营业外收支等并非来源于销售的项目，这导致销售利润率计算公式的分子与分母口径不一致，同时这些项目并不经常发生，即便发生也不能充分反映企业组织的经营实力。因此，如果销售利润率的升降主要是营业外收支项目的影响①，就不能简单地认为企业组织的经营管理水平提高或下降。为此，需要进一步考察企业组织的销售营业利润率（net operating margin on sales）。其计算公式为：

销售营业利润率=(营业利润÷营业收入)×100%

案例 13-23

根据表 13-2，四川长虹电器股份有限公司 2015 年度与 2014 年度销售营业利润率指标如表 13-25 所示。

表 13-25　四川长虹电器股份有限公司 2015 年度与 2014 年度销售营业利润率计算表　单位：万元

项目	2015 年度	2014 年度
营业利润 (1)	−118 855	12 701
营业收入 (2)	6 484 781	5 961 988
销售营业利润率 (3)=(1)÷(2)	−1.83%	0.21%

2. 以资产为基础的盈利能力分析

以资产为基础的盈利能力分析主要运用资产周转率（asset turnover）、资产收益率（return on asset，ROA）和固定资产周转率（fixed asset turnover）等三个指标。

(1) 资产周转率。资产周转率是营业收入与资产平均余额的比率，考察企业组织运用资产的效率，即通过资产营运而产生的营业收入。其计算公式为：

资产周转率=营业收入÷资产平均余额

资产平均余额=(期初资产余额+期末资产余额)÷2

案例 13-24

根据表 13-1 和表 13-2，四川长虹电器股份有限公司 2015 年度的资产周转率指标如表 13-26 所示。

① 更严格地分析，还应该考虑公允价值变动收益和投资收益等因素的影响。

表 13-26　四川长虹电器股份有限公司 2015 年度的资产周转率计算表　单位：万元

项目	2015 年度	2014 年度
营业收入（1）	6 484 781	5 961 988
资产总额（2）	5 561 534	6 022 461
资产平均余额（3）＝(5 561 534＋6 022 461)÷2	5 791 998	
资产周转率（4）＝6 484 781÷(3)	1.12 次	

（2）资产收益率。资产收益率用于衡量企业组织对所有经济资源的运用效益（即资源使用效益评价）。其计算公式为：

资产收益率＝[(净利润＋利息费用＋所得税)÷资产平均余额]×100%

上述公式中，分子实际上就是息税前利润。之所以采用息税前利润，是因为资产收益率指标衡量的是企业组织的经营资产效益，而利息和所得税本身就是企业组织有效运用资产的结果。

在这里，必须区分资源配置效益评价和资源使用效益评价。如果经理人想用资产收益率这个指标评价资源配置效益，那么，其公式的分子就应该采用净利润。

资产收益率可以分解为：

资产收益率＝[营业收入÷资产平均余额]
×[(净利润＋利息费用＋所得税)÷营业收入]
＝资产周转率×销售收益率

案例 13-25

根据表 13-1 和表 13-2，四川长虹电器股份有限公司 2015 年度的资产收益率指标如表 13-27 所示。

表 13-27　四川长虹电器股份有限公司 2015 年度资产收益率计算表　单位：万元

项目	2015 年度	2014 年度
(净利润＋利息费用＋所得税)（1）	−40 176	73 456
资产总额（2）	5 561 534	6 022 461
营业收入（3）	6 484 781	5 961 988
销售收益率（4）＝(1)÷(3)	−0.62%	1.23%
资产平均余额（5）＝(5 561 534＋6 022 461)÷2	5 791 998	
资产收益率（6）＝−40 176÷5 791 998	−0.69%	
或者资产收益率（6）＝−0.62%×1.12(来自表 13-26)	−0.69%	

资产收益率衡量企业组织运用全部资本（产）的收益率。在评价特定企业组织的资产收益率时，应当与同行业的平均水平比较。

值得指出的是，对于那些长期资产规模较大的行业或企业组织（如电信企业)，其固定资产折旧和无形资产摊销的数额较大，资产收益率可能抑制其基础设施投资（如长期资产）的积极性，从而不利于该行业或企业组织的可持续发展。为此，经理人需要考察以息税折旧摊销前利润（earning before interest，tax，depreciation and amortization，EBITDA，即益比达）为基础的益比达比率（EBITDA ratio）。其计算公式为：

益比达比率=(息税折旧摊销前利润÷资产平均余额)×100%

5 分钟回顾：

折旧和摊销是企业组织的收益吗？为什么要计算益比达比率？

（3）固定资产周转率。固定资产周转率是指营业收入与固定资产净值平均余额的比率。其计算公式为：

固定资产周转率=营业收入÷固定资产净值平均余额

案例 13-26

根据表 13-1 和表 13-2，四川长虹电器股份有限公司 2015 年度的固定资产周转率指标如表 13-28 所示。

表 13-28　四川长虹电器股份有限公司 2015 年度的固定资产周转率计算表　单位：万元

项目	2015 年度	2014 年度
营业收入（1）	6 484 781	5 961 988
固定资产净值（2）	584 824	578 565
固定资产净值平均余额（3）=(584 824+578 565)÷2	581 695	
固定资产周转率（4）=6 484 781÷(3)	11.15 次	

固定资产周转率考察企业组织运用固定资产的效率，即通过固定资产营运产生的营业收入。固定资产周转率具有鲜明的行业特征。例如，制造业的固定资产比重相对比较大。因此，经理人在运用固定资产周转率指标时，必须注意其行业特征。此外，经理人还要注意固定资产的折旧政策和减值准备政策对固定资产周转率的影响。尤其是在趋势分析中运用固定资产周转率指标，更要注意上述问题。因为随着时间的推移，固定资产净值会因折旧和减值准备的计提而减少，固定资产净值平均余额随之减少，从而即便营业收入不变，固定资产周转率也会提高。这显然不能充分体现企业组织运用固定资产的效率。况且，企业组织可以通过折旧和减值准备计提政策操纵固定资产周转率这个指标。为了弥补这个缺陷，经理人可以用固定资产原值平均余额替代固定资产净值平均余额。

13.3.2 股东利益分析

前述的盈利能力分析适用于所有企业组织，而股东利益分析则是基于股份公司的股东立场分析企业组织的盈利能力。

1. 净资产收益率

净资产收益率（return on equity，ROE）是指企业组织一定时期内实现的净利润与该时期企业组织的净资产平均余额的比率。其计算公式为：

净资产收益率=(净利润÷净资产平均余额)×100%

净资产平均余额是指企业组织的所有者权益期初余额与期末余额的平均数，即

净资产平均余额=(所有者权益期初余额+所有者权益期末余额)÷2

案例 13-27

根据表13-1和表13-2，四川长虹电器股份有限公司2015年度净资产收益率指标如表13-29所示。

表 13-29　　四川长虹电器股份有限公司 2015 年度净资产收益率计算表　　单位：万元

项目	2015 年度	2014 年度
净利润（1）	−172 453	26 750
所有者权益总额（2）	1 780 170	1 945 242
净资产平均余额（3）=(1 780 170+1 945 242)÷2	1 862 706	
净资产收益率（4）=−172 453÷1 862 706	−9.26%	

净资产收益率站在股东的角度，衡量股东权益的收益水平。净资产收益率指标充分体现了股东投入企业组织的资本获取净收益的能力，突出反映了股东投资与收益的关系。

2. 每股收益

每股收益（earning per share，EPS）是指企业组织的本年净利润与年末普通股股份总数的比值。其计算公式为：

每股收益=(净利润−优先股股利)÷(流通在外的股票数量−优先股数量)

如果企业组织没有发行优先股，那么，每股收益的计算公式为：

每股收益=净利润÷流通在外的普通股数量

如果在年度内，股票总数发生增减变化，上述公式的分母应该采用加权平均发行在外的股数。其计算公式为：

$$\text{加权平均发行在外的股数} = \sum[\text{发行在外股票数额} \times (\text{发行在外月份数} \div 12)]$$

如果企业组织发行了可转换证券（可转换债券和优先股），那么，一旦这些可转换证券的持有者行使了权利，将持有的债券或优先股转换为普通股，将会稀释每股收益。因此，根据国际惯例，企业组织必须计算如下两种情况下的每股收益指标：

（1）假设可转换证券都没有转换为普通股的原先每股收益（primary earning per share）或基本每股收益（basic earning per share）；

（2）假设可转换证券都转换为普通股的完全冲淡或稀释每股收益（diluted earning per share）。

案例 13-28

根据表 13-1、表 13-2 和四川长虹电器股份有限公司 2014 年度报告"注 49、股本"①，四川长虹电器股份有限公司 2015 年度的每股收益如表 13-30 所示。

表 13-30　　四川长虹电器股份有限公司 2015 年度每股收益计算表

项目	2015 年度
净利润② (1)	−1 975 865 687.11 元
流通在外普通股数量③ (2)	4 616 244 222.00 股
每股收益 (3)=(1)÷(2)	−0.428 0 元/股

每股收益是衡量上市公司盈利能力最重要的财务指标。它反映普通股的获利水平。不过，经理人运用每股收益分析盈利能力时，要注意以下几个问题：

（1）每股收益并不反映股票内含的风险。例如，假设某上市公司原来经营日用品的产销业务，最近转向房地产投资，该公司的经营风险增大了许多，但每股收益可能不变，甚至提高，并没有反映风险增加的不利变化。

（2）股票是一个份额概念，不同股票的"每股"在经济上不等量，它们所含有的净资产和市场价格不同，即换取每股收益的投入量不同，限制了每股收益的横向比较。

（3）每股收益大，并不意味着多分红，还要看上市公司的股利分配政策。

3. 每股净资产

每股净资产（net asset per share，NAPS）也称每股账面价值（book value

---

① 有些财务指标的计算还涉及财务报表附注。

② 根据我国《企业会计准则第 34 号——每股收益》，以合并财务报表为基础计算的每股收益，分子应当是归属于母公司普通股股东的当期合并净利润，即扣减少数股东损益后的余额。

③ 四川长虹电器股份有限公司 2015 年度流通在外的普通股数量没有发生变化，普通股数量为 4 616 244 222.00股。

per share，BVPS)，它是期末净资产（即所有者权益）与流通在外的普通股数量的比值。其计算公式为：

每股净资产＝期末所有者权益总额÷期末流通在外的普通股数量

案例 13－29

根据表 13－1 和四川长虹电器股份有限公司 2015 年度报告的“注 49、股本”，四川长虹电器股份有限公司 2015 年度每股净资产如表 13－31 所示。

表 13－31　　四川长虹电器股份有限公司 2015 年度每股净资产计算表

项目	2015 年度
所有者权益总额（1）	12 106 826 547.07 元
流通在外普通股数量（2）	4 616 244 222.00 股
每股净资产（3)＝(1)÷(2)	2.62 元/股

每股净资产反映了股东持有的股份在企业组织的理论价值，也就是“每股”在企业组织“享有”多少价值。因此，从财务报表分析的角度看，每股净资产这个指标的意义主要取决于资产负债表的资产账面价值在多大程度上反映企业组织的内在价值（intrinsic value）或市场价值（market value)。如果股票市场价格高于每股净资产，经理人通常认为该企业组织具有潜力；反之，如果股票市场价格低于每股净资产，经理人通常认为该企业组织没有潜力。

不过，经理人在运用每股净资产时要注意：基于历史成本原则，每股净资产是一个历史性指标，而股票市场价格反映了企业组织的未来预期，具有前瞻性。因此，每股市场价格必然背离每股净资产。同时，每股净资产的计算基于账面价值，受到企业组织的会计政策的影响。企业组织的会计政策不同，其每股净资产也不可比。由此，不同企业组织之间的每股净资产可比性较差。

4. 股利支付率

股利支付率（dividend payout ratio）反映企业组织的股利政策，可用于考察企业组织的净利润有多大比例用于分派股利。其计算公式为：

股利支付率＝(普通股每股股利÷普通股每股收益)×100%

案例 13－30

根据四川长虹电器股份有限公司股东大会决议，鉴于公司 2015 年度归属于母公司股东的净利润为负数（－1 975 865 687.11 元），公司 2015 年度不实施利润分配及资本公积转增股本。根据表 13－30，其每股收益为－0.428 0 元。因此，四川长虹电器股份有限公司 2015 年度股利支付率为 0%，即［0÷(－0.428 0)×100%］。

在企业组织的拓展时期，通常需要留存较多的净利润，以保证其业务拓展需要。因此，股利支付率较低。一般来说，企业组织的留存收益用于再投资，有利于提高企业组织的盈利能力。因此，股利支付率高低与企业组织的投资机会和股利政策密切相关。经理人在运用股利支付率这个指标时必须关注企业组织的投资机会和股利政策。

5 分钟回顾：

上市公司没有发放现金股利就不好吗？

此外，股东或投资者的构成也会影响股利支付率这个指标。有些股东或投资者对现金股利感兴趣，他们把股利支付率作为投资决策的一个重要考虑因素。行业特征也会影响股利支付率。例如，公用事业单位收入较稳定，举债较容易，很可能获得举债经营的利益，通常股利支付率较高。

5. 市盈率

市盈率（price earning ratio），也称为 P/E 比率或价格收益比率，它是普通股每股市场价格与每股收益的比率。其计算公式为：

市盈率＝普通股每股市场价格÷每股收益

案例 13－31

根据表 13－30，四川长虹电器股份有限公司 2015 年度的每股收益为－0.4280 元，2015 年 4 月 11 日四川长虹电器股份有限公司的股票（600839）收盘价格为每股 4.33 元。因此，四川长虹电器股份有限公司 2015 年 4 月 11 日的股票市盈率为－10.12 倍（4.33/－0.4280）。此时，市盈率没有意义。

经理人经常运用市盈率这个指标判断股票市场价格是否具有吸引力。如果比较许多企业组织的市盈率，并结合所属行业的经营前景，市盈率就可以作为选择投资项目的参考性指标。

市盈率是投资者普遍关注的指标，有关证券刊物几乎每天报道各类股票的市盈率。市盈率反映投资者对单位净利润所愿意支付的价格，可以用来估计股票的投资收益与风险。市盈率是市场对企业组织的共同期望指标，市盈率越高，表明市场对企业组织的未来发展前景越看好。

在股票市场价格确定的情况下，每股收益越高，市盈率越低，投资风险越小；反之亦然。在每股收益确定的情况下，股票市场价格越高，市盈率越高，投资风险越大；反之亦然。仅从市盈率高低的横向比较看，市盈率较高，说明企业组织能够获得社会信赖，具有良好的前景；反之亦然。

不过，经理人在运用市盈率指标时，应该注意以下几个问题：

（1）市盈率指标不能用于不同行业的企业组织之间的比较，充满扩展机会的新兴行业的市盈率普遍较高，而成熟的传统行业的市盈率普遍较低。这并不能说明后者的股票就没有投资价值。在每股收益很小或亏损时，股票市场价格不会降至零。这时，很高的市盈率往往不能说明问题。

（2）市盈率高低受净利润的影响，而净利润受可选择的会计政策的影响，从而使得企业组织之间的市盈率比较受到限制。

（3）市盈率高低受股票市场价格的影响，股票市场价格变动的影响因素很多，包括投机炒作等，因此，观察市盈率的长期趋势更为重要。

5分钟回顾：

有些经济学家以我国金融市场的股票市盈率过高，推定我国金融市场投机氛围过浓。这种论断是否存在问题？为什么？

13.4 现金流量分析

尽管上述比率分析能够为经理人提供重要的信息，帮助经理人评价企业组织的现状和经营成果，并为预测未来提供依据，但是，上述比率分析基于权责发生制，忽视了现金流量分析。因此，经理人只有将比率分析与现金流量分析、趋势分析结合起来，才能充分发挥比率分析的作用。

13.4.1 现金流量的结构分析

从长期看，企业组织的长短期偿债能力和盈利能力都必须立足于企业组织创造现金流量的能力。企业组织创造现金流量能力的分析以现金流量分析为基础。现金流量分析不仅依靠现金流量表，还要结合资产负债表和利润表。现金流量分析包括现金流量的结构分析和比率分析。

现金流量的结构分析主要包括现金流入量结构分析、现金流出量结构分析和现金流入量与现金流出量之比分析。

1. 现金流入量结构分析

现金流入量结构分析分为总体结构和分项（经营、投资和筹资）活动现金流入量的内部结构分析。

案例 13-32

根据表 13-3，四川长虹电器股份有限公司 2015 年度的现金流入量结构分析如表 13-32 所示。

表 13 - 32　　四川长虹电器股份有限公司 2015 年度现金流入量结构分析表

项目	金额（元）	总体结构	分项结构
一、经营活动现金流入量小计	69 762 694 366.23	75.25%	100.00%
销售商品、提供劳务收到的现金	68 029 084 537.78	—	97.52%
收到的税费返还	924 231 551.65	—	1.32%
收到其他与经营活动有关的现金	809 378 276.80	—	1.16%
二、投资活动现金流入量小计	3 017 673 431.65	3.25%	100.00%
收回投资收到的现金	2 195 494 639.52	—	72.75%
取得投资收益收到的现金	46 083 173.94	—	1.53%
处置固定资产、无形资产和其他长期资产收回的现金净额	26 592 271.26	—	0.88%
处置子公司及其他营业单位收到的现金净额	19 403 393.63	—	0.64%
收到其他与投资活动有关的现金	730 099 953.30	—	24.20%
三、筹资活动现金流入量小计	19 928 844 810.26	21.50%	100.00%
吸收投资收到的现金	125 237 430.26	—	0.63%
取得借款收到的现金	16 878 923 596.28	—	84.70%
发行债券收到的现金	1 623 400 000.00	—	8.15%
收到其他与筹资活动有关的现金	1 301 283 783.72	—	6.52%
现金流入量合计	92 709 212 608.14	100%	—

从现金流入量总体结构看，四川长虹电器股份有限公司 2015 年度的现金流入量中，经营活动现金流入量占 75.25%，投资活动现金流入量占 3.25%，筹资活动现金流入量占 21.50%。这说明经营活动提供了主要的现金来源。

从现金流入量分项结构看，四川长虹电器股份有限公司 2015 年度经营活动现金流入量主要来自销售商品，占 97.52%；投资活动现金流入量主要来自“收回投资收到的现金”，占 72.75%；筹资活动现金流入量主要来自于借款，占 84.70%。

2. 现金流出量结构分析

现金流出量结构分析同样分为总体结构和分项现金流出量的内部结构分析。

案例 13 - 33

根据表 13 - 3，四川长虹电器股份有限公司 2015 年度现金流出量结构分析如表 13 - 33 所示。

表 13 - 33　　四川长虹电器股份有限公司 2015 年度现金流出量结构分析表

项目	金额（元）	总体结构	分项结构
一、经营活动现金流出量小计	66 526 463 351.63	69.85%	100.00%
购买商品、接受劳务支付的现金	57 311 558 990.75	—	86.14%

续前表

项目	金额（元）	总体结构	分项结构
支付给职工以及为职工支付的现金	4 367 854 208.35	—	6.57%
支付的各项税费	1 789 544 856.17	—	2.69%
支付其他与经营活动有关的现金	3 057 505 296.36	—	4.60%
二、投资活动现金流出量小计	5 929 940 409.75	6.23%	100.00%
购建固定资产、无形资产和其他长期资产支付的现金	704 382 238.11	—	11.88%
投资支付的现金	3 781 713 449.31	—	63.77%
取得子公司及其他营业单位支付的现金净额		—	—
支付其他与投资活动有关的现金	1 443 844 722.33	—	24.35%
三、筹资活动现金流出量小计	22 791 689 568.95	23.92%	100.00%
偿还债务支付的现金	22 337 606 804.40	—	98.01%
分配股利、利润或偿付利息支付的现金	442 187 467.24	—	1.94%
支付其他与筹资活动有关的现金	11 895 297.31	—	0.05%
现金流出量合计	95 248 093 330.33	100.00%	—

从现金流出量总体结构看，四川长虹电器股份有限公司 2015 年度的现金流出量中，经营活动现金流出量占 69.85%，投资活动现金流出量占 6.23%，筹资活动现金流出量占 23.92%。这说明该公司现金支出主要用于经营活动。

从现金流出量分项结构看，四川长虹电器股份有限公司 2015 年度经营活动现金流出量用于购买商品、接受劳务的支出占 86.14%；投资活动现金流出量用于投资的支出占 63.77%；筹资活动现金流出量用于偿还债务的支出占 98.01%。

3. 现金流入量与现金流出量之比分析

现金流入量与现金流出量之比分析，从投入与产出的角度，分别从总体和分项考察现金流入量与现金流出量之间的关系。

案例 13-34

根据表 13-3，四川长虹电器股份有限公司 2015 年度的现金流入量与现金流出量之比分析如表 13-34 所示。

表 13-34　四川长虹电器股份有限公司 2015 年度现金流入量与现金流出量之比分析表

项目	金额（元）
一、经营活动现金流入量与现金流出量之比	1.05
经营活动现金流入量	69 762 694 366.23
经营活动现金流出量	66 526 463 351.63
二、投资活动现金流入量与现金流出量之比	0.51

续前表

项目	金额（元）
投资活动现金流入量	3 017 673 431.65
投资活动现金流出量	5 929 940 409.75
三、筹资活动现金流入量与现金流出量之比	0.87
筹资活动现金流入量	19 928 844 810.26
筹资活动现金流出量	22 791 689 568.95
四、现金流入量与现金流出量之比	0.97
现金流入量	92 709 212 608.14
现金流出量	95 248 093 330.33

从总体上看，四川长虹电器股份有限公司 2015 年度现金流入量与现金流出量之比为 0.97。从分项目上看，四川长虹电器股份有限公司 2015 年度经营活动现金流入量与现金流出量之比为 1.05。这表明四川长虹电器股份有限公司单位现金流出量可换回 1.05 元现金流入量。一般而言，该比值越大越好。投资活动现金流入量与现金流出量之比为 0.51。这表明该公司处在扩张时期。一般而言，公司处于扩张时期，该比值较小，而当公司处于衰退期或缺少投资机会时，该比值较大。筹资活动现金流入量与现金流出量之比为 0.87。这表明四川长虹电器股份有限公司 2015 年度的还款数额大于其借款数额。

13.4.2　现金流量的比率分析

现金流量的比率分析主要包括流动性分析、获取现金能力分析和盈利质量分析。

1. 流动性分析

如前所述，流动性是指资产迅速转变为现金的能力。根据资产负债表确定的流动比率和速动比率虽然也能反映流动性，但存在较大的局限性。事实上，真正能用于偿还债务的是现金流量。因此，现金流量与债务的比较可以更好地反映企业组织偿还债务的能力。

(1) 流动负债保障率。流动负债保障率反映企业组织经营活动现金流量净额与流动负债总额的比值。其计算公式为：

$$流动负债保障率=经营活动现金流量净额÷流动负债总额$$

案例 13-35

根据表 13-1 和表 13-3，四川长虹电器股份有限公司 2015 年度的流动负债保障率指标如表 13-35 所示。

表 13 - 35　　四川长虹电器股份有限公司 2015 年度流动负债保障率计算表

项目	金额（元）
经营活动现金流量净额（1）	3 236 231 014.60
流动负债总额（2）	34 196 015 751.75
流动负债保障率（3）=（1）÷（2）	0.095

根据表 13 - 35，四川长虹电器股份有限公司 2015 年度每 1 元的流动负债只有 0.095 元经营活动现金流量净额的保证。

（2）负债保障率。负债保障率反映企业组织经营活动现金流量净额与负债总额的比值。其计算公式为：

负债保障率＝经营活动现金流量净额÷负债总额

案例 13 - 36

根据表 13 - 1 和表 13 - 3，四川长虹电器股份有限公司 2015 年度的负债保障率指标如表 13 - 36 所示。

表 13 - 36　　四川长虹电器股份有限公司 2015 年度负债保障率计算表

项目	金额（元）
经营活动现金流量净额（1）	3 236 231 014.60
负债总额（2）	37 813 642 464.17
负债保障率（3）=（1）÷（2）	0.086

根据表 13 - 36，四川长虹电器股份有限公司 2015 年度每 1 元的负债只有 0.086 元经营活动现金流量净额的保证。

2. 获取现金能力分析

获取现金的能力是指企业组织经营活动现金流量净额与投入资源的比值。这里的“投入资源”可以是营业收入、资产总额、营运资本净额、净资产或普通股股数等。

（1）营业收入现金比率。营业收入现金比率反映企业组织的经营活动现金流量净额与营业收入的比值。其计算公式为：

营业收入现金比率＝经营活动现金流量净额÷营业收入

案例 13 - 37

根据表 13 - 2 和表 13 - 3，四川长虹电器股份有限公司 2015 年度的营业收入现金比率指标如表 13 - 37 所示。

表 13－37　　四川长虹电器股份有限公司 2015 年度营业收入现金比率计算表

项目	金额（元）
经营活动现金流量净额（1）	3 236 231 014.60
营业收入（2）	64 847 813 147.02
营业收入现金比率（3）＝(1)÷(2)	0.05

营业收入现金比率反映单位营业收入得到的经营活动现金流量净额，其数值越大越好。根据表 13－37，四川长虹电器股份有限公司 2015 年度每 1 元的营业收入可以得到 0.05 元的经营活动现金流量净额。

（2）每股经营现金流量。每股经营现金流量反映企业组织的经营活动现金流量净额与流通在外的普通股数量的比值。其计算公式为：

每股经营现金流量＝经营活动现金流量净额÷流通在外普通股数量

案例 13－38

根据表 13－1 和表 13－3，四川长虹电器股份有限公司 2015 年度的每股经营现金流量指标如表 13－38 所示。

表 13－38　　四川长虹电器股份有限公司 2015 年度每股经营现金流量计算表

项目	值
经营活动现金流量净额（1）	3 236 231 014.60 元
流通在外普通股数量（2）	4 616 244 222 股
每股经营现金流量（3）＝(1)÷(2)	0.70 元/股

每股经营现金流量指标反映企业组织分派现金股利的最大能力。如果企业组织每股发放的现金股利超过每股经营现金流量，可能就要借款分红。这时，企业组织就出现“超能力”派现。

（3）资产现金回收率。资产现金回收率反映企业组织经营活动现金流量净额与资产平均余额的比值，说明企业组织的资产创造现金流量的能力。其计算公式为：

资产现金回收率＝经营活动现金流量净额÷资产平均余额

案例 13－39

根据表 13－1 和表 13－3，四川长虹电器股份有限公司 2015 年度的资产现金回收率指标如表 13－39 所示。

表 13－39　　四川长虹电器股份有限公司 2015 年度资产现金回收率计算表

项目	金额（元）
经营活动现金流量净额（1）	3 236 231 014.60
资产平均余额（2）	57 919 974 170.84
资产现金回收率（3)＝(1)÷(2)	0.06

资产现金回收率说明单位资产（投资）可以创造的现金流量。根据表 13－39，四川长虹电器股份有限公司 2015 年度每 1 元资产可以得到经营活动现金流量净额 0.06 元。

3. 盈利质量分析

评价企业组织盈利质量的主要指标是盈利现金流量比率。其计算公式为：

盈利现金流量比率＝经营活动现金流量净额÷净利润

案例 13－40

根据表 13－2 和表 13－3，四川长虹电器股份有限公司 2015 年度的盈利现金流量比率指标如表 13－40 所示。

表 13－40　　四川长虹电器股份有限公司 2015 年度盈利现金流量比率计算表

项目	金额（元）
经营活动现金流量净额（1）	3 236 231 014.60
净利润（2）	－1 724 531 133.46
盈利现金流量比率（3)＝(1)÷(2)	－1.88

盈利现金流量比率主要反映经营活动现金流量净额与当期净利润的差异程度，即当期实现的净利润有多少存在现金流量保证（通俗地说，就是利润的“含金量”）。如前所述，利润表的净利润以权责发生制为基础，而现金流量表的现金流量以收付实现制为基础，这就使得净利润与现金流量不完全一致。

5 分钟回顾：

上述现金流量的比率分析指标为什么都采用经营活动现金流量净额，而不是现金流量净额呢？

为了防止一方面企业组织的净利润较多，另一方面现金流量又严重短缺，经理人就必须利用盈利现金流量比率评价净利润的质量。

5 分钟回顾：

企业组织操纵利润有用吗？如何识别企业组织的利润操纵？

思考题

1. 如何理解财务报表分析的核心问题?
2. 财务报表分析的评价标准包括哪些?
3. 财务报表分析的基本方法包括哪些?
4. 如何编制比较财务报表? 如何编制共同比财务报表?
5. 如何分析短期资产的流动性?
6. 如何分析长短期偿债能力?
7. 如何关注财务报表没有反映但可能影响企业组织偿债能力的项目?
8. 如何分析盈利能力与股东利益?
9. 简述现金流量分析的基本内容。

业务题

1. 资产负债表的趋势分析

西北公司 2014 年和 2015 年的资产负债表如下表所示。

单位：百万元

资产	2015 年	2014 年	负债与所有者权益	2015 年	2014 年
流动资产：			流动负债：		
货币资金	16.90	12.80	短期借款	440.70	—
应收账款	798.30	614.50	应付账款	1 546.80	1 364.00
存货	3 482.40	2 830.80	预收账款	937.50	847.70
其他流动资产	96.30	92.00	应交税费	86.60	92.00
流动资产合计	4 393.90	3 550.10	流动负债合计	3 011.60	2 303.70
非流动资产：			非流动负债：		
固定资产	4 345.30	3 428.20	递延所得税负债	137.00	101.60
其他非流动资产	94.60	125.40	其他流动负债	478.00	464.40
非流动资产合计	4 439.90	3 553.60	非流动负债合计	615.00	566.00
			负债总额	3 626.60	2 869.70
			所有者权益：		
			实收资本	676.30	446.20
			未分配利润	4 530.90	3 787.80
			所有者权益合计	5 207.20	4 234.00
资产总计	8 833.80	7 103.70	负债与所有者权益总计	8 833.80	7 103.70

根据上述资料，要求：

(1) 以 2014 年为基础，编制 2015 年与 2014 年的比较资产负债表。

（2）以资产总额为基础，编制 2015 年与 2014 年的比较共同比资产负债表。

（3）对上述（1）和（2）所体现出来的趋势做出简要评价。

2. 利润表的趋势分析

西北公司 2014 年和 2015 年的利润如下表所示。

单位：百万元

项目	2015 年	2014 年
营业收入	24 623.00	21 206.90
营业成本	18 048.90	15 465.90
管理费用	5 175.80	4 516.90
财务费用	−24.40	−39.40
利润总额	1 422.70	1 263.50
所得税费用	355.68	315.88
净利润	1 067.02	947.62

根据上述资料，要求：

（1）以 2014 年为基础，编制 2015 年与 2014 年的比较利润表。

（2）以营业收入为基础，编制 2015 年与 2014 年的比较共同比利润表。

（3）对上述（1）和（2）所体现出来的趋势做出简要评价。

3. 交易事项与短期偿债能力

交易事项通常会影响各种短期偿债能力指标。有关交易事项如下表所示。

交易事项	流动资产总额	流动负债总额	营运资本	流动比率
a. 增发普通股获取的现金				
b. 现销商品（假定有利润）				
c. 固定资产高于账面价值出售				
d. 支付前欠购货款				
e. 宣布并支付现金股利				
f. 宣布并支付股票股利				
g. 向银行长期贷款取得现金				
h. 盈利企业提高其固定资产折旧				
i. 支付本期营业费用				
j. 签发 10 年期票据，偿付应付款				
k. 收回应收账款				
l. 以短期票据购买设备				
m. 赊购商品				
n. 估计的应付税费增加				
o. 交易性金融资产低于成本出售				

假设初始的流动比率大于 1。根据上述资料，要求：

指出上述交易对流动资产总额、流动负债总额、营运资本和流动比率等指标的影响。用“+”表示增加，用“-”表示减少，“0”表示没有影响。

4. 流动性与短期偿债能力分析

下表列示了华南公司部分财务数据。

单位：元

项目	2013 年 12 月 31 日	2014 年 12 月 31 日	2015 年 12 月 31 日
流动资产总额	450 000	400 000	500 000
流动负债总额	390 000	300 000	340 000
销售收入	1 450 000	1 500 000	1 400 000
销售成本	1 180 000	1 020 000	1 120 000
存货	280 000	20 000	250 000
应收账款	120 000	110 000	105 000

根据上述资料，要求：

(1) 计算华南公司 2014 年和 2015 年的下列指标：

1) 营运资本；

2) 流动比率；

3) 速动比率；

4) 应收账款周转率；

5) 应收账款周转天数；

6) 存货周转率；

7) 存货周转天数。

(2) 根据计算结果简要评价华南公司的短期流动性。

5. 交易事项与长期偿债能力

交易事项通常会影响各种长期偿债能力指标。有关交易事项如下表所示。

交易事项	利息保障倍数	负债比率	负债对权益比率
以抵押贷款购买建筑物			
以高于基本利率 1 个百分点的短期贷款购入存货			
宣告并支付现金股利			
宣告并支付股票股利			
降低销售成本，提高利润			
提取盈余公积			
发行普通股			
偿还长期银行借款			
将债券转换为流通在外的普通股			
以高于成本价格出售存货			

假定期初的利息保障倍数大于 1，负债比率和负债对权益比率都小于 1。根据上述资料，要求：

指出上述每项交易对上表所列财务比率的影响。用“＋”号表示增加，用“－”号表示减少，用“0”表示没有影响。

6. 财务指标与编制财务报表

美帝公司 2015 年度的年末资产负债表如下表所示。

单位：元

资产	金额	负债及所有者权益	金额
货币资金	5 000	应付账款	?
应收账款净额	?	应交税费	7 500
存货	?	长期负债	?
固定资产净额	50 000	实收资本	60 000
		未分配利润	?
合计	85 000	合计	?

美帝公司的年末流动比率为 2，负债对权益比率（负债总额/所有者权益总额）为 0.7，以销售收入和年末存货计算的存货周转率为 14，以销售成本和年末存货计算的存货周转率为 10，本年销售毛利（销售收入－销售成本）为 40 000 元。

根据上述资料，要求：

计算美帝公司 2015 年末资产负债表的空缺项目（即上表中标“?”号的项目）的金额。

7. 盈利能力与股东权益分析

下表列示了民生公司 2013—2015 年年报部分数据。

单位：元

项目	2013 年	2014 年	2015 年
每股收益	1.12	1.20	1.27
每股现金股利（普通股）	0.90	0.85	0.82
每股市场价格	12.8	14.00	16.30
普通股股利总额	21 700 000	19 500 000	18 360 000
年末流通在外普通股数量	24 280 000	23 100 000	22 500 000
资产总额	1 280 100 000	1 267 200 000	1 260 400 000
负债总额	800 400 000	808 500 000	799 200 000
优先股	15 300 000	15 300 000	15 300 000
优先股股利	910 000	910 000	910 000
净利润	31 200 000	30 600 000	29 800 000

根据上述资料，要求：

(1) 分别计算 2013—2015 年的市盈率、股利支付率、每股账面价值（净资产）。

（2）从潜在投资者的角度讨论上述计算结果。

8. 现金流量分析

下表是北方公司 2015 年度现金流量表。

北方公司 2015 年度现金流量表

单位：元

一、经营活动产生的现金流量	
销售商品、提供劳务收到的现金	7 104 904 295.42
收到的税费返还	
收到的其他与经营活动有关的现金	9 210 000.00
现金流入量小计	7 114 114 295.42
购买商品、接受劳务支付的现金	5 141 397 462.34
支付给职工以及为职工支付的现金	220 433 973.74
支付的各项税费	840 783 841.92
支付的其他与经营活动有关的现金	192 195 467.50
现金流出量小计	6 394 810 745.70
经营活动产生的现金流量净额	719 303 549.92
二、投资活动产生的现金流量	
收回投资所收到的现金	
取得投资收益所收到的现金	9 974 066.13
处置固定资产、无形资产和其他长期资产所收回的现金净额	527 460.00
收到的其他与投资活动有关的现金	7 375 742.33
现金流入量小计	17 877 268.46
购建固定资产、无形资产和其他长期资产所支付的现金	730 375 184.51
投资所支付的现金	43 320 000.00
支付的其他与投资活动有关的现金	12 026.56
现金流出量小计	773 707 211.07
投资活动产生的现金流量净额	−755 829 942.61
三、筹资活动产生的现金流量	
吸收投资所收到的现金	
借款所收到的现金	910 000 000.00
收到的其他与筹资活动有关的现金	
现金流入量小计	910 000 000.00
偿还债务所支付的现金	710 000 000.00
分配股利、利润和偿付利息所支付的现金	258 452 240.00
支付的其他与筹资活动有关的现金	31 266 300.03
现金流出量小计	999 718 540.03
筹资活动产生的现金流量净额	−89 718 540.03
四、汇率变动对现金的影响	
五、现金及现金等价物的净增加额	−126 244 932.72

根据北方公司的资产负债表和利润表，其 2015 年 12 月 31 日的流动负债总额为 2 584 946 596.22元，负债总额为 3 255 946 596.22 元，资产总额为 9 861 355 094.79 元（2014 年 12 月 31 日资产总额为 8 703 525 465.20 元），流通在外普通股数量为 1 486 553 100股。北方公司 2015 年度的营业收入总额为 7 875 478 237.67 元，净利润为 528 649 089.01元。

根据上述资料，要求：

（1）对北方公司 2015 年度的现金流量进行结构分析（包括总体结构和分项结构）。

（2）对北方公司 2015 年度的现金流量进行比率分析（计算其流动负债保障率、负债保障率、营业收入现金比率、每股经营现金流量、资产现金回收率和盈利现金流量比率等 6 个指标）。

案例讨论题

2016 年 3 月 28 日晚上，一场突如其来的大火销毁了乐美公司的账簿记录。两天之后，乐美公司的主要所有者和投资者进行会谈，讨论卖掉乐美公司的可能性。所有这些股东需要足够多的信息来支持自己的目的。他们意识到从长远来看，乐美公司也可能重组。

不管怎么说，当务之急，乐美公司的股东需要该公司 2015 年度的资产负债表和利润表。

为此，经过多方查证，乐美公司财务部经理获得如下信息：

（1）2015 年度乐美公司的速动比率为 1.70。

（2）2015 年 1 月 1 日，乐美公司的存货为 50 000 000 元，2015 年度乐美公司的存货周转率为 4 次。

（3）2015 年度乐美公司的（税后）销售利润率为 5%。

（4）2015 年度乐美公司的应收账款周转天数为 53.881 天（假设应收账款期初、期末余额相等）。

（5）2015 年度乐美公司的销售毛利率为 40%。

（6）2015 年度乐美公司的资产收益率为 20%（2015 年 1 月 1 日，乐美公司的资产总额为 180 000 000 元）。

（7）2015 年度乐美公司的权益比率为 60%。

（8）利息费用为全年发行在外的应付债券的利息（债券利率为 10%）。

（9）2015 年 12 月 31 日，乐美公司的未分配利润为 32 000 000 元，资产总额为 220 000 000元。

（10）2015 年度乐美公司的税后利润为 21 000 000 元（所得税税率为 25%）。

乐美公司的资产负债表和利润表的格式如下表所示。

乐美公司 2015 年 12 月 31 日资产负债表 单位：元

资产	金额	负债与所有者权益	金额
货币资金	A	流动负债	E
应收账款（净额）	B	应付债券	F
存货	C	实收资本	G
固定资产（净值）	D	未分配利润	32 000 000
资产总额	220 000 000	负债与所有者权益总额	H

乐美公司 2015 年度利润表 单位：元

项目	金额
销售收入	I
销售成本	J
销售毛利	K
营业费用	L
利息费用	M
税前利润	N
所得税费用	O
税后利润	21 000 000

根据上述资料以及乐美公司的资产负债表和利润表的格式，编制其 2015 年 12 月 31 日的资产负债表和 2015 年度的利润表。

网络习题

登录巨潮资讯网（www. cninfo. com. cn），选择一家中国上市公司为样本，分析其偿债能力、盈利能力和创造现金流量能力。与此同时，引入同行业的标杆公司，进一步分析、比较样本公司与标杆公司的优势和劣势，并就样本公司提出某些改进建议。

第14章

经理人如何由表及里

本章要点

14.1　转变财务报表分析的观念

14.2　阅读财务报表附注

14.3　以战略思维理解行业特征

14.4　明确财务报表分析的立场

学习目标

1. 理解财务报表分析新思维
2. 掌握借助财务报表附注理解财务报表的技能
3. 掌握以战略思维理解行业特征
4. 掌握以不同立场分析财务报表

引例

你在着手撰写财务报表分析报告的过程中，已经计算并运用了许多财务指标。然而，随着对财务报表分析的深入理解，你的脑海里涌现出一个问题：难道财务报表分析就是计算这些财务指标吗?

显然不是!

其实，你也不必记住这些财务指标的计算公式。只要有计算公式，计算机就可以轻易地计算出其结果。因此，如何计算这些财务指标只是一个丝毫没有技术含量的算术问题，如何理解并运用这些财务指标才是一个具有技术含量的管理问题。财务报表分析只是问题的起点，而不是问题的终点。

那么，经理人如何由此（经济活动）及彼（财务报表），由表（财务报表）及里（经济活动），表里相融合，通过财务报表理解企业组织的经济活动，洞察企业组织的竞争力，从而感悟会计数字背后的"灵性"呢?

14.1 转变财务报表分析的观念

从总体上看，传统的财务报表分析思维局限于就财务报表论财务报表。受这种思维定式的影响，许多经理人一看到财务报表，马上就埋头分析起来。其实，这种财务报表分析观念未必合适。

基于市场经济环境，企业组织总是基于特定经营环境和经营战略从事经济活动。企业组织的会计从业人员基于会计准则（会计特有语言），对企业组织的经济活动进行确认、计量，并以财务报表的形式对外报告，从而将企业组织的经济活动及其结果转化为财务报表。

5分钟回顾：

1. 假设其他条件不变，某公司的同一项金融资产分别采用历史成本和公允价值计量，其账面价值可能不同，由此可以编制出两份不同的财务报表。你认为这两份财务报表哪一份更合理呢？

2. 假设其他条件不变，某公司的同一项固定资产分别采用直线法和加速折旧法计提折旧，其账面价值和折旧费用自然不同，由此也可以编制出两份不同的财务报表。你认为这两份财务报表哪一份更合理呢？

图14－1体现了从企业组织的经济活动到财务报表的转化过程。

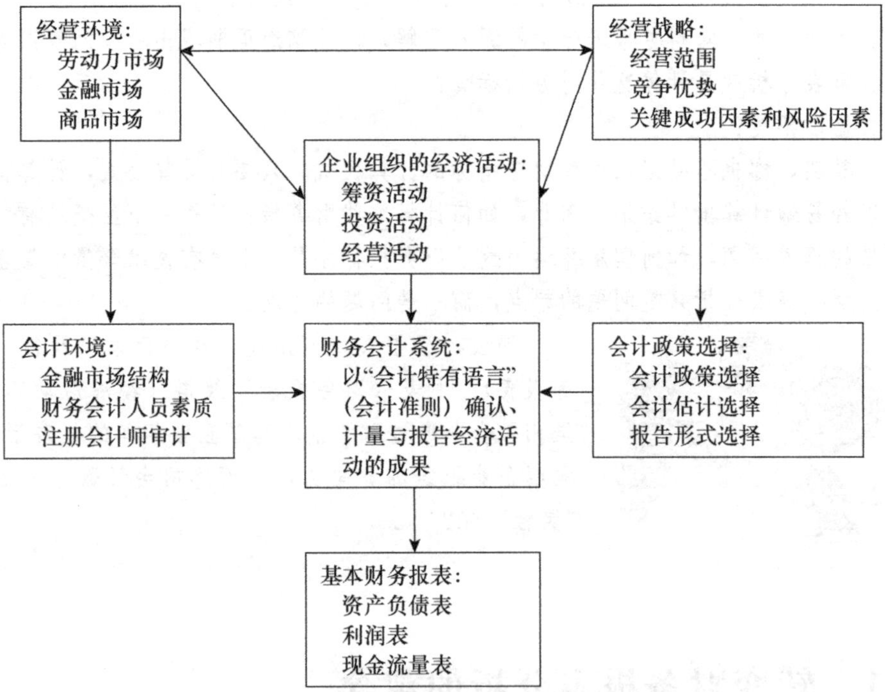

图14－1　从企业组织的经济活动到财务报表的转化过程

图14－1描述了企业组织从事的经济活动，在经营环境和经营战略的双重指引下，经过会计环境、会计政策选择和会计系统的影响、加工，最终转化为财务报表的过程。从企业组织的经济活动到财务报表的转化过程也就是会计系统对企业组织的经济活动进行"照相"的过程。由此可见，企业组织的经济活动是财务报表试图反映的本体，财务报表只是用来反映企业组织经济活动（本体）的"照片"。

5分钟回顾：

"照片"不能反映人的全貌，财务报表就能反映经济活动的全貌吗？

财务报表只是企业组织实施其战略及其结果的财务表现。如果经理人不了解或忽略企业组织所面临的经营环境、经营战略、会计环境和会计政策，仅仅陷入会计数字迷宫，就难以把握企业组织的经济实质。这时，财务报表分析就可能演化为一种“重形式、轻实质”的数字游戏，从而将原本属于管理问题的财务报表分析演化为简单的算术问题。

尽管财务报表充满会计数字，但是，财务报表分析的基本逻辑却必须跳出会计数字迷宫，从企业组织的经济活动透视财务报表，从财务报表回归到企业组织的经济活动，从而梳理财务报表分析的整体框架。有效的财务报表分析必须首先了解企业组织所处的经营环境和经营战略，分析企业组织的经营范围和竞争优势，识别关键成功因素和风险因素，然后才能分析财务报表。图 14－2 描述了财务报表分析的基本框架。

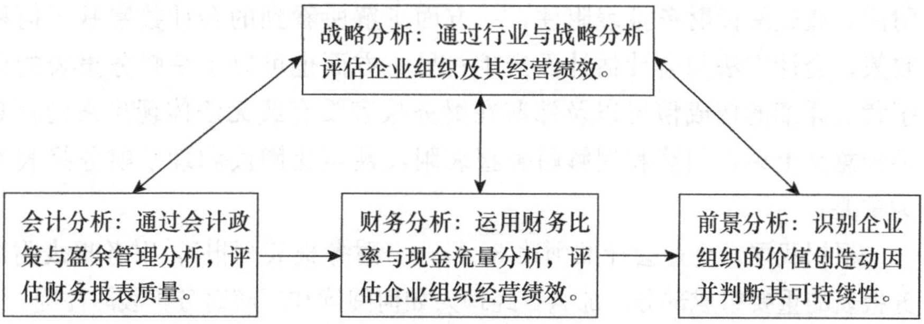

图 14－2　财务报表分析基本框架

由此可见，财务报表分析首先要分析企业组织的战略及其定位，然后进行会计分析，评估财务报表的数字及其质量，再进行财务分析，评价企业组织的经营绩效，最后进行前景分析，诊断企业组织的未来发展前景。

唯有如此，财务报表分析者才能从环境——战略——行为——过程——结果一体化的视野理解和把握结果，从而不仅知其然，更知其所以然，最终借助会计数字辅助战略制定、经营决策与管理控制，达到财务报表分析的目标。这就决定了财务报表分析不能简单地就财务报表论财务报表，否则，经理人只能“不识庐山真面目，只缘身在此山中”。因此，经理人应该转变财务报表分析的观念。

5 分钟回顾：

为什么不能就财务报表论财务报表呢？

14.2　阅读财务报表附注

尽管财务报表是会计惯例、会计准则和会计制度的产物，但是，由于企业组织面临的经营环境各不相同，而且千变万化，为了使财务报表能够更好地反映企业组织的经济实质，各国会计准则都给企业组织留下了选择的余地，让企业组织选择更能反映其经济实质的会计方法。因此，财务报表是企业组织及其会计从业人员选择会计政策的结果。

如此一来，不同会计方法和会计估计会使相同的经济实质以不同的会计数字体现出来。当然，也可能使不同的经济实质反映为相似的会计数字。因此，同一个经济事项，采用不同的会计政策，会导致不同的会计数字，从而对财务报表产生重要的影响。经理人要真正理解会计数字背后真实的企业组织，就必须理解企业组织所采用的会计政策。基于特定会计政策，经理人透过会计数字背后隐藏的“玄机”，才能真正体会会计数字意味着什么。

然而，会计政策体现在财务报表附注上。这就需要关注和理解财务报表附注。通过阅读财务报表附注，一方面了解所看到的会计数字基于何种会计政策、会计方法和会计估计而产生；另一方面也可以了解财务报表的会计数字背后详细的构成情况以及那些在财务报表没有或无法体现出来的信息。从某种意义上说，阅读和理解财务报表附注甚至比阅读和理解财务报表本身更为重要。

根据我国《企业会计准则第 30 号——财务报表列报》，财务报表附注是财务报表的重要组成部分。那么，经理人如何阅读和理解财务报表附注呢?

以上市公司为例，经理人具体需要了解：

(1) 公司简介：了解公司的行业特征及其业务性质和主要经济活动。

(2) 主要会计政策：了解公司如何编制财务报表；公司的会计政策是否发生重大调整；公司所采用的会计政策、会计方法和会计估计与同行业的主要竞争对手相比是否存在明显差异。

(3) 主要税项和税率：了解公司的涉税事项，诊断其税务健康状况。

(4) 控股公司和合营公司：了解公司存在哪些控股公司和合营公司。这是理解和把握公司的关联方关系及其交易的基础。

(5) 合并财务报表主要项目注释：合并财务报表是对公司及其下属的所有存在控制关系的单位的综合反映。通过层层汇总，会计信息逐步演化为数字的堆积，导致这些数字越来越抽象。只有通过分析合并财务报表主要项目的注释才能拨开层层迷雾，理解会计数字背后的经济实质。

(6) 母公司财务报表主要项目注释：母公司财务报表只反映母公司的情况。同理，只有分析其财务报表主要项目注释，才能理解会计数字背后的经济实质。

(7) 分行业资料：如果公司涉足多个行业，且这些行业差异性较大，仅从合并财务报表难以了解公司的全貌，因为合并财务报表抽象掉了行业特征。通过分析分行业资料，才能还其本来面目。

(8) 关联方关系及其交易：关联方和关联交易是公司经营过程中必然发生

的一种现象。当然，关联方交易可能粉饰财务报表。了解关联方关系及其交易有助于识别财务报表粉饰的内容。

(9) 或有事项和承诺事项：或有事项和承诺事项如担保，对公司的潜在影响非常大。了解公司存在哪些或有事项和承诺事项对经理人具有重要的意义。

(10) 资产负债表日后事项：公司披露年度报告的时间一定是在资产负债表日（12 月 31 日）之后，在资产负债表日到年度报告披露日之间公司的经济活动并没有停止。这样就出现了在披露年度报告时已经发生，但又不属于年度报告需要反映的事项，这种事项就属于资产负债表日后事项。如果经理人忽略了资产负债表日后事项，就可能错过了重要信息，甚至对公司现有财务状况做出错误的判断。

(11) 债务重组：债务重组可能改变公司的财务状况，了解债务重组才能把握公司的财务状况。

(12) 审计报告：尽管审计报告的功效备受质疑，但是，审计报告毕竟是从“第三只眼睛”看公司的财务报表，因此，审计意见对于理解财务报表具有一定的参考价值。

通过财务报表附注了解会计政策，经理人才能真正理解和体会财务报表上每个数字背后的经济实质，解读会计数字背后隐含的经济含义。

5 分钟回顾：

如果两个公司财务报表都显示出“存货”项目的账面价值为 100 000 元，你认为这两家公司的存货价值一样吗？

值得注意的是，经理人在阅读和理解财务报表附注时，不能孤立地理解会计政策，还要注意企业组织的会计政策与其战略的匹配关系。

5 分钟回顾：

两家不同的航空公司，对相同的波音飞机运用了不同的折旧年限，分别是 10 年和 25 年，而飞机的经济使用年限是 15 年，哪家航空公司的折旧政策更为合理呢？

14.3　以战略思维理解行业特征

正如第 1 章所述，财务报表的数字不是枯燥的数字，其背后隐含着经济实质。有鉴于此，经理人应该树立战略思维，理解行业特征，感悟业务流程，借助标杆洞察企业组织的竞争力。

14.3.1 树立战略思维

任何伟大战略的实施都离不开财务资源的支持，而任何战略之所以伟大，就在于最终能够创造财务资源。这就意味着：

（1）战略或商业模式和行业特征决定财务资源的配置，影响资产结构和资本结构，从而影响甚至锁定财务指标的数值。

（2）财务指标是引导战略落地并检验已经落地的战略的实施成效的工具。财务报表分析必须以战略为导向。由此，也就回答了财务报表分析究竟应该分析哪些指标这个问题。

（3）战略影响会计政策的选择，影响财务报表的数字，从而影响财务指标的含义。

（4）战略影响对盈利能力类财务指标的理解。例如，企业组织盈利一定就好吗？未必！关键在于企业组织的战略目标是什么。

5分钟回顾：

如果说“做大做强”与“做强做大”代表两种不同的战略，那么，其财务分析指标会有何不同呢？

14.3.2 理解行业特征

俗话说“隔行如隔山”。然而，财务指标以货币作为计量工具，舍去了行业特征。其实，同一个财务指标或数字，基于不同行业，其含义不同。例如，某公司的销售利润率为6%，其盈利能力如何呢？关键在于该公司属于哪个行业。如果该公司属于零售业，那么，销售利润率为6%，就相当不错。但如果该公司属于房地产行业，那么，销售利润率为6%，恐怕就不容乐观。

许多财务指标都存在行业特征。例如，存货周转率（如棉纺织、酿酒等行业）、负债比率（如制药业）、利息保障倍数（如高速公路、航空、机场等行业）、销售毛利率（如非制造业以及制造业产品生命周期较短的行业）和市盈率（如成熟行业与新兴行业）等财务指标就存在行业特征。经理人只有深入理解行业特征，才能真正理解财务指标的含义。

14.3.3 感悟业务流程

企业组织执行任何业务流程都需要占用或耗费财务资源，并最终可能创造价值。企业组织占用的财务资源主要体现于资产负债表和现金流量表，而耗费的财务资源主要体现于利润表。

1. 资产负债表

就资产负债表而言，经理人应该结合企业组织的业务流程关注：（1）企业组织的资产是消耗性资产，还是经营性或投资性资产，甚至是战略性资产；(2) 从资产各个项目所占比例（资产结构）及其变动趋势结合战略或商业模式、行业特征，判断资产结构与企业组织的业务流程是否匹配，从而揭示其经营风险；(3) 从资本来源各个项目所占比例（资本结构）及其变动趋势判断资本结构与资产结构的匹配关系，从而揭示其财务风险。

2. 现金流量表

就现金流量表而言，经理人应该结合企业组织的业务流程关注：(1) 企业组织的经营活动现金流量（体现“造血”功能）是否与其主业相匹配；(2) 企业组织的投资活动现金流出量（体现“献血”功能）是否与企业组织的发展战略、投资计划相吻合，以及投资活动现金流入量是否具有盈利性；(3) 企业组织的筹资活动现金流量（体现“输血”功能）是否与其主业发展战略、利润分配（股利）政策相匹配。

3. 利润表

利润表列示了利润的形成过程或各个项目对利润的贡献（侵蚀）程度。利润表每个项目的背后都隐含着“人”和“事”（业务流程）。例如，某公司利润表的销售毛利（率）到达了预定目标，而该公司最终却出现亏损。这说明该公司的生产过程没有问题，达到预期目标，而该公司后勤部门的三大费用（管理费用、销售费用和财务费用）没有控制住，导致该公司最终出现亏损。反之，如果某公司盈利了，但公允价值变动收益占营业利润的比重过大，说明该公司的会计计量基础（公允价值的运用）对其利润的贡献过大，该公司的利润未必来源于其卓越的经营管理。同理，如果该公司的投资收益占营业利润的比重过大，说明该公司的多元化经营对其利润的贡献过大，该公司的利润未必来源于其主营业务（可能意味着其主业不强）。

总之，经理人只有感悟企业组织的业务流程，才能真正理解财务报表及其财务指标的含义。

5 分钟回顾：

1. 现在社会上非常流行“现金为王”，而经营活动现金流量是“王中王”。你以为如何呢？

2. 企业组织的利润越大，其盈利能力就越强吗？为什么？

14.3.4　借助标杆洞察企业组织的竞争力

财务报表总结了企业组织实施其战略及结果的财务表现。企业组织的竞争力，要么体现在低成本优势，要么体现在差异化优势，甚至两者兼而有之，但最终都会体现在财务报表及其财务指标上。例如，如果企业组织具有差异化优势，就意味着具有垄断地位，那么，该企业组织就成为价格的制定者（而不是价格的接受者），其销售总额自然较高，由此，销售毛利（率）也就较高。如果具有差异化优势的企业组织能够合理地控制成本，赢得低成本优势，那么，其销售毛利（率）就会更高。因此，销售毛利（率）综合体现了企业组织的低成本优势与差异化优势。

5分钟回顾：

企业组织一旦出现亏损，所有的员工都要为此负责任吗？为什么？

除了销售毛利（率）指标，存货周转率、应收账款周转率、营运资本、资产周转率和资产收益率等财务指标也直接体现了企业组织的竞争力。然而，单独考察某个企业组织的财务指标可能“孤芳自赏”。例如，销售总额的增长是一件好事。但是，必须深入分析销售总额为何增长（即其增长的动因是什么）。销售总额的增长可能来自市场份额的扩大。若果真如此，经理人还应该进一步分析市场份额的扩大是来自竞争力的增强，还是来自市场份额总体规模的扩大。同理，销售总额增长，但在市场上所占份额却遭受损失，这可能表明企业组织的战略或其产品和服务的吸引力存在问题。图 14-3 充分显示了这一点。

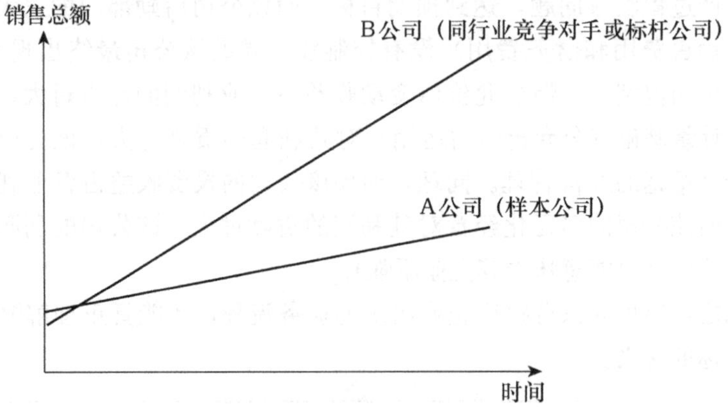

图 14-3　　相对销售额增长速度

根据图 14-3，如果单独考察 A 公司的销售总额，可以发现其销售总额逐年增长，令人振奋。但是，如果进一步联系其竞争对手 B 公司的销售总额增长（体现“标杆”思想），便可以发现 A 公司的增长速度不如 B 公司，说明 A 公司的竞争地位或竞争力面临重大挑战。

14.4　明确财务报表分析的立场

正如第 1 章所述，经理人具有投资者和经营者的双重角色。投资者又包括作为债权投资者的债权人和作为股权投资者的股东。就财务报表分析而言，可谓“横看成岭侧成峰，远近高低各不同”。因此，财务报表分析时而要明确财务报表分析的立场，时而又要树立系统观念。这取决于经理人在财务报表分析过程中扮演的角色。

14.4.1　明确财务报表分析的立场

基于不同立场，同一个财务指标其含义也不同。例如，营运资本、流动比率、速动比率和负债比率等财务指标，其数值高好还是低好呢？这取决于经理人是基于股东的立场还是基于债权人的立场。基于利益的不同，股东（属于“分享”阶层）与债权人（类似于“支薪”阶层）的关注点不同。

当然，财务报表分析的立场是基于股东至上（stockholder）的逻辑还是基于利益相关者（stakeholder）的逻辑也影响应当采用的财务指标。例如，基于利益相关者的逻辑，采用资产收益率比较合适，而基于股东至上的逻辑，则采用净资产收益率比较合适。

14.4.2　树立系统观念

企业组织是一个不断运转的主体，不断占用和消耗资源，也不断创造价值。单一财务指标只是描述企业组织的某一个侧面。因此，单一财务指标未必能够说明问题，但综合运用多个财务指标，就能够说明问题。

例如，单独的负债比率并不能说明举债经营是否合理，但是，如果将负债比率与资产收益率或每股收益联系在一起，就可以说明举债经营的合理性。同理，单独的利润指标也许不能说明盈利能力的强弱，但把利润指标与应收账款周转率、存货周转率、盈利现金流量比率等指标联系在一起就可以说明。

因此，经理人必须树立系统观念，合理地综合评价企业组织的经营管理水平。

5 分钟回顾：

债权人、股东和经营者对同一份财务报表的关注点有何异同？

思考题

1. 如何转变财务报表分析的观念？
2. 为什么要阅读财务报表附注？
3. 如何以战略思维理解行业特征？
4. 战略或商业模式和行业特征如何影响财务报表分析？
5. 为什么财务报表分析要借助标杆？

6. 为什么要明确财务报表分析的立场？
7. 如何感悟会计数字背后的“灵性”？

案例讨论题

古越公司是一家以生产和销售棉纺织品为主的制造企业。为了激励经理人努力工作，创造卓越的绩效，古越公司采用了一系列财务指标分析、评价经理人的经营绩效，并将经理人的薪酬与经营绩效挂钩。这一系列的财务指标就包括存货周转率。结果，事与愿违，古越公司非但没有取得卓越的经营绩效，经营绩效反而不断恶化，甚至连简单再生产所需要的原材料（棉花）都短缺。

对此，古越公司的董事会感到十分困惑。

根据上述基本素材，请讨论：

（1）古越公司采用存货周转率存在何种问题？

（2）如何解决古越公司的上述问题？

（3）假设基于物价持续上涨的环境，古越公司决定将存货流动计价方法从原先的先进先出法改为后进先出法。存货会计政策（方法）的变化如何影响以下财务指标：

1）销售毛利率；
2）流动比率；
3）速动比率；
4）资产周转率；
5）净资产收益率；
6）负债对权益比率。

网络习题

登录巨潮资讯网（www.cninfo.com.cn），选择一家中国上市公司为样本，了解其行业特征和经营战略或商业模式，分析其会计政策，要特别注意其会计政策是否发生变化及其原因。

参考文献

1. 查尔斯·T. 亨格瑞，加里·L. 森登，约翰·A. 埃利奥特，唐娜·R. 菲尔布里克. 财务会计教程（原书第10版）. 北京：机械工业出版社，2012.

2. 查尔斯·T. 亨格瑞，加里·L. 森登，威廉姆·O. 斯特尔顿，戴维·伯格斯塔勒，杰夫·舒兹伯格. 管理会计教程（原书第15版）. 北京：机械工业出版社，2012.

3. 罗伯特·N. 安东尼，大卫·F. 霍金斯，肯尼斯·A. 麦钱特. 会计学：教程与案例（原书第11版）. 北京：机械工业出版社，2004.

4. 戴维·马歇尔，韦恩·麦克马纳斯，丹尼尔·维勒. 会计学：数字意味着什么（第8版）. 北京：人民邮电出版社，2013.

5. 克雷沙·G. 帕利普，保罗·M. 希利. 经营分析与估值（第五版）. 大连：东北财经大学出版社，2014.

6. 王华，石本仁. 中级财务会计. 3版. 北京：中国人民大学出版社，2015.

7. 胡玉明，丁友刚，卢馨. 管理会计. 广州：暨南大学出版社，2013.

8. 胡玉明. 财务报表分析. 3版. 大连：东北财经大学出版社，2016.

9. 中华人民共和国财政部. 企业会计准则：应用指南（2006）. 北京：中国财政经济出版社，2006.

10. 财政部会计司. 企业会计准则讲解（2008）. 北京：人民出版社，2008.

11. 中华人民共和国财政部. 企业会计准则（2006）. 北京：经济科学出版社，2006.

12. 财政部会计司. 企业会计准则第30号——财务报表列报（2014）. 北京：中国财政经济出版社，2014.

13. 财政部会计司. 企业会计准则第39号——公允价值计量（2014）. 北京：中国财政经济出版社，2014.

14. 财政部会计司. 企业会计准则第9号——职工薪酬（2014）. 北京：中国财政经济出版社，2014.

15. 财政部会计司. 企业会计准则第2号——长期股权投资（2014）. 北京：经济科学出版社，2014.

中国人民大学出版社　管理分社

教师教学服务说明

中国人民大学出版社管理分社以出版工商管理和公共管理类精品图书为宗旨。为更好地服务一线教师，我们着力建设了一批数字化、立体化的网络教学资源。教师可以通过以下方式获得免费下载教学资源的权限：

★ 在中国人民大学出版社网站 www.crup.com.cn 进行注册，注册后进入“会员中心”，在左侧点击“我的教师认证”，填写相关信息，提交后等待审核。我们将在一个工作日内为您开通相关资源的下载权限。

★ 如您急需教学资源或需要其他帮助，请加入教师 QQ 群或在工作时间与我们联络。

中国人民大学出版社　管理分社

教师 QQ 群： 648333426（工商管理）　114970332（财会）　648117133（公共管理）
教师群仅限教师加入，入群请备注（学校+姓名）

联系电话： 010-62515782，82501868，82501048，62514760

电子邮箱： glcbfs@crup.com.cn

通讯地址： 北京市海淀区中关村大街甲 59 号文化大厦 1501 室（100872）

管理书社　　人大社财会　　公共管理与政治学悦读坊